佛冈县工会志
（1950—2022）

佛冈县工会志编纂委员会　编

图书在版编目（CIP）数据

佛冈县工会志 / 佛冈县工会志编纂委员会编. —广州：华南理工大学出版社，2024.5
　　ISBN 978-7-5623-7555-5

Ⅰ.①佛… Ⅱ.①佛… Ⅲ.①工会工作–概况–佛冈县 Ⅳ.① D412.865

中国国家版本馆 CIP 数据核字（2024）第 004732 号

Fogang Xian Gonghui Zhi
佛冈县工会志
佛冈县工会志编纂委员会　编

出 版 人：柯　宁
出版发行：华南理工大学出版社
　　　　　（广州五山华南理工大学 17 号楼，邮编 510640）
　　　　　http://hg.cb.scut.edu.cn　E-mail：scutc13@scut.edu.cn
　　　　　营销部电话：020-87113487　87111048（传真）
策划编辑：吴翠微
责任编辑：洪婉婷　欧建岸
责任校对：洪　静
印 刷 者：广州市新怡印务股份有限公司
开　　本：787mm×1092mm　1/16　印张：23　字数：545 千
版　　次：2024 年 5 月第 1 版　印次：2024 年 5 月第 1 次印刷
定　　价：198.00 元

版权所有　盗版必究　　印装差错　负责调换

佛冈县工会志编纂委员会

特邀顾问：袁卫国
顾　　问：蓝应禄　吴琼芳　廖北生
主　　任：黄丽
常务副主任：冯庆洲　林伟平
副 主 任：刘华洲　陈永胜
委　　员：余河坚　黄建锋　范兰修　冯燕华　莫金英
　　　　　黄国亮

佛冈县工会志编辑部

主　　编：冯庆洲　林伟平　曾道明
副 主 编：刘华洲　陈永胜　朱炳权
编　　辑：余河坚　黄建锋　范兰修　冯燕华　莫金英
　　　　　黄国亮　李协湖　李阳光　朱家佑　郑中扬
　　　　　郑中勇　郭治国　钟少军　范金来　钟榕斌
　　　　　李贤益　胡辉　　黄欣
资 料 员：谢凯华　王聍佞

佛冈县工会志审验单位

佛冈县史志办公室

序

黄 丽

中国工会是中国共产党领导的由职工自愿结合而成的工人阶级的群众组织，是党联系职工群众的桥梁纽带，是国家政权的重要社会支柱，是会员和职工利益的代表。我国工会具有悠久而光荣的历史。1921年8月，中国共产党根据领导工人运动的需要，建立中国劳动组合书记部。这是中共中央设立的公开领导工人运动的总机关，也是中华全国总工会的前身。1925年，中华全国总工会正式成立，成为中国共产党领导的工人阶级的群众组织，而后无论是在革命战争时期，还是在社会主义革命和建设时期，都发挥着极其重要的职能作用。

佛冈县在20世纪50年代初先后成立工人联合会、工会联合会，于1962年1月成立佛冈县总工会，此后一直按照《中国工会章程》和《中华人民共和国工会法》开展工会工作。从成立至2022年，县总工会经历了工会建立、巩固、发展、壮大等历史阶段，先后召开全县工会代表大会共15次，选举产生县总工会委员会共15届；全县工会基层组织从20多个增加到410个，工会会员从2000多人增加到近4.6万人。

长期以来，我县各级工会在党的领导下，积极履行法律法规和工会章程赋予的维护、建设、参与、教育四项基本职能，坚持全心全意为职工群众服务的根本宗旨，在加强工会组织建设的同时，扎实开展职工文体活动、劳动竞赛、劳动模范评选管理、困难职工帮扶以及职工权益保障等工作，在职工教育管理、调动职工积极性方面取得显著成效，为推动全县经济发展、社会稳定和事业繁荣作出贡献。

为记录佛冈县工会的发展历程，发挥"存史、资政、育人"的作用，县总工会与佛冈县史志办公室联合编纂《佛冈县工会志》（1950—2022），这是佛冈县工会组织的一件大事、要事。本志根据全面、准确、真实的史料记述了佛冈县工会的历史，可为广大党员干部、工会会员和职工群众以及各界人士学习党史、工会史和开展专题教育活动提供翔实的资料，促使其继承和发扬工人阶级的优良传统作风，提振坚定理想信念、践行初心使命的信心和决心，为开创我县工会新业绩、谱写我县工会新篇章而努力奋斗。

在《佛冈县工会志》（1950—2022）即将付梓之际，特作此序以为共勉。

（本序作者为佛冈县人大常委会副主任、佛冈县总工会主席）

凡 例

一、本志以马克思主义、毛泽东思想、邓小平理论、"三个代表"重要思想、科学发展观和习近平新时代中国特色社会主义思想为指导，坚持辩证唯物主义和历史唯物主义观点，全面、真实、准确地记述佛冈县工会事业的发展史实。

二、本志的历史纪年采用公元纪年。工会史实上限为1950年，下限为2022年，部分内容适当上溯或下延。

三、本志按工会事业的职责及内容划分门类，横排纵述，以记事为主，以事系人，详今略古，详特略同，突出地方特色。

四、本志分记、述、图、表、录等体裁，纲目按章、节、目编排。专志部分中对工会事业的记述，注重先总述后详述，按详略得当的原则分别录入。全志分为14章共51节，约50万字（含图片）。

五、为便于阅读，本志设"概述"和"大事记"，综合、扼要地介绍佛冈县工会事业的发展情况。

六、本志凡第一次出现的名称均用全称，重复出现时则用简称。如，"中共"为中国共产党的简称，《工会法》为《中华人民共和国工会法》的简称，"全国总工会"为中华全国总工会的简称，"省委""省政府"分别为中共广东省委、广东省人民政府的简称，"县委""县政府"分别为中共佛冈县委、佛冈县人民政府的简称，"县总工会"为佛冈县总工会的简称，"县史志办"为佛冈县史志办公室的简称。其他按此类推。

七、本志采用现代规范汉语记述，行文按国家关于出版物的规定执行。使用的度、量、衡单位一般以中文表述，尽量不用符号表示。专业术语、概念均按规范或习惯用法表述，统计资料按规范的统计用语记述，统计数据优先采用佛冈县统计局公布的数据以及县级历史资料文献的数据。

八、本志记述佛冈县总面积时，2010年前按1985年测量面积1302平方千米记述，2010年后（含2010年）按国土勘测面积1295.17平方千米（为佛冈县统计局采用数据）记述，各镇、场区面积记述方法同上。

九、本志资料来源以佛冈县档案馆、佛冈县总工会的资料为主，并参考《佛冈县志》及其他部门专业志的内容，省、市档案部门以及县内知情人士也提供了有关资料，因篇幅所限，均不注明出处。1995年由佛冈县总工会内部编印的《佛冈县工会志》的相关内容，已整理并录入本志。

佛冈县地图

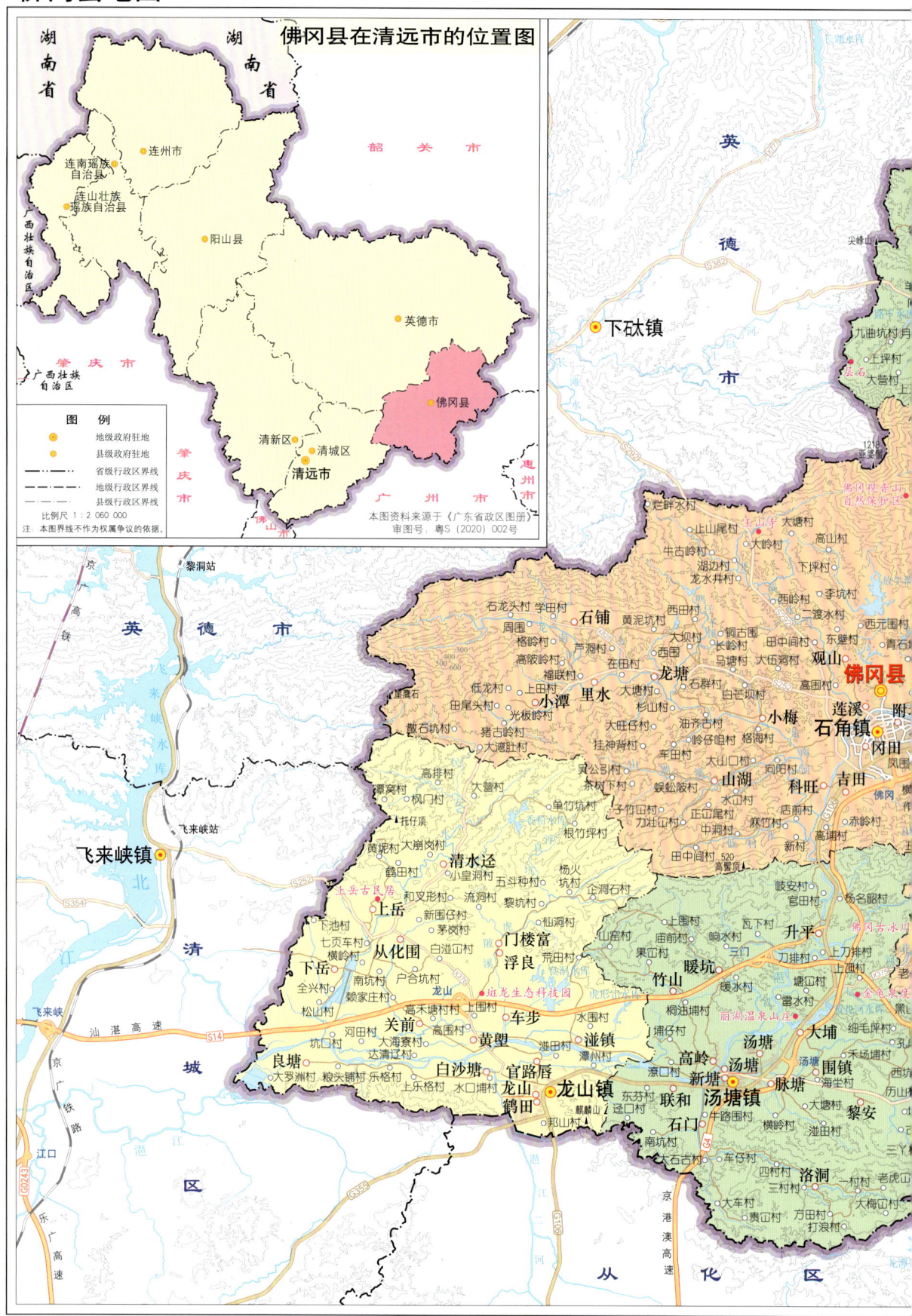

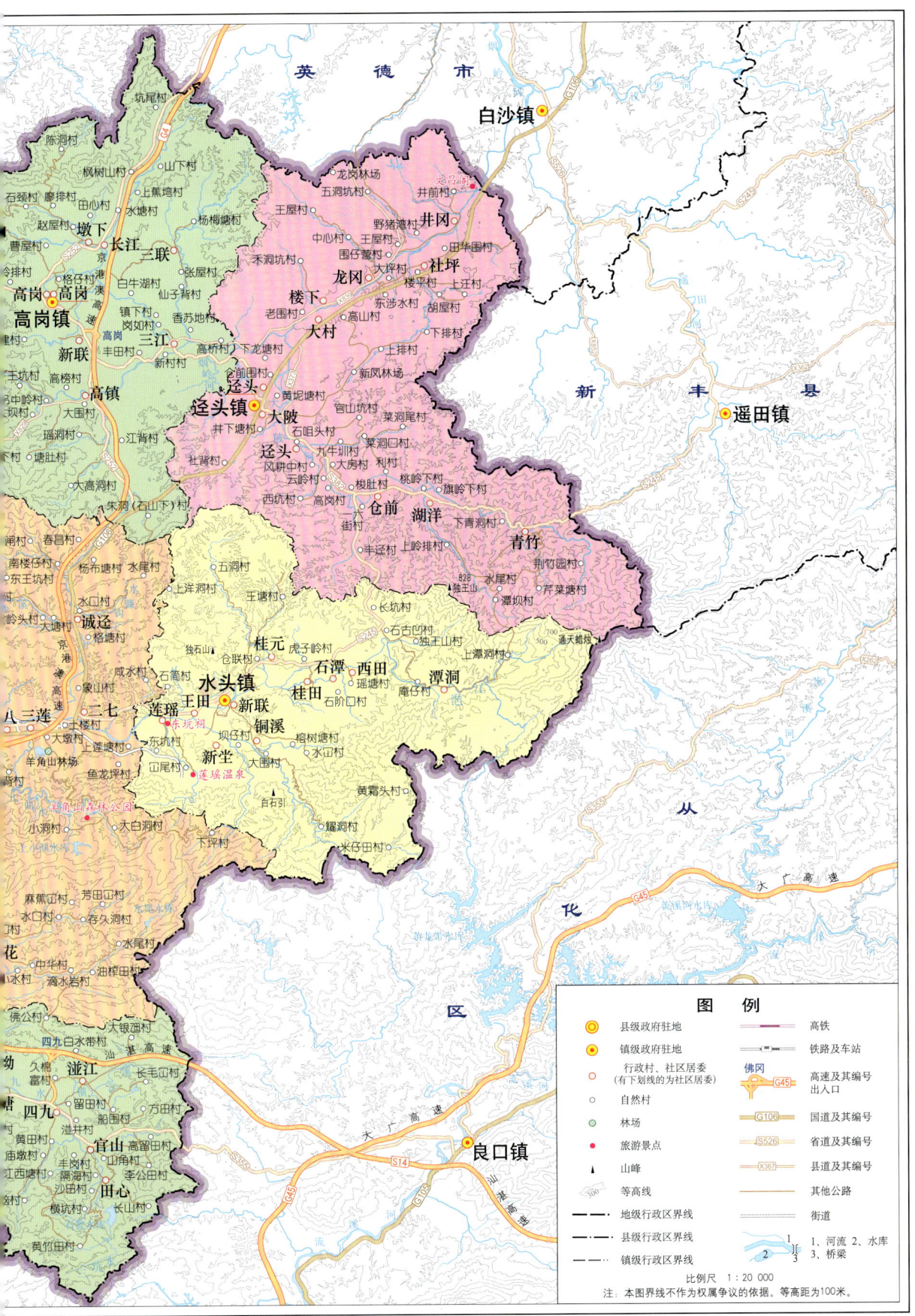

政务工作 ZHENGWU GONGZUO

● 1992年12月16—17日，佛冈县工会第十次代表大会在县政府礼堂召开

● 1993年4月，佛冈县总工会召开职工之家表彰大会，图为获奖单位领奖合影

政 务 工 作

● 1998年9月25—26日，佛冈县总工会第十一次代表大会在县迎宾馆三楼会议厅召开

● 2005年4月，佛冈县工会干部培训班暨"五一"表彰大会召开

● 2006年9月28日，国珠塑胶有限公司举行成立工会委员会暨挂牌仪式

● 2008年12月,佛冈县总工会举办困难职工帮扶资金发放仪式

● 2011年10月13日,2011年广州·清远(佛冈)两地同城"双转移"劳务对接校企合作签约仪式在佛冈县举行

● 2013年1月24日,佛冈县2013年就业工作会议召开

政 务 工 作

● 2013年2月25日，佛冈县总工会联合县人社局在佛冈县人民公园举行"春风行动"暨就业援助月活动专场招聘会

● 2013年4月24日，佛冈县总工会联合县综治维稳办、县人社局、县司法局在佛冈县人民公园举办"五一"国际劳动节维权宣传咨询活动

● 2013年11月30日，佛冈县总工会与清远加多宝草本植物科技有限公司联合举办2013年技能培训班，图为开班仪式

●2013年12月19日，佛冈县工会第十四次代表大会在县人民中心礼堂召开

●2014年4月17日，佛冈县总工会主席袁卫国（右二）率调研组到企业调研工会组织建设情况

● 2014年6月5日,佛冈县总工会在县人民中心西楼会议室举办工会会计制度培训班

● 2015年4月,佛冈县旅游行业工资集体协商动员会召开

● 2015年5月18—22日,佛冈县总工会在广东省总工会干部学校的肇庆培训基地进行为期一周的佛冈县工会干部培训学习

● 2015年5月25日，佛冈县总工会在县人民中心西楼会议室召开工会经费税务代收工作会议

● 2017年6月，佛冈县总工会举办安全生产知识培训班

● 2017年6月15日，清远市建筑施工安全生产标准化示范展示暨应急演练观摩交流会在佛冈县广州涉外经济职业技术学院举办

政 务 工 作

● 2019年3月13日，佛冈县工会第十五次代表大会召开

● 2020年7月10日，佛冈县召开全县基层工会困难职工摸底调查工作会议

● 2020年7月28日，佛冈县总工会到佛冈县供水服务中心开展"夏季送清凉"活动

● 2020年8月19日，佛冈县总工会举办"青聚人才　缘满佛冈"第一期青年人才交流活动

● 2020年12月16日，县总工会联合中国电信佛冈县分公司举办"尊崇工匠　技创未来"佛冈县通信行业网络专业技术大赛

● 2021年3月4日，佛冈县总工会联合粤运汽车运输有限公司助力企业复工复产

政 务 工 作

●2021年4月30日，佛冈县总工会到佛冈县公安局交警大队开展"五一致敬劳动者"活动

●2021年9月15日，佛冈县总工会领导班子到县博物馆参观学习

●2021月9月23日，佛冈县总工会于连樟村开展"我们的节日·中秋"暨"不忘初心、牢记使命、永远跟党走"党史学习教育主题党日活动

●2022年4月28日,佛冈县总工会在佛冈县公路事务中心英佛路公路养护所开展"致敬劳动者 夏季送清凉"活动

●2022年6月15日,佛冈县总工会在有关企业开展"粤工惠"活动,会员实名注册2.5万多人

●2022年4月29日,佛冈县总工会到县体育馆工地慰问建筑工人

政 务 工 作

●2022年8月5日，佛冈县总工会联合县卫生健康局开展疫情期间常态化送温暖慰问活动，慰问卫健系统疫情防控一线工作人员

●2023年2月，佛冈县总工会举办2023年春节"送万福进万家"活动

●2023年6月16日,佛冈县工会第十五届委员会第三次全体会议召开,会议选举林伟平为县总工会常务副主席,陈永胜为副主席。图为县人大常委会副主任、县总工会主席黄丽(前排中)会后合影

●2023年6月16日,佛冈县工会第十五届经审委员会第八次全体会议与会人员合影

●2023年6月16日,佛冈县工会第十五届女工委员会第三次全体会议与会人员合影

劳模座谈慰问

LAOMO ZUOTAN WEIWEN

● 2009年4月28日，佛冈县委、县政府举行劳模代表座谈会，县领导陈晓晖、黄镇生、吴琼芳等参加座谈会

● 2010年4月29日，五一国际劳动节前夕，佛冈县开展劳模慰问活动，图为常务副县长黄镇生（右）向劳模王月好（左）送上慰问金

● 2015年4月29日，佛冈县委书记华旭初（中）与"全国先进工作者"蓝榕概（左三）、"广东省劳动模范"周长春（右三）和"广东省先进工作者"刘治刚（左二）进行座谈并合影留念

● 2020年4月30日,佛冈县总工会召开"五一"国际劳动节暨劳动模范、援鄂抗疫先进代表座谈会,会上表彰参与湖北抗疫的先进个人。图为县人大常委会副主任、县总工会主席蓝应禄(左一)座谈后与各代表合影留念

● 2020年12月23日,佛冈县总工会到石角镇走访劳模钟妙荣(左二)

● 2020年12月23日,佛冈县总工会到高岗镇走访劳模何冠球(右二)

- 广东国珠模具科技有限公司员工肖光获2022年全国五一劳动奖章；广东鑫统仕集团有限公司获2022年广东省五一劳动奖状；广东鑫源恒业电力线路器材有限公司员工王清明获2021年"南粤工匠"荣誉称号。图为肖光、王清明及鑫统仕集团公司代表3人合影留念

- 2022年4月27日，"中国梦 劳动美"——喜迎二十大 建功新时代 佛冈县庆祝"五一"国际劳动节暨劳模座谈会召开

- 2023年4月27日，佛冈县总工会开展"弘扬劳模精神凝聚榜样力量"五一劳模交流活动。图为县人大常委副主任、县总工会主席黄丽（前排左五）与劳模合影

女职工风采 NVZHIGONG FENGCAI

● 1993年，佛冈瓷厂女职工在进行工艺瓷生产工作

● 1994年，原佛冈味精厂生产的名牌产品"嘉利"味精

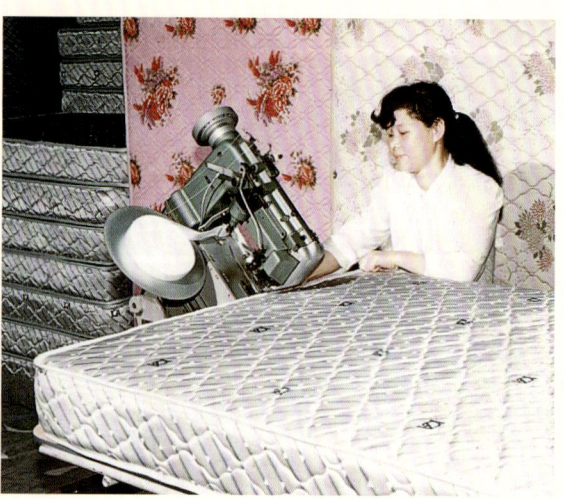

● 1995年，原佛冈县床垫厂女职工在车间进行床垫生产工作

●2011年3月，佛冈县兆联纺织有限公司女职工在车间作业

●2014年11月19日，佛冈县汤塘镇的幸运玩具五金制造有限公司的女职工在生产车间作业

●2019年7月3—11日，佛冈县总工会在广东省工人文化宫举办女工工作干部业务培训班

● 2021年3月10日，佛冈县总工会开展庆祝建党100周年系列活动之"巾帼心向党·奋斗新征程"主题活动。图为女工委员与基层女工座谈

● 2021年3月12日，佛冈县总工会在县人民公园进行"情系女职工 法在你身边"法治宣传活动

● 2022年5月31日，县总工会女职工委员会举办"保障女职工权益"法律知识讲座

文体活动
WENTI HUODONG

● 1991年4月，佛冈县总工会举办"五一"职工卡拉OK歌唱大赛

● 1995年10月1日，佛冈县第一届运动会在佛冈中学体育场举办，县总工会发动141家基层工会组织共2300多名职工参加

● 1996年4月29日，佛冈县教育局工会组织首届教职工交谊舞大赛

● 2000年，佛冈县总工会联合县文化局、县广播电视局组织"心连心"文艺宣传队下乡慰问演出。图为该队在石角镇小潭村演出

● 2006年4月27日，佛冈县总工会在县人民中心礼堂首次举办有外来职工参与的"湛江水·佛冈情""五一"国际劳动节新佛冈卡拉OK大赛

● 2014年4月28日，佛冈县总工会在县人民中心广场举办佛冈县职工庆祝"五一"国际劳动节第一届趣味运动会。该届趣味运动会的主题是"我运动，我快乐"

文 体 活 动

● 2015年4月24日,佛冈县总工会在县人民中心广场举行以"我运动,我快乐"为主题的佛冈县职工第二届趣味运动会。该运动会有来自全县机关、事业单位和企业工会的70支队伍共1000多名运动员参加

● 2015年9月14日,佛冈县总工会举办的庆祝国庆"工会杯"羽毛球比赛在佛冈利鑫羽毛球馆开赛

● 2016年4月29日，佛冈县总工会在县人民中心广场举行以"我运动，我快乐"为主题的佛冈县第三届职工趣味运动会。该运动会有来自全县各机关、事业单位和企业工会的95支队伍共1000多名运动员参加

● 2017年4月18日，佛冈县总工会举办佛冈县第四届职工趣味运动会。图为选手在运动会上奋勇拼搏

● 2018年4月18日，佛冈县总工会在县人民中心广场举办佛冈县第五届职工趣味运动会

文体活动

● 2019年5月20日,佛冈县总工会组织基层工会青年会员在县森波拉奇妙世界举办青年职工联谊交友活动

● 2020年4月30日,佛冈县总工会在县人民中心广场举办第六届职工趣味运动会

● 2020年9月24日,佛冈县龙山镇工会联合会举办"凝心聚力 关爱职工"迎国庆贺中秋联欢晚会

● 2021年11月27日,佛冈县总工会举办"中国梦·劳动美——永远跟党走 奋进新征程"文艺晚会

● 2022年8月4日，佛冈县总工会举行"会聚良缘 相约七夕"联谊活动

● 2023年4月28日，佛冈县总工会在县体育馆举办第七届职工趣味运动会，共128支代表队1600余人同台竞技

荣誉奖项
RONGYU JIANGXIANG

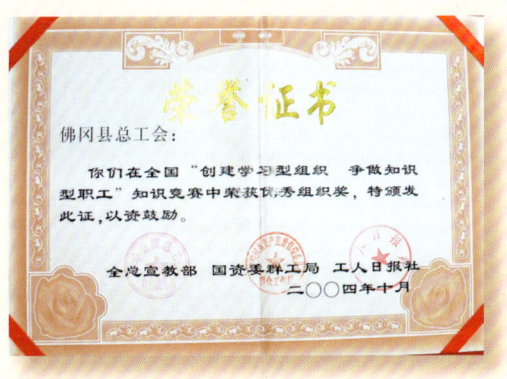

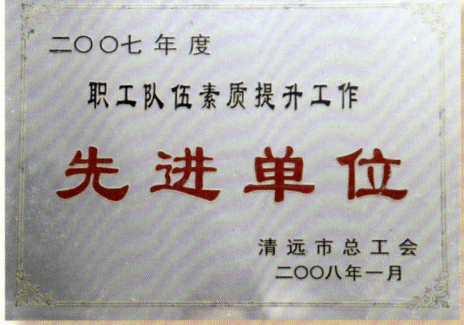

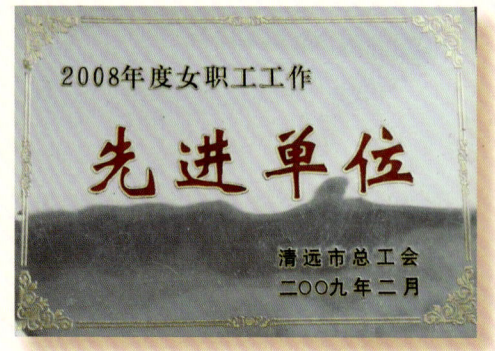
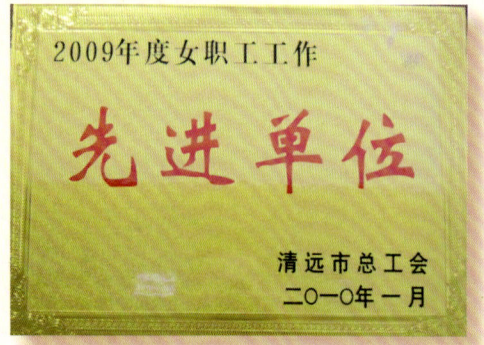

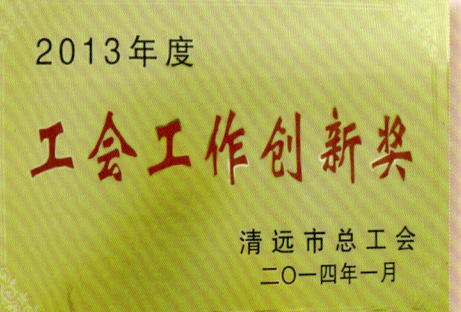

编志剪影 BIANZHI JIANYING

●2023年1月24日,县总工会与县史志办召开《佛冈县工会志》编纂工作第一次工作会议

●2023年1月24日,编辑工作人员与县总工会各部门进行编纂工作对接

●2023年6月12日，编辑部召开第二次编纂工作会议

●2023年6月12日，编纂人员在会上认真讨论工会志编纂工作

目 录 MULU

概　述 …………………………………………………………… 001
大事记 …………………………………………………………… 007

第 一 章　工会组织及沿革 …………………………………… 027
　　第一节　佛冈县工会概况 …………………………………… 027
　　第二节　机构沿革 …………………………………………… 033
　　第三节　组织机构 …………………………………………… 034

第 二 章　组织建设 …………………………………………… 044
　　第一节　基层工会组织建设 ………………………………… 044
　　第二节　基层工会规范化建设 ……………………………… 065
　　第三节　干部队伍建设 ……………………………………… 066
　　第四节　工会创建活动 ……………………………………… 069

第 三 章　工会会员与代表大会 ……………………………… 077
　　第一节　工会会员 …………………………………………… 077
　　第二节　县工会代表大会 …………………………………… 078
　　第三节　佛冈县出席省市工会代表大会代表 ……………… 084
　　第四节　职工代表大会制度 ………………………………… 085

第 四 章　机关建设 …………………………………………… 091
　　第一节　党组织建设 ………………………………………… 091
　　第二节　精神文明建设 ……………………………………… 100
　　第三节　工会集体荣誉 ……………………………………… 103

第五章　职工合法权益维护 105

第一节　职工维权机制 105
第二节　职工维权方式 111
第三节　来信来访及劳动争议处理 116
第四节　安全生产和劳动保障 121

第六章　服务经济建设 134

第一节　支援农业生产与"双增双节"运动 134
第二节　劳动竞赛 137
第三节　工会创建工作 143
第四节　"粤工惠"平台推广应用 147
第五节　参与扶贫开发与乡村振兴 150

第七章　民主管理和参政议政 152

第一节　民主管理 152
第二节　参政议政 158
第三节　参与社会活动 159

第八章　职工教育 165

第一节　思想政治教育 165
第二节　职业道德教育 170
第三节　职工素质教育 174
第四节　普法宣传教育 181
第五节　文体活动 188

第九章　职工生活 192

第一节　失业救济和再就业工程 192
第二节　困难救助 199
第三节　职工生活后勤工作 201
第四节　退休干部职工管理与服务工作 203

第十章　女职工工作 — 208

- 第一节　女职工组织 — 208
- 第二节　女职工权益特别保护 — 210
- 第三节　巾帼建功和文体活动 — 215
- 第四节　职工家属工作 — 218
- 第五节　女职工教育及关爱活动 — 220

第十一章　财务管理与经费审查 — 225

- 第一节　工会财务管理 — 225
- 第二节　工会经费审查工作 — 236
- 第三节　工会资产管理与监督 — 242

第十二章　劳动模范工作 — 245

- 第一节　劳动模范评选与表彰 — 245
- 第二节　劳动模范管理与服务 — 247
- 第三节　劳模工作规范与创新 — 250

第十三章　荣誉与人物 — 257

- 第一节　先进单位 — 257
- 第二节　先进个人 — 265
- 第三节　人物简介 — 271

第十四章　重要文件资料选录 — 284

- 第一节　重要文件选录 — 284
- 第二节　专题资料选录 — 312

后　记 — 327

概 述

（一）

佛冈县地处广东省中部、珠江三角洲边缘，总面积1295.17平方千米。县境东北与韶关市新丰县交界，东南与广州市从化区接壤，西南与清远市清城区毗邻，西北与英德市相连。佛冈古有"扼塞广韶、橐钥三州"之称，为广州至韶关的陆路通衢。佛冈境内有潖江、烟岭河2条主河流，以及粤中第一高峰观音山。2022年，佛冈县设有6个镇，下辖78个行政村和12个居民社区，辖区内有1个省级自然保护区（广东省佛冈县观音山自然保护区）和1个国有林场（羊角山林场）；全县户籍总人口36.07万人。佛冈县城石角镇位于县境中部，为全县政治、经济和文化中心。县境内有高速公路3条（京港澳、汕湛、广连）、国道2条（G106、G355）、省道5条，地方公路遍布全县。

佛冈地域古代分属中宿（今清远）、浈阳（今英德）。清嘉庆十八年（1813年），建立佛冈直隶军民厅（简称"佛冈厅"）；1914年6月撤厅改县，始称佛冈县。1953年和1958年，原属清远县潖江地区的汤塘、龙山先后被划归佛冈县。1952年，佛冈县与从化县合署办公；1958年10月，佛冈县并入从化县；1961年5月，恢复佛冈县建置。

佛冈县历史上的经济模式以农业经济为主，属于分散耕作的小农经济，经济基础薄弱，生产力落后，发展速度缓慢。清代，佛冈经济处于"库无存项、仓无余粮"的贫困状态。民国时期，佛冈被广东省政府列为三等县（贫穷县）。中华人民共和国成立后的一段时间，通过加强农业、逐步发展地方工业和商业，县内贫困状况有所改善，但受基础条件、自然灾害的影响以及政治运动的冲击，经济发展速度仍然较缓。1978年，全县地区生产总值5011万元，地方财政一般预算收入420万元。党的十一届三中全会以来，改革开放的春风吹遍佛冈大地。按照深化工业改革、发展外向型经济的新思路，佛冈县紧紧抓住国际产业转移和珠三角地区产业转移的机遇，加快工业园区建设，加大招商引资力度，引进科技型、规模化的外源型项目，推动高新产业的形成，提出"工业立县、工业富县、工业强县"的发展思路，全县范围内逐步形成空调制冷、食品饮料、电子科技、新型材料四大产业。

（二）

佛冈县内很早就有人投身工人运动。1925年，佛冈县三八诚迳村人宋华在省港大罢工之初，便曾介绍佛冈县龙南人刘健芸到省港大罢工委员会工作。1927年，宋华、高大彪及周锡、何辉等在广州榨油的数十名工人，联合佛冈县在广州读书的青年学生水头籍人刘特平、廖鉴铭,龙南籍人刘健芸,迳头籍人朱念民,烟岭籍人范桂霞、范桂爱、范桂笺等参加由中国共产党领导的广州起义。

抗日战争期间,许多佛冈籍人积极投身工人运动。1938年,佛冈县水头王田村人邹华衍(又名邹北珍)与自麻园村人廖鉴铭等回到佛冈建立中共组织,是年11月成立中共天西乡支部和中共龙岗乡支部,此后佛冈及湛江地区党组织不断巩固发展。在党的领导下,"闹钟剧社"组织成立,致力于宣传和组织抗日救亡运动,并发动群众募捐,支援八路军、新四军。佛冈和湛江地区的产业工人、手工业者、店铺业主和雇员纷纷投入支持抗日的活动中。在佛冈县城,由县政府倡导建成了抗日献金台,许多工人、店员和居民积极在此捐款捐物为抗日作贡献。

解放战争期间,1948年,原清远分设一部机械在水头镇上新田村,以设立加工厂,雇请有刘志荣、李南等10多名工人。水头武工队经常到该厂活动,宣传革命工作,并发展了工人黄序坤参加中国共产党,在该厂成立秘密联络站,负责筹款及情报等工作。在此期间,佛冈县支持革命的人越来越多,县内的许多工人、商人及店员、居民等纷纷投身革命,在革命斗争中发挥了工人阶级的先锋作用。1949年10月12日,解放佛冈县城战斗胜利结束,佛冈宣告全境解放。

(三)

中华人民共和国成立后,进入社会主义革命和建设时期。中共佛冈县委、佛冈县人民政府为加强对工人阶级的领导,对工人工会组建工作非常重视,把手工业工人和商铺店员组织起来,于1950年建立佛冈县工会,将会址设在原县城食品厂(石角镇环城中路原5号门牌处),指派首任县委书记兼县长周辉兼任工会主席。1950年6月,《中华人民共和国工会法》(以下简称《工会法》)颁布,佛冈县大张旗鼓宣传。佛冈县工会自成立起就表现其无产阶级性质,很快便获得一线工人的普遍支持。1951年8月,店员工人、搬运工人、建筑工人始建工会。

1953年1月,佛冈县第一次工人代表大会召开,佛冈县工会联合会正式成立。工会组织配合农村"土改""镇反"和城镇"五反"等政治运动,开展各种宣传活动,并参与对不法分子的检举、清查、监督等斗争活动,把工人群众团结在自己的周围,在维持和发展生产、战胜困难、争取改善县财政经济情况等方面做了大量工作。此后,在社会主义改造、第一个五年计划等时期,县内工会的工作卓有成效。

1956年,"三大改造"完成后,各行业实行公私合营,企业的性质发生变化,工会组织不断完善。当年,县工会联合会有基层工会11个,包括火柴厂工会、搬运工会、粮食加工厂工会、建筑工会和贸易金融工会等;会员660多人,人数占全县职工总数的64.7%。至1957年,全县有商业、教育、供销、邮电、医疗、搬运、粮食、金融、农林、水利等12个系统建立工会组织,会员1196人,人数占全县职工总数的70%,各基层均建立了工会会员档案。

1958年10月,佛冈并入从化县,佛冈县工会归从化县工会领导。同年10月,从化县划入广州市管辖，工会同时受广州市工会领导。1959年，从化、佛冈并县后又改划入佛山地区，工会改由佛山地区工会领导。1961年5月，从化、佛冈分县，工会组织同时亦分家。1961年10月，召开佛冈县工会第三次代表大会，选举产生佛冈县总工会委员会（佛冈县工会联合会改称佛冈县总工会，排为第三届），属广州市总工会领导。1963年6月，佛冈划归韶关管辖，工会也改属广东省总工会韶关地区办事处领导。此后至1965年，工会工作按上级工会组织和县委的部署开展。

1966—1978年为"文化大革命"和徘徊发展的时期。1967年初，县总工会受"文化大革命"冲击，暂停行使职能。1968年7月，佛冈县革命委员会成立政工组，下设群众工作办公室（简称"群工办"），下属工会、共青团、妇联3个组织的业务由群工办统管。1970年"三代会"（工代会、农代会、红代会）成立，1971年"三代会"与县体委合并。工代会的主要职责是宣传党中央制定的各项方针、政策，组织工人纠察队维持秩序，做好"抓革命、促生产、促战备"等工作，健全组织体系，发展"工代会"会员；重点任务是纯洁队伍、整顿组织。1972年，群工办筹备召开县工会第六次代表大会，恢复工会组织。1973年7月9—11日，在佛冈县革命委员会的领导下，正式召开佛冈县工会第六次代表大会，恢复佛冈县总工会。会后整顿恢复基层工会组织，除文教、卫生、农业、水电、粮食等系统尚未恢复工会外，全县共有基层工会44个，会员2432人。1974—1978年，全县工会组织工作逐步恢复。

（四）

1978年12月，党的十一届三中全会的召开，开启了改革开放和社会主义现代化建设的新时期。1978年10月，中国工会第九次全国代表大会（以下简称"工会九大"）在北京召开，佛冈县工会贯彻执行落实工会九大提出的关于工会工作的7项任务和要求，工会工作逐步走上正轨。同年，佛冈县恢复建立教育、卫生、农业等系统的工会组织。1979年，开始着重对基层工会进行组织整顿，督促工会干部和工会积极分子加强学习，切实贯彻新时期工会工作的基本方针。1980年，全县基层工会发展到96个，会员为4658人。

1987年，佛冈县政府大院第一家党政机关工会成立。1988年，全县基层工会达171个，会员达1.05万人。此后，全县工会组织不断巩固发展。到1990年，全县已有97%以上的党政机关（含乡镇）成立工会组织，这项工作走在清远市属各县区的前列。

1991年起，全县工会组织围绕中心、服务大局、提升素质、强化职能，发挥为加快经济社会发展服务的作用。1998年，县总工会机关实行"三定"以后，进一步精简调整内部机构，推动机关人员全面树立"内强素质、外树形象"的思想观念，加强自身学习，转变工作作风，深入基层，服务基层。为使基层工会可以独立的民事主体身份从事相关活动、享有相应的民事权利和承担相应的民事义务，《工会法》要求给基层单位领发"工会法人资格证书"，至此，基层工会有了明确的法人地位。

进入21世纪，县总工会积极探索工会主席由会员或会员代表直接选举的试点工作，先后在教育局、二轻局等基层工会进行试点。同时，县总工会按照"组织起来、切实维权"及"最大限度地提高工会组织的覆盖面,最大限度地吸纳各类职工入会"的要求,把整顿和建设好基层工会作为工会组织的一项基本任务,视为实现党的总任务、总目标,贯彻落实新时期工会工作的方针、政策和开创工会工作新局面的重要组织保证。对基层工会开展"整顿建家"工作,努力使基层工会成为密切联系群众、为职工说话办事、深受广大职工信赖的"职工之家"。

2012年起,全县广大职工在全面建成小康社会的伟大征程中继续发挥主力军作用,抓住机遇,开拓创新,不断发展壮大队伍,增强作用,推动佛冈县工会事业持续发展。在工作中,佛冈县总工会以党的十八大精神为指导,认真落实上级总工会的工作部署,坚持"夯基础、强管理、抓规范、创特色、求实效、促和谐"的总体思路,坚持群众路线,依法维权,努力营造和谐稳定的局面。全县各级工会坚持以习近平新时代中国特色社会主义思想为指导思想,坚持中国特色社会主义工会发展道路,深入学习贯彻习近平总书记关于工人阶级和工会工作的重要论述,切实把党的意志和主张落实到工会工作的全过程和广大职工的自觉行动中,全面加强工会系统党的建设,维护工会系统意识形态安全,引导广大职工听党话、感党恩、跟党走。为贯彻落实党的十九大乡村振兴战略的重大决策部署、进一步推进乡村振兴工作任务落实,县总工会开展"百企帮百村"行动常态化宣传,着力创新争优,推进基层工会组织建设及规范化管理工作。深入贯彻落实习近平总书记关于坚持"三个着力"加强基层工会建设的重要指示精神,建立长效工作机制,2021年,全县民主建会共22家,其中非公企业共14家(25人以上共6家),成功吸收会员695人。推进新就业形态劳动者建会入会工作,2022年,在货车司机、快递员、网约配送员等群体内建会7家。是年,全县新建工会28家,新发展会员3034人。此外,已在"粤工惠"平台工会实名注册的有667人。是年,全县有基层工会410个,会员4.59万人。

(五)

佛冈县各级工会坚持明确宗旨,积极履行职能,按照《中国工会章程》和《工会法》的规定,发挥好维护、建设、参与、教育的作用,做好各项重点工作,当好会员和职工群众利益的代表,为全县经济发展和社会进步作贡献。

健全职工代表大会制度。改革开放初期,县总工会逐步开展建立职工代表大会制度工作。此后,职工代表大会制度不断得到完善和健全。县总工会坚持职代会制度与平等协商集体合同制度有机结合的原则,在企业中通过平等协商建立集体合同制度,协调劳动关系,积极维护职工切身利益。同时,通过职代会、厂务公开等形式,组织职工参与本单位的民主决策、民主管理和民主监督活动,发挥职工的主人翁作用。在健全职工代表大会制度的过程中,做到平等协商的职工代表由职代会选举产生、协商议题向职代会征求意见、集体合同草案经职代会审议表决、集体合同履约情况向职代会报告。特别坚持把企业与职工签订劳动合同的情况以及职工养老、医疗、失业等社会保险金缴纳情况,通过职代会和其他民主管理形式予以公开,以有效协调企业劳动关系,维护职工合法权益，促进企业健康和谐发展。

加强安全生产和劳动保护工作。20世纪80年代起，在发展和规范劳动力市场的进程中，县总工会根据加强工会劳动就业工作的特点，广泛开展"保就业、保和谐、渡难关"工作。与此同时，各级工会还积极做好安全卫生监督检查活动，推选安全系统工程，开展各种竞赛活动，以此加强安全生产和劳动保护工作。20世纪90年代起，县总工会坚持围绕经济建设中心，广泛深入开展安全生产和劳动保护工作，激发广大职工群众的积极性、创造性，发挥主人翁精神。同时，积极开展各类群众性技术革新、技术攻关、劳动竞赛、提合理化建议、发明创造等立功竞赛活动，并通过召开技术大练兵动员大会等方式，激发职工的参与热情，以此加强技术协作和发明创造。进入21世纪以来，县总工会与相关单位密切配合，运用工会优势，鼓励职工参与技术协会的各项活动，尽可能对积极参与各项技术比赛的职工给予最大能力的帮助。

开展职工维权工作。县总工会有效处理劳动争议，切实维护广大职工的切身利益，构建和谐稳定的劳动关系。1995年以来，全国总工会先后发布《工会参与劳动争议处理试行办法》《关于进一步加强工会劳动争议处理工作意见》《关于进一步加强劳动争议调解工作的若干意见》等文件，县总工会由此开始根据相关法律法规严格处理劳动争议事件。县总工会另设立了基层工作部，其主要职责是加强劳动法律监督、建立劳动法律监督机构、构建劳动争议调解网络、依法开展职工维权活动。进入21世纪，随着企业新型劳动关系的建立和《劳动法》的进一步贯彻实施，县内的劳资纠纷、劳动争议领域也出现了新情况和新问题，县总工会积极开展各种劳动争议处理工作，研制和实施劳动关系预警机制，深入开展劳动关系和谐企业创建活动，推进实施和谐企业工程。同时，县总工会加强农民工群体的依法维权工作，建立各种法律援助中心，开展法律宣传和服务活动，以正确调处劳资纠纷、构建和谐劳动关系、扩大工会法律援助面。全县各级工会立足源头参与，建立健全系列维权机制，并建立每周一报的"中心+网格化+信息化"报表及相关劳资报表制度，使工会维权获得更有力的制度支持。

开展困难帮扶工作。县总工会大力开展困难帮扶工作，组织实施送温暖工程。多年来，面向受国企改制和产业结构调整影响而在生产生活中遇到实际困难的部分职工，全县各级工会建立困难职工帮扶中心，通过深入开展送温暖工程，推动工会帮扶工作纵深发展。县总工会把送温暖工程作为实施党的"凝聚力工程"工作的重要组成部分，每年都会走访困难职工，送去慰问金，并协助其解决实际的生活困难，使送温暖活动常态化、制度化、社会化。

做好来信来访工作。县总工会将工会信访工作作为工会履行维护职能的重要内容，以切实维护职工合法权益。多年来，职工信访内容主要是解决历史遗留问题，如落实政策、生活困难补助、劳动保险待遇等。20世纪90年代起，随着企业的发展和国有、集体企业的转制，劳资矛盾突出，职工信访内容主要反映职工工资分配、人员分流、"三金"缴纳、职工民主权利和劳动保护、劳资纠纷等问题。县总工会热情接待来信来访，努力协调化解各类矛盾。同时，由于机制的转换和经济体制的改革，下岗失业人员有所增多，来信来访数量明显增加。县总工会本着当好"娘家人"的精神，热情接待每一个人，着力处理好每一封来信，力争化解各类矛盾，维护一方社会稳定，并进一步拓宽信息渠道。进入21世纪后，县总工会在信访工作上已实现制度化、规范化，并仍坚持不断提高信访案件的办理质量。

发展壮大工会组织。全县各级工会坚持顺应改革的历史趋势，转变思维方式和工作方法，创新思路，开创工会组建的新局面，使工会组织不断发展壮大。进入新时代后，鲜明地提出把工会组建和发展会员作为工会工作重中之重的工作思路，确定"组织起来、切实维权"的工会工作方针，大力推进新经济组织工会的组建。近年来，不仅成功解决约克、建滔等大企业建会问题，而且在探索适应市场条件下的基层工会组织形式和组织体制方面工作成效显著。全县在组建区域性、行业性基层工会方面取得重大进展，并通过组建镇级总工会将工会工作重心下移到镇。工会组织网络的进一步完善，为佛冈县工会组织的发展壮大提供长效的机制保障。截至2022年，全县有134个副科级行政事业单位成立工会组织，99家规模以上企业成立工会组织。

培育高素质职工队伍。全县各级工会注重提高职工队伍素质、培育高素质职工队伍。20世纪50年代起，坚持在职工中开展思想政治教育活动。改革开放初期，县总工会与有关部门联合举办文化补习班，以提高职工队伍的科学文化水平。同时，指导县内各行业开展劳动竞赛、技术竞赛，开展"岗位创先创优创新"活动，激发职工学政治、学文化、学技术的热情。进入新时代，为贯彻落实科教兴县和人才强县战略，各级工会深入开展"创建学习型组织，争做知识型职工"活动，全面推进职工素质工程，使新型职工与时俱进的成长路径日渐清晰。工会组织不断创新教育培训形式和方法，融入新的教育及管理理念，赋予职工教育新面貌，全面提高了职工队伍素质。近年来，县总工会获省总工会授予的"学习型组织"荣誉称号，一批职工获"知识型职工标兵"荣誉称号。县总工会和各级工会将继续适应时代发展的新要求，开拓进取，锐意创新，不断书写佛冈工会事业的崭新篇章。

大事记

1925—1948年

1925年6月,佛冈青年工人高大彪(诚迳人)、刘健芸(龙南人)参加省港大罢工。当时,刘健芸在省港大罢工委员会担任肃反委员会纠察队队员。

1927年12月,在广州从事榨油工作的佛冈籍青年工人宋华、高大彪、周锡、何辉等数十人,联合在广州读书的佛冈籍青年学生刘特平、廖鉴铭、刘健芸、朱应熊、朱念民、范桂霞、范桂爱、范桂筊等参加由中共广东省委领导的广州起义。

1938年春,佛冈县水头籍人邹华衍(邹北珍)与廖鉴铭等回到佛冈成立中共天西乡党支部。在党的领导下,组织"闹钟剧社"以宣传抗日救亡运动,深入农村办夜校,成立妇女会,在当地组织抗日自卫队。

1948年,原清远火柴厂分设一部机械在现水头镇上新田村加工半成品,雇有刘志荣、李南等10多名工人。

1950年

6月,《工会法》颁布,县组织工人大张旗鼓宣传。

是年,佛冈县工会建立,由首任县委书记兼县长周辉兼任工会主席。会址设在原县城食品厂(石角镇环城中路5号)。

1951年

是年,佛冈县工人联合会成立,始建店员工人工会、搬运工人工会、建筑工人工会。

1953年

1月,佛冈县工会第一次代表大会召开,佛冈县工会联合会正式成立。出席代表40人。会上选举出第一届工会联合会委员会,并选刘来胜为出席广东省首届工会的会员代表。

是年,佛冈县职工业余文化夜校创立。

1954年

5月,佛冈县委书记王启智在给县工会干部陈金土同志的一封信中,强调了需进一步重视和加强对工会工作的领导。

是年，县工商联成立后解散店员工会。中国教育工会佛冈县筹备委员会成立。

1955年

8月17—20日，佛冈县工会联合会第一届第二次会议召开。会议选举出席省工会第二次会员代表大会的代表；县委任命县工业部部长刘鸿彦兼任县工会联合会主席。

是年，职工业余文化夜校发展为职工业余学校。中国教育工会佛冈县委员会成立。

1956年

是年，换发工会会员证。县运输社成立后解散民船工会。工会组织协助政府完成对资本主义工商业的社会主义改造。县工会联合会召开全县工会积极分子代表大会。

1957年

6月12—14日，佛冈县工会第二次代表大会召开。出席代表49人，会上选举出县工会联合会第二届执行委员会委员、经费审查委员会委员，选举李刚为第二届县工会联合会主席及出席广东省工会第三次会员代表大会的代表。

12月，全县有工业、商业、教育、供销、邮电、医疗、搬运、粮食、金融、文化、农林、水利等12个系统建立工会组织，会员1196人。各基层工会均逐步建立会员档案。

是年，大力宣传增产节约运动，组织职工开展劳动竞赛和技术革新活动，县松香厂、印刷厂、酒厂于韶关专区厂际竞赛中均获"优秀厂"称号。

1958年

10月，佛冈县并入从化县，佛冈县工会联合会同时并入从化县总工会。

1961年

5月，从化、佛冈分县。

10月21—23日，佛冈县工会第三次代表大会召开。出席代表52人。大会选举产生县工会联合会第三届执行委员会和经费审查委员会，选举欧阳杜为县工会联合会副主席及出席广州市工会第四次会员代表大会的代表。

1962年

1月，佛冈县总工会成立。是月，工业战线缩短，全县共需精简职工486人，县总工会配合做好思想疏导工作。

1963年

6月，佛冈划入韶关市管辖，佛冈县总工会归属广东省总工会韶关地区办事处领导。

1964年

是年，全县开展"社教"运动，在职工中进行形势教育、阶级教育和战备教育，开展大学毛主席著作运动。

1965年

是年，全县各基层工会组织开展"五好"、先进职工和各种"能手"评选活动，评选出先进班组13个，"五好"职工34名，先进职工140名。

1966—1967年

受"文化大革命"冲击，县总工会机构陷入瘫痪，暂停行使职能。按照广东省总工会文件，县总工会主席、副主席改称县总工会主任、副主任。

1968年

7月，佛冈县革命委员会成立政工组，下设群众工作办公室（简称"群工办"），统管县总工会的一切工作。

1970年

是年，佛冈县"工代会""农代会""红代会"（简称"三代会"）成立。

1971年

是年，佛冈县三代会与县体委合并。

1972年

是年，县群工办筹备召开佛冈县工会第六次代表大会，恢复基层工会组织。

1973年

7月9—11日，佛冈县工会第六次代表大会（排为第六次）召开，恢复佛冈县总工会。

是年，整顿恢复基层工会组织，除文教、卫生、农业、水电、粮食等系统尚未恢复基层工会外，全县共有基层工会44个，会员2432人。

1974年

是年，佛冈县出席广东省工会第五次代表大会的代表有李山东、郭都明、胡锦开3人。

1975年

2月4日，县总工会召开佛冈县老工人代表座谈会，来自各厂矿企业的45名老工人代表与会。座谈会向全县发出倡议，主张关心青年一代的成长，培养好接班人。

1976年

是年，举办5期工人干部理论学习班，共396人参加学习，其中副厂长以上级别干部35人，工人辅导员161人。县总工会响应党中央和省委号召，掀起"工业学大庆"高潮，在县委的领导下，号召工交企业和财贸战线的职工开展"远学大庆、近学马鞍"和学习"铁人"王进喜精神的相关活动。

1978年

是年，县总工会工作转向正轨，评出工会工作积极分子260名。同年，成立县属机关职工业余文艺宣传队。

1979年

是年，县总工会举办以增产节约为内容、以生产为中心的劳动竞赛。

是年起，职工业余学校扩大招生，设有14个学习班。

1980年

1月27—29日，佛冈县工会第七次代表大会召开。

1981年

是年，县总工会与教育部门、团委、妇联等单位联合开展"五讲""四美"宣传活动及创"五好"女工活动。

1982年

是年，县工会、共青团、妇联3家联合主办县城机关厂矿青年集体婚礼。

1983年

7月26日，佛冈县划归广州市管辖。广州市大力开展城乡结合办企业、外引内联办企业，推动了佛冈的工业发展。

是年，抓好企业民主管理，逐步完善职工代表大会制度。开展"振兴中华"读书活动。

1984年

5月25—27日，召开佛冈县工会第八次代表大会。在全县基层工会中开展"职工之家"建设活动。

5月，中华全国总工会下发了《关于整顿工会组织，开展建设"职工之家"活动的决定》，县总工会遵照全国总工会的要求，在整顿中进一步健全工会组织，全县有基层工会140个，会员7871人。

是年，县总工会主席赖清龙出席广东省工会第七次代表大会。

1985—1986年，持续抓好"职工之家"活动和企业民主管理的建设。佛冈味精厂被广州市总工会评为"先进职工之家"，佛冈县被评为"企业民主管理先进单位"。

1987年

11月16—18日，佛冈县工会第九次代表大会召开。

1988年

4月，在"五一"国际劳动节前夕，县总工会开展以《中国工会章程》为内容的知识竞赛。

5月，全县遭受特大洪水袭击，省总工会下拨救灾款1万元，重点解决县内受"5·25"洪水影响而产生损失的3个单位75名工会会员的困难。

6月，县总工会为适应新时期工会工作任务既聚焦中心工作又开展多方面服务的多元化需求，成立佛冈县工人贸易服务公司（后撤销）。

是年，佛冈县总工会综合大楼竣工使用。佛冈县选举赖清龙等7人出席广州市工会第七次代表大会。

1989年

1月1日，县总工会联合县妇联、团县委为6对县城新婚青年举办集体婚礼，并与县委宣传部等9个单位联合组织以"爱我佛冈"为主题的征文和演讲比赛。

4月29日，县林业局成立退休职工管理委员会（简称"退管会"），成为佛冈县基层工会中第一个成立退管会的单位。

7月7日，佛冈县总工会工人文化宫100英寸镭射录像放映室建成。

9月9—11日，清远市工会第一次代表大会在清城镇召开，佛冈县工会代表团有省劳动模范汪天祐、工人代表温沛雄、知识分子黄裕忠及基层工会主席等15名代表成员。

9月，佛冈县出席广东省工会第八次代表大会的代表有赖清龙、谢桂珍（女）、陈世亮3人。

10月25日，县总工会召开1989年度财务工作总结表彰大会，会上表彰奖励了县内水泥一厂、水泥二厂、味精厂、电池厂、供电局、外经委、工艺厂、水运公司、人民医院、饮服公司、百货公司、糖烟酒公司、医药联合总公司、轻工机械厂、交电公司、物资局、石厂、龙南小教、石英粉厂、纸厂等20个单位。

12月14日，佛冈县退休职工管理委员会召开座谈会，有委员、部分单位领导及工会工作积极分子共30多人参加，退管会设"职工之家"，成为退休职工的第二个家。

是年，县总工会获佛冈县人民政府赠予的庆祝中华人民共和国成立40周年"新风组织，共建文明"锦旗一面。

1990年

1月6日，县政府批转县总工会《关于县属党政（乡、镇）机关中全面组建工会》的请示。

2月27日，县委批转县总工会《关于成立县党委机关组建工会筹备领导小组》的请示。县委副书记冯典坪任组长，县委常委陈玉玲、县委组织部副部长谢荣业、县总工会主席赖清龙任副组长。

3月2日，县总工会召开座谈会，县属有关单位、企业、学校工会主席及团支部书记共17人参加，会议内容为汇报、交流开展"学雷锋、树新风"活动和贯彻中央《通知》以及职业道德教育工作的做法、体会。县委主管工、青、妇工作的常委陈玉玲出席会议并作讲话。

4月29日，召开"庆五一当主人，学雷锋树新风，学《通知》振奋精神搞好工作"经验交流会。参加会议的有县内的省市劳模、先进生产（工作）者、工会工作积极分子、工人代表、基层党政领导和退（离）休干部共90多人。

5月，开展"红五月"活动，贯彻清远市总工会《关于发动职工开展合理化建议活动月的意见》。据统计，开展并参与活动的单位有26个，职工人数2248人，提建议职工128人次，提建议件数58件，被采纳51件。

10月1日，汤塘镇新塘炮竹厂发生火药燃烧事故，造成7人死亡、25人烧伤，其中重伤19人。后县总工会发动全县工会干部职工捐款，共筹得善款21万元，用于受伤工人的抢救治疗。

10月29日，清远市总工会召开全市工会基层工作会议，县总工会廖北生和县水泥二厂工会主席何忠煌出席。会上县水泥二厂介绍了《在深化企业改革中加强工会自身建设》的经验和体会。

是年，佛冈味精厂被评为省劳动竞赛"双增双节"先进集体。佛冈县出席清远市工会第一次代表大会的代表有15名。

1991年

4月，成立佛冈县象棋协会，并配合文化、邮电部门成立县花鸟协会、集邮协会。举办五一职工劳动杯篮球赛。

是年，创办工会主席理论学习培训班。开展"发挥主力军作用，积极投身'质量、品种、效益年'"活动，佛冈味精厂获广东省"质量管理奖"；县羊城饼干厂"广佛牌麻蓉曲奇饼""富士饼"获广东省"优质产品"称号。县总工会被清远市总工会评为"工会工作先进单位"。

1992年

4月3日，新修订的《工会法》颁布。

5月1日，县总工会举办五一工人文艺联欢晚会。

5月30日,县委办公室批转发至各单位贯彻县总工会《关于认真组织学习、宣传贯彻新〈工会法〉的意见》。

12月16—17日,佛冈县工会第十次代表大会召开。

是年,开办工会骨干培训班,参加学习的有37人。县总工会被清远市总工会评为"工会工作先进单位"。

1994年

4月23日,县委、县政府召开全县工会工作会议,宣传学习新修订的《工会法》。

12月,清远市总工会授予县总工会"工会工作一等奖"荣誉称号,县总工会维权股被广东省总工会评为"广东省工会劳动保护先进集体"。

是年,佛冈县出席广东省工会第九次代表大会的代表有廖北生、周兰娣(女)2人。出席清远市工会第二次代表大会的代表有14名,廖北生当选市总工会第二届委员会委员,郑炳洲当选市总工会第二届经费审查委员会委员。

1995年

4月6日,县委办公室批转县总工会《关于加强我县外商投资企业组建工会工作的意见》。

5月8日,县总工会转发市总工会《关于做好各县(市、区)所属基层工作委员会社会团体法人资格证发证工作的通知》。全县有36个基层工会办理了社会团体法人资格证。

5月,在五一国际劳动节来临之际,举办职工"澅江杯"中国象棋比赛。全县有17个单位共75人参赛。

6月,举办贯彻实施《劳动法》学习班。全县基层工会干部55人参加。

9月开始,按照省、市总工会的部署和要求,县总工会在全县外商投资企业中开展以"双爱双评"(职工爱企业、企业爱职工和评选爱企业的好职工、爱职工的好经理)为主要内容的建设职工之家活动。

1996年

4月29日,在县文化公园灯光球场举办五一国际劳动节"佛味杯"国际标准交谊舞大赛。参赛者有来自各战线的27对舞者,获得团体奖前三名的分别来自农委、宣传、党群战线。

4月30日,县总工会召开群英代表汇聚庆五一茶话会,有3名劳模和30多名先进生产工作者、先进单位代表参加。

8月29—30日,县总工会举办签订集体合同工会主席培训班,来自各基层工会的68名干部参加学习。省总工会法律顾问处的领导为培训班作《工会如何签订集体合同》《劳动争议处理》《当前工会工作》专题辅导,清远市总工会主席罗春义到培训班作讲话。

9月，县总工会先后在佛冈供电局、佛冈味精厂两个单位开展签订集体合同试点工作。

是年，县总工会被清远市总工会评为"工会工作先进单位"。佛冈味精厂被广东省总工会授予"先进职工之家"称号。县总工会开展送温暖工程，全年共慰问困难企业3家、特困职工84人和住院职工23人。

1997年

4月24—26日，县总工会在县邮电局举办五一佛冈县职工乒乓球赛。这次比赛以各战线（系统）为单位组队，分别有党群、经委、财委、农委、政法、教育、外经、卫生、建委、宣传等10个代表队和男子单打63人、女子单打28人参赛。

9月4日，县总工会召开签订企业集体合同工作会议。会议主题是深入贯彻《劳动法》《工会法》和《广东省企业集体合同条例》，推进全县国有、集体企业集体合同签订工作。

12月31日，县总工会在县总工会篮球场举办庆元旦象棋擂台赛，赛事于1998年1月6日结束。

1998年

4月21日，县总工会举办五一职工"卡拉OK"歌唱大赛，以各战线（系统）为单位组队选派员工参赛，按个人得分高低排列名次，奖励前10名。

4月27日，县总工会召开工会工作会议，表彰奖励"先进职工之家"共33家，县委副书记黄银带出席会议，并为受表彰单位颁发锦旗、奖状。

9月25—26日，佛冈县总工会第十一次代表大会召开，会上选举产生新一届委员和经审委员。廖北生任县总工会主席，陈章桂任副主席。

1999年

3月28日，清远市厂务公开会议在佛冈县召开，佛冈县8个单位代表在会上分享工作经验。

4月29日，县总工会在县文化公园举办庆五一职工拔河比赛。这次拔河比赛以各系统（战线）党委为单位，有男队11支、女队10支，运动员共250多人。比赛采用淘汰制（三盘两胜制），各奖励前三名。

5月9日母亲节，县总工会配合县妇联在县府礼堂举办"母亲风采着装"表演，来自县城9条战线（系统）的53位员工以母亲身份身着新颖的服饰表演，15名参赛者获优秀奖。

7月13日，在县迎宾馆三楼大会议室召开会议，传达贯彻中华全国工会第十三次代表大会和广东省工会第十次代表大会精神。县总工会第十一届委员会委员和经审委员，县总工会机关人员，各系统工会和基层工会主席共100多人参加会议。

9月，县总工会与县社保局联合举办社会保险知识竞赛活动，发放社会保险资料一批及竞赛试卷3000份。竞赛活动授一等奖5名、二等奖10名、三等奖30名、四等奖180名。

是年，县总工会办公室接到本县参加过省港大罢工的老前辈高大彪因伤病遇到困难的来信，立即做好热情帮助排忧解难工作，并从当年开始建立特困职工档案。

2000年

3月28日，清远市厂务公开会议在佛冈县召开，佛冈县8个单位代表在会上分享经验。

4月26—27日，为庆祝五一国际劳动节114周年，县总工会在县老干局五楼乒乓球室举办职工乒乓球赛。这次比赛以各系统（战线）党委为单位组队，分别有男女子混合团体赛、男单、女单3个项目，共有12支队伍46名运动员参赛，各奖励前三名。

4月，县总工会组织参加省总工会举办的"百万职工劳动权益知多少"知识竞赛，全县500多名职工参加考试并于总体上取得良好的成绩。

2001年

4月27—30日，县总工会举办全县工会会员五一象棋赛，竞赛地点在县总工会二楼，竞赛项目为男子个人象棋赛，竞赛办法采用国家体育总局1999年审定的《象棋竞赛规则》。共有10多名选手报名参赛。

7月10日至9月中旬，全县各级工会开展"三个代表"重要思想学习教育活动。同时，县总工会真心实意为群众、为职工办实事。一是帮助原水运公司老劳动模范刘柱解决劳动模范津贴问题；二是多次探望特困职工赖华生一家，并送上慰问金1500元和衣物一批，帮助解决部分紧缺的医疗费用；三是为挂扶点送上35册江泽民总书记"七一"讲话读本，并提供5500元支持村委搞好农业生产。

10月，县总工会组织学习新修订的《工会法》，主要措施：一，争取有关部门支持，在《佛冈报》刊登新《工会法》，供全县干部、职工、群众阅读学习；二，筹集资金，印刷4000多份新《工会法》小册子并发放到广大干部、职工手上；三，在县城悬挂新《工会法》宣传横幅。

2002年

4月，全县各基层工会举办学习《工会法》知识有奖测验活动。这次活动共印发试卷6000份，收回5700多份，回收率在95%以上，达到预期效果。

4月28日，县总工会在县城文化公园大家乐舞台举办庆五一文艺晚会。

5月，县总工会下发相关文件及资料，加强对《工会法》的学习与宣传工作。

9月，党群工会等系统工会举办"欢度国庆、迎接党的十六大召开"广场文艺晚会；教育系统工会举办男、女子篮球赛。

2003年

3月,县总工会部署在五一劳动节前评选全县先进集体和先进个人,并进行相应表彰。经过评选,县总工会授予广电集团佛冈供电分公司工会等5个基层工会组织"工会工作先进集体"称号,授予杨明等8名工会工作者"优秀工会工作者"称号,授予李凡敏等8名财会工作者"优秀财会工作者"称号,授予钟定能等45名工会会员"先进工会积极分子"称号。

9月2—3日,佛冈县工会第十二次代表大会召开。

9月上旬,县总工会举办"劳动者之歌"大型文艺晚会。

2004年

3月,为解决困难职工"四难"(就业难、子女读书难、住院难和住房难)问题,县总工会首次举办工会助学金发放仪式,对县内处于非义务教育阶段的4名优秀大、中专学生发放每人800元的助学金。

4月27日,县总工会在县水利局篮球场举办佛冈县职工男女子混合拔河比赛。参赛人员以系统(党委)为单位进行组队,共有10支队伍参赛。经过激烈比赛,经贸队获得第一名,教育队、交通队分别获得第二、第三名。

5月31日,县编委同意成立佛冈县困难职工帮扶中心,挂牌于县总工会,具体职能由县总工会承担。

2005年

1月,县总工会为困难职工发放春节慰问金。截至6月底,发放慰问金共4.3万多元,慰问困难职工200户、困难劳模10人,向8名困难职工子女发放4000元的工会助学金,对全县216户特困职工建立档案,并提供给民政部门纳入低保。

3月,三八妇女节前夕,县总工会组队参加清远市总工会举办的"清远市女职工歌咏比赛"活动,荣获三等奖。

4月28日,县总工会举办全县工会干部培训班,培训班邀请广东省总工会干部学校李晓明教授前来授课,全县108名工会干部参加培训。

5月,在五一国际劳动节期间,县总工会在县城人民公园广场举办《广东省工资支付条例》咨询会,发放《劳动法》《广东省工资支付条例》和《职工劳动法律手册》等法律法规小册子共2000多份。

6月15—25日,为纪念《全民健身计划纲要》颁布实施十周年,县总工会举办2005年佛冈县"永康杯"职工男女子篮球赛。参赛者以县直系统(党委)和外资企业为单位进行组队,共有14支球队140多名运动员参赛。

10月18日,县委组织部与县总工会联合发出《关于印发〈在非公有制经济组织中加强"党建带工建、党工共建"工作的实施意见〉的通知》,通过党组织与工会组织之间的合作,促进非公有制企业党建和工建构建新格局,全县6个镇分别建立以党建带工建联席会议制度。

2006年

4月26—30日，县总工会与县体育局、县文景房地产开发有限公司在县城人民中心灯光篮球场举办2006年"汇龙杯"男子篮球邀请赛。本次比赛邀请12支代表队参加，比赛完成后，排名前三的代表队获奖励。

4月27日，清远市总工会发出《关于表彰清远市模范职工之家、模范职工小家的决定》，其中，佛冈县的广东电网公司清远市佛冈供电局工会、广东烟草佛冈县有限公司工会、佛冈县中医院工会被授予"清远市模范职工之家"称号，清远市佛冈公路局龙山公路养护所工会小组、广东省佛冈县食品药品监督管理局工会被授予"清远市模范职工小家"称号。

4月30日，清远市委、市政府召开庆五一国际劳动节暨劳动模范和先进工作者表彰大会。在大会上，佛冈县约克广州空调冷冻设备有限公司YSM生产线班长桂必兴（河南省信阳市人）当选市劳动模范，为佛冈县首个当选市劳模的外来工。

2007年

1月，根据上级有关文件精神，佛冈县实行县总工会主席按同级党政副职配备工作，由县人大常委会一名副主任兼任县总工会主席职务。县总工会主席吴琼芳在佛冈县第十三届人民代表大会第一次会议上当选县人大常委会副主任。各镇也明确需由一名镇副职领导兼任镇工会主席。

4月11日，县总工会召开第十二届委员会全体委员会议。会议主要内容是增选佛冈县总工会第十二届委员会副主席（常务副主席）。经过民主选举，增选何永中为副主席。

4月25日，县总工会举办全县工会干部培训班暨五一表彰大会。县工会第十二届全体委员和全县基层工会主席共235人参加会议。培训班邀请省总工会干部学校副校长李晓明教授授课。会上，对获得"工会工作先进单位""优秀工会工作者""优秀工会财务工作者"称号的组织及个人进行表彰。

2008年

3月，县委组织部和县总工会联合发出《关于做好成立镇总工会工作意见的通知》。经过宣传发动，7月，南部的石角镇、汤塘镇、龙山镇分别建立镇级总工会，北部的水头镇、迳头镇、高岗镇分别建立镇工会工作委员会。

4月22日，县总工会在县人民中心召开庆祝五一劳动模范座谈会。县四套领导班子和26名县内市级以上劳模出席会议。

9月中旬，县总工会在县人民中心广场举行"佛冈县职工工装展示大赛"。

12月19日，佛冈县工会第十三次代表大会召开。

2009年

4月28日,县总工会与县委宣传部、县旅游局和团县委在县人民中心广场举办"激情五月,和谐佛冈"文艺晚会。

9月,县总工会与司法、劳动等部门在县人民公园举办劳动法律咨询活动,发放《工会法》《劳动法》《中华人民共和国劳动合同法》(以下简称"劳动合同法")等维权法规政策的宣传资料1000多份。

是年,按照"哪里有企业,哪里有职工,哪里就要建立工会组织"的建会原则,县内新组建基层工会组织13家,新增会员1142人。县总工会开展送温暖工程,在春节、中秋节等重大节日前对困难职工实行帮扶救助,全年先后走访慰问困难职工347人、劳模10人,送出温暖资金21.5万元。

2010年

2月,县总工会在春节期间开展"真情送温暖,助困进万家"活动,分别到约克、建滔、国珠等企业慰问困难职工和农民工及劳模365人,送出慰问金15万多元。

4月26日,县总工会在县人民中心西楼403会议室召开工会庆祝五一国际劳动节暨表彰大会,县工会十三届委员、女工委员和基层工会及部分县四套领导班子和有关部门领导参加。大会表彰先进基层工会组织15个、优秀工会工作者15人、优秀工会财务工作者10人。会上,县委常委徐文婉作了讲话。

8月,县总工会开展夏季"四送"促发展活动,即送助学金——举办佛冈县困难职工助学金发放仪式;送帮扶资金——举办佛冈县困难职工帮扶资金发放仪式;送技能培训——为70多名职工免费培训技能知识;送法律宣传——向企业职工赠送《劳动合同法》等法律法规宣传资料。

是年,县总工会会同劳动部门对16家用工单位劳动合同的签订履约情况进行了大检查,对3起含不规范条款的进行了纠正。参与劳动仲裁案件2宗,参与调处包括悦生明珠花园在内的劳动纠纷案7宗,协助讨回工人被拖欠工资200多万元。

2011年

5月17日,县总工会在县人民中心主楼420会议室召开全县工会组建工作座谈会,县直和省市直管有关单位负责人、各镇总工会(工会工作委员会)主席等参加座谈会。

是年,开展"送温暖""金秋助学"等活动,为困难职工、困难农民工提供帮扶救助。全年共筹集困难职工慰问金30.2万元,慰问县内的10名省、市劳模,395名困难职工(含农民工)以及30名非义务教育阶段的困难职工子女,为他们提供生活困难补助,为70多名职工免费进行技能知识培训。

2012年

4月中旬,县总工会与县人社局在县人民公园举办大型企业招聘会,35家企业参加招聘活动，1000多名求职者到会应聘，400多人与用人单位达成用工协议。

4月下旬，在五一国际劳动节前夕，经各级推荐，清远加多宝草本植物科技有限公司获"广东省先进集体"称号，汤塘法庭蓝榕慨获"广东省先进工作者"称号。

是年，县总工会组织参加全国"安康杯"竞赛活动，广东电网公司清远佛冈供电局获"全国'安康杯'竞赛优胜单位"称号。佛冈县供水服务中心、中国电信股份有限公司佛冈分公司、建滔（佛冈）特种树脂有限公司3个单位获"清远市'安康杯'竞赛优胜单位"称号。

是年，县总工会印发《佛冈县总工会处置职工群体性上访事件预案》，成立总工会处置职工群体事件应急领导小组。

是年，筹集帮扶、慰问资金50多万元，慰问22名省、市劳模，750名（次）困难职工（含农民工）以及50名非义务教育阶段的困难职工子女，分别为其发放助学金或提供生活困难补助，为60多名职工免费进行职业技能培训。

2013年

2—3月，根据上级文件精神，做好全国五一劳动奖章、广东省五一劳动奖章、广东省"工人先锋号"、清远市"工人先锋号"的推荐工作。其中，佛冈建滔实业有限公司董林获广东省五一劳动奖章；佛冈中学物理教研组、约克广州空调冷冻设备有限公司VRF OD生产线、中国农业银行股份有限公司佛冈县支行营业部获市总工会授予的清远市"工人先锋号"称号。

7月10日，县总工会在县人民中心西楼四楼403室召开全县工会经费税务代收工作会议，传达贯彻省、市工会经费税务代收会议精神，动员部署佛冈县地税代收工会经费工作。县领导、各级工会干部及县地税、工商银行负责人等130多人参加会议。通过宣传动员，截至2013年底，全县138家非公企业办理税务代收工会经费手续。

12月19日，佛冈县工会第十四次代表大会召开。

2014年

3—4月，县总工会在五一前夕举办佛冈县最美劳动者、最美新农村美术、书法、摄影大赛，大赛收到各类作品共429件。经过业内专家集体评定，共有105件作品分别获得一、二、三等奖和优秀奖。获奖作品分别在县人民中心主楼大堂和县文化馆展出并结集出版。

4月28日，县总工会在县人民中心广场举行以"我运动 我快乐"为主题的首届佛冈县职工趣味运动会。趣味运动会比赛共设"鸿运彩球""齐心协力""兔子赛跑""同舟共济""车轮滚滚"5个项目，来自全县各机关、事业单位和企业工会的47支队伍共800多人参加。经过激烈角逐，聚龙湾温泉、县职业技术学校、骏达（佛冈）玩具有限公司代表队获得比赛一等奖。

6月4日，县总工会举办全县企业工会会计制度培训班。培训班邀请省总工会财务部副部长李东跃前来授课，围绕工会经费收管用相关知识展开培训。来自全县各镇总工会（工会工作委员会）和较大规模以上企业工会的主席、财务人员共100多人参加培训。

8月27日，县总工会联合县人社局举办全县企业工资集体协商指导员暨劳动争议调解员培训班，全县6个镇的工资协商指导员、劳动争议调解员和企业工会主席、人事工作人员等120多人参加培训。培训班的培训内容是企业工资集体协商以及《劳动合同法》《劳动合同法实施条例》和《劳动争议调解仲裁法》及其他法律法规和劳动保障政策等业务知识。

2015年

4月，在五一国际劳动节前夕，县总工会举办第二届佛冈县职工趣味运动会。来自全县机关、事业单位和企业工会的70支队伍共1000多名职工参加活动。同时举办"讴歌劳动美 共建佛冈廉"职工书画摄影大赛。大赛收到各类参赛作品539件，由清远市有关协会专家集体评定出获奖作品153件，其中111件获奖作品分别在县人民中心主楼大堂和各镇政府驻地展出。

9月，县总工会与县体育局联合举办2015年佛冈县国庆"工会杯"羽毛球比赛，来自全县各基层工会、有关单位的14支代表队共250多名羽毛球爱好者参加比赛。

是年，在佛冈供电局建设职工"心灵驿站"。

2016年

1月，春节前夕，县总工会协助做好省领导慰问企业和困难职工工作，并筹集资金26万元慰问300名困难职工（含农民工），筹集资金4.5万元慰问41名省、市劳模，筹集资金5万元慰问一家困难企业。

4月，县总工会举办第三届佛冈县职工趣味运动会。来自全县机关、事业单位和企业工会的95支队伍共1000多名职工参加。比赛共设"协力云梯""移舟过海""超级障碍"3个项目，经过激烈角逐，清远加多宝草本植物科技有限公司代表队获得比赛第一名。

5月31日，县总工会召开非公企业工会主席和法律顾问律师见面会。加多宝、约克、国珠等28家非公企业工会主席和10名顾问律师进行"结对"协作。

6月中旬，县总工会在县文化公园举办工会知识咨询活动，印发宣传单2600余份。

6月29日，县总工会组织开展"夏日送清凉"活动，先后慰问在烈日下坚守岗位的一线交警，国道惠爱亭公路养护所、地方公路养护站工作人员，供电、环卫工人，并送上加多宝解暑清凉饮料。

8月18日，佛冈县80多家企业参加清远市总工会在英德市文化艺术中心206室举办的清远市工会劳动争议调解员、劳动法律监督员培训班。此次培训邀请到在劳动法领域有着丰富经验的广东科讯律师事务所副主任赵鹏律师结合实际来向基层工会干部讲授"劳动合同解除与终止""加班工资"和"高温津贴"等常见的法律问题实务处理，最后利用微信公众平台与学员们进行有奖问答互动。

8月31日，县总工会和旅游行业协会在利鑫国际会展中心举办"关于推进我县旅游行业工资集体协商工作动员会"，县内聚龙湾、森波拉等30多家旅游行业参加动员会。

10月25日，县总工会在聚龙湾国会厅举办"法律在线普法活动——安全生产知识"培训班。市总工会副主席刘兆雄、县总工会常务副主席冯庆洲等领导和县内企业职工共265人参加。

10月27日，县总工会在碧桂园清泉城举办以"爱在金秋·幸福牵手"为主题的大型联谊交友活动，为在县内工作的单身职工搭建联谊交友、寻找生活伴侣的平台。

11月3日，县委宣传部、县总工会在县总工会会议室举行"创建文明县城 工会在行动"职工美术书法摄影大赛颁奖仪式，美术、书法、摄影大赛一、二、三等奖获得者共24人到场参加。

11月10日，清远市总工会女工委主任巫伯池先后到访约克空调制冷设备有限公司（简称"约克公司"）工会、佛冈供电局工会，对"爱心妈妈小屋"的标准化建设及使用情况进行检查验收。

2017年

1月，县总工会开展"春节送温暖""工伤探视""金秋助学"等系列活动，累计帮扶困难职工、困难家庭学生、劳动模范近800人次，帮扶困难企业1家（佛冈长风机械有限公司），发放慰问金、救助金、助学金共计45.5万元。

2月，县总工会选取拥有1000多名员工的松峰公司为工会规范化建设试点单位，筹资5万元资助该公司工会完善硬件设施，同时建起"职工子女爱心辅导室"。

3月底，县总工会在县人民中心广场举办第四届职工趣味运动会，来自全县机关、事业单位和企业工会的103支队伍共1000多名职工报名参加。比赛共设"和谐号""指压板奔跑赛""欢乐大闯关"3个项目。

是月，通过推荐，约克公司工会职工高建华获全国五一劳动奖章。

5月，县总工会与县人社局在县人民公园举办"春风行动"大型企业招聘会，35家企业参与招聘活动，1000多名求职者参加应聘，400多人与用人单位达成用工协议。

5月19日，县总工会在篁胜酒店举办"爱在盛夏，相约牵手"联谊会，为在县内工作的单身职工搭建联谊交友、寻找生活伴侣的平台。

6月20日，县总工会举办为期4天的工会业务知识培训班，50多人参加，培训班邀请清远市总工会组织宣传部（以下简称"组宣部"）部长曹永健、帮扶中心主任黄志雄授课。培训期间，县总工会组织学员到清新区太平镇供电所工会工作委员会、广阳运动用品有限公司工会参观学习。

7月，开展"中国梦·劳动美"广东工人艺术团送文艺进基层活动，全县基层工会干部、企业职工代表和市级以上劳动模范代表约800人观看演出。此外，配合市总工会举办"职工普法"和"养生保健健康生活"专题讲座共3场，400多名职工到场聆听。

是年，根据省市总工会的工作部署，建设龙山工会联合会作为市总工会"三个一批"建设示范点之一。

2018年

1月，县委常委徐文婉，县人大常委会副主任、县总工会主席蓝应禄带领工会慰问组，到龙山雅迪机车有限公司、汤塘吉多宝制罐有限公司和石角新力化机有限公司对一线困难职工（含外来工）进行走访慰问。在本次送温暖活动中，慰问困难职工209名、各级劳动模范42名，送出慰问金共17.31万元。

3月10日至4月28日，县总工会举办工会通信摄影培训班。培训班分为8期进行，每周六开班，每期约有100名基层工会、机关、企事业单位的通讯员及摄影爱好者报名参加。

4月18日，县总工会在县人民中心广场举行第五届职工趣味运动会，本次运动会以"新时代新征程，我运动我参与我健康"为主题展开，共有108支队伍1296名运动员参加，比赛共设"猛龙过江""大步向前""欢乐大冲关"3个项目。

4月底，县总工会举办五一象棋赛，县内30多名象棋爱好者参赛。

5月，县总工会向加多宝公司等6家公司的工会会员赠送1000张佛冈城春文化传播有限公司的电影票，以丰富职工文化生活。

7月，举办"书写职工风华·展现职工风采"美术书法摄影大赛，共收到美术、书法及摄影投稿作品186件。经评定选出获奖作品54件，获奖作品在县文化馆展览馆展出。

12月14日，在勤天城熹乐谷温泉度假区举办佛冈旅游行业技能培训及竞赛启动仪式。

12月19日，在龙南大田村举办"乡村振兴、工会在行动"特色农产品与乡村旅游农业知识技能培训及农产品精细包装技能比赛，共有120人参赛。

2019年

3月13日，在县人民中心主楼大礼堂召开佛冈县工会第十五次代表大会。大会以无记名投票方式选举产生县工会第十五届委员会委员、经费审查委员会委员和女工委员会委员，表决通过《关于佛冈县工会第十四届委员会工作报告的决议》等决议，并在随后召开的县总工会第十五届委员会和经费审查委员会第一次会议上选举蓝应禄为县总工会主席。

4月，约克广州空调冷冻设备有限公司高建华获全国五一劳动奖章，广东松峰股份有限公司周伟松获广东省五一劳动奖章，广东佛冈农村商业银行股份有限公司获广东省五一劳动奖状，约克广州空调冷冻设备有限公司於德钊、雅迪机车有限公司陈尚礼分别获清远市"最美产业工人"称号。

5月，县总工会举办《工会经费收支管理业务知识》培训班，有280余人参加。

5月4日至5月25日，县总工会举办通信摄影培训班。培训班分为5期进行，每期约有200名基层工会、机关、企事业单位的通讯员及摄影爱好者报名参加。

5月14日，县总工会在县人民中心广场举办第六届职工趣味运动会，运动会以"团结奋进·快乐健康"为主题展开，设有"旋转木桩""趣味投篮""争分夺秒"3个比赛项目，共有115支队伍参加。

5月20日，县总工会在佛冈县森波拉奇妙世界举行了相亲联谊活动，活动主题为"缘起520·爱在森波拉"，有330多人参加。

7月3日，县总工会在聚龙湾温泉度假村举办2019年女职工普法专题讲座，邀请中山大学法学院副教授、广东岭南律师事务所律师卓冬青授课。讲座有来自各基层工会的女职工干部代表共159人参加。

9月30日，县总工会举办2019年佛冈县叉车技能大赛。

12月16日，县总工会协同广东佛冈农村商业银行股份有限公司在佛冈县萌星篮球馆举办2019年佛冈县第一届"农商银行杯"篮球争霸赛。

是年，县总工会分别举办工会女工工作干部业务培训班、工会主席业务培训班及经费收支管理业务知识培训班，提升全县工会干部的业务知识水平。

2020年

1月14日，县总工会在龙山工联会开展2020年春节"送万福，进万家"书法公益活动，邀请省市书法家协会会员、佛冈县书法协会会长张振山现场挥毫泼墨，向现场群众送上美好的生活祝愿。

1月21日，在清远龙山加油站"卡车之家"举办"卡车司机团年饭"活动，为货车司机朋友们送去新春的祝福。

4月30日，县总工会召开2020年五一国际劳动节暨劳动模范代表、援鄂抗疫先进代表座谈会。座谈会上，县人大常委会副主任、县总工会主席蓝应禄为省五一劳动奖章获得者肖伟英颁发证书和佩戴奖章，同时为参加座谈会的劳动模范代表和援鄂抗疫先进代表送上节日慰问金。

5月19日，在县人民公园举办的"乡村新闻官·爱心助农奔小康"活动，县总工会到活动现场指导，并派出志愿者服务队为活动提供服务。

9月，县总工会举办3期青年人才交流活动，进一步营造"引才、聚才、留才"的人才发展氛围，直至10月共有200名优秀青年参加活动。

9月24日晚，县总工会在龙山工会联合会活动中心举办迎国庆、贺中秋"凝心聚力·关爱职工"联欢晚会，有企业职工500多人参加。

10月10—24日,县总工会分4期举办第三届"提高摄影技能、建设美丽佛冈"摄影培训班,有100多人参加。

12月9日,县总工会举办"崇尚工匠 技创未来"2020年佛冈县网络安全培训暨通信行业线路专业技能大赛,60多名通信行业工作人员参加培训及比赛。大赛在县电信大楼三楼会议室举行,分为个人比赛和团体比赛,个人比赛项目有智能组网,团队比赛项目有光缆抢修接续、光纤测试。

12月18日,县总工会举办2020年佛冈县道路运输货运车辆从业驾驶员安全生产培训讲座,100多名道路运输货车驾驶从业人员参加活动。

2021年

2月8日,县总工会启动2021年春节送温暖慰问活动,对66名困难职工、40名全国和省市劳模、11名户外一线职工、9名驰援湖北抗疫医务人员以及1家企业发放春节送温暖慰问资金。

3月12日,县总工会在县人民公园开展"情系女职工 法在你身边"普法宣传活动。

3月26日上午以及3月29日下午,县总工会组织以消费扶贫为主题的线上活动,向在"粤工惠"平台上实名注册的工会会员发放活动优惠券。

4月26日,县总工会会同县融媒体中心和东建·凯旋新城联合开展"致敬城市劳动者"活动,分别到县消防救援大队、县城市建设管理监察大队、县交通警察大队现场慰问劳动者。

5月15日至7月24日,县总工会分别在佛冈电信公司、聚龙湾度假村、田野绿世界举办第四届"提高摄影技能、建设美丽佛冈"摄影培训班。

6—10月,县总工会在11家企业开展以"普及公共安全卫生知识,提高职工安全技能素质"为主题的全国"安康杯"竞赛安全文化宣传活动,并指导广东国珠集团有限公司工会开展全国"安康杯"竞赛活动。

9月1日,县总工会举办并组织非公企业工会主席到佛冈县佳达服装有限公司参加以"听党话、感党恩、跟党走"为主题的工会主席培训班活动。

11月13日,县总工会联合相关部门在植语园林店(城市春天西南92号)举办以"青聚人才 缘满佛冈"为主题的青年人才交流活动,并指导佛冈县世纪通物流代理有限公司工会建设佛冈县中通快运"工会爱心驿站"。佛冈快递员"工会爱心驿站"被中华全国总工会评为全国"最美工会户外劳动者服务站点"。

2022年

1月18日,县总工会启动2022年春节送温暖慰问活动,为83名困难职工、47名全国和省市劳模、1家企业发放春节送温暖慰问资金。

4月28日,县总工会在县卫生健康局组织开展"五一致敬劳动者、夏日送清凉"暨抗疫一线工作者慰问关爱活动。县人大常委会副主任、县总工会主席黄丽,县总工会常务副主席冯庆洲参加慰问活动。

4月29日,县总工会和县文化广电旅游体育局联合主办的"凝心聚力迎省运,同心协力建家园"——佛冈县五一送清凉致敬劳动者暨重点项目加油鼓劲活动在龙凤新区体育中心广场举行。

5—8月,县总工会在11家企业开展以"排查整治安全隐患,共促安全健康发展"为主题的新《安全生产法》知识竞赛答题暨安全文化宣传活动,并指导佛冈盈泰纺织品染整有限公司工会参加全国"安康杯"竞赛活动。

11月10日,县委常委、组织部部长黄成灼,县人大常委会副主任、县总工会主席黄丽,县总工会常务副主席冯庆洲一行到县体育馆(龙凤大道)调研工人文化宫选址,拟计划建设的工人文化宫占地面积约3000平方米、建筑面积约5500平方米,并向县人民政府申请划拨用地。

12月13日,县总工会为进一步加强工会财务规范化建设、提高工会会计电算化水平,向全县基层工会推广新中大工会财务云平台。工会财务云平台的普及使用,能够实现基层工会财务预决算在线逐级上传全国总工会,使经费使用更公开、更透明。

12月15日,佛冈县总工会第十五届第六次经费审查委员会会议在县总工会二楼大会议室召开。会议表决补选第十五届经费审查委员会替补委员,拟定经费审查委员会办公室(简称"经审办")主任,专设经费审查办公室并配备专职人员,进一步规范佛冈县总工会经审组织架构,发挥工会审计职能。

2023年

1月12日,县总工会在广东华劲汽车零件2023年制造有限公司和佛冈县新业态行业工会联合会开展"送万福进万家"春节送温暖活动,向基层一线职工和新就业形态劳动者送"福"字和春联,共送出对联300多副。

3月20日,县总工会经费审查委员会对全县行政事业单位开展2022年度工会经费计提、上缴情况专项检查,在全县149家行政事业基层工会进行自查自纠和整改落实阶段,县总工会选定第三方社会中介机构参与工会经审咨询工作。

3月28日,为做好2022年度工会决算报告填报、汇总工作,县总工会要求做到账证一致、账表一致,决算数据确保以经核实的会计数据为准。提交2022年决算报告的基层工会共有173家,决算覆盖面比往年上升84%。

4月14日,广东劳模工匠宣讲团成员走进广东国珠企业集团、佛冈盈泰纺织品染整有限公司开展"中国梦 劳动美——凝心铸魂跟党走 团结奋斗新征程"学习贯彻党的二十大精神广东劳模工匠宣讲活动,清远市总工会领导、县总工会领导及企业100余名职工聆听宣讲。

4月21日,在佛冈县龙山镇开展全市推进产业工人队伍建设改革企业交流学习活动,来自各县市区23个企业的70多名代表参加活动。

4月26日,县总工会、县融媒体中心携手东建·凯旋新城开展2023年五一"劳动最光荣，平凡亦有光"送清凉慰问活动。县人大常委会副主任、县总工会主席黄丽率慰问组一行先后来到佛冈县供电局、县城乡饮用水服务中心、县应急管理局进行慰问，为一线劳动者送上清凉物品和真挚关怀。

4月27日，县总工会开展"五一"劳模交流活动，来自全县各行业各领域的劳模代表、先进人物代表等参与活动。

4月28日，县总工会在佛冈体育馆举行第七届职工趣味运动会。本次运动会围绕"中国梦·劳动美——奋斗新征程 建功新时代"主题展开，全县共有128支队伍1500多名职工参加。

5月26日，县总工会在县万创人才服务中心举办"锚定高质量 激发'心'动能"——2023年全县工会职工心理健康服务培训班。县人大常委会副主任、县总工会主席黄丽、常务副主席冯庆洲等出席活动，70多人参加培训。

6月16日，县总工会在佛冈县石角社区工会联合会召开佛冈县工会第十五届委员会第三次全体会议，选举林伟平替补为佛冈县工会第十五届委员会常务副主席；陈永胜替补为佛冈县工会第十五届委员会副主席；林伟平替补为佛冈县工会第十五届经费审查委员会委员、主任；陈永胜替补为佛冈县总工会第十五届女工委员会委员、主任。

6月17日上午，县总工会配合广东省总工会，走进清远市佛冈县聚龙湾天然温泉度假村顺利开展"锚定高质量 激发'心'动能——广东工会送百场心理团辅进基层"活动，共有100多人参加活动。

6月26日，清远市总工会、清远市红十字会、县总工会走进广清经济特别合作区广佛（佛冈）产业园，联合开展"人人讲安全 个个会应急——安全应急知识进企业活动"，共有60多人参加活动。

7月20—27日，县总工会开展第六届职工摄影技能竞赛，赛事主题为"'中国梦·劳动美'——提高摄影技能，建设美丽佛冈"。

第一章
工会组织及沿革

第一节　佛冈县工会概况

一、中华人民共和国成立前佛冈县工人简况

明末清初，佛冈境内开始生产陶瓷，相关工厂有路下陶瓷厂、观音山陶瓷厂（均在今高岗镇内），但都是小作坊，工人数量较少。清乾隆年间，黄田堡（今水头镇内）有铜铁的开采和冶炼活动，工人数量也较少。1926年，水头莲瑶人黄细全在石角墟开设共和全染织厂，拥有10多台较为先进的织布机和10余名工人，从事纺纱、织布、漂染等作业。

1927年，于广州工作的多名佛冈籍工人，在省港大罢工和广东省工人运动中留下光辉的历史足迹。如在广州当榨油工的诚迳村人宋华、高大彪、宋占及其他村的周锡、何辉等数十人，联合在广州读书的佛冈水头人廖鉴铭，龙南人刘健芸和烟岭人范桂霞、范桂爱、范桂笺等参加中国共产党领导的广州起义。他们同样对佛冈的手工业工人和店员工人的革命觉悟历程产生重要影响。宋华在广州起义失败后，由于受叛徒出卖，被国民党反动派加害，为省内工人运动事业献出了年轻的生命。

高大彪、刘健芸是省港大罢工的成员之一（中华人民共和国成立后，他们仍珍藏有省港大罢工的纪念章，并都曾应邀出席广东省举办的纪念省港大罢工活动）。1926年，刘健芸担任中华全国总工会省港大罢工联谊会凤凰团工人子弟学校校长，兼任黄沙同德工会工人夜校讲师，并发动工人加入红色工会的组织。1927年广州起义，刘健芸在省港大罢工委员会中担任肃反委员会纠察队队长一职。广州起义失败后，其到香港与省委领导同志联系，听过陆定一同志的政治形势报告，后受组织委派与杨石槐同志到东江惠阳与恽代英同志接头，在惠阳淡水、坪山等地开展建党、组织农民自卫军工作，成立苏维埃政

权组织，后又被派到粤北英德县的英东、英西一带重建农民自卫军。

1938年，水头王田村人邹华衍（邹北珍）与水头白麻园村人廖鉴铭等回佛冈成立中共天西乡党支部。在党的领导下，组织"闹钟剧社"宣传抗日救亡，于农村办夜校、成立妇女会、组织抗日自卫队，并发动群众募捐支援八路军、新四军，坚持开展抗日活动。

1945年8月，日本帝国主义宣布无条件投降后，国民党反动派勾结美帝国主义于1946年发动第三次国内革命战争（解放战争），中共佛冈地下党遵照党中央"枪杆子里面出政权"的指示，恢复武装斗争，并于1947年发动青年成立游击队，占据农村阵地。1948年，原清远火柴厂分设一部机械到水头镇上新田村加工半成品，雇有刘志荣、李南等10多名工人。中共佛冈地下党组织发动工人参加革命。水头武工队经常到该厂活动，宣传革命工作，并发展了工人黄序坤参加中国共产党，在该厂成立秘密联络站，负责筹款及情报等工作，在革命斗争中发挥工人阶级的先锋作用。

二、中华人民共和国成立后的佛冈县工会组织

（一）社会主义革命和建设时期工会组织的建立

佛冈县产业工人的诞生，始于1949年。中华人民共和国成立前设在水头上新村的火柴厂被县委接收改办为县办火柴盒材料厂（又名佛冈县火柴厂），雇有工人20余名。接着开办石角粮食加工厂，雇有职工约30人。1953年，原石角贞利米铺附属的酒房被县委接办改成地方国营酒厂，雇有职工10余人。1955年，佛冈松香厂建成，雇有职工约30人。同年，由清远引进了石角印刷厂，后该厂在工商业社会主义改造中转为佛冈县印刷厂，有职工20多人。至此，佛冈地方工业才初具雏形，产业工人队伍逐步扩大，基层产业工会相继建立。

中华人民共和国成立初期，佛冈县委、县政府为加强对工人阶级的领导，把手工业工人和店员工人组织起来，于1950年初建立佛冈县工人工会，由首任县委书记兼县长周辉兼任工人工会主席。1950年6月，《工会法》颁布实施，佛冈县按照《工会法》的规定组建基层工会。同年8月，分别成立店员工人工会、搬运工人工会、建筑工人工会。1953年1月，召开佛冈县第一次工人代表大会，正式成立佛冈县工会联合会。工会组织配合农村"土改""镇反"和城镇"五反"等政治运动，开展各种宣传活动和对不法分子予以检举、清查、监督等斗争。

1953年起，佛冈县内工会主要做了以下工作：①整顿工会组织，清除不法分子。②组织生产自救，协助工人解决生活困难。县工会到英德等地为被解雇失业的店员和建筑工人牵线搭桥，承接建筑工程，协助罗谷良等一批失业店员转到公路交通部门当养路工人。③调整工会设置，撤销机缝工会及理发工会。1954年县工商联成立后撤销店员工人工会，1956年县运输社成立后撤销民船工会。

1956年，全县完成对私营工商业实行的社会主义改造，县城纳入改造的两家私营工业企业分别转为地方国营企业和公私合营企业。全县经批准参加公私合营的有149户558人。经改造整顿及所有制变革后，佛冈县工会得到较快的发展。是年，全县有基层工会

11个,其中包括火柴厂工会、搬运工会、粮食加工厂工会、建筑工会和贸易金融系统工会等,会员660多人,会员人数占全县职工总数的64.7%。截至1957年,全县已有工业、商业、教育、供销、邮电、医疗、搬运、粮食、金融、文化、农林、水利等12个系统建立工会组织,会员1196人,占全县职工总数的70%。是年,各基层工会均建立会员档案。

1958年"大跃进"期间,全县围绕农业办工业,办起石灰厂、江坝铁厂、乐格铁厂、农业机械厂、潭州耐火砖厂、莲瑶石粉厂等企业,并成立各企业工会组织。由于企业规模小、技术差、产品质量低,不久后这些企业相继停产,工会也随之撤销。

1961年,实行"调整、巩固、充实、提高"的八字方针,精减一批职工,县工会配合做好思想疏导工作。从1963年起,国民经济通过调整得到恢复和发展,职工总人数又开始逐年增长。

1964—1965年,全县各基层工会开展评选"五好"职工、先进职工和工人能手活动,涌现出先进班组13个、"五好"职工34名、先进职工140名。

1966—1967年"文化大革命"前期,工业企业追求"小而全",大办小钢铁、小化肥、小水泥、小煤窑、小机械等"五小"企业。而后这些企业因技术不过关、资金无法周转或连年亏损,大多数被迫停产,相应的企业工会也被迫停止活动。

1973年7月9—11日,在佛冈县革命委员会的领导下,县工会第六次代表大会召开,开始恢复佛冈县总工会。会后整顿恢复基层工会组织,除文教、卫生、农业、水电、粮食等系统尚未恢复工会外,全县共有基层工会44个,会员2432人。在"文化大革命"期间,全县工会组织受到极"左"错误的干扰,工作一直没有走上正轨。

1976年10月,"四人帮"的粉碎,标志着持续十年的"文化大革命"结束。在百废待兴、百业待举的形势下,工会工作的重点是肃清"四人帮"诬蔑的所谓"黑统治""生产工会""全民工会""福利工会"等流毒,开创工会工作的新局面。但工作的正常开展和新局面的形成需要有一个过程,因而在1976—1977年期间,全县工会组织建设还没有真正健全起来。

(二)改革开放和社会主义现代化建设新时期工会组织的发展

1978年,中国工会九大在北京召开,邓小平同志在大会上致辞,为中国工人运动和工会工作指明了方向。县总工会贯彻执行中国工会九大提出的关于工会工作的七项任务和要求,工会工作逐步走上正轨。同年,恢复建立教育、卫生等系统的工会组织。在此基础上,工会组织得到较大的发展。1979年,贯彻"调整、改革、整顿、提高"方针,部分企业关、停、并、转,职工人数又一次下降。1980年起,随着工会的整顿和建设,工会工作逐步得到恢复和发展,工会的作用也越来越明显。截至1980年底,全县基层工会组织为96个,工会会员为4658人。

1981—1990年,坚持按劳分配原则,做好超产奖励工作。全县厂矿企业单位普遍实行超产提成奖制度,有的单位分为月奖、季度奖、年终奖,有的单位为季度奖和年终奖,体现社会主义按劳分配原则,以此激发职工群众的劳动热情,调动其积极性。1982年,全县基层工会为136个,会员为6588人。1983年,佛冈县划归广州市管辖,开展城乡结合办企业、外引内联办企业，为佛冈的工业发展提供了新的机遇。1984年5月，中华全国总工会印发《关于整顿工会组织，开展建设"职工之家"活动的决定》，县总工会开展整顿健全工会组织工作。是年，全县有基层工会140个，会员7871人。此后，全县工会组织不断巩固发展。1985年起，先后办起广州味精厂佛冈分厂、广州电池二厂佛冈分厂、广州佛冈电池配件厂、广州益丰搪瓷工业公司工艺搪瓷分厂、广州耐火材料厂佛冈分厂、广州佛冈橡胶厂等联营企业。这些企业均建立基层工会组织。1985年，县内有基层工会168个，会员9311人；1986年，有基层工会168个，会员9829人。自1987年佛冈县政府大院第一家党政机关工会成立，到1990年，全县有97%以上的党政机关（含乡镇）已成立工会组织，这项工作走在清远市属各县区的前列。是年，全县有基层工会199个，会员数量有较大增加。

20世纪90年代初，佛冈县大力引进外资，"三来一补"企业迅速发展。县内兴办中外合资的佛冈县南方包装品有限公司、同庆陶瓷有限公司，并对原有企业如水泥厂、亨地（佛冈）实业公司、通用机械厂、造纸厂、酒厂进行技术改造。工业企业全面推行厂长（经理）岗位目标责任制，深化企业改革。这些措施促进了企业工会的健康发展。企业基本建立了工会组织，机关事业单位则有教育、卫生、供销、金融等四个系统建立了工会组织。1994年，全县工会会员达到1.2万人（含省市直管单位）。

1995—2000年，县总工会依照"扩大工会覆盖面，增强工会凝聚力"的要求，坚持"党建带工建"的思路，切实加强全县企事业单位和外商投资企业组建工会工作。主要措施有：①把外来投资企业组建工会工作摆上议事日程，相关县领导参加并听取汇报，研究、布置外商投资企业工会组建的事宜。②县总工会抓住机遇，努力在外来投资企业中开展工会组建工作，由单位主要领导担任组长，建立组建工作责任制。③多次牵头召开全县外来投资企业工会组建工作会议，主要领导带队督促指导，工会组建工作取得显著成效。1995年，发展工会组织14个（县企事业单位5个，外来投资企业9个）工会会员420人。截至是年底，全县基层工会236个，会员总数1.3万人。是年，县总工会被清远市总工会评为"工作先进单位"。2000年，县总工会制定《佛冈县工会组建工作方案》，并认真贯彻实施。是年，完成私营企业工会组建的有6家，新发展的会员有120人。

2001—2007年，县总工会按照"组织起来、切实维权"的工作方针，重点抓好工会组建、依法维权、帮扶困难、发挥作用等工作，较好地发挥工会在改革、发展、稳定中的积极作用。重点工作有：①加大非公企业工会组建工作力度，加强对建会工作的领导，调整充实领导小组，从组织上保证对建会工作的领导。②争取领导重视，积极开展工作，形成"党建带工建，党工共建"的建会工作机制。③加强舆论导向，创造有利于建会的社会环境。④结合实际，大胆创新，采取"先搭台、后充实、再完善、逐步规范"的工作思路，坚持多种形式建会。2002年，全县新组建工会10个，发展会员565人。在抓好组建工作的同时，注重抓好新建企业工会干部的培训，发挥已建工会组织的作用。截至2007年底，新建包括约克、建滔、强丰等在内的规模以上非公企业工会组织61个，发展会员5691人，填补了佛冈县非公企业无工会组织的历史空白。县总工会被清远市总工会授予"外商投资企业工会组建工作先进集体"称号。

2008—2011年,县总工会切实履行工会基本职能,重点抓好工会组建、厂务公开、帮扶维权等工作。同时,注重组建形式创新,不断提高建会质量,提高非公企业的工会组建率和职工入会率。2008—2010年,佛冈县内新建基层工会75个,新发展会员9126人(其中农民工会员6120人)。截至2011年,全县有基层工会276个,工会会员3.72万人(其中农民工会员1.9万人)。

(三)中国特色社会主义新时代工会组织的发展

党的十八大以来,县总工会以落实"两个普遍"①为主要抓手,全力抓好非公企业工会组织建设工作。县总工会成立建会工作领导小组,由单位主要领导亲自担任组长,建立组建工作责任制,按照"哪里有职工,哪里就要建立工会组织"的要求,深入调查研究,制定《2012年佛冈县工会组建工作方案》,并认真贯彻实施。同时,召开镇工会主席专题组织工作会议以加油鼓劲。主要领导带队督促指导,工会组建工作取得显著成效。2012年,完成非公企业工会组建工作,新发展会员2.3万人,超额完成市总工会下达的任务指标。

2013年是中华全国总工会提出的"两个普遍"三年规划的完成年。县总工会依托县镇两级工会平台,强力推进工作。重点措施有:①成立督导小组,主要领导带队到镇进企业督促指导,坚持每周到一个以上未建工会企业调研、每月到一个以上镇检查指导工会组建推进工作。②多次召开工会组建专题会议,部署推进"两个普遍"工作。2013年,完成组建工会112个,涵盖企业381家,新发展会员1.2万多人。③加大宣传力度,编印《工会法等法律法规汇编》并发放到各企业,对未组建工会组织的企业实施上门宣传、发出工会筹建通知书等工作。④与县人社局联合行动,通过发文件、上门宣讲、广场咨询、媒体宣传等多种形式广泛宣传工资集体协商制度。是年,全县单独签订工资集体协商协议企业81家,覆盖职工2.09万人。签订行业性工资集体协商协议2份,涵盖企业102家,覆盖职工1013人。通过以上措施,全面完成"两个普遍"三年规划工作任务。

2014年,县总工会突出做好依法维权、固本强基、工资集体协商、困难职工帮扶、发展和谐劳动关系等重点工作。全年完成工会组建数55个,新发展会员2690人,完成工资集体协商协议任务的企业195家,签订行业性工资集体合同2份。

2015年,县总工会秉持"维权就是维稳""服务职工就是服务发展"的理念,努力营造和谐稳定的劳动关系。是年,全县新发展会员8398人,其中农民工7023人,涵盖基层工会组织179个,6个企业工会创建为市的工会规范化建设示范点。是年,全县有基层工会503个,工会会员72 654人。

2016—2018年,县总工会贯彻落实市总工会工作部署,以"服务职工,维护职工合法权益"为出发点,进一步明确建会制度,继续把全面落实"两个普遍"工作情况作为科学发展观考核的重点制定考核标准。2016年起,建立工会组建、发展会员和工资集体协商考核奖励办法,加快推进工会工作规范化建设。2016年,全县新发展基层工会组织20

---

① "两个普遍",指全国总工会2010年7月提出的"依法推动企业普遍建立工会组织""依法推动企业普遍开展工资集体协商"。

个,其中行业工会1个,会员3068人。2017—2018年,县总工会按照"夯基础、强管理、抓规范、创特色、求实效、促和谐"的总体思路,扎实推进县工会工作。县总工会获得2017年度清远市总工会评选及颁发的"工会工作优秀单位""建会入会优胜奖""工资集体协商工作特等奖""工会工作创新先进奖"等荣誉称号及奖项,2018年度获清远市总工会颁发的"工作一等奖""集体协商及集体合同工作一等奖""工会经审工作规范化建设一等奖""工会工作创新项目二等奖"。2018年,全县有基层工会517个,工会会员76 783人。

2019—2021年,县总工会抓好职工服务、困难帮扶,开展各项工会活动,扎实推进县工会工作。2019年,全县新增基层工会组织14个,新发展会员700人。2020—2021年,县总工会坚持"夯基础、强管理、抓规范、创特色、求实效、促和谐"的总体思路,扎实推进全县工会工作。全县两年新成立基层工会组织45个,发展会员2804人。佛冈县总工会2020年度先后获清远市总工会颁发的"工会工作一等奖""工会工作创新一等奖";2021年被广东省总工会评为"城市困难职工解困脱困工作中做出重要贡献集体"。

2022年,县总工会以"党建带工建"为载体、"工建促党建"为抓手、"党旗引领·关爱职工"为主题,推进党工共建,做到"党有号召、工会有行动",围绕保持和增强政治性、先进性、群众性不断深化改革创新,适应新时代新要求,持续提升工作能力水平,充分发挥工人阶级主力军的作用,各项工作取得了显著的成效。是年,全县累计有基层工会410个,工会会员4.59万人;创建有各级模范职工之家52家(含小家)、全国职工书屋3个、清远市职工创新示范基地2个;创建有全国工人先锋号1个、广东省工人先锋号2个,获广东省"五一劳动奖状"3个,建设"爱心妈妈小屋"14家、"户外劳动者爱心驿站"3个。同时,着力开展工会数字化转型,积极开展对"粤工惠"平台的宣传。按照年度计划,常态化开展"'粤工惠'平台登记进企业"培训活动,县总工会2022年"粤工惠"组织登记数比2021年增加31个,会员实名认证数增加8292人,会员实名注册总数达到25 199人。县总工会在"粤工惠"平台上发布文章12篇。

表1-1　1995—2022年佛冈县新发展基层工会组织统计表

年度	新发展基层工会/个	新吸收会员/人	备注
1995	14	420	
1997	34	206	
1998	3	40	
1999	3	40	
2000	6	120	
2002	10	565	
2004	20	2134	涵盖227家企业,主要吸收农民工入会
2006	33	8609	
2007	61	5691	

续表1-1

年度	新发展基层工会/个	新吸收会员/人	备注
2010	60	8000	
2011	39	6895	
2012	468	23 000	
2013	112	1200	
2014	55	2690	
2015	179	8398	涵盖179家企业，其中吸收农民工7023人入会
2016	20	3068	主要为农民工会员
2017	10	1500	
2018	14	1800	
2019	14	700	
2020	23	2109	
2021	22	695	
2022	28	3034	

注：此表根据县总工会年度工作总结统计数录入，为当年发生数。

第二节　机构沿革

中华人民共和国成立前，佛冈县由于工矿企业少，没有建立工会组织。

1950年6月，《工会法》颁布。通过学习、宣传、贯彻《工会法》，全县建立店员、搬运、建筑等行业工会。

1951年，佛冈县工人联合会成立。

1953年1月，佛冈县工会第一次代表大会召开，佛冈县工会联合会成立。

1957年6月，佛冈县工会第二次代表大会召开。

1958年10月，佛冈县并入从化县，佛冈县工会联合会并入从化县总工会。同年10月，从化县划入广州市管辖，工会同时受广州市总工会领导。

1959年，从化、佛冈并县后划归佛山地区管辖，工会由佛山地区总工会领导。

1961年5月，从化、佛冈分县，恢复佛冈县建置，工会组织亦同时分家，原县总工会的财产，除房屋外，按照6：4分家（即从化县工会六成，佛冈县工会占四成）。

1962年1月，佛冈县总工会（排为第三届）建立。县总工会由广州市总工会领导。

1963年6月，佛冈县划归韶关地区管辖，县总工会改由广东省总工会韶关地区办事处领导。

1966年5月，受"文化大革命"影响，从省到县总工会，主席、副主席均改称主任、副主任。

1967年初，县总工会受"文化大革命"运动冲击，暂停行使职能。

1968年7月，佛冈县革命委员会成立政工组，下设群众工作办公室，主任为郭传英，工会、共青团、妇联3家的业务由群工办统管。

1970年，县"三代会"（工代会、农代会、红代会）成立。

1971年，县"三代会"与县体委合并。工代会的主要职责，是宣传党的各项方针、政策，组织工人纠察队维持秩序，做好"抓革命，促生产，促战备"等工作，健全组织，发展工代会会员。该工作属于纯洁队伍、整顿组织阶段。

1972年，县革委政工组设立群众工作办公室，筹备恢复县总工会。

1973年7月，县总工会第六次代表大会召开，恢复县总工会，归属韶关地区总工会管辖。

1983年7月，佛冈县重新划入广州市管辖，县总工会复归广州市总工会领导。

1988年3月，清远建市。4月15日清远市总工会成立，佛冈县总工会归清远市总工会领导。

第三节　组织机构

一、县总工会组织机构

20世纪50年代初，佛冈县总工会还未正式成立，其前身是佛冈县工人联合会和佛冈县工会联合会。1962年1月，佛冈县总工会正式成立，为县正科级行政单位。县总工会设工会委员会和经费审查委员会，由工会代表大会选举产生。其中，工会委员会设主席、副主席；经费审查委员会设主任。"文化大革命"期间工会停止活动，1973年恢复工会组织，为群团机关组织，正科级单位。1980年，县总工会内设办公室、女工部、维权部、财务部，工会行政干部6名，办公地点位于佛冈县石角镇振兴北路45号。

1997年，根据县编办机构改革文件，县总工会为参照公务员法管理的群团机关，正科级单位，内设机构时有变化，内设办公室，撤销女工部、维权部、财务部，人员编制4

名（行政编制3名，事业编制1名）。2019年3月，机构改革，县总工会直属机构设立佛冈县困难职工帮扶中心。

2007年1月，根据上级有关文件精神，县总工会主席按同级党政副职配备，由县人大常委会一名副主任兼任。县总工会第十一届委员会届中补选县总工会主席，设副主席2名。同月，根据县委文件精神，各镇也明确由一位镇副职领导兼任镇工会主席。

2019年4月，佛冈县工会第十五次代表大会召开，选举产生工会主席、常务副主席、4名副主席（含在职副主席1名、兼职副主席2名、挂职副主席1名）。

2020年，县总工会行政编制4名，设主席1名（由县人大常委会副主任兼任，不占行政编制）、常务副主席1名、在职副主席1名、兼职副主席2名，另设挂职副主席1名。县总工会设综合办公室，并设办公室主任1名。

2022年，县总工会内设办公室，核定编制8名（其中行政编制4名、事业编制4名），办公楼设在佛冈县振兴北路45号。县总工会领导职数为主席1名、常务副主席1名、在职副主席1名、兼职副主席1名、挂职副主席2名、办公室主任1名。

由于形势的发展和工作的需要，县总工会单独或配合相关部门相继成立相应的专业机构，负责各项工作的开展。1993年，按照《工会法》和《中国工会章程》规定，成立了佛冈县法律志愿援助队。1997年，成立劳动争议调解委员会；1998年，成立佛冈县总工会下岗职工基本生活保障和再就业工作领导小组、佛冈县劳动法律监督委员会。2013年，成立困难职工法律援助工作站；2019年，成立困难职工援助中心和职工志愿服务队。

二、佛冈县工会委员会

1953年1月，佛冈县工会联合会成立，召开第一次工人代表大会，大会选举产生管理机构。1961年10月，佛冈县工会第三次代表大会召开，出席大会的代表有52人，大会选举产生佛冈县总工会委员会（排为第三届），这标志着佛冈县总工会的正式成立。佛冈县总工会第四次代表大会因受"文化大革命"的冲击未依期召开，其他历次大会基本按每5年一次的规定召开。截至2019年，佛冈县工会先后召开会员代表大会共15次。2019年4月13日，佛冈县工会第十五次会员代表大会召开，选举产生第十五届委员27名、常务委员7名，其中主席1名、常务副主席1名、在职副主席1名、兼职副主席2名及挂职副主席1名；十五届经费审查委员会委员7名，主任1名；十五届女工委员会委员23名，其中主任1名、副主任1名。

2021年12月，佛冈县总工会第十五届委员会第二次大会召开，进行届内人员调整。调整后的佛冈县工会第十五届委员会委员名单如下：黄丽（主席），冯庆洲（常务副主席），刘华洲（副主席），李桂萍（挂职副主席）、钟声（兼职副主席），顾洁玲（兼职副主席）；常务委员：黄丽、冯庆洲、刘华洲、李桂萍、余河坚、钟声、顾洁玲；委员：黄丽、冯庆洲、刘华洲、余河坚、黄建锋、范兰修、冯燕华、莫金英、李桂萍、钟声、顾洁玲、蓝榕概、邹海燕、谭庆忠、刘拥军、陈尤、何婉媚、黄晓晶、徐润平、胡淑媛、李功文、何红火、曾榕明、杨志诚、莫毅斌、陈旭飞、徐瑞鹏。

表1-2　1950—2022年佛冈县总工会（含前机构）领导人名录表

届次	姓名	性别	职务	任职时间	备注
任命	周辉	男	（兼）主席	1950—1951.4	工人联合会
任命	黄超然	男	主席	1951.5—1952.12	工人联合会
第一届 （1953.1—1957.6）	刘来胜	男	副主席 主席	1953.1—1954.12	工会联合会
	刘鸿彦	男	（兼）主席	1955.8—1956.8	工会联合会
第二届 （1957.6—1961.10）	李刚	男	主席	1957.6—1958.10	
				1958.10—1961.4	佛冈并入从化县，撤销佛冈县工会联合会
第三届 （1961.10—1966.4）	黄占儒	男	（兼）主席	1961.5—1962.1	联合会
	欧阳杜	男	副主席	1961.10—1962.1	总工会
	陈雄	男	副主席	1962.1—1966.4	总工会
第四届（未开会）	陈雄	男	副主席	连任—1968.7	第四届未开大会
第五届（未开会）				1968.7—1973.6	佛冈县革命委员会成立政工组，下设群工办，工会工作由群工办管。工会第五届领导工作由工代会领导班子负责
第六届 （1973.7—1980.1）	李山东	男	主席	1973.7—1979.5	总工会
第七届 （1980.1—1984.5）	李榕高	男	主席	1979.5—1982.3	总工会
	杨钦蔓	女	副主席	1979.12—1981.3	总工会
第八届 （1984.5—1987.11）	赖清龙	男	副主席 主席	1982.1—1987.11	总工会
第九届 （1987.11—1992.12）	赖清龙	男	主席	1987.11—1991.3	总工会
	廖北生	男	副主席	1991.3—1992.12	总工会
第十届 （1992.12—1998.9）	廖北生	男	主席	1992.12—1998.9	总工会
	陈章桂	女	副主席	1992.12—1998.9	总工会
	郑炳洲	男	副主席	1993.5—1998.9	总工会
第十一届 （1998.9—2003.9）	廖北生	男	主席	1998.9—2001.11	总工会
	陈章桂	女	副主席	1998.9—2001.1	总工会
	吴琼芳	女	主席	2001.12—2003.9	总工会
第十二届 （2003.9—2008.12）	吴琼芳	女	主席	2003.9—2008.12	总工会
	何永中	男	副主席	2007.3—2008.12	总工会

续表1-2

届次	姓名	性别	职务	任职时间	备注
第十三届 （2008.12—2013.12）	邓社棠	男	副主席	2008.9—2008.12	总工会
	吴琼芳	女	主席	2008.12—2012.4	总工会
	邓社棠	男	副主席	2008.12—2013.12	总工会
	何永中	男	副主席	2008.12—2013.12	总工会
	谢雪良	男	主席	2012.5—2013.10	总工会
	黄劲斌	女	副主席	2012.5—2013.12	总工会
第十四届 （2013.12—2019.3）	邓社棠	男	副主席	2013.12—2016.9	总工会
	何永中	男	常务副主席	2013.12—2016.9	总工会
	袁卫国	男	主席	2013.10—2015.9	总工会
	黄劲斌	女	副主席	2013.12—2019.3	总工会
	冯庆洲	男	常务副主席	2016.9—2019.3	总工会
	蓝应禄	男	主席	2018.4—2019.3	总工会
第十五届 （2019.3起）	蓝应禄	男	主席	2019.3—2021.12	总工会
	冯庆洲	男	常务副主席	2019.3—2023.6	总工会
	黄劲斌	女	副主席	2019.3—2021.10	总工会
	黄 敏	女	副主席	2019.3—2021.10	挂职
	刘华洲	男	副主席	2021.10—2023.4	总工会
	黄 丽	女	主席	2021.12—	总工会
	李桂萍	女	副主席	2021.12—	挂职
	钟 声	男	副主席	2021.12—	兼职
	顾洁玲	女	副主席	2021.12—	兼职
	林伟平	男	常务副主席	2022.6—	
	陈永胜	男	副主席	2022.6—	

三、内设机构

县总工会内设的机构及人员编制在各时段有不同的调整变化。1997年1月，县总工会下设有办公室，人员编制4名。1999年10月，下设有办公室、维权股、财务股，人员编制5名，其中行政编4名，事业编1名。2003年4月，下设有办公室，撤销维权股、财务股，人员编制4名。2009年12月，下设有办公室、工人文化宫，人员编制16名，其中行政编4名、事业编12名。2011年10月，下设有办公室、工人文化宫，人员编制8名，其中行政编4名、事业编4名。2019年7月，撤销县工人文化宫，成立县困难职工帮扶中心，人员编制8名，其中行政编4名、事业编4名。

（一）办公室

县总工会办公室的职能：①负责党务、人事、宣传教育；②监督检查基层工会的工作并进行考核；③承担工会会议的组织协调、对外联系和服务工作；④承担有关文稿的起草和审核工作；⑤负责工会的文秘、档案、保密、信息、信访、统计、车辆管理工作，负责政治、业务学习记录；⑥负责工会领导交办的其他工作任务。

县总工会办公室设主任1名。

（二）佛冈县工人文化宫

1980年，佛冈县工人文化宫成立，为县总工会下属事业单位，编制人员8人，人员经费以自收自支形式解决。2010年，根据县编制办规定，为深化佛冈县工人文化宫人事制度改革，佛冈县工人文化宫定为县总工会所属公益性文化事业单位，为三类正股级事业单位，归属佛冈县总工会管理，经费运营方式为自收自支。2010年，县工人文化宫设岗位12个，其中管理岗位7个、工勤岗位3个（技术工三级岗位1个，技术工四级岗位1个，普通工岗位1个）。

县工人文化宫主要职能：①通过各种文化体育活动，对职工群众进行爱国主义、集体主义教育，宣传党的路线、方针、政策，培植共产主义的理想、信念、道德、情操，培育爱国守法、明礼诚信、团结友善、勤俭自强、敬业奉献精神；②组织和辅导职工开展各种文化娱乐活动，使广大职工群众在文化生活层面上的不同需求得到满足；③通过举办展览、讲座、报告、培训班、业余学校等形式的群众性学政治理论、学文化科学、学技术活动，不断提高广大职工队伍的思想道德素质和科学技术业务水平；④承担县总工会交办的各项工作任务。

2019年，根据县委编办机构改革要求，撤销县工人文化宫，成立县困难职工帮扶中心。

（三）佛冈县困难职工帮扶中心

2019年，根据《佛冈县机构改革方案的通知》《关于印发佛冈县调整优化相关事业单位方案的通知》《关于明确佛冈县工会所属事业单位有关情况的通知》，设立佛冈县困难职工帮扶中心。佛冈县困难职工帮扶中心为正股级公益一类事业单位，核定事业编制4名，设主任1名。人员经费按财政补助一类拨付。

县困难职工帮扶中心主要职责是：①向职工宣传党的方针、政策及有关法律法规，接受职工咨询与投诉，协调处理有关的劳动纠纷和矛盾，维护困难职工合法权益；②开展职工困难救助，负责建立和管理困难职工档案，为符合条件的困难职工提供生活救助、医疗救助、子女助学、法律援助并实施送温暖活动；③开展就业咨询和职业介绍、技能培训服务，为下岗职工、失业人员再就业提供帮助；④承担县总工会交办的其他工作任务。

（四）其他内设机构

1. 工作服务机构

2003年起，为了巩固内部工作及上级工会与下级基层工会的衔接工作，县总工会对内仍然设有组宣部、维权部、财务部、经审办。2017年，进一步明确4个部门的工作职责。

组宣部的主要职责：①负责基层工会的组织建设和管理工作，指导已建工会的组织开展"职工之家"等工作。②指导未建工会的各类型企事业和机关单位组建工会、发展会员；指导基层工会建立健全职代会制度，开展厂务公开民主管理工作；负责法人资格的认定工作。③组织工会干部业务培训；指导各级工会开展对职工的思想政治教育和职业道德教育；负责职工技能培训工作。④开展职工书屋建设，负责工会新闻宣传工作。⑤组织和指导基层开展形式多样的职工文体活动；负责劳模评选、推荐和管理工作。⑥承担市总工会女工委员会派任的日常工作，依法维护女职工合法权益。⑦负责《南方工报》《工人日报》的征订发行工作。

维权部的主要职责：①负责参与涉及职工权益和工会工作的地方性法规的执行和劳动纪律的监督检查工作。②负责指导基层工会组织职工开展劳动竞赛和技术创新活动。③负责全县职工技术协作工作，工会劳动保护安全生产监督工作，集体合同、工资集体协商、劳动合同制度、劳动关系三方协商工作。④参与严重侵犯职工合法权益事件的调查处理工作，协助职工开展申述和诉讼活动。⑤处理职工来信来访来电，为各级工会职工群众提供法律咨询服务，维护职工合法权益。

财务部的主要职责：①负责年度部门预算及三公经费预算的编制、工会费的收解及管理等工作。②以《工会法》和国家有关财经制度为依据，建立健全和实施各项财经制度，负责工会经费的收缴、管理、使用、返拨工作。③承担工会资产的使用监督工作职责。

经审办的主要职责：①工会经费审查委员会办公室是经审会的工作机构，简称经审办，同时也是工会的内设机构。承担经审会办事机构的职责，完成经审会交办的任务。②审查同级工会经费预算、预算执行情况和资产管理情况。③负责同级和下一级工会及其所属企事业单位财务收支、专项经费使用和资产管理的审查审计工作。④负责本级工会重大项目资金和下一级工会及其所属企事业单位各类专项资金使用管理情况的绩效审计工作。⑤负责下级经审组织的指导工作，每年举办1期以上的经审干部培训班。⑥学习宣传贯彻相关工会经审工作条例及法律法规。

2. 佛冈县工人贸易服务公司

成立佛冈县工人贸易服务公司，开展经营性服务工作。公司坚持服务社会、活跃城乡经济、薄利多销、讲求信誉的工作宗旨，配有5名工作人员。1995年公司注销。

表1-3　1997—2022年佛冈县总工会内设机构及人员编制情况一览表

时间	人员编制数		内设机构
	行政编	事业编	
1997.1	4		办公室
1999.10	4	12	办公室、维权股、财务股
2000.10	4	1	办公室、维权股、财务股
2003.4	4	—	办公室
2009.12	4	12	办公室、工人文化宫
2011.10	4	4	办公室、工人文化宫
2019.7	4	4	办公室、困难职工帮扶中心
2022.5	4	4	办公室、困难职工帮扶中心

四、经费审查委员会

（一）经费审查委员会的建立

《工会法》和《中国工会章程》规定，工会应当根据经费独立原则，建立预算、决算和经费审查监督制度，各级工会需建立经费审查委员会。经费审查委员会负责审查同级工会组织及其直属企业、事业单位的经费收支和资产管理情况，监督财经法纪的贯彻执行和工会经费的使用，并接受上级工会经费审查委员会的指导。工会经费审查委员会向同级会员大会或会员代表大会负责并报告工作；在大会闭会期间，向同级工会委员会负责并报告工作。经费审查委员会一般由3~5人组成，在同级工会委员会领导下开展工作。其委员候选人可由筹备小组提出建议名单，经与各工会小组协商而确定。最终由会员代表大会按规定比例选举产生正式委员，组成经费审查委员会。会员不足25人的基层工会不建立经审会，只选举1名经费审查员。

1957年，佛冈县工会第二次代表大会选举产生经费审查委员会。此后，工会经费审查委员会与历届工会委员会同步选举产生，县总工会经费审查委员会的主要职能：依法对本级工会经费的收、管、用进行审计监督，督促财务人员认真执行财经纪律和单位财务制度，对机关财务预算、决算和专项资金使用情况进行审计监督，指导基层工会经审工作，对基层工会经费的提拨使用情况进行审计。

2019年，建立工会预算决算和经费审查监督制度，重点工作有：①抓好经审组织建设。继续抓好新建工会组织及工会组织换届时经审组织的健全完善；抓好经审干部的配备工作；加强对经审干部的培训，通过举办一系列业务培训，提高经审干部的政治业务素质和专业水平。②构建工会立体经审监督体系，进一步建立完善各种规章制度，促进经审工作的制度化、规范化、经常化。加大对基层工会经审工作的考核力度，建立长效的经审监督机制。③加大实务审查审计力度,促进审查审计意见的整改落实。按制度规定开展实务审查审计工作,促进审查审计问题整改落实到位,实行"统一领导、分级管理、分级负责"的经费审查监督体制。

（二）历届经费审查委员会人员组成

1987年11月,佛冈县工会第九届经费审查委员会委员为汤赛芬（女）、谢桂珍（女）、廖北生、刘金凤（女）、李功进、麦丽（女）。

1992年12月,佛冈县工会第十届经费审查委员会主任为陈章桂。

1998年9月,佛冈县工会第十一届经费审查委员会主任为朱美婵（女）；委员为周兴球、谢桂珍。

2003年9月,佛冈县工会第十二届经费审查委员会主任为邓社棠。

2008年12月,佛冈县工会第十三届经费审查委员会主任为何永中；委员为李玉英、谢凯华、钟丽冰、陈瑞玲。

2013年12月,何永中当选佛冈县工会第十四届经费审查委员会主任。

2019年4月,冯庆洲当选佛冈县工会第十五届经费审查委员会主任；委员为范兰修、莫金英、范杰忠、黄石芬、陈阅威、周惠英。

2022年1月,县总工会进行经审会主任、委员的届内调整。确定冯庆洲为经审会主任；范兰修、莫金英、范杰忠、黄石芬、陈阅威、黄国亮为经审会委员。

2022年12月,经审会委员进行届内调整,委员黄国亮更换为谭庆忠。

2023年6月,县总工会召开第十五届第三次全体会议,林伟平替补为佛冈县第十五届经审委员会委员、主任。

五、女工委员会

《工会法》规定,女职工人数较多的企事业、机关,可以建立工会女工委员会,在同级工会领导下开展工作；女职工人数较少的,可以在工会委员会中设女工委员。工会女工委员会是在同级工会委员会领导下和上一级工会女工委员会指导下的具有民主性和代表性的女职工组织,根据女职工的特点和意愿开展工作。

佛冈县总工会女工委员会（以下简称"女工委"）成立于1961年,届次与历届工会委员会同步,除第四次县工会会员代表大会未依期召开外,其他届次均选举产生女工委员会。2019年3月18日,佛冈县工会第十五次代表大会协商选举产生女工委员会。2022年1月,部分女工委员进行届内调整。确定李桂萍为女工委员会主任；冯燕华为女工委员会副主任；顾洁玲、黄月葵、陈雪英、胡淑媛、黄晓晶、罗飞燕、何婉媚、黄银英、李秋红、刘晖、朱燕伶、朱燕琴、李惠珍、廖镇尧、黄卫红、何娟、冯秋颖、曾思欣、张秋菊、杨晓惠、刘红宇为女工委员。

女工委员会的主要职能：①宣传贯彻女职工保护工作条例,团结动员女职工发扬工人阶级主人翁精神,积极投身改革开放和社会主义现代化建设,在全面建成小康社会的工作中建功立业。②依法维护女职工在政治、经济、文化、社会和家庭等方面的合法权益和特殊利益，同一切歧视、虐待、摧残、迫害女职工的行为作斗争。③对女职工进行爱国主义、集体主义、社会主义教育，引导女职工树立自尊、自信、自立、自强精神，全面提高女职工的思想道德、科学文化技术水平和健康素质。④与工会有关部门和社会有关方面共同做好女职工工作等。

六、县总工会机关主要职责

2020年3月，根据县机构编制改革，重新明确了县总工会机关的12项主要职责，具体包括：①根据党的基本理论、基本路线、基本纲领和工运方针，引导广大职工坚定不移地走中国特色社会主义工会发展道路；围绕全县工作大局及县委、市总工会的指示、决定，确定本县工会工作的指导方针和任务，贯彻执行县工会代表大会的决议。②依照相关法律和《中国工会章程》，组织和指导全县各级工会贯彻落实党的全心全意依靠工人阶级的根本指导方针；组织和引导广大职工参与和支持改革；组织动员广大职工参与创业创新创先；发动职工群众共建生态文明。③组织引导职工积极投身应急救助等公益行动，参与重大劳资纠纷的预防排查化解、应急处置、劳动争议调解工作，进一步突出和履行维护职工合法权益的基本职责；妥善处置因劳资纠纷引发的职工群体性事件；建立工会法律顾问制度，指导工会系统开展法律工作，做好工会法律咨询、法律援助工作。④对有关职工合法权益的重大问题进行调查研究，向县委、县政府及市总工会反映职工群众的思想、愿景要求，提出意见和建议；参与涉及职工切身利益的政策、措施、制度的拟定；参与职工重大伤亡事故的调查处理。⑤研究制定基层工会组织建设规划和制度，指导基层工会组织建设；组织开展基层工会制度化、规范化建设。⑥负责工会的理论政策研究，研究制定工会的组织制度和民主制度；指导各级工会组织开展以职工代表大会为基本制度的民主参与、民主管理和民主监督工作，推动企业建立平等协商、集体合同制度和监督保证机制。⑦负责职工劳动安全健康和劳动保护工作状况的调查研究，发挥监督、指导和服务作用；调查研究职工就业、工资、保险、福利等有关情况，推进职工社会保障和集体福利事业的发展，维护职工的合法权益。⑧负责县人大代表中的职工代表、工会工作者代表与县政协工会界别委员的联络工作；按党委、政府委托，与有关部门做好全国、省和市劳动模范的推荐，负责五一劳动奖章、奖状获得者的推荐工作；利用基层组织网络和阵地深化精神文明创建活动。⑨负责工会经费和工会资产的管理、审查、审计工作；研究制定工会组织兴办职工劳动福利事业的有关制度和规定；负责对工会兴办的职工劳动福利事业的指导、协调工作；支持县困难职工帮扶基金会等公募基金会及工会组织创办的公益类社会组织的发展。⑩在县委、县政府和市总工会的领导下，负责工会国际联络工作，发展同各国工会组织的友好关系；负责工会与港澳台地区工会之间的联络交流工作。⑪协助各镇党委和县直有关部门党组管理各镇级总工会（工会工作委员会）和县直机关、企事业单位工会及中央、省、市驻佛冈单位工会领导干部；指导各级工会组织加强自身改革和建设；指导工会组织干部队伍建设，研究制定工会干部管理制度和培训规划，负责各镇级总工会（工会工作委员会）和县直机关单位工会、大中型企事业单位工会及中央、省、市驻佛冈单位工会干部的培训工作。⑫承办县委、县政府和市总工会交办的其他任务。

七、机关工会

佛冈县总工会机关工会成立于2015年，有会员8人。2015年，第一届机关工会主席为黄劲斌，委员为廖妙娥、谢凯华、黄建锋，经审会主任为谢凯华，女工委员会主任为廖妙娥。2022年，第二届机关工会主席为刘华洲，委员为刘华洲、余河坚、范兰修、冯燕华、莫金英、陈树珍，经审会主任为范兰修；女工委员会主任为冯燕华。

机关工会的主要职责包括以下7个方面：①加强对职工的中国特色社会主义理论体系教育，深入开展党的基本理论、基本路线、基本纲领、基本经验、基本要求教育活动，培育和践行社会主义核心价值观，不断提高机关职工的政治理论、思想道德、科学文化和业务素质水平。②动员组织职工围绕机关中心工作，开展创先争优活动，做好先进工作者的评选、表彰、培养、管理和服务工作。③加强和改进职工思想政治工作，注重人文关怀和心理疏导，开展群众性精神文明创建、文化体育活动，丰富职工精神文化生活，推动机关文化建设。④配合党政机关贯彻落实《公务员法》等法律法规，维护机关职工合法权益，协助党政机关解决涉及职工切身利益的问题。做好困难职工帮扶工作，组织职工参加疗养、休养及健康体检活动，努力为职工办实事、做好事、解难事，促进和谐机关建设。⑤加强调查研究，收集并向有关部门反映机关职工意见和建议，参与机关内部事务民主管理、民主监督，促进机关内部事务公开，保障职工的知情权、参与权、表达权、监督权，推进机关廉政建设。⑥加强工会组织建设，健全工会民主制度，做好会员的发展、接收、教育和会籍管理工作，加强对专（兼）职工会干部和工会积极分子的培养，深入开展建设职工之家活动。⑦依法收好、管好、用好工会经费，管理好工会资产。

第二章
组织建设

第一节　基层工会组织建设

一、基层工会组织的发展

《工会法》第九条第一款规定："工会各级组织按照民主集中制原则建立。"县总工会把加强基层工会组织建设工作作为工会密切联系职工群众的根本途径。县总工会以下的基层工会组织有直属机关事业单位工会、系统工会、镇工会联合会、镇基层工会、产业工会（企业工会）。这些基层工会组织随着形势发展而变化，经历了发展、整顿、再发展的过程。

1956年，全县有基层工会11个，会员660人。1973年，全县有基层工会44个，会员2432人。

1978年，党的十一届三中全会召开后，随着改革开放的推进，中小企业数量迅速增加，但这类企业职工人数往往较少。修订后的《工会法》第十条规定：企业、事位、机关有会员25人以上的，应当建立基层工会委员会；不足25人的，可以单独建立基层工会委员会，也可以由以上单位的会员联合建立基层工会委员会，也可以由其选举组织员1人，组织会员开展活动。新修订《工会法》的规定，为中小企业建立基层工会组织提供了法律依据，佛冈县基层工会逐步发展。

1980年，佛冈县工会根据党中央关于要把工会组织整顿好建设好的指示，指导各单位迅速恢复和建立工会组织，全县恢复基层工会29个。各基层工会在党的领导下，不同程度地进行了思想上、组织上和作风上的整顿，特别是充实和调整工会领导班子、健全工会组织，提高了工会的战斗力。各级工会在整顿中发展新会员，不断壮大工会队伍。石角粮食加工厂、商业局（现称"商务局"）、水泥厂等企事业下属的基层工会，会员占职工总数的80%以上。其中,石角粮食加工厂工会会员达98%。在各工会受整顿以后,工会干部的思想作风转变很大,呈现为积极为职工办事的状态。不少职工因发觉了解到工会是为群众办事、关心群众利益的组织,纷纷要求加入工会。1980年,全县有基层工会96个,会员4658人,占职工总数的60.4%。

1990年1月,县政府批转县总工会《关于县属党政(乡镇)机关中全面组建工会》的报告,党政(乡镇)机关组工会工作加快,县委领导亲自抓好计划、部署工作,县总工会主席赖清龙在《佛冈文明报》发表了关于全面组建工会的意见。县总工会选定石角镇机关为工会组建工作的试点单位,召开会议以总结经验并予以宣传推广。由于县委重视、措施扎实、宣传发动工作做细,机关组建工会工作顺利开展。自是年五一前夕石角镇机关工会成立到9月底,全县12个镇机关全部建立了工会组织。在县机关和企业中新成立工会的有建委、乡镇企委、农委、计委、科协、检察院、人民法院、人民武装部、司法局、机电厂、耐火材料厂、液化石油气公司、县莹石粉选厂、针织服装厂等。是年,全县有基层工会199个,会员11 543人(包括省市直管企业)。

1991—1997年,随着改革开放的不断深化,工会基层组织也不断向新经济组织发展,个体私营企业蓬勃发展,农民工成为社会主义建设的主力军,也成为工人阶级的新成员。县总工会按照全国总工会"最大限度地把职工组织到工会中来"的要求,积极发动个体私营企业职工加入工会组织。截至1997年,全县已建立基层工会212个,其中,国有企业53个,集体企业27个,外来投资企业7个,乡镇企业2个,机关单位42个,事业单位81个。

1998—2010年,随着招商引资工作的不断发展,外来企业逐年增加,外来农民工也随之增多,县总工会逐渐拓宽入会渠道,吸收农民工加入工会。2000年,全县有基层工会225个,会员11 342人。2004年吸收农民工会员2134人。2005年,全县有基层工会230个,会员10 576人。2010年,全县有基层工会237个,会员30 343人。

2011—2021年,每年坚持吸收农民工会员,壮大工会队伍。截至2015年,全县有基层工会503个(其中独立基层工会430个,联合基层工会73个),会员72 654人。2020年,全县有基层工会523个(其中独立基层工会450个,联合基层工会73个),工会会员81 009人。

2022年,全县新建企业工会28个,成功吸收会员3034人,其中农民工会员占80%。截至是年底,全县有基层工会410个(其中独立基层工会351个,联合基层工会59个),会员45 851人。其中,全县有职工(包括个体工商户和私营企业主)3.9万余人,共建基层工会387个,会员3.8万余人,职工入会率达97%。

表2-1 2009—2022年佛冈县工会组织及会员统计表

年度	基层工会数量			工会会员数量	
	独立基层工会/个	联合基层工会/个	总计/个	总计/人	农民工会员/人
2009	194	2	196	25 815	15 621
2010	235	2	237	30 343	18 733

续表2-1

年度	基层工会数量			工会会员数量	
	独立基层工会/个	联合基层工会/个	总计/个	总计/人	农民工会员/人
2011	254	22	276	37 238	18 993
2012	295	51	346	51 349	26 148
2013	375	71	446	61 034	31 468
2014	430	71	501	63 724	31 276
2015	430	73	503	72 654	48 614
2016	441	73	514	72 667	50 253
2017	441	73	514	74 000	55 000
2018	444	73	517	76 783	60 675
2019	448	73	521	77 663	60 862
2020	450	73	523	81 009	61 691
2021	343	59	402	44 828	28 829
2022	351	59	410	45 851	29 535

注：本表数字录自县总工会报表，为每年到期累计数。

二、直属机关事业单位工会

1953年1月，佛冈县第一次工人代表大会召开，正式成立佛冈县工会联合会。工会组织配合农村"土改""镇反"和城镇"五反"等政治运动，开展各种宣传活动和对各种不法分子的检举、清查、监督等斗争，整顿工会组织。1956年，全县有基层工会11个，会员660人，其中包括火柴厂工会，搬运工会，粮食加工厂工会，建筑工会和贸易、金融工会等，会员人数占全县职工总数的64.7%。截至1957年，全县有工业、商业、教育、供销、邮电、医疗、搬运、粮食、金融、文化、农林、水利等12个系统已建立工会组织，会员有1196人，占全县职工总数的70%，各基层建立会员档案。

20世纪六十及七十年代，由于全县遭受三年自然灾害、政治运动特别是"文化大革命"的影响和冲击，县直属机关事业单位工会工作未能正常开展。1973年7月，县工会第六次代表大会召开，会议提出恢复工会工作，于此，县直属机关事业单位工会工作逐步恢复运行。

改革开放后，县直属机关事业单位工会工作逐步加强。1984年，县工会第八次代表大会召开，根据大会的部署，开展工会的整顿和发展工作。1987年，佛冈县政府大院第一家党政机关成立工会组织——党群直属机关工会。1988年，发展县党校工会、科委工会、审计局工会、国土局工会。这些党政机关成立工会组织后，在活跃职工文体生活、做好慰问工作以及抓好职工思想教育工作等方面，体现出了工会组织一定的优越性。是年，全县有基层工会171个，会员1.05万人。

1990年，全县97%以上的党政机关（含乡镇）已成立工会组织，基层工会199个，其中直属机关有系统工会4个：教育工会、卫生工会、供销工会、金融工会。

1991年起，坚持做好县直属机关事业单位工会的巩固壮大工作，发展建设工会组织和工会会员队伍。至2000年，结合在企业工会中推行职代会、厂务公开制度工作，县属机关事业单位工会组织的力量得到较好的加强。

2001—2010年，县总工会围绕在全县构建和谐社会的工作重心，按照工会"在继承中创新，在创新中前进"的工作要求，积极探索新形势下工会凝聚合力的新路子，切实加强以县属机关事业单位工会为工作重心的工会工作。至2010年，县属机关事业单位工会工作得到全面加强。

2011年起，县总工会启动"广普查，深组建，全覆盖"集中行动，加强调研，做好非公企业法人数据库核查录入工作，明确工会组建方向。发动县属机关事业单位按照各自职能范围在全县范围内开展"工会组建集中行动"，强力推进规模以上企业、外来投资企业、工业园区、出租车行业和劳务派遣企业工会的组建，加快外来务工人员入会步伐。县总工会根据实际情况建工会，有的以组建区域性、行业性工会为重点，有的以组建工业园区联合工会为目标，有的以新建规模企业为突破口，不断加大工会组建力度，扩大工会组织的覆盖面。截至2011年12月，新组建佛冈县社会医药行业工会联合会、佛冈县交通运输行业工会联合会、佛冈县水果行业协会工会联合会等基层工会组织39个，其中行业工会联合会20个，涵盖法人单位520个，共发展会员6895人，壮大了佛冈县的工会组织和会员队伍。

2022年，县直属机关事业单位（含乡镇机关）基层工会132个，占全县基层工会总数的32.2%；直属机关事业单位工会会员1.73万人（含省市直管单位），占全县工会会员总数的37.5%。

表2-2　2022年佛冈县直属机关事业单位工会一览表

序号	工会名称	工会主席姓名	工会委员会成立时间	会员数/人	地址
1	佛冈县机关事务管理局工会委员会	李功节	2015.9	118	佛冈县人民中心主楼103室
2	中共佛冈县委办公室工会委员会	范卓鸿	2017.3	31	佛冈县人民中心主楼401室
3	佛冈县人大常委会办公室工会委员会	邹昌军	2016.4	26	佛冈县人民中心东楼306室
4	政协广东省佛冈县委员会工会委员会	邓社棠	2016.4	16	佛冈县人民中心西楼
5	中共佛冈县纪律检查委员会工会委员会	郑伟机	2014.6	75	佛冈县人民中心主楼214室

续表2-2

序号	工会名称	工会主席姓名	工会委员会成立时间	会员数/人	地址
6	中共佛冈县委组织部工会委员会	谢圣举	2020.1	32	佛冈县人民中心主楼207室
7	中共佛冈县委统一战线工作部工会委员会	范福新	2015.12	9	佛冈县人民中心主楼418室
8	中国民主同盟佛冈县基层委员会工会委员会	朱英萍	2018.3	4	佛冈县人民中心主楼116室
9	佛冈县档案馆工会委员会	林绍嘉	2017.4	23	佛冈县人民中心东楼后座
10	中共佛冈县委政法委员会工会委员会	黄煜权	2016.5	30	佛冈县人民中心综合楼
11	共青团佛冈县委员会工会委员会	易德堃	2017.9	4	佛冈县人民中心东楼103室
12	佛冈县妇女联合会工会委员会	黄银英	2015.3	6	佛冈县人民中心主楼301室
13	中共佛冈县直属机关工作委员会工会委员会	张毅	2016.2	10	佛冈县人民中心主楼310室
14	佛冈县史志办公室工会委员会	黄亮	2020.3	8	佛冈县人民中心综合楼504室
15	佛冈县归国华侨联合会工会委员会	张仙桂	2019.11	3	佛冈县人民中心东楼206A室
16	佛冈县科学技术协会工会委员会	黄玉波	2016.3	4	佛冈县人民中心主楼311室
17	佛冈县工商业联合会工会委员会	刘桂花	2016.5	18	佛冈县石角镇电商园702室
18	中共佛冈县委机构编制委员会办公室	唐文婷	2015.9	18	佛冈县人民中心综合楼503室
19	佛冈县人力资源和社会保障局工会委员会	钟燕萍	2015.4	64	佛冈县石角镇文康路劳动社保大楼
20	佛冈县司法局工会委员会	刘智荣	2015.4	41	佛冈县人民中心综合楼四楼
21	佛冈县扶贫服务中心工会委员会	郑彩云	2016.3	12	佛冈县人民中心综合楼521室
22	佛冈县公安局工会委员会	洪泓昭	2015.12	460	佛冈县石角镇振兴中路38号
23	中国共产党佛冈县委员会党校工会委员会	郑丽玲	2015.12	15	佛冈县石角镇文园路15号
24	佛冈县发展和改革局工会委员会	李启友	2012.5	26	佛冈县人民中心东楼209室
25	佛冈县财政局工会委员会	范杰忠	1986.4	108	佛冈县石角镇振兴中路289号

续表2-2

序号	工会名称	工会主席姓名	工会委员会成立时间	会员数/人	地址
26	佛冈县城乡规划事务所工会委员会	钟伟强	2020.9	13	佛冈县石角镇解放路51号
27	清远市生态环境局佛冈分局工会委员会	肖钊雄	2013.4	42	佛冈县石角镇教育路277号
28	佛冈县统计局工会委员会	梁曼莉	2010.8	22	佛冈县人民中心东楼203室
29	佛冈县审计局工会委员会	谭庆忠	1987.12	24	佛冈县石角镇振兴中路289号
30	佛冈县应急管理局工会委员会	何雪梅	2019.5	43	佛冈县石角镇教育路292号
31	佛冈县市场监督管理局工会委员会	范伟凡	2015.12	132	佛冈县石角镇教育路311号
32	佛冈县供销合作社工会委员会	赵维	1952.8	8	佛冈县石角镇建设路131号
33	佛冈县城市管理建设监察大队工会委员会	黄常正	2013.4	57	佛冈县石角镇建设路30号
34	佛冈县路灯管理所工会委员会	陈国清	2013.5	35	佛冈县石角镇环城西路摩罗山
35	清远市公共资源交易佛冈分中心工会委员会	林小丹	2014.8	18	佛冈县石角镇振兴北路行政服务中心二楼
36	佛冈县食品药品监督管理局工会委员会	陈永胜	2001.8	43	佛冈县石角镇振兴中路236、238号
37	佛冈县社会保险基金管理局工会委员会	罗大远	1985.10	65	佛冈县石角镇文康路
38	佛冈县民政局工会委员会	朱卓恒	2012.12	96	佛冈县石角镇教育路301号
39	佛冈县残疾人联合会工会委员会	郑志明	2011.7	19	佛冈县石角镇环城东路3号
40	佛冈县卫生健康局工会委员会	徐润平	2015.6	46	佛冈县石角镇法政路2号
41	佛冈县疾病预防控制中心工会委员会	刘东妹	2013.4	34	佛冈县石角镇振兴中路园山西街52号
42	佛冈县高岗镇卫生院工会委员会	张志武	2011.8	44	佛冈县高岗镇高岗街42号
43	佛冈县迳头镇中心卫生院工会委员会	刘文添	2017.8	50	佛冈县迳头镇迳头街39号
44	佛冈县迳头镇烟岭卫生院工会委员会	范小宇	2015.11	32	佛冈县迳头镇烟岭大坪街12号
45	佛冈县水头镇卫生院工会委员会	李大巍	2015.10	46	佛冈县水头镇兴达路21号

续表2-2

序号	工会名称	工会主席姓名	工会委员会成立时间	会员数/人	地址
46	佛冈县石角镇卫生院工会委员会	林志傍	2011.8	43	佛冈县石角镇城南建设路50号
47	佛冈县石角镇龙南卫生院工会委员会	刘清宁	2015.10	38	佛冈县石角镇龙南街85号
48	佛冈县石角镇三八卫生院工会委员会	黄常安	2011.8	37	佛冈县石角镇三八街67号
49	佛冈县汤塘镇中心卫生院工会委员会	莫永良	2013.1	93	佛冈县汤塘镇汤泉东路42号
50	佛冈县汤塘镇四九卫生院工会委员会	陈文滔	2011.6	46	佛冈县汤塘镇四九街沿江路1号
51	佛冈县龙山镇卫生院工会委员会	陆高飞	2015.11	55	佛冈县龙山镇湮江街38号
52	佛冈县龙山镇民安卫生院工会委员会	范秀勤	2012.9	33	佛冈县龙山镇民安府前街25号
53	佛冈县水利局工会委员会	叶宗惠	2020.8	50	佛冈县人民中心西楼
54	佛冈县林业局工会委员会	黄锐坚	2020.9	33	佛冈县石角镇解放路51号
55	佛冈县农业技术推广中心工会委员会	赖杏梅	2016.3	26	佛冈县人民中心综合楼522室
56	佛冈县农产品质量安全监督检测站工会委员会	黄志参	2019.11	6	佛冈县石角镇建设路411号四楼
57	佛冈县自然资源局工会委员会	黄谷香	2020.9	100	佛冈县石角镇解放路51号
58	佛冈县土地开发储备局工会委员会	华锋	2011.7	24	佛冈县人民中心综合楼403室
59	中国电信集团工会佛冈县工会委员会	杨志东	1998.10	72	佛冈县教育路中国电信佛冈分公司
60	佛冈华润燃气有限公司工会委员会	孔庆军	2018.1	31	佛冈县石角镇文中街交通综合大楼附楼四楼
61	清远市方能电力工程安装有限公司佛冈分公司工会委员会	谢斌	2018.11	86	佛冈县石角镇106国道侧供电局综合生产基地
62	佛冈县货运行业联合工会委员会	钟辽莎	2018.12	874	佛冈县石角镇振兴中路318号
63	佛冈县人民法院工会委员会	蓝榕概	1990.6	111	佛冈县人民法院（石角镇106国道边）
64	佛冈县供水服务中心工会委员会	吴冬梅	1983.9	70	佛冈县石角镇沿江中路150号

续表2-2

序号	工会名称	工会主席姓名	工会委员会成立时间	会员数/人	地址
65	佛冈县公路事务中心工会委员会	黄镇满	1989.1	132	佛冈县石角镇振兴中路318号
66	佛冈县交通运输局工会委员会	黄丽萍	1964.4	84	佛冈县石角镇振兴中路318号
67	佛冈县市场开发服务中心工会委员会	郑志光	2014.3	25	佛冈县石角镇青松路德安街13号
68	佛冈县中医院工会委员会	刘晖	1981.10	201	佛冈县石角镇佛冈大道西1号
69	佛冈县人民医院工会委员会	郑奇志	1978.3	740	佛冈县石角镇环城中路287号
70	中国人民银行佛冈县支行工会委员会	黄健平	1950.6	37	佛冈县石角镇环城西路3号
71	佛冈县放牛洞和山田水库管理所工会委员会	陈伯林	2011.7	10	佛冈县石角镇观山村
72	清远市羊角山林场工会委员会	冯红心	2017.6	25	佛冈县石角镇三八片大墩村
73	中国邮政集团工会佛冈县工会委员会	孙芳	1998.10	86	佛冈县石角镇环城中路230号
74	广东电网有限责任公司清远佛冈供电局工会委员会	陈尤	1981.1	295	佛冈县石角镇环城东路70号
75	佛冈县文化广电旅游体育局工会委员会	何婉媚	2019.9	22	佛冈县人民中心综合楼423室
76	佛冈县人民政府行政服务中心工会委员会	谢玉英	2015.10	25	佛冈县人民中心综合楼110室
77	佛冈县人民检察院工会委员会	李雪英	2011.8	70	佛冈县石角镇振兴路园山街1号
78	佛冈县工业和信息化局工会委员会	刘国庆	2006.9	28	佛冈县人民中心综合楼
79	广东省佛冈县气象局工会委员会	许沛林	2017.3	22	佛冈县石角镇环城东路292号
80	中国农业银行股份有限公司佛冈县支行工会委员会	曹伟森	1980.10	80	佛冈县石角镇振兴中路149号
81	佛冈县工业园管理委员会工会委员会	成永嫔	2016.12	10	佛冈县行政服务中心314室
82	佛冈县国土资源局工会委员会	何传华	2012.9	110	佛冈县行政服务中心215室
83	佛冈县不动产登记中心工会委员会	廖海萍	2018.1	43	佛冈县石角镇振兴中路290号
84	佛冈县融媒体中心工会委员会	黄伟洪	2011.1	55	佛冈县石角镇法政路135号

续表2-2

序号	工会名称	工会主席姓名	工会委员会成立时间	会员数/人	地址
85	佛冈县县城市容环境卫生管理所工会委员会	郑从浩	2011.7	40	佛冈县石角镇环城中路康西巷24号
86	佛冈县粮食和物资储备有限公司工会委员会	何桂贤	2013.7	17	佛冈县汤塘镇升平村下围106国道西边
87	清远市粤运汽车运输有限公司佛冈分公司工会委员会	宋立勋	1966.1	93	佛冈石角镇环城中路109号
88	中国移动佛冈分公司工会委员会	温林毅	1999.10	66	佛冈县石角镇福田路199号
89	广东佛冈农村商业银行股份有限公司工会委员会	刘建新	2007.12	287	佛冈县石角镇振兴南路59号
90	佛冈县总工会机关工会委员会	刘华洲	2015.10	21	佛冈县石角镇振兴北路45号
91	佛冈县迳头镇人民政府机关工会委员会	李宗丰	2015.10	115	佛冈县迳头镇人民政府
92	佛冈县水头镇人民政府机关工会委员会	杨志诚	2020.3	110	佛冈县水头镇人民政府大院
93	佛冈县石角镇人民政府机关工会委员会	莫毅斌	2013	310	佛冈县石角镇人民政府
94	佛冈县汤塘镇人民政府机关工会委员会	曹城新	2018.6	208	佛冈县汤塘镇人民政府
95	佛冈县龙山镇人民政府机关工会委员会	徐瑞鹏	2016.9	160	佛冈县龙山镇人民政府
96	国家税务总局佛冈县税务局工会委员会	黄秀芳	2018.11	218	佛冈县石角镇环城东路66号
97	广东省广播电视网络股份有限公司清远佛冈分公司工会委员会	罗成志	2016.11	74	佛冈县石角镇法政路135号
98	中国人寿保险股份有限公司佛冈县支公司工会委员会	易 丽	1996.6	14	佛冈县石角镇振兴中路107号
99	人保财险佛冈支公司工会委员会	巫汉辉	1997.11	15	佛冈县石角镇环城中路360号
100	佛冈县退役军人事务局工会委员会	谢挺陆	2019.4	12	佛冈县石角镇教育路301号4楼
101	佛冈县医疗保障局工会委员会	张伟中	2019.5	5	佛冈县石角镇文康路劳动社保大楼7楼
102	佛冈县政务服务数据管理局工会委员会	范继洲	2019.5	5	佛冈县人民中心综合楼202室
103	中共佛冈县委宣传部工会委员会	曹惠珍	2019.9	27	佛冈县人民中心综合楼424室
104	佛冈县农业农村局工会委员会	江飞跃	2019.10	17	佛冈县石角镇北园路人民中心综合楼5楼

续表2-2

序号	工会名称	工会主席姓名	工会委员会成立时间	会员数/人	地址
105	佛冈县消防救援大队工会委员会	张鹏亮	2020.4	52	佛冈县石角镇环城西路佛冈消防大队
106	佛冈县城市管理和综合执法局工会委员会	邓毅锋	2019.12	22	佛冈石角镇通庆街2号
107	佛冈县图书馆工会委员会	郑从克	2019.12	10	佛冈县石角镇青松东路文化广场
108	佛冈县文化馆工会委员会	李荣东	2017.5	9	佛冈县石角镇青松东路
109	佛冈县代建项目管理中心工会委员会	陈少凡	2016.12	16	佛冈县石角镇教育路277号8楼
110	广东新华发行集团佛冈新华书店有限公司工会委员会	宋国强	2020.6	10	佛冈县石角镇振兴中路74号二楼
111	佛冈县高岗镇人民政府机关工会委员会	何红火	2020.11	126	佛冈县高岗镇府前街1号
112	佛冈县动物卫生监督所工会委员会	陈腾云	2020.12	10	佛冈县石角镇环城东路241号
113	佛冈县人民政府办公室工会委员会	陈灿开	2016.4	43	佛冈县人民中心主楼313室
114	佛冈县德城投资开发有限公司工会委员会	李志勇	2013.11	131	佛冈县石角镇通庆街2号
115	广佛（佛冈）产业园高新投资开发有限公司工会委员会	李航	2020.1	17	佛冈县汤塘镇四九广佛（佛冈）产业园临时展厅
116	广清经济特别合作区广佛（佛冈）产业园工会委员会	谢国华	2020.1	35	佛冈县汤塘镇大埔村广佛园临时展示厅办公区
117	佛冈县植保植检站工会委员会	朱永枢	2016.1	7	佛冈县石角镇建设路411号3楼
118	佛冈县卫生监督所工会委员会	杨乐	2015.10	13	佛冈县石角镇法政路2号
119	佛冈县城乡饮用水服务中心工会委员会	黄石娴	2021.6	52	佛冈县石角镇沿江中路150号
120	佛冈县三八自来水有限公司工会委员会	黄武欢	2021.1	21	佛冈县石角镇三八街
121	佛冈县自然资源调查设计测绘中心工会委员会	王金才	2021.7	8	佛冈县石角镇解放路51号
122	佛冈观音山省级自然保护区管理处工会委员会	范秀泽	2016.8	20	佛冈县石角镇解放路51号
123	佛冈县住房和城乡建设局工会委员会	朱丽嫦	2021.6	38	佛冈县石角镇教育路277号

续表2-2

序号	工会名称	工会主席姓名	工会委员会成立时间	会员数/人	地址
124	佛冈县土产公司工会委员会	宋光辉	2021.9	6	佛冈县石角镇建设路131号
125	佛冈县慢性病防治医院工会委员会	张欢喜	2021.12	61	佛冈县石角镇三八墟61号
126	佛冈县妇幼保健计划生育服务中心工会委员会	胡义芝	2021.12	114	佛冈县石角镇青松西路48号
127	佛冈县新业态行业工会联合会	刘华洲	2021.12	510	佛冈县石角镇振兴路45号
128	佛冈县华辰文旅有限公司工会委员会	陈艳婵	2021.10	8	佛冈县石角镇福田路208号3楼301室
129	佛冈县机关事务管理局工会委员会	李功节	2015.9	118	佛冈县人民中心主楼103室
130	佛冈县社会福利院工会委员会	李功训	2022.3	25	佛冈县石角镇拥军路68号
131	佛冈县殡仪馆工会委员会	张伟军	2022.3	24	佛冈县石角镇科旺村大庙峡
132	佛冈县石角社区工会联合会	刘华洲	2022.4	7947	佛冈县石角镇金尊大厦二楼

注：工会132个，会员17 306人。

三、各镇及企业基层工会

（一）各镇工会组织

1987年前，全县各镇（含前设置人民公社、区、乡等）辖内建立的机关事企业基层工会组织，由县总工会按类别实施管理。

1987年，全县12个乡镇均成立工会委员会。后随着乡镇机构的变化，镇工会组织同时进行调整。2002年5月，黄花镇并入石角镇，全县11个镇均设有基层工会委员会，分别是高岗、迳头、烟岭、水头、三八、石角、龙南、汤塘、四九、龙山、民安工会委员会。2004年5月，佛冈县辖区内由原来的11个镇撤并为6个镇，分别是高岗、迳头、水头、石角、汤塘、龙山。根据《工会法》和《中国工会章程》规定，迳头、石角、汤塘、龙山4个镇分别成立工会联合会。1999—2002年，建立镇非公有制企业工会联合会6个，共覆盖企业86家、个体工商户230户、员工1.02万人。

2008年3月，县委组织部和县总工会联合发出《关于做好成立镇总工会工作意见的通知》。经过宣传发动，是年7月，南部的石角镇、汤塘镇、龙山镇建立镇级总工会，北部的水头镇、迳头镇、高岗镇建立镇工会工作委员会。

截至2022年，全县6个镇建立镇总工会和镇工会工作委员会共6个，镇机关事业单位会员共1075人。其中，高岗镇工会工作委员会有会员159人，迳头镇工会工作委员会有会员150人，水头镇工会工作委员会有会员118人，石角镇总工会有会员280人，汤塘镇总工会有会员208人，龙山镇总工会有会员160人。

（二）企业基层工会

佛冈县企业基层工会的发展经历了初步形成和缓慢发展时期、调整整顿和改革提高时期、稳定巩固和加快发展时期、巩固提高和进入社会主义新时代时期。企业工会组织随着工业企业的调整变化而变化、随着工业企业的发展而发展。

1. 初步形成和缓慢发展时期（1951—1975年）

这个时期也是第一至第四个五年计划时期。

1956年，佛冈县对私营工商业实行社会主义改造，县城被纳入改造计划的两家私营工业企业分别转为地方国营和公私合营。由个体手工业者组成的生产社45个，社员697人；手工业小组5个，组员22人。全县经批准参加公私合营的共有149户558人。所有制变革后，佛冈县工业工会组织得到较快的发展。

1958年"大跃进"期间，全县围绕农业办工业，办起石灰厂、江坝铁厂、乐格铁厂、农业机械厂、潭州耐火砖厂、莲瑶面粉厂等企业。这些企业由于规模小、技术差、产品质量低，不久相继停产。"文化大革命"期间，工业企业追求"小而全"，大办小钢铁、小化肥、小水泥、小煤窑、小机械等"五小"企业，结果许多企业也因技术不过关、摊子铺得过大、资金无法周转或连年亏损（如县氮肥厂）而被迫停产，企业工会组织的发展受到影响。

2. 调整整顿和改革提高时期（1976—1985年）

这个时期也是第五至第六个五年计划时期。

在这个时期，县企业和乡镇企业引进外资合办企业、开展补偿贸易，在发展县社联办企业项目等方面开始有新的突破，如四九公社与港商合办沙发椅加工厂、水头公社与外贸部门签订来料加工棉被合同等。到1979年，县内已联办萤石场、硫铁矿场、造纸厂、家具厂、化工厂、玻璃厂、水电站等13个企业，工会组织也随之得到发展。

3. 稳定巩固和加快发展时期（1986—1995年）

这段时期内，国民经济实行治理整顿和深化改革，以加快发展。在治理整顿阶段，加强计划指导和市场调节，使企业的布局调整和企业内部整顿工作更有效地开展，乡镇企业在稳定、巩固的基础上健康发展。

1992年，邓小平南方谈话精神的传达贯彻和党的十四大的召开，为县域企业的发展增添了巨大的动力、开辟了广阔的前景。佛冈县委、县政府在本时期内先后发出《关于增强企业活力，加速乡镇企业发展的若干规定》《关于各单位新办厂的若干规定》《关于发展个体工业的若干规定》《关于发展城乡经济技术协作的若干优惠措施》《关于加快发展乡镇企业若干问题的决定》《关于鼓励乡镇企业发展的决定》等一系列重要文件，在资金、技术、信息、人才以及税收政策等方面为企业制定了优惠措施。佛冈县第八次党代会提出了树立"大生产、大流通、大市场、大经济、大发展"的新型意识观念，全县各级努力培育和完善市场体系，积极培育县、乡镇骨干企业。1994年，全县年产值达到1000万元以上规模的企业发展到24家。

4. 巩固提高和进入社会主义新时代时期（1995年至今）

1995—2000年，国有、集体工业企业开展"三改一加强"（改制、改组、改造，加强管理）工作，探索国有企业改革的新路子，通过招商引资发展工业。1995年，县政府印发《关于进一步转换企业经营机制增强企业活力的方案》，促进企业上规模、增效益。全县工业企业（含规模以上、规模以下）1111家，其中规模以上工业企业141家，规模以下工业企业970家。至2000年，已建立基层工会组织的有：①地方国营工业企业：亨地（水泥）实业公司、通用机械厂、机电厂、混江水泥厂、石厂、松香厂、石角粮食加工厂、煤厂、瓷厂、印刷厂、羊城饼干糖果厂、酒厂、燃料公司、迳头粮食加工厂。②二轻集体工业企业：县工艺厂、床垫厂、服装厂、五金综合厂。③联营、集体、合资工业企业：味精厂、电池实业公司、耐火材料厂、电池配件厂、香料厂、搪瓷厂、广佛电工材料公司、广州柴油机厂佛冈分厂、橡胶厂、石英粉厂、造纸厂、同庆陶瓷有限公司、南方包装品有限公司。

2004年，外来员工纳入工会组织工作实现重大突破，县总工会将新建企业工会组建工作作为重点工作来抓，提出了抓试点、带整体的工作思路，建立了区域性、行业性的工会联合会，并成立3个工作组，深入各镇、企业、个体户开展工作。上半年，以南部镇为先行，建立镇非公有制企业工会联合会6个。下半年，在县城个体工商户中先后成立佛冈县个体饮食行业工会联合会、佛冈县医药行业工会联合会。是年，工会组织覆盖企业和个体工商户227家、员工2135人。

2006—2007年，重点开展外来投资企业建会工作。县总工会干部多次到外来投资企业宣传工会组建工作，采取走"党建带工建、党工共建"的路子，将工会组建工作纳入镇党建工作目标责任制，强化镇党委的责任。同时，采取"抓重点树典型""先易后难循序渐进"的工作方法，首先在佛冈县国珠塑胶有限公司、东溢（佛冈）不锈钢有限公司等一批重点单位建立工会，并以此作为典型进行大力宣传，带动其他企业建立工会组织。2006年，新建外来投资企业工会33家，吸收会员8609人。2007年，包括约克、建滔实业在内的外来投资企业新建工会组织28个，新发展会员3027人。

2008—2010年，实施市委"三化一园"（工业化、城镇化、农业产业化及工业园区）和佛冈县"工业立县、工业富县、工业强县"发展战略，通过大力抓招商引资工作，形成以建滔化工、科惠白井电路板、约克空调、新菱冷气、国珠塑胶等企业为代表的化工、电子、设备制造、五金、铸造等支柱产业。县总工会注重创新组建形式，不断提高建会质量，提高非公企业的工会组建率和职工入会率。三年内，全县新建基层工会组织75家，新发展会员9126人，其中农民工会员6120人。2010年，加强同人大、政府、政协有关领导的联系，与有关部门沟通和配合，在对企业进行劳动用工、劳动合同签订情况的检查的同时，适时推动未建会企业开展建会工作。是年，全县新建包括佛冈篁胜国际温泉花园酒店有限公司工会、佛冈县龙啸峡旅游开发有限公司工会在内的工会组织60个，新发展会员近8000人。

2011—2015年，以工业园区为平台和载体，加大招商引资力度，调整招商引资方向和重点，加大工业项目落实工作督查和跟踪服务力度，广东松峰机械有限公司、鑫源科技电缆有限公司、清远加多宝草本植物科技有限公司（浓缩液生产线）、清远加多宝饮料有限公司（罐瓶装生产线）、清远南玻节能新材料有限公司等成为全县工业工会发展的重点企业。2012年，佛冈县总工会依照《工会法》《中国工会章程》推动依法建会，按照"哪里有职工，哪里就要建立工会组织"的要求，制定《2012年佛冈县工会组建工作方案》，并认真贯彻实施。全年完成非公企业工会组建468家，新发展会员2.3万人，超额完成市总工会下达的指标，全面完成"两个普遍"的三年规划工作任务。2015年，清远南玻节能新材料有限公司等新建企业工会成功进行民主选举，产生工会委员会。据统计，全年建立工会组织179个，覆盖全县"两新"组织369家，发展会员8398名，其中含农民工会员7023名。

2016—2020年，按照全县"十三五"规划关于培育壮大主导产业、转型发展工业产业思路，依托广清产业转移型佛冈产业区，大力发展现代化工业产业。2017年，县总工会贯彻落实《佛冈县工会组建工作方案》，全年组建企业工会10家，发展会员1500多人。2019年5月，启动"广佛（佛冈）产业园"建设工程。县总工会把工作重点放在规模以上企业，坚持以党建带工建，跟进"两新"企业组建工会工作。2020年，社区单独组建企业工会12个。

2021—2022年，积极推进新就业形态劳动者建会入会工作，通过建立"党建带工建，工建服务党建"工作机制、推动重点行业企业依法建立工会组织、创新优化新就业形态劳动者入会方式等举措，最大限度地把新业态劳动者吸引过来、组织起来、稳定下来，推动工会组建工作发展。两年内，全县在货车司机、快递员、网约配送员等群体内建会14个，实现新发展会员1331人、在"粤工惠"平台工会实名注册1186人，并成立佛冈县新业态行业工会联合会。

2022年，全县6个镇共有企业工会169个，会员26 395人。其中，高岗镇企业工会3个，企业会员136人；迳头镇企业工会14个，企业会员4187人；水头镇企业工会4个，企业会员96人；石角镇企业工会77个，企业会员7360人；汤塘镇企业工会41个，企业会员7863人；龙山镇企业工会30个，企业会员6753人。

表2-3　2022年佛冈县各镇已建立工会组织的企事业（行业）单位一览表

序号	企事业（行业）单位	工会联系人	企员数/人	工会地址
1.1	高岗镇	何红火	136	高岗镇府前街1号
1.2	佛冈县佛利精密工具厂	罗婷婷	16	高岗镇新联三联村路口
1.3	佛冈县顺景种植养殖专业合作社	朱红意	110	高岗镇三联村
1.4	佛冈县德福种植养殖专业合作社	何艳琦	10	高岗镇新围村德福种植养殖专业合作社
2.1	迳头镇	曾榕明	4187	迳头镇人民政府

续表2-3

序号	企事业（行业）单位	工会联系人	企员数/人	工会地址
2.2	佛冈县德诚高分子材料有限公司	王永明	24	迳头镇高速公路旁
2.3	永旭精化科技（清远）有限公司	邓筱芷	10	迳头镇高速公路旁
2.4	清南（佛冈）玩具制品有限公司	余美芹	400	迳头镇新镇区北部街
2.5	佛冈华亚纺织品有限公司	彭圣余	170	迳头镇华亚纺织有限公司
2.6	华联（佛冈）机械制造有限公司	黄继洪	1500	迳头镇大陂村
2.7	广东闽辉金属制品有限公司	陈清平	60	迳头镇茶坪工业园区
2.8	清远南玻节能新材料有限公司	李彦彬	210	迳头镇金岭工业园金岭八路1号
2.9	广东华劲汽车零部件制造有限公司	范文静	380	迳头镇106国道旁华劲工业园
2.10	正将油墨（清远）有限公司	莫海波	5	迳头镇大村高中坪
2.11	汇康荧光科技（清远）有限公司	邹 琳	60	迳头镇大村高中坪
2.12	佛冈盈泰纺织品染整有限公司	吴 寒	1000	佛冈县迳头镇烟岭村
2.13	佑丰（佛冈）印染有限公司	邹联瑞	30	迳头镇烟岭社坪村佑丰印染厂
2.14	佛冈翔鸿塑胶有限公司	朱彰文	160	翔鸿塑胶有限公司
2.15	佛冈顺亚染整有限公司	周 柯	178	迳头镇大陂村
3.1	水头镇	杨志诚	96	水头镇人民政府
3.2	佛冈县乡村建筑装饰工程有限公司	邹玉梅	25	水头镇桂田村委白围村26号
3.3	广东佛冈长江实业有限公司	许世富	15	水头镇府前路12号
3.4	佛冈县养蜂协会	朱谷源	50	水头镇潭洞村
3.5	佛冈县源健加油站	黄榕梅	6	水头镇
4.1	石角镇	莫毅彬	7360	石角镇环城路53号
4.2	佛冈天元电池有限公司	钟丽冰	90	石角镇城南工业区
4.3	佛冈建滔实业有限公司	陈红侠	536	石角镇建滔路1号建滔工业园
4.4	岐阜精器（佛冈）五金制品有限公司	邹冬桥	86	石角镇106国道边城南工业区奄美工业园
4.5	清远新力化机有限公司	徐敏静	79	石角镇吉田高埔村

续表2-3

序号	企事业（行业）单位	工会联系人	企员数/人	工会地址
4.6	泰功精工（佛冈）五金电子有限公司	程杰	129	石角镇106国道边城南工业区奄美工业园
4.7	佛冈县同庆陶瓷有限公司	杜庆辉	123	石角镇旺吉经济开发区同庆陶瓷有限公司
4.8	小林弹簧（佛冈）五金制品有限公司	易勇	63	石角镇106国道边城南工业区奄美工业园
4.9	奄美（佛冈）五金制品有限公司	钟冰	89	石角镇106国道边城南工业区奄美工业园
4.10	富湾五金有限公司	古俊章	100	石角镇建滔路1号建滔实业有限公司斜对面
4.11	佛冈合骏燃气有限公司	徐合群	21	106国道科惠电路对面
4.12	广东鑫源恒业复合材料科技有限公司	刘江峰	224	石角镇英佛公路旁
4.13	迪米格（佛冈）实业有限公司	谢建昌	156	石角镇英佛公路旁
4.14	广东松峰（佛冈）机械有限公司	纪旭升	1006	石角镇英佛公路旁
4.15	老虎高性能涂料（佛冈）有限公司	胡成林	66	石角镇英佛公路旁
4.16	佛冈县豪家五金家具厂	李朝云	35	石角镇英佛公路旁诚康混凝土公司旁
4.17	佳润混凝土有限公司	冯国钊	75	石角镇龙溪沙岇（原佛冈县农科所内）
4.18	东立（佛冈）竹木有限公司	黄方瑶	137	石角镇龙南街市场旁
4.19	飞匠精研（佛冈）五金有限公司	朱沛匹	45	石角镇城南工业园
4.20	长风机械有限公司	周权	120	石角镇沿江西路
4.21	佛冈县南海食街	黄石梅	200	石角镇农副产品市场内
4.22	佛冈县亨地水泥有限公司	汤伟玲	53	石角镇三莲龙聚塘村
4.23	佛冈县志伟家具制造有限公司	邓金城	124	石角镇三莲楼仔村
4.24	佛冈县港江水泥有限公司	叶伟军	59	石角镇三莲龙聚塘村
4.25	龙清（佛冈）电力器材有限公司	冯九千	219	石角镇三莲龙聚塘村
4.26	飞龙建材有限公司石场	刘拥党	30	石角镇三莲龙聚塘村
4.27	佛冈合兴五金机械厂	徐国明	30	石角镇三八岭背村
4.28	美雅迪（佛冈）家具制造有限公司	陈义行	453	石角镇三莲江坝村

续表2-3

序号	企事业（行业）单位	工会联系人	企员数/人	工会地址
4.29	佛冈县清源实业公司	姚灼锋	49	石角镇建设路3号
4.30	佛冈县光明发展有限公司	冯灿章	30	石角镇建设路3号（党校内宿舍楼一楼）
4.31	佛冈华润燃气有限公司	孔庆军	31	石角镇文中街交通综合大楼附楼四楼
4.32	佛冈县石角镇乔丹服装店	李洁萍	18	石角镇振兴北路32号
4.33	金立（佛冈）制衣有限公司	林美兰	190	石角镇沿江中路172号
4.34	佛冈县德城投资开发有限公司	李志勇	15	石角镇通庆街2号
4.35	佛冈县华业建筑安装工程有限公司	王智勤	6	石角镇106国道边农副产品市场公寓楼
4.36	东溢（佛冈）特种钢制品有限公司	黄金灵	500	石角镇吉田工业区
4.37	亿骅（佛冈）珠宝有限公司	周志龙	100	石角镇龙溪村迪米格公司内
4.38	佛冈县广荣工艺制品有限公司	黄润广	75	石角镇青云西路168号
4.39	建滔（佛冈）特种树脂有限公司	袁国仁	202	石角镇建滔路1号建滔工业园
4.40	佛冈保马摩托车贸易有限公司	杨永港	8	石角镇青松路22号
4.41	佛冈城春文化传播有限公司	曾德雷	22	石角镇振兴北路130号商业楼1号1层
4.42	田野（佛冈）休闲农牧有限公司	蓝雪平	20	石角镇小潭里水铺岭
4.43	佛冈县茂达工贸有限公司	黄福财	9	石角镇奋美大道42号
4.44	佛冈县天力叉车服务部	宋家川	8	石角镇振兴路振兴花园商铺
4.45	佛冈县石角镇枫田农庄餐饮馆	吴建东	100	石角镇里水大田村22号
4.46	佛冈县供销合作社嘉华水果专业合作社	沈杰华	120	石角镇龙溪村沙𫟼牛角塘（英佛公路旁）
4.47	清远市惠博环境工程有限公司	朱亦明	22	石角镇建设路30号环保楼1幢101—102室
4.48	佛冈县昊天影视传媒有限公司	李宗辉	5	石角镇法政路233号二层之一
4.49	广东森波拉度假有限公司	周晓晶	96	石角镇三联村
4.50	广东二十四度商旅科技有限公司	李雪金	17	石角镇金尊大厦
4.51	佛冈县石角镇钱隆荟点茶餐厅	张 瑞	5	石角镇钱隆天下

续表2-3

序号	企事业（行业）单位	工会联系人	企员数/人	工会地址
4.52	佛冈宜居尚易装饰工程有限公司	陈伟海	18	石角镇振兴中路209、211号
4.53	佛冈县捷达贸易有限公司	范素芬	42	石角镇康乐街154号
4.54	佛冈县电子商务行业	朱翠娟	60	石角镇振兴中路186号403—2室
4.55	佛冈县石角镇三联铸造厂	吴长金	89	石角镇三联村
4.56	佛冈县顺景装饰工程有限公司	钟楚翘	11	石角镇育才路186号之二
4.57	佛冈县佳达服装有限公司	郑雪雅	12	石角镇育才路194号
4.58	佛冈县摄影协会	黄灵辉	188	石角镇文化馆一楼西面志愿者服务站
4.59	佛冈县杰帮应用材料有限公司	黄云佳	105	石角镇教育路122号2幢101
4.60	佛冈县顺蜂养蜂专业合作社	谢智能	65	石角镇二七村委旁佛冈县天源蜂业有限公司三楼304室
4.61	佛冈智垄农业有限公司	欧艳芳	10	石角镇龙塘村委西田村
4.62	达味特钢有限公司	石　刚	345	石角镇飞鹅塘58号
4.63	佛冈县建筑工程设计室有限公司	邓少娟	16	石角镇青松东路83号
4.64	广东盈辉建设工程有限公司	张志鹏	29	石角镇沿江东路佛冈奥园水岸一区商铺1号
4.65	佛冈县泰康建筑安装工程有限公司	张邦添	43	石角镇青松东路100号
4.66	佛冈县世纪通物流代理有限公司	周文飞	28	石角镇106国道边嘉园豪轩小区门口一二三卡铺
4.67	佛冈县辉达快递有限公司	黄宝怡	15	石角镇环城中路83号
4.68	佛冈县大鹏会计服务有限公司	戈丽娟	5	石角镇法政路113号
4.69	佛冈县科讯电子有限公司	刘婷婷	11	石角镇法政路69—75号
4.70	佛冈县搜罗网络科技有限责任公司	陈文杰	10	石角镇青松西路康乐街257号福田雅苑1幢二层
4.71	佛冈县文强一馆乒乓球培训中心	罗汉辉	5	石角镇环城路
4.72	佛冈县鸿达公路客货运输车辆检测有限公司	曾敏铭	31	石角镇环城路
4.73	佛冈县帮民地产中介有限公司	陈金梅	22	石角镇振兴中路
4.74	佛冈县石角镇乐丰房地产中介服务中心	周卫珠	14	石角镇百乐街77号

续表2-3

序号	企事业（行业）单位	工会联系人	企员数/人	工会地址
4.75	佛冈县乒乓球协会	郑海强	87	石角镇泰华街810号
4.76	佛冈县个体劳动者私营企业协会	张永新	44	石角镇环城中路129号
4.77	佛冈喜莱益肾子种植专业合作社	黄锦红	50	石角镇观山村委大岭村
4.78	汤和泉酒店管理（佛冈）有限公司	郑立科	9	石角镇振兴中路207号
5.1	汤塘镇	陈旭飞	7863	汤塘镇人民政府
5.2	佛冈县进昇纸塑包装有限公司	黄本方	43	汤塘镇三门村刀排进昇公司内
5.3	广东兆联纺织有限公司	陈亿雄 主席：廖伟浩	700	汤塘镇三门村兆联公司办公楼
5.4	佛冈德宇萤石球有限公司	翁水生 主席：欧燕霞	14	汤塘镇升平村106国道东侧长流山
5.5	佛冈县金龟泉生态度假村有限公司	宋煜	49	汤塘镇黄花路口
5.6	中山中艺（佛冈）电机厂	周秀凤	40	汤塘镇黄花湖工业区
5.7	广东省（佛冈）黄花硅石有限公司	曹焕平	18	汤塘镇大埔村
5.8	幸运（佛冈）五金塑胶有限公司	汪任旭	46	汤塘镇幸运（佛冈）五金塑胶有限公司厂区内
5.9	佛冈海嘉塑业有限公司	王峰	60	汤塘镇汤塘村
5.10	东新（佛冈）温泉开发有限公司（聚龙湾）	李民辅	701	汤塘镇聚龙湾
5.11	清远勤天酒店管理有限公司	王硕明 主席：叶意明	70	汤塘镇熹乐谷路28号熹谷一街
5.12	加多宝草本植物科技有限公司	黄毓祥 主席：汤家亮	210	汤塘镇荣埔工业园
5.13	保成（佛冈）机械有限公司	白鸿	70	汤塘镇荣埔管理区
5.14	广东标典无纺布科技有限公司	欧阳凯娴	35	汤塘镇
5.15	佛冈县双凤食品有限公司	温扬豹 主席：黄金凤	16	汤塘镇
5.16	清远加多宝饮料有限公司	罗锦瑞	117	汤塘镇联和村花山
5.17	新菱空调（佛冈）有限公司	谭小卫 主席：关导科	131	汤塘镇106国道边
5.18	广东吉盛机电设备有限公司	朱雪英	169	汤塘镇联和村委东坎村

续表2-3

序号	企事业（行业）单位	工会联系人	企员数/人	工会地址
5.19	广东鑫统仕车用热系统有限公司	王周平 主席：陈辉庄	601	汤塘镇106国道联合村
5.20	广东联塑日利门业有限公司	唐松波 主席：黄明家	415	汤塘镇联和村
5.21	佛冈县天和橡胶有限公司	黄　达	25	汤塘镇
5.22	广生元畜牧发展有限公司	杨伟清 主席：曹超萍	50	汤塘镇
5.23	广东省佛冈金城金属制品有限公司	王良信 主席：李金强	400	汤塘镇围镇村
5.24	佛冈县万兴电子塑胶制品有限公司	袁海灵 主席：罗晓燕	2688	汤塘镇江坳村
5.25	佛冈县山深陶瓷原料有限公司	谭伯深 主席：何文兴	61	汤塘镇四九涾江村
5.26	广东国珠企业集团	廖陈泽	308	汤塘镇黄花湖工业区
5.27	白云温泉山庄	陈　冰	35	汤塘黄花湖度假区
5.28	日利（佛冈）木业有限公司	黄绍君	2	汤塘镇联和村
5.29	广东省吉多宝制缺罐有限公司	曾渊龙	101	汤塘镇联和村106国道南侧
5.30	白云机场山庄	邹爱文	30	汤塘镇白云机场山庄
5.31	佛冈县樵春山庄有限公司	刘萍萍	10	汤塘镇樵春山庄
5.32	佛冈县汤塘中心供销合作社竹山粉葛专业合作社	冯瑞锋	100	汤塘镇竹山村委会
5.33	佛冈县中毅酒店管理有限公司	郑仙带	100	汤塘镇环湖北路3号
5.34	佛冈县万创人才服务中心	李晓岚	20	汤塘镇大埔龟坑岇
5.35	广清经济特别合作区广佛（佛冈）产业园	谢国华	26	汤塘镇四九广佛（佛冈）产业园
5.36	广佛（佛冈）产业园高新投资开发有限公司	王　青	17	汤塘镇四九广佛（佛冈）产业园
5.37	清远加多宝草本植物科技有限公司	何再飞	185	汤塘镇荣埔工业园
5.38	捷成（佛冈）机械制造有限公司	罗淑勤	50	汤塘镇荣埔管理区
5.39	广东康道地铁通风设备有限公司	温玉华	77	佛冈县汤塘镇联和村
5.40	广东省佛冈县双凤食品有限公司	温贤能	15	汤塘镇荣埔39—40号

续表2-3

序号	企事业（行业）单位	工会联系人	企员数/人	工会地址
5.41	佛冈县汤塘镇周家大院农家乐菜馆	谭玉珍	16	汤塘镇新塘陂角村
5.42	湛江医院	吴红燕	42	汤塘镇汤泉西路21号
6.1	龙山镇	徐瑞鹏	6753	龙山镇人民政府
6.2	广东佛冈新元科技有限公司	卢 总	20	龙山镇
6.3	佛冈县润记空调设备有限公司	曹传欣	250	龙山镇鹤田工业区
6.4	东浩（佛冈）空调设备有限公司	黎子建	18	龙山镇鹤田工业区
6.5	约克广州空调冷冻设备有限公司	付 剑 主席：李辉华	868	龙山镇鹤田工业区
6.6	广东博华陶瓷有限公司	李宣营 主席：叶志平	681	龙山镇鹤田工业区
6.7	佛冈县双赢花园制品有限公司	仇日星	48	龙山镇鹤田工业区
6.8	标旗磁电产品（佛冈）有限公司	刘林生 欧阳焕然 主席：赵忠涛	280	龙山镇官路唇村
6.9	骏达（佛冈）玩具有限公司	黄智亮	628	龙山镇白沙塘村民龙路旁
6.10	万佳（佛冈）涂料有限公司	徐岭强	20	龙山镇白沙塘村民龙路旁
6.11	清远市友奥电器有限公司	张正刚	208	龙山镇黄塑村民龙路旁
6.12	广东佛冈佳联制冷有限公司	何柱强	86	龙山镇官路唇村
6.13	广东亿利达风机有限公司	唐守波 主席：石秀珍	380	龙山镇鹤田工业区
6.14	海兴（清远）金属有限公司	王旺春 梁淑贞 主席：黄观宇	42	龙山镇官路唇村
6.15	健泰（佛冈）五金电器有限公司	高焯南 主席：高 惠	212	龙山镇鹤田工业区
6.16	佛冈县恒荣金属制品有限公司	曹锡凌 主席：马加彬	32	龙山镇黄塑村民龙路旁
6.17	佛冈沃龙电器有限公司	朱沛聪 主席：张杨	129	龙山镇官路唇村
6.18	广东雅迪机车有限公司	陈丹桂 主席：周 超	550	龙山镇官路唇村
6.19	佛冈县温氏畜牧有限公司	刘新标 主席：黄 波	343	龙山镇鹤田工业区

续表2-3

序号	企事业（行业）单位	工会联系人	会员数/人	工会地址
6.20	佛冈县粤华空调设备有限公司	张艳丽	60	龙山镇鹤田工业区
6.21	广州新菱（佛冈）自控有限公司	何年安 主席：徐锐锋	214	龙山镇鹤田工业区
6.22	亚联（佛冈）电子有限公司	梁灿 主席：田红霞	140	龙山镇黄塱村民龙路旁
6.23	万兴（佛冈）玩具有限公司	黄敏锋	1150	龙山镇民安上岳村
6.24	佛冈广基精密机械有限公司	潘剑珍 主席：赖晓玲	32	龙山镇从化围村
6.25	佛冈鼎立气体有限公司	刘小玲 主席：刘园园	10	龙山镇从化围村
6.26	保泰（佛冈）器材有限公司	陈为民 主席：邱传	234	龙山镇黄塱村民龙路旁
6.27	佛冈海龙制冷设备有限公司	谢志坚	48	龙山镇鹤田工业区
6.28	大虹（佛冈）精细化工有限公司	陈德光	8	龙山镇黄塱村民龙路旁
6.29	佛冈县上岳芒形山花岗矿有限公司	邓俊华	17	龙山镇民安上岳芒形山
6.30	广东省梵帝尼家具有限公司	沈欢	25	龙山镇官路唇村
6.31	佛冈县龙山镇车步村养鹅协会	徐汝回	20	龙山镇车步村大围文化宫

注：工会169个，会员26 395人。

第二节　基层工会规范化建设

2015年起，佛冈县开展基层工会规范化建设试点工作。县总工会制定《关于开展企业工会组织规范化建设的实施方案》，明确目标任务、创建标准和措施保障，要求企业工会做到"挂三牌""建三档""五个有""六个好"，全面推进全县企业工会组织规范化建设。6月，在清远加多宝草本植物科技有限公司召开全县企业工会规范化建设现场会，交流学习企业工会规范化建设工作的先进经验，推动全县企业工会规范化建设。经过验收，全年完成40家规模以上企业工会组织规范化建设任务，并拨付每家企业5000

元补助经费。是年，县内有6个企业工会创建为市级工会规范化建设示范点。

2016年，按照"抓重点，促一般"的思路，扎实推进全县工会规范化建设。在基础工作规范方面，重点对一些具有一定规模、具备较好基础条件的企业单建工会。全县有40个企业工会参与规范化创建活动，其中约克公司工会等6个工会组织被评为市级"规范化工会"。

2017年，县总工会选择拥有1000多名员工的松峰公司工会作为工会规范化建设的试点，按照规范化建设的标准进行规范建设。是年，县总工会筹资5万元支持松峰公司工会完善硬件设施，完善工会民主管理的宣传栏，建设1间约80平方米的图书室，完善工会主席办公室的相关办公设备，建起1间"职工子女爱心辅导室"，在公司开展寓知识性、趣味性、娱乐性于一体的职工文化娱乐活动和体育健身活动。

2018—2020年，落实各项规范化建设工作。2019年，县总工会根据省总工会《关于扩大非公企业工会主席工作补贴范围的通知》，按规定发放4个季度工会主席津贴，并积极培育清远加多宝饮料有限公司和骏达（佛冈）玩具有限公司申报非公企业民主管理示范典型。2020年，全县新成立基层工会23个（其中非公企业9个，100人以上非公企业3个，25人以上非公企业4个），成功吸纳会员2109人。是年，全县换届基层工会24个，其中换届非公企业工会15个，基层工会换证107本，为23个200人以上非公企业工会发放4个季度的工会主席津贴共9.43万元。

2022年，基层工会组织建设及规范化管理有新的发展。至是年底，全县共有基层工会368个，吸纳会员3.8万多人；评选清远市先进集体7个，培育清远市非公企业民主管理示范典型14个；推荐全国模范职工之家2个，广东省模范职工之家5个、广东省职工小家2个，清远市模范职工之家24个、清远市职工小家16个。

第三节　干部队伍建设

一、工会干部管理

（一）工会干部配备

干部工作是工会组织建设的重要部分。按照"四化"标准配备干部，加强领导班子的思想作风建设，建立健全工作制度，搞好对干部的管理和培训，努力加强基层工会组织建设，建立健全民主制度和民主生活，培养和锻炼出一支热心为工会服务的干部队伍，是建设好基层工会的基础工作。

1980年，县总工会在县工会第七次代表大会上提出，要加大力度建设好基层工会的领导班子，配备得力的人担任工会领导职务。是年起，佛冈县厂矿企业基层工会主席由党支部副书记（或副厂长）担任。在调整工会领导班子时，按照中央的指示精神，凡不符合条件的，党组织应结合工会整顿，逐步予以调整，选择年富力强的人担任工会主席。同时，全县基层工会坚持精心培养一批工会积极分子，对他们进行培养、提高，为基层工会干部的调整选拔提供后备人选。县总工会坚持加强基层工会干部配备工作，充分调动和发挥各部门工会干部的积极性和创造性，更好地履行工会干部的工作职能。1995年，县总工会制定工会干部管理办法。2001年对其进行修订，2020年再次进行补充、修订，工会干部管理办法进一步得到完善。

（二）工会干部选拔

20世纪80年代起，县总工会在做好工会干部选拔工作中，注重优化干部队伍结构，力求建设一支有理想、有能力、有担当的干部队伍，重点开展了以下几项工作：①加强政治引领，从政治高度把握做好干部选拔的重大意义，坚决贯彻落实党中央关于选拔任用干部的标准要求，坚持选好、用好基层干部，并加强优秀干部统筹，以开辟更加美好的未来、描绘更加美丽的蓝图为愿景。②树立正确导向，严格按照高标准、严要求，坚持好中选优、优中选强，选拔出一批对党忠诚、廉政清净、勇于担当的优秀基层干部，进一步推进基层工作发展。③严明工作纪律，全面开展党性教育、纪律教育，加强基层工会干部党风廉政建设工作，严守纪律红线，营造风清气正的工作氛围。按照革命化、年轻化、知识化、专业化要求，建设工会干部队伍和工会各级领导班子。

进入21世纪后，县总工会坚持"党建带工建"的工作思路，围绕工会固本强基、依法维权、解困扶难、发挥作用、提高素质的工作重点，在实践中锻炼和培养工会干部，把一大批素质高、工作能力强、热爱工会事业的干部提拔进各级工会领导班子。

2011年起，县总工会领导班子实行专职、兼职相结合的配备制度。2022年，县总工会增设3名挂职兼职副主席，其中挂职副主席1名，兼职副主席2名。经严格筛选，推荐加多宝、华劲公司2名兼职副主席干部，县旅游局1名挂职副主席干部。各基层工会均配有工会主席、经审委员会，女职工人数较多的工会设有女工委员会。

（三）工会班子换届

县总工会坚持做好各级工会班子的换届选举工作，多年以来坚持的措施是：①加强县工会委员的选举工作。自1953年1月县工会第一次代表大会召开开始，除第四次代表大会因受"文化大革命"影响而没有按时召开外，至2019年，县总工会共进行14次换届选举工作，按照每5年一届，每届均按组织要求，选举产生工会主席、副主席、委员及经审委员会主任、委员。②加强基层工会的换届选举工作。基层工会的换届选举是基层工会组织规范建设的重要工作。县总工会每年根据各基层工会届满时间，及时组织换届选举工作。2020年，换届基层工会24个，其中换届非公企业工会15个；基层工会换证107本。2022年，换届基层工会24个，其中换届非公企业工会12个。

二、工会干部培训

1980年开始,县总工会根据各个时期工作的需要,对基层工会干部有计划地、分期分批地进行了培训,不断提高其思想水平和工作能力,做好工会工作。

1990年后,发动新任工会主席、副主席到省、市级总工会参加轮训,组织开展镇(街道)工会干部、企业工会主席培训班和社会化工会工作者业务培训工作。根据非公企业工会干部人员少、兼职多、流动快等特点,采取就地、短期、专题等培训形式,加强对非公企业工会主席的培训。同时,不断丰富培训内容,着眼于提高工会干部素质和能力,不断完善工会理论、业务工作法律法规、社会管理等相关培训课程体系,及时将经济社会发展任务、工运理论创新和工会重点工作纳入培训内容,突出培训的时效性。

从2006年开始,建立健全各项规章制度,明确职责,规范职能。制定《工会机关干部理论业务学习培训计划》,大力倡导终身学习、全员学习和团队学习的理念,积极开展思想解放大讨论、争创"五个一流"活动和开展深入学习实践科学发展观试点活动,利用每周一的理论业务学习日,采取集中辅导、个人自学、座谈讨论、学习笔记记录、心得体会撰写等形式,组织全体干部职工认真学习政治理论和业务知识,进一步提高工会干部的政治理论水平和业务素质。2007年4月25日,县总工会举办全县工会干部培训班暨五一表彰大会。县工会第十二届全体委员、县直各机关事业单位工会主席、外商投资企业工会主席、各镇总工会主席等235人参加,培训班邀请省总工会干部学校副校长李晓明教授授课。

2010年,进一步完善培训形式,采取就近、就地、短期、送教上门、网络学习、远程等灵活多样的办班形式进行培训。外出培训采取带着问题学习、带着课题研究、带着成果汇报的培训模式。积极推行互动式、案例式、研讨式、模拟式等教学方法,把课堂教学与社会实践、考察学习与工作交流结合起来,增强培训效果。坚持每年举办3~5期国有企业和非公企业工会主席培训班,设定每期培训时间不少于1天,以提升工会工作者的能力和水平。

2015年5月,县总工会联合广东省总工会干部学校的肇庆培训基地,举办为期一周的佛冈县工会干部培训班,来自各镇总工会(工会工作委员会)、县直机关部分单位、较大规模企业工会主席或干部及县总工会机关干部等50多人参加培训,工会干部依法治会的意识和能力得到快速提高。

2018—2019年,组织一期全县工会干部培训学习活动。该培训以提升工会干部组织动员、沟通协调、协商谈判和化解矛盾的能力为重点确定培训内容。

2019—2022年,县总工会分别开展工会女工工作干部业务培训班、工会主席工作干部业务培训班及经费收支管理业务知识培训班,为基层工会干部职工提供良好的学习、交流平台,全县工会干部的业务知识水平基本得到提升。

三、工会自身建设

县总工会成立后,按照《工会法》和《中国工会章程》的规定加强自身建设。20世纪60—70年代，因受到政治运动等客观因素的影响，加强工会自身建设工作未能正常开展。

1980年起，县总工会重视并逐步加强开展工会自身建设工作。2001年后，县总工会围绕4个重点加强自身建设工作：①加强基层工会的组织建设，健全工会班子。要求基层工会干部尽快配齐到位，配齐数量相当的专、兼职工会干部队伍，定期或不定期按要求开展活动，使工会工作更加科学化、制度化。②充分发挥职工代表大会和工会委员会的作用，努力保障员工民主权利的有效行使，定期召开职工民主大会，审议行政领导的工作报告和重大决定事项，积极参与民主决策，更有效地为企业的经营发展提供服务。③县总工会干部带头以身作则，致力于转变工作作风，并加强与基层工会的联系沟通，及时了解基层工会工作动态，明确工作重心，以保证工会工作与上级工会和县委、县政府目标保持高度一致。④注重调查研究，不断创新工作方法，主动把工会工作的聚焦点放在基层一线，尽力帮助基层工会解决实际问题。2008年，县总工会结合深入学习实践科学发展观活动，深入基层、深入群众，认真倾听职工群众心声，积极反映职工群众的意见和建议。是年，根据职工反映的热点难点问题，分别撰写题为《佛冈县非公有制企业职工参保情况调查报告》《对佛冈县非公企业工会组建的调查与建议》的调研材料报送县委，为县委决策提供参考。

2011年起，县总工会加大自身建设工作力度，主要围绕"四个强化"开展工作，即强化政治意识、强化责任意识、强化创新意识、强化服务意识。通过以上"四个强化"，全面推动县总工会开展自身建设工作。2021—2022年，清远市总工会开展年度工会工作评议。经考核，佛冈县总工会是年各项工作均达到或基本达到指标要求。

第四节　工会创建活动

一、职工之家建设

1983年3月14日，党中央在对工会工作的指示中，明确提出要把工会组织建设成为职工之家。1984年5月，中华全国总工会印发《关于整顿工会组织开展建设"职工之家"活动的决定》，佛冈县总工会向县委报送《关于整顿工会基层组织，开展建设"职工之家"活动的决定》的请示，并批转发实施。1997年起，根据省总工会《关于继续深入持久地开展建设职工之家活动的意见》，县总工会调整充实工会建设"职工之家"活动（以下简称"建家"）工作内容，加大工会建家工作力度。佛冈县建设"职工之家"活动经历了"组织整顿""深入推进""提高水平""创新发展"4个阶段，体现出综合性、广泛性、基础性和长期性的特点。

（一）建设进程

1984年，县总工会开展建设"职工之家"活动，这是巩固工会阵地建设的一项重要工作。通过"建家"活动，加强基层工会同职工群众的联系，加强工会与行政的配合，增强工会的凝聚力。

1987年，佛冈味精厂被广州市总工会授予"先进职工之家"称号。1988年，中国人民银行工会、教育工会、邮电工会、公路工区工会、农业银行工会等制订向模范"职工之家"迈进的各项要求和措施，积极推动"建家"工作落实。

1991年，佛冈县经检查验收合格的"职工之家"达到89.5%。1994年，佛冈工商银行被清远市总工会授予"先进职工之家"称号。1996年，佛冈味精厂被广东省总工会授予"先进职工之家"称号。2003年，清远市佛冈公路局工会委员会被广东省总工会授予"先进职工之家"称号。在此期间，县内职工"小家建设"也取得丰硕成果。获得全国、省市级职工小家企业有18家。如2003年，清远市佛冈县公路事务中心惠爱亭养护所工会小组获全国"模范职工小家"称号。

2006年，佛冈公路局龙山公路养护所工会小组、广东省佛冈县食品药品监督管理局工会委员会获清远市"模范职工小家"称号。是年4月27日，清远市总工会发出《关于表彰清远市模范职工之家、模范职工小家的决定》，其中，佛冈县被评为清远市"模范职工之家"的有3家，被评为清远市"模范职工小家"的有2家。

2011年，佛冈县被评为清远市"模范职工之家"的有5家，被评为清远市"模范职工小家"的有4家。2012年，佛冈县被评为清远市"模范职工之家"的有5家，被评为清远市"模范职工小家"的有3家。2013年，广东烟草清远市有限公司佛冈县分公司客户经理部工会小组获全国"模范职工小家"称号。2014年，骏达（佛冈）玩具有限公司工会委员会等5个企业工会获清远市"模范职工之家"称号。聚龙湾天然温泉度假村工会委员会等3个单位工会获清远市"模范职工小家"称号。

2016年，约克广州空调冷冻设备有限公司工会委员会等5个企业工会获清远市"模范职工之家"称号。广东电网清远佛冈供电局工会石角供电所分会获清远市"模范职工小家"称号。

2018年，佛冈县总工会努力打造"服务型工会组织"，全心全意为职工群众服务。清远加多宝草本植物有限公司工会委员会建立了集图书室、网吧、电视房、乒乓球室、桌球室、篮球场等各种娱乐设备于一体的职工之家，并获"全国模范职工之家"称号；广东佛冈农村商业银行冈田支行获广东省"模范职工小家"称号。

2020—2021年，佛冈县获清远市"模范职工之家"称号的集体有3个，获清远市"模范职工小家"称号的集体有2个。

1987—2021年，佛冈县在开展"建家"活动中，获评全国、省、市"职工之家""职工小家"称号的集体共48个（次）。其中，有"职工之家"30个，"职工小家"18个；国家级4个，省级5个，市级39个。

（二）工会整顿工作

1984年起，佛冈县将工会整顿工作和职工之家建设相结合以开展工作。工会整顿工作的重点是抓好企业工会组织规范化建设，将企业工会组织建设成为组织健全、维权到位、工作活跃、作用明显、职工信赖的职工之家。1986年起，从实际出发继续把建设职工之家和整顿工会作为重要工作，给基层工会增添活力，促使工会在企业领导体制改革和提高经济效益等方面发挥重要作用，许多工会基层组织成为群众信得过的"职工之家"。为了努力完成省总工会关于整顿"建家"的任务，县总工会按照六条标准对基层工会进行分批分期整顿，推动基层工会领导班子的年龄结构及文化结构得到较好优化。

20世纪90年代起，根据工会整顿工作已基本完成的情况，县总工会决定把工会整顿工作改为有重点、有针对性的工作，并于2015年起，与工会规范化建设结合起来开展。部分基层工会在开展整顿工作中，由于缺乏场地，工会组织规范化建设工作难以推进。多年来，县总工会不断投入资金帮助这些企业完成工会组织规范化建设，其中，仅对松峰公司就投入12万元。松峰公司位于英佛公路旁边，公司工会是2017年新建好的职工之家。通过工会整顿，该工会办公场所由原来的20多平方米扩宽到现在的100多平方米，设有专门的图书馆、工会办公室，还计划开办免费辅导班辅导职工子弟学习。

2020年11月，佛冈县公路龙山养护所"职工小家"建设有新变化。佛冈公路部门借创建省级地养公路示范点的机遇，采取省、市、县三级工会共建模式，积极筹措建设资金，在全县基层道班进行工会建家和工会整顿试点建设。佛冈县黄塱公路养护所作为全省粤中、粤北地区试点单位，佛冈县公路事务中心通过加强对该所的建设改造，全面加强所容所貌建设，新建多功能职工活动室、修缮厨房和职员工办公区域，增设学习室、娱乐室等设施，进一步改善基层道班职员工生产生活条件。2021—2022年，县内各公路养护所建设改造加快推进，许多公路养护所面貌焕然一新，职员工生产生活条件得到全面改善。至2022年，佛冈县完成工会组织规范化建设的企业达7家，大多数企业工会组织规范化程度有所提高。

（三）会员评家活动

2013年，县总工会为增强工会组织的凝聚力和吸引力，完善基层工会工作机制，提高基层工会工作水平，以规范化建设为目标，以"会员评家"为载体，在全县基层工会组织中开展工会会员评议职工之家工作，促进建家活动的深入开展，增强基层工会活力，全面提升基层工会工作整体水平。为开展好工会会员评议职工之家工作，县总工会成立领导小组，制定会员评家的活动方案，并通过QQ群等渠道引导职工积极参与会员评家活动。会员评家活动的评议内容主要是评议基层工会建设职工之家情况，评议工会主席、副主席履行职责的情况。通过开展会员评家活动，提高工会组织的社会凝聚力，提升工会组织的社会影响力。

在开展工会会员评家活动的过程中，通过4种方式开展评议：①通过基层工会召开工会委员会议，会上工会主席自评和工会干部互评。②通过领导评，即基层工会每季度邀请单位党政领导,对工会承诺、服务职工等情况进行点评。③通过上级评,即县总工会通过检查考核、调研等方式,对基层工会工作和工会干部进行考评。④通过会员评,即基层工会结合年底会员(代表)大会,由会员对"建家"情况和工会主席履职、践诺情况进行综合评价,确保评家活动取得实效。

在开展会员评家活动的过程中,全县基层工会把会员评家与落实"两个普遍"、落实重点工作、促进问题整改等工作有机结合,有力促进了重点工作的落实。至2013年初,全县100%的国家、省、市级以上模范职工之家开展了会员评家工作,90%的县级模范职工之家开展会员评家活动。

2014年起,县总工会在全县各企事业单位工会开展工会活动的基础上,分析基层工会"建家"及工作开展情况,加强分类指导,结合不同类型基层工会的实际情况,进行专题督导,要求全县建立工会的基层单位都落实开展会员评家活动。同时,把开展会员评家工作纳入各基层单位工会年终工作考核内容,加大推进工会基层组织建设的力度。

表2-4　1987—2021年佛冈县获全国、省、市级"职工之家""职工小家"称号名录表

（按评定时间先后排列）

序号	单位	类别	获评时间	获奖
1	佛冈味精厂工会委员会	集体	1987年度	广州市先进职工之家
2	佛冈工商银行工会委员会	集体	1994年度	清远市先进职工之家
3	佛冈味精厂工会委员会	集体	1996年度	广东省先进职工之家
4	清远市佛冈公路局工会委员会	集体	2003年度	广东省先进职工之家
5	清远市佛冈县公路事务中心惠爱亭养护所工会小组	集体	2003年度	全国模范职工小家
6	佛冈县中医院工会委员会	集体	2006年度	清远市模范职工之家
7	广东省烟草佛冈县有限公司工会委员会	集体	2006年度	清远市模范职工之家
8	广东电网公司清远佛冈供电局工会委员会	集体	2006年度	清远市模范职工之家
9	广东省烟草佛冈县有限公司工会委员会	集体	2006年度	广东省模范职工之家
10	佛冈公路局龙山公路养护所工会小组	集体	2006年度	清远市模范职工小家
11	广东省佛冈县食品药品监督管理局工会委员会	集体	2006年度	清远市模范职工小家
12	清远市佛冈公路局工会委员会	集体	2008年度	全国模范职工之家
13	中国教育工会佛冈县第一中学委员会	集体	2011年度	清远市模范职工之家
14	广东电网公司清远佛冈供电局工会委员会	集体	2011年度	清远市模范职工之家
15	广东烟草清远市有限公司佛冈县分公司工会委员会	集体	2011年度	清远市模范职工之家
16	佛冈县自来水公司工会委员会	集体	2011年度	清远市模范职工之家

续表2-4

序号	单位	类别	获评时间	获奖
17	佛冈县国珠塑胶有限公司工会委员会	集体	2011年度	清远市模范职工之家
18	佛冈县县城市容环境卫生管理所拖拉机清运组工会小组	集体	2011年度	清远市模范职工小家
19	佛冈县人民医院外二科工会小组	集体	2011年度	清远市模范职工小家
20	佛冈县农村信用合作联社龙山分社工会小组	集体	2011年度	清远市模范职工小家
21	广东烟草清远市有限公司佛冈县分公司客户经理部工会小组	集体	2011年度	广东省模范职工小家
22	佛冈县地方税务局工会委员会	集体	2012年度	清远市模范职工之家
23	佛冈县农村信用合作联社工会委员会	集体	2012年度	清远市模范职工之家
24	佛冈县交通运输局工会委员会	集体	2012年度	清远市模范职工之家
25	佛冈县供电局工会委员会	集体	2012年度	清远市模范职工之家
26	佛冈烟草工会委员会	集体	2012年度	清远市模范职工之家
27	佛冈县广播电视台电视中心工会分会	集体	2012年度	清远市模范职工小家
28	佛冈县食品药品监督管理局办公室工会小组	集体	2012年度	清远市模范职工小家
29	佛冈县地方公路管理站工会分会	集体	2012年度	清远市模范职工小家
30	广东烟草清远市有限公司佛冈县分公司客户经理部工会小组	集体	2013年度	全国模范职工小家
31	聚龙湾天然温泉度假村工会委员会	集体	2014年度	清远市模范职工之家
32	华联（佛冈）机械制造有限公司工会委员会	集体	2014年度	清远市模范职工之家
33	骏达（佛冈）玩具有限公司工会委员会	集体	2014年度	清远市模范职工之家
34	佛冈盈泰纺织品染整有限公司工会委员会	集体	2014年度	清远市模范职工之家
35	清远加多宝草本植物科技有限公司工会委员会	集体	2014年度	清远市模范职工之家
36	中国农业银行股份有限公司佛冈县支行营业部工会小组	集体	2014年度	清远市模范职工小家
37	佛冈县农村信用合作联社工会石角信用社分会	集体	2014年度	清远市模范职工小家
38	约克广州空调冷冻设备有限公司VRF ID COIL制造线工会小组	集体	2014年度	清远市模范职工小家
39	广东华劲汽车零部件制造有限公司工会委员会	集体	2016年度	清远市模范职工之家
40	约克广州空调冷冻设备有限公司工会委员会	集体	2016年度	清远市模范职工之家
41	广东电网清远佛冈供电局工会石角供电所分会	集体	2016年度	清远市模范职工小家
42	清远加多宝草本植物科技有限公司工会委员会	集体	2018年度	全国模范职工之家

续表2-4

序号	单位	类别	获评时间	获奖
43	广东佛冈农村商业银行冈田支行工会委员会	集体	2018年度	广东省模范职工小家
44	国家税务总局佛冈县税务局工会委员会	集体	2020年度	清远市模范职工之家
45	广东雅迪机车有限公司工会委员会	集体	2020年度	清远市模范职工之家
46	佛冈县公路事务中心惠爱亭公路养护所工会小组	集体	2020年度	清远市模范职工小家
47	清远加多宝饮料有限公司工会委员会	集体	2021年度	清远市模范职工之家
48	佛冈县龙山汤塘供电所工会委员会	集体	2021年度	清远市模范职工小家

二、职工书屋优秀示范点创建活动

2012年起，佛冈县开展职工书屋优秀示范点创建活动，全县有5个企业工会组织被纳入"全国职工书屋优秀示范点"和"广东省职工书屋"名录。在示范点建设中，县总工会推动各示范点以传播先进文化、普及科技知识为己任，以"职工书屋"为平台，开启职工智慧，激发创新活力，营造职工学习知识氛围，引导广大职工立足岗位，开动脑筋，为提升企业自主创新能力集思广益，为企业发展献计献策。职工书屋按照设有读书领导小组、管理人员、固定场所、统一书架、规章制度、电子借阅台账、电脑的标准，大力推广职工书屋建设。

2013—2014年，县总工会为加强职工书屋硬件建设，向10家企业的职工书屋各赠送1台电脑，向2家企业的职工书屋各赠送1张乒乓球桌。同时，联合县史志办开展赠书活动，向全县50间职工书屋，共赠送书籍2200册。2013年，清远加多宝草本植物科技有限公司成功创建全国职工书屋优秀示范点。

2016年，约克广州空调冷冻设备有限公司获评全国职工书屋优秀示范点。2018—2019年，广东松峰股份有限公司连续两年获评全国职工书屋优秀示范点。2020年，广东佛冈农村商业银行股份有限公司工会委员会获评广东省职工书屋。

表2-5 2013—2020年佛冈县获全国（省）职工书屋优秀示范点名录表

序号	单位	类别	获评时间	获奖	备注
1	清远加多宝草本植物科技有限公司	集体	2013年	全国职工书屋优秀示范点	2016年中华全国总工会配送图书
2	约克广州空调冷冻设备有限公司	集体	2016年	全国职工书屋优秀示范点	
3	广东松峰股份有限公司	集体	2018年	全省职工书屋优秀示范点	
4	广东松峰股份有限公司	集体	2019年	全国职工书屋优秀示范点	
5	广东佛冈农村商业银行股份有限公司工会委员会	集体	2020年	广东省职工书屋	

三、"十大书香企业"建设

2012年起,佛冈县"十大书香企业"建设活动与创建职工书屋优秀示范点同步开展。有的企业制定一系列的学习奖励制度,鼓励员工参加业余自学和培训活动。2012年,广东电网公司清远佛冈供电局、佛冈县国珠塑胶有限公司等企业获评清远市"十大书香企业"。2013年,清远加多宝草本植物科技有限公司获评清远市"十大书香企业"。

此后,佛冈县持续开展"十大书香企业"建设工作,先后有清远加多宝草本植物科技有限公司、约克广州空调冷冻设备有限公司等企业获评广东省"十大书香企业"提名单位。

表2-6　2012—2016年佛冈县获评省市"十大书香企业"一览表

序号	单位	类别	获奖时间	获奖奖项/提名	备注
1	广东电网公司清远佛冈供电局	集体	2012年	清远市"十大书香企业"	获奖单位
2	佛冈县国珠塑胶有限公司	集体	2012年	清远市"十大书香企业"	获奖单位
3	清远加多宝草本植物科技有限公司	集体	2013年	清远市"十大书香企业"	获奖单位
4	清远加多宝草本植物科技有限公司	集体	2014年	广东省"十大书香企业"	提名单位
5	约克广州空调冷冻设备有限公司	集体	2016年	广东省"十大书香企业"	提名单位

四、"心灵驿站"("爱心驿站")建设

2013年起,为加强职工心理教育和心理疏导工作,帮助职工减轻工作、生活中的各种压力,提升心理素质,促进职工身心健康,县总工会采取试点形式,选择企业、事业单位各一个进行"心灵驿站"的试点建设。县总工会投入10万多元,分别在佛冈中学和清远加多宝草本植物科技有限公司建立职工"心灵驿站"。"心灵驿站"设有心理测试室、音乐按摩室、心理沙盘室、心理宣泄室等,为职工提供心理咨询、个别心理辅导等心理咨询服务,带动职工通过心理辅导、宣泄减压等轻松方式,增强心理调节能力,消除或缓解心理疾病,从而提高生产效率,降低离职率和缺勤率。

2015年1月起,"心灵驿站"改称"爱心驿站",在全县选择条件较好的企事业单位建设"爱心驿站"。2019年9月,在广东二十四度商旅科技有限公司工会委员会建设汤塘聚龙"工会爱心驿站"。2020年9月,在佛冈县捷达贸易有限公司工会委员会,建设佛冈快递员"工会爱心驿站",2021年获评全国"最美工会户外劳动者服务站点"称号。

2021年,为贯彻落实《清远市总工会"户外劳动者工会爱心驿站"建设实施方案》的要求,进一步健全完善佛冈县工会服务职工工作体系,在世纪通物流代理有限公司工会委员会建设石角镇1家爱心驿站——中通快运"工会爱心驿站"。据统计,自佛冈县中通快运"工会爱心驿站"建成开放以来,累计服务户外劳动者已近2000多人次。

2022年,积极推进工会爱心驿站建设工作。在佛冈县石角镇106国道边(农副产品批

发市场）的粤湖配送有限公司建设户外劳动者工会爱心驿站。至2022年，全县已有4家爱心驿站建成并投入使用，分别是汤塘聚龙"工会爱心驿站"、佛冈快递员"工会爱心驿站"、佛冈中通快运"工会爱心驿站"以及粤湖配送"工会爱心驿站"。

表2-7　2019—2022年佛冈县户外劳动者"工会爱心驿站"名录表

（按评定时间先后排列）

站点名称	开始运行时间	建设方式	委托管理方	获得荣誉
汤塘聚龙"工会爱心驿站"	2019年9月	自建	广东二十四度商旅科技有限公司工会委员会	
佛冈快递员"工会爱心驿站"	2020年9月	自建	佛冈县捷达贸易有限公司工会委员会	2021年全国最美工会户外劳动者服务站点
佛冈中通快运"工会爱心驿站"	2021年8月	自建	佛冈县世纪通物流代理有限公司工会委员会	2022年全国最美工会户外劳动者服务站点
粤湖配送"工会爱心驿站"	2022年7月	自建	粤湖食材配送有限公司工会委员会	

第三章
工会会员与代表大会

第一节 工会会员

一、工会会员的发展

1950年起，佛冈县开展吸收发展工会会员工作，并在不同时期采取不同方式方法以壮大工会组织。20世纪50—70年代，发展新会员时需要有正式会员的介绍。至1980年，全县工会会员达0.47万人。

20世纪80—90年代，佛冈县在工会会员发展方式上有所创新。入会条件按照《工会法》第三条"在中国境内的企业、事业单位、机关中以工资收入为主要生活来源的体力劳动者和脑力劳动者，不分民族、种族、性别、职业、宗教信仰、教育程度，都有依法参加和组织工会的权利"的规定，凡在职员工均可自愿申请加入工会。至2000年，全县有工会会员1.13万人。

进入21世纪后，在发展新会员时已不需要有介绍人的存在，职工本人提出申请即可。但是在一些企业单位特别是非公有制企业，还存在着大量的小企业职工和非正规就业的职工及农民工等无法建会、无法入会的问题。因此，县总工会充分发挥职能部门的引导作用，采取以会员发展会员的方式，通过工会会员介绍职工入会的办法来吸收更多的职工加入工会组织，推动工会的组织建设，即通过会员的全面覆盖实现工会组织的全面覆盖。至2010年，全县有工会会员3.03万人。

2011年起，县总工会进一步明确入会程序，员工凡承认《中国工会章程》，自愿申请加入工会，填写《工会会员申请登记表》，经工会筹备组批准，即可成为工会会员，企业工会组建完成后，向会员发放"工会会员证"。工会会员的数量有较大幅度的增加。至2022年，全县有工会会员4.59万人。

2022年，全县工会会员总数45 851人，女性会员18 559人，占总数的40.5%；农民工会员29 535人，占总数的64.4%；单独基层工会会员39 307人，占总数的85.7%；联合基层工会会员6544人，占总数的14.3%。

二、工会会员的权利义务

按照《工会法》及《中国工会章程》等有关规定，佛冈县总工会明确会员的权利义务。

会员享有的权利有如下6项：①选举权、被选举权和表决权。②可对工会工作进行监督，提出意见和建议，要求撤换或者罢免不称职的工会工作人员。③可对国家和社会生活问题及本单位的工作提出批评与建议，要求工会组织向有关方面如实反映。④可在合法权益受到侵犯时，要求工会给予保护。⑤可要求工会落实提供文化、教育、体育、旅游、疗休养事业、生活救助、法律服务、就业服务等优惠待遇以及工会给予的各种奖励。⑥在工会会议和工会媒体上，参加关于工会工作和职工关心问题的讨论。

会员履行的义务有如下6项：①学习政治、经济、文化、法律、科学、技术和工会基本知识。②积极参加民主管理，努力完成生产和工作任务。③遵守宪法和法律，践行社会主义核心价值观，维护社会公德和职业道德，遵守劳动纪律。④正确处理国家、集体、个人三者利益关系，与危害国家、社会利益的行为作斗争。⑤维护中国工人阶级和工会组织的团结统一，发扬阶级友爱，实现互助互济。⑥遵守工会章程，执行工会决议，参加工会活动，按月交纳会费。

第二节　县工会代表大会

《中国工会章程》规定，工会的各级领导机关是工会的地方各级代表大会和它所产生的总工会委员会。县的工会代表大会，由同级总工会委员会召集，每五年举行一次。代表大会的职权是：①审议和批准同级工会委员会的工作报告；②审议和批准同级工会委员会的经费收支情况报告和经费审查委员会工作报告；③选举同级工会委员会和经费审查委员会。各级地方总工会在代表大会闭会期间需执行上级工会的决议和同级工会代表大会的决议，领导本地区工会工作，定期向上级工会委员会报告工作。至2019年，佛冈县工会共召开15次会员代表大会。

一、佛冈县工会第一次代表大会

佛冈县工会第一次代表大会于1953年1月召开，为期3天，出席代表40人。大会选举产生佛冈县第一届工会委员会，选出刘来胜同志为出席广东省首届工会代表大会的会员代表，选出该届县工会委员5名：蓝球桂（搬运）、邓球（建筑）、黄社观（松香厂）、刘志荣（粮食加工厂）、罗谷良（店员）。

1955年8月17—20日，县工会第一届第二次会议召开。会议主要内容：听取和通过县工会两年来的工作报告和财务工作报告；通过关于实现工会工作方针任务的决议；选举出席省工会第二次会员代表大会的代表；县委任命县工业部部长刘鸿彦同志兼任县工会联合会主席。

二、佛冈县工会第二次代表大会

佛冈县工会第二次代表大会于1957年6月12—14日召开，出席代表49人，列席代表2人。大会审议通过第一届工会工作报告，确定今后工会工作任务；审查两年来工会财务收支情况的报告；选举产生第二届执行委员会委员、经费审查委员会委员，选出李刚为第二届县工会联合会主席和出席广东省工会第三次代表大会的佛冈县代表。

三、佛冈县工会第三次代表大会

佛冈县工会第三次代表大会于1961年10月21—23日召开，出席代表52人。大会听取和审议第二届县工联会的工作报告和财务工作报告，提出在搞好生产的前提下应逐步改善职工的生活，加强工会的集体领导，改进工作作风，确定工会工作的政治方向。大会选举县总工会第三届执行委员会和经费审查委员会，选出欧阳杜为县总工会副主席及出席广州市工会第四次代表大会的佛冈县代表。

四、佛冈县工会第四次代表大会

据该任工会副主席陈雄口述，在"文化大革命"初期，该届工会的5名专职干部都服从了县委的农村中心工作需要，除1名干部在工会留守外，其余都是长期下乡，工会工作未实际开展，总工会的各种活动停顿，大会未按时召开。

五、佛冈县工会第五次代表大会

1968年7月，佛冈县成立"工代会"，取代工会第五次代表大会。

六、佛冈县工会第六次代表大会

佛冈县工会第六次代表大会于1973年7月9—11日召开，出席大会的正式代表144人，特邀代表5人，列席代表22人。大会总结中华人民共和国成立以来特别是"文化大革命"以来佛冈县工会工作的经验，明确了工会的性质和任务，认真学习了毛主席关于工人运动的论述。大会选举产生县总工会第六届主席李山东，常委李山东、黄社观、邓焕莲（女）、范育中、胡汝芬、黄儒养、刘北沂，委员刘纯凤、黄尧、罗仕林、张镜（女）、刘月凤（女）、何忠煌、胡锦开（女）、郭都明、仇俊仁、周清娥（女）、肖怀熙、刘焕秀（女）。

七、佛冈县工会第七次代表大会

佛冈县工会第七次代表大会于1980年1月27—29日召开，出席大会的有正式代表172人，特邀代表11人，列席代表6人。大会议题：①审议通过李榕高同志作的《工人阶级团结起来，为打好四个现代化建设第一个战役而奋斗》工作报告。该报告总结了粉碎"四人帮"后三年来的工会工作，提出工会工作要更好地为四个现代化建设服务的总体任务；动员和组织职工广泛、深入、持久地开展增产节约的劳动竞赛，广泛地开展群众性的技术革新和提合理化建议活动；建立和健全职工代表大会制度，试行民主选举企业基层领导人，搞好企业民主管理。②审议并通过工会财务工作报告。③选出该届县总工会委员会主席李榕高，常委李榕高、黄儒养、关汉林、黄尧、胡映云（女）、蔡寿贤，委员赖现光、侯文祥、汪天枯、何忠煌、谢全业、何俊英、仇俊仁、胡锦开（女）、叶广章、范秀迎、饶筱华（女）、周清娥（女）、孙玉科、彭巨棠。

八、佛冈县工会第八次代表大会

佛冈县工会第八次代表大会于1984年5月25—27日召开，出席大会的有正式代表146人，特邀代表39人，列席代表34人。大会的主要议程有：①审议通过工会领导赖清龙作的《继续贯彻党的十大和中国工会十大精神，同心同德为开创佛冈县工会工作的新局而奋斗》工作报告。该报告总结了第七届工会以来的工会工作，号召全体职工加强学习，继续肃清"极左"的和"极右"的错误影响，认真贯彻工会工作的方针，开创全县工会工作的新局面；建立和健全职工代表大会制度，加强工会组织的建设，配备和调整好领导班子，开展"职工之家"建设活动。②审议工会财务工报告。③选出佛冈县总工会第八届委员会主席赖清龙，常委赖清龙、黄康辉、钟天美（女）、蔡寿贤、李祝多，委员黄妙锦、崔小克、胡映云（女）、何忠煌、麦丽（女）、李镜添、陈世亮、汪天祐、何韬富、周昌。

九、佛冈县工会第九次代表大会

佛冈县工会第九次代表大会于1987年11月16—18日在县政府礼堂召开，出席大会的有正式代表189名，特邀代表20名，列席代表25名。大会的主要议程有：①审议通过总工会主席赖清龙所作的《在社会主义物质文明和精神文明建设中发扬工人阶级的主人翁精神》工作报告。该报告总结了县工会第八次代表大会以来的工作，制订今后工会的工作任务，动全县职工广泛开展以"优质、节能、降耗、安全、多创汇、增效益"为主要内容的增产节约劳动竞赛。②审议工会财务工作报告。③选出县总工会第九届委员会主席赖清龙，常委赖清龙、朱沛亩、郑炳洲、汤赛芬（女）、赵艳清（女）、陈昌君、侯维军、周精良、李镜添，委员李伟光、谢桂珍（女）、陈祥雨、陈世亮、刘桂清、温阳生、黄裕忠、谢太提、欧芳、黄阳明、潘接荣、黄宝（女）、廖北生、刘金凤（女）、李慧平（女）、曾宪福（女）；经费审查委员会委员汤赛芬（女）、谢桂珍（女）、廖北生、刘金凤（女）、李功进、麦丽（女）。

十、佛冈县工会第十次代表大会

佛冈县工会第十次代表大会于1992年12月16—17日在县政府礼堂召开，出席大会的有正式代表250名，特邀代表27名，列席代表6名。廖北生代表县总工会第九届委员会向大会作题为《围绕经济建设中心，充分发挥职能作用，努力开创工会工作新局面》的工作报告。大会的主要议程有：①审议和通过县总工会的工作报告和财务工作报告。②选举产生县总工会第十届委员会和经费审查委员会领导班子。③通过大会有关决议。

大会的主要任务：总结佛冈县工会第九次代表大会以来的工作；以新《工会法》为依据，制订今后全县工会工作任务，全面履行维护、建设、参与、教育四项社会职能；要求全县的工会工作者和广大职工群众解放思想，实事求是，放开手脚，大胆试验，加快改革开放步伐，集中精力把经济工作搞上去，全面推进有中国特色的社会主义事业，为全县两个文明建设再上新台阶作出更大的贡献。

大会选出县总工会第十届委员会主席廖北生，副主席陈章桂（女），委员邓发海、郑炳洲、赵仲柯、李功进、罗先览、吴汝南、谢桂珍（女）、周兰娣（女）、郑中扬、刘卓洪、刘金凤（女）、邓积生、朱云飞、朱业强、黄谷炽、周精良、李云飞。大会选举产生经费审查委员会。

1993年5月27日，县总工会十届委员第四次例会召开，依照佛组干〔1993〕30号文件精神，增选郑炳洲为县总工会副主席。1994年12月下旬，县总工会第十届委员会召开并报告市总工会和县委组织部同意，增选龚镜雄、莫国良、梁伟文3位同志为县总工会第十届委员会委员。

十一、佛冈县工会第十一次代表大会

佛冈县工会第十一次代表大会于1998年9月25—26日在县城迎宾馆三楼会议厅召开，出席大会的有正式代表132名。廖北生代表县工会第十届委员会向大会作题为《围绕总体思路，突出维护职能，把工会工作不断推上新台阶》的工作报告。

大会选出县工会第十一届委员会主席廖北生，副主席陈章桂（女），委员邓振华、刘金凤、朱煜平、陈伟斌、郑中扬、罗先览、周兰娣、周有才、欧阳伟森、钟为民、龚镜雄、谢桂珍、谢国兴、曾桂良、廖妙娥；经费审查委员会主任朱美婵（女），委员周兴球、谢桂珍。

十二、佛冈县工会第十二次代表大会

佛冈县工会第十二次代表大会于2003年9月2—3日在县迎宾馆三楼会议室召开，参加大会的代表应到会115名、实到会111名。吴琼芳代表县工会第十一届委员会向大会作题为《与时俱进、开拓创新、扎实工作，努力开创我县工会工作新局面》的工作报告。大会选举产生佛冈县工会第十二届委员会委员17名，经费审查委员会委员3名，任命邓社棠为经费审查委员会主任。

大会选出县工会第十二届委员会主席吴琼芳，副主席邓社棠，委员冯燕华、朱伟清、朱美婵、朱继央、杨明、何高者、欧阳棉、周有才、郑清秀、黄桂桓、龚镜雄、曾桂良、曾道明、谢凯华、廖妙娥；经费审查委员会主任邓社棠。

十三、佛冈县工会第十三次代表大会

佛冈县工会第十三次代表大会于2008年12月19日在县人民中心主楼礼堂召开，参加大会的代表应到会152名、实到会125名。吴琼芳代表县工会第十二届委员会向大会作题为《继续解放思想，促进科学发展，在实现佛冈经济社会又好又快发展中建功立业》的工作报告。大会选举产生佛冈县工会第十三届委员会委员25名，经费审查委员会委员5名。

大会选出县工会第十三届委员会主席吴琼芳，副主席何永中、邓社棠，委员冯日东、冯燕华、朱继央、李功文、李玉英、吴金容、吴春来、何高者、陈列毅、欧阳棉、罗先范、周惠英、钟北湖、徐浩才、黄玉波、黄华胜、黄建锋、黄海强、龚镜雄、温焕霞、谢凯华、潘秋容；经费审查委员会主任何永中，委员李玉英、谢凯华、钟丽冰、陈瑞玲。

2009年5月14日，县总工会第十三届工会委员会第三次全体会议召开，会议由常务副主席何永中主持，该会议主要是选举产生清远市（佛冈选区）工会第五次代表大会代表。会议选出19名同志为出席清远市（佛冈选区）工会第五次代表大会的代表：麦燕滨、吴琼芳、何永中、邓社棠、欧阳棉、何高者、李玉英、胡必可、王东戈、欧伟文、徐浩才、温焕霞、林合俊、欧阳北江生、张彤、杨荣环、钟丽冰、黄秀珍、温财、廖诗星。

2012年5月23日，县总工会第十三届工会委员会第八次全体会议召开，由常务副主席何永中主持。会议主要是补选产生10名委员和主席、副主席各1名。会议增补谢雪良等10名同志为佛冈县工会十三届委员会委员。到会的20名委员以投票的方式，补选佛冈县工会十三届委员会正、副主席，谢雪良、黄劲斌分别全票当选为佛冈县工会十三届委员会主席、副主席。

十四、佛冈县工会第十四次代表大会

佛冈县工会第十四次代表大会于2013年12月19日在县人民中心主楼礼堂召开。出席大会的正式代表191人。袁卫国代表佛冈县工会第十三届委员会向大会作题为《坚持科学发展，促进社会和谐，团结带领广大职工为建设幸福佛冈而奋斗》的工作报告。大会的主要任务是：坚持以科学发展观为指导，总结过去五年来的工会工作，明确此后一个时期工会工作的目标任务。大会选举产生佛冈县工会第十四届委员会和经费审查委员会。袁卫国当选佛冈县工会第十四届委员会主席，常务副主席为何永中、黄劲斌，何永中当选佛冈县工会第十四届经费审查委员会主任。

十五、佛冈县工会第十五次代表大会

佛冈县工会第十五次代表大会于2019年3月13日在县人民中心主楼礼堂召开。出席大会的代表有147人。大会以无记名投票方式选举产生县工会第十五届委员会委员、经费审查委员会委员和女工委员会委员，表决通过《关于佛冈县工会第十四届委员会工作报告的决议》等决议。在召开的县总工会第十五届委员会、经费审查委员会和女工委员会第一次会议上选举蓝应禄为县总工会主席，冯庆洲、黄劲斌为副主席，黄敏为挂职副主席。冯庆洲为经审委主任，黄劲斌为女工委主任（任至2021年10月）。

2021年12月，县工会第十五届委员会第二次会议召开，选举黄丽为县总工会主席，冯庆洲为常务副主席，刘华洲为副主席（2021年10月任职），李桂萍为挂职副主席。冯庆洲兼经审委主任，李桂萍兼女工委主任。

表3-1　1953—2019年佛冈县工会委员会换届时间表

届　别	换届时间	正式代表出席人数/人
第一届	1953年1月	40
第二届	1957年6月12—14日	49
第三届	1961年10月21—23日	52
第四届	因受"文化大革命"冲击，未依期召开	—
第五届	1968年7月	（未开会）
第六届	1973年7月9—11日	144
第七届	1980年1月至27—29日	172
第八届	1984年5月25—27日	146
第九届	1987年11月16—18日	189
第十届	1992年12月16—17日	250
第十一届	1998年9月25—26日	132
第十二届	2003年9月2—3日	111
第十三届	2008年12月19日	125
第十四届	2013年12月19日	191
第十五届	2019年3月13日	147

第三节　佛冈县出席省市工会代表大会代表

根据省、市总工会有关文件及会议的部署和安排，针对每一次出席省、市工会代表大会的代表，佛冈县总工会均严格按照有关要求和程序，做好相应的推荐、审查和选举工作。至2019年，佛冈县参加广东省工会代表大会的，有6次大会共11名代表；参加广州市工会代表大会的，有20世纪60年代1次大会，1名代表参加，1988年1次大会，有7名代表参加；参加清远市工会代表大会的有7次共221名代表；参加韶关地区总工会代表大会代表，韶关地区分管时未查到资料记载。

1953年1月，县第一次工会代表大会召开，选举刘来胜为出席广东省首届工会会员代表大会的代表。

1955年8月，县工会第一届代表大会第二次会议召开，选举刘鸿彦为出席广东省工会第二次会员代表大会的代表。

1957年6月，县工会第二次代表大会召开，选举李刚为出席广东省工会第三次会员代表大会的代表。

1961年10月，县工会第三次代表大会召开，选举欧阳杜为出席广州市工会第四次会员代表大会的代表。

1974年，佛冈县出席省工会第五次代表大会的代表有李山东、郭都明、胡锦开。

1988年，佛冈县选举赖清龙等7人作代表出席广州市工会第七次代表大会。

1989年9月，佛冈县出席广东省工会第八次代表大会的代表有赖清龙、谢桂珍（女）、陈世亮等。同年，佛冈县出席清远市工会第一次代表大会的代表有赖清龙（县总工会主席）、罗先览（县总工会出纳员）、徐镜全（味精厂工会主席）、陈昌君（党群机关工会主席）、吴赐禄（人民银行工会主席）、黄国球（供销系统工会主席）、谢桂珍（电池实业公司工会主席）、陈玉玲（县委常委）、黄裕忠（佛冈一中工会主席）、李慧平（建筑公司工会会员）、邓福娥（人民医院工会会员）、汪天祐（教育局工会会员）、温沛雄（饮服公司工会会员）、刘南洋（水泥厂工会会员）、李建芳（永利服装厂工会会员）。

1994年，佛冈县出席广东省工会第九次代表大会的代表为廖北生、周兰娣（女）。同年，出席清远市工会第二次代表大会的代表为廖北生（县总工会主席）、郑炳洲（县总工会副主席）、邓积生（教育系统工会副主席）、谢桂珍（电池实业公司工会主席）、周兰娣（味精厂工会主席）、黄林光（亨地佛冈实业公司工会副主席）、郑中扬（供销系统工会委员）、范兆充（人民医院工会会员）、黄立钊（县乡镇企委工会会员）、梁伟文（外经贸委工会会员）、肖翰章（水电局工会会员）、钟素珍（物资局工会会员）、韦允玲（瓷厂工会会员）、刘超明（饮服公司工会副主席）。

1999年，佛冈县出席清远市工会第三次代表大会的代表有廖北生、郑炳洲等15人。

2004年，佛冈县出席清远市工会第四次代表大会的代表有吴琼芳、杨明、周有财、应松钱、何高者、邓振华、丘清兰、胡必可、曾道明、潘国寿、张素珍、朱光蔡、李功文、罗先婉、郑少奇、黄显秀、沈润初。

2009年，佛冈县出席清远市工会第五次代表大会的代表有吴琼芳（女）、何永中、邓社棠、欧阳棉、何高者、李玉英（女）、胡必可、王东戈、欧伟文、徐浩才、温焕霞（女）、林合俊、欧阳北江生、张彤、杨荣环、钟丽冰（女）、黄秀珍（女）、温财、廖诗星。

2014年10月，佛冈县出席清远市工会第六次代表大会的代表有韦玉花（女）、艾昌淼、叶志平、李小志、李红梅（女）、李功亮、李玉英（女）、李国杰、何永中、欧阳北江生、范国富、袁卫国、黄秀华（女）、黄劲斌（女）、黄宝敏（女）、黄明遥（女）、黄春华、黄海强、黄锻文、梁晓芳（女）、蓝榕概、黎智生、黄毓祥、廖清华。

2019年，佛冈县出席清远市工会第七次代表大会的代表有胡志莲（女）、黄伟义、韦玉花（女）、冯庆洲、冯焕霞（女）、冯秋颖（女）、刘纯国、刘道春、刘拥军、刘治刚、李红梅（女）、李永清（女）、吴寒（女）、陈辉庄（女）、郑彩平（女）、周伟松、范文静（女）、胡淑媛（女）、黄劲斌（女）、黄亦军、黄敏英（女）、黄智亮、曾榕明、董兴海、蓝应禄、蓝榕概、赖毅、谭庆忠。

第四节　职工代表大会制度

一、职工代表大会制度建设历程

1957年起，佛冈县根据党中央的部署，启动国营工业企业民主管理和职工代表大会制度建立工作。1957年下半年，在全县国营工业企业中试行建立职代会制度。在党委统一领导下，工会具体负责做好3个方面的工作：①会前准备。包括选好代表、征集和整理提案、提出大会中心议题建议等。②会议召开。在会议期间，工会除搞好会务工作外，重点抓住充分发扬民主这个重要环节，保证职工代表有充分的发言机会，对代表的质询要督促有关方面给予答复；大会讨论的主要问题要形成决议。③会后贯彻。向职工宣传大会决议；动员职工以实际行动完成决议中提出的任务；督促、帮助、支持有关部门贯彻大会决议和落实大会提案；组织职工代表或协同有关专门工作委员会（或小组）开展经常性的民主管理；还要组织代表学习，提高代表水平。这样，工会实际成了职代会会前的筹备处、会议的秘书处、会后的办事处。这一制度除1958年"工会消亡"时实施中断外，1959年恢复后一直坚持动作到了1965年，对在企业中发扬政治、生产、生活三大民主起了促进作用。

1958年起，因受"大跃进"及"文化大革命"等政治运动的影响，县内职工代表大会制度在执行过程中时断时续，直至1976年"文化大革命"结束后才逐渐恢复正常运作。

1980年1月，佛冈县工会第七次代表大会召开。这次大会的任务是，动员全县工人阶级解放思想、开动机器、实事求是、团结一致，搞好国民经济调整、改革、整顿、提高的工作，建立和健全职工代表大会制度，搞好企业民主管理。根据广东省总工会的部署，县总工会提出，在1980年内，全县企业要把职工代表大会普遍恢复和建立起来，并提出4项具体要求：①已经恢复和建立了职工代表大会制度的企业，要进一步提高水平，其工会组织应该肩负起职工代表大会工作机构的职责。②尚未恢复和建立这一制度的企业，其工会应在党委的领导下，迅速把这一制度建立起来。③在实行扩大自主权的企业，要同时建立和健全职工代表大会制度。④县总工会应把建立和健全职工代表大会制度的工作列入议事日程，把这项工作认真抓起来。

1981年，结合企业的整顿工作逐步推行职代会制度。县委根据中共中央、国务院转发的《国营职工代表大会暂行条例》，要求县总工会把职代会作为工作重点，把好5个关：①把好代表产生关，完善代表选举制度；②把好中心议题关，完善大会决议案；③把好提案审查关，完善提案答复、处理制度；④把好代表活动关，完善代表活动制度；⑤把好决议落实关，完善会后检查督促制度。是年10月9日，县委印发《佛冈县国营工业企业贯彻〈工业企业职工代表大会暂行条例〉的实施细则》，职代会制度从工交基建逐步向商业、粮食、供销、教育、文化、科研、卫生等战线推行。县总工会继续推行和完善职代会制度，把重点放在"抓建立，促完善"上。是年，建立职工代表大会制度的单位有9个。

1982年，全县国营和集体工业、交通、财贸、农林、水利、基建企业以及事业单位共有141个，已建立职工代表大会制度的有108个。其中，国营工业企业基层工会15个，已建职代会的有14个；国营交通、邮电企业基层工会组织3个，已建职代会的有3个；国营省属企业3个，已建职代会的有3个。二轻工业企业工会已建职代会的有20个；集体的交通、水运、搬运企业基层工会已建职代会的有2个。国营财贸企业基层工会已建职代会的有37个；集体财贸基层工会3个，已建职代会的1个。国营农林、水利基层工会7个，已建职代会的有2个。全县教育、卫生基层工会组织28个，已建职代会的有15个。全县各条战线25人以下的基层工会组织有28个，已建职代会的有11个。1983年，已建立职工代表大会制度的单位有111个，其中经委战线40个、财贸战线32个、文教卫生35个，其他战线4个。各战线建立和健全职代会制度的基层单位占单位总数的80%。

1986年，各基层工会继续以搞好职工代表大会制度作为工作重点，努力推进民主管理。根据市总工会十一届十次全委（扩大）会议要求，县总工会制订《职工代表大会（职工大会）建制办法》，确定全县基层单位职代会建制面突破90%的目标。截至是年

12月，全县包括工交、基建、财贸、农林、水利、文教、卫生系统等已建职代会制度的单位占比达到95%。企业在改革中，进一步发挥职代会在审议企业重大决策、监督行政领导干部、保障职工权益方面的作用。工会发动职工代表和职工群众为厂长出谋献策、提建设性意见，是年，全县职工提出的合理化建议举不胜举，已采纳并实施的有100条，为企业排忧解难工作取得较好的效果。

1987—1992年，进一步推行职工代表（教代会）大会制度建设。1989年，各单位职代会制度得到较好的落实，取得较好的成效。是年3月4日，佛冈味精厂召开职工代表大会，通过三大方案：①总结1988年度生产、配改工作暨1989年生产、配改计划安排。②关于麸酸、精制车间实行联产、联利计酬经济责任制方案。③节支、降耗、保安全、增效益方案。3月5日，佛冈中学教工代表大会讨论教职员工岗位责任制计分法方案。3月10日，佛冈县邮电局职代会总结去年工作、提出今年工作计划，同时局领导干部与职工展开民主对话。3月28日，佛冈中医院召开职代会，讨论1989年目标管理承包责任制方案。3月31日，水泥二厂职工代表大会由利国振厂长提议由水泥二厂（含磷肥厂）、家私厂（含塑料厂）和原来与广州十二轮胎厂劳动服务公司联营的橡胶厂联合成立"佛冈县吉河实业发展总公司"。至1990年，水泥二厂职代会已形成每年召开2~3次的制度，1990年上半年已召开第六届二次职代会会议。是年，全县应建立职代会（教代会）的单位有129个，已建立的有127个。1992年，全县建立职代会的单位共有62个，占应建会单位的85.3%。

1993—1998年期间，在新旧体制交替中，有的企业由于经济效益较差，出现企业资金运转困难问题，有的企业关、停、并、转，从而引发一些劳动争议。工会在依法办事的同时做好职工的正面教育和疏导，积极参与调处劳动争议工作。在此期间，县内职工代表大会制度建设不是很健全，运作不是很正常。

1999年起，县总工会加强平等协商签订集体合同、职工代表大会、劳动保护和群众监督等制度建设，切实维护职工的合法权益。全县粮食系统12家企业签订了集体合同。同时，县内规模较大、效益较好、生产较稳定的企业均优化了职代会制度，凡是重大事项都能经过职代会讨论，大大避免了决策的失误。2003年，全县有53家企事业单位建立职代会制度，职代会制度得到了较好的完善。

2005—2015年，进一步完善职工代表大会、厂务公开民主管理制度，保护职工群众的知情权、参与权，畅通利益诉求渠道，行使职工民主权力。2007年，县总工会坚持和完善以职代会为基本形式的企事业民主管理制度，公有制企事业职代会建制率为100%。是年，新建包括约克、建滔、强丰等在内的规模以上非公企业工会组织61个，发展会员5691人，非公企业职代会建制率为71.4%，填补了佛冈县非公企业无工会组织的历史空白。2010年，开展"创建劳动关系和谐企业"活动，帮助指导职工签订劳动合同。2012年，在全县国有控股、民营经济组织100多家企业内，建立职代会和其他形式的民主管理制度。全县以职代会制度为主要形式的民主管理制度不断得到完善和加强。

2016—2022年，县总工会进一步完善职工代表的选举程序，职工代表的基本条件，职工代表的产生，会员的权利、义务等，促进了职代会的规范化管理。2017年，经县总工会批复，县公路管理局工会委员会换届选举等20家基层企业召开职工代表大会。2018

年，全县国有控股、企事业民营经济组织100多家建立职代会和其他形式的民主管理制度，以职代会制度为主要形式的企事业民主管理制度不断得到完善和加强。是年，经县总工会批复，佛冈县税务局机关工会等24家企业工会组织召开职工代表大会。2019年，县总工会批复，佛冈工业园管理委员会工会委员会等47个企业工会组织召开职工代表大会。

二、职工代表的选举和权利义务

1980年起，佛冈县在建立职工代表大会制度的工作中，严格执行了国务院《国营职工代表大会暂行条例》规定，如履行按照法律规定享有政治权利的企业职工，均可当选为职工代表的规定。职工代表要具有一定的政治觉悟和政策水平；具有一定的业务技术知识和管理能力；能做好本职工作，有较强的责任感；关心集体、遵守纪律、联系群众、办事公正；在职工群众中具有一定的威信等。职工代表的比例：职工代表总数按职工总人数的10%调节，其中一线职工应占职工代表人数总数的50%以上；中层以上行政领导人员一般为职工代表总数的20%；女职工和青年职工代表的比例，应与其在企业职工整体结构中的比例相适应。

在职工代表的选举中，严格执行职工代表的选举程序。主要措施有：①制定选举方案。各单位工会根据职工人数和行政机构的设置状况，确定职工代表总数及名额分配方案，并根据单位实际情况按车间或班组划分选举单位，制定具体的选举办法。②进行宣传和动员。工会通过多种形式，广泛宣传职工代表大会的性质、意义、职权及其任务，使全体职工以高度负责的态度，做好职工代表投选工作。③推荐职工代表候选人。工会组织职工按选区（部门）、名额、成分，充分发扬民主，推荐职工代表候选人。④选举职工代表。选举一般采用无记名投票方式，也可以采用举手表决方式。⑤进行资格审查。审查的内容有：是否享有政治权利；是否本企业职工；是否按照民主程序选举产生；是否存在不正当的竞选行为等。对不符合规定的，应取消代表资格。

按照《工会法》及《中国工会章程》等有关规定，佛冈县总工会制订企业成立基层工会组织和召开职工代表大会的工作流程，如图3-1所示。要求各单位严格按规定程序做好各个环节的工作，确保工会顺利建立和职代会顺利召开。

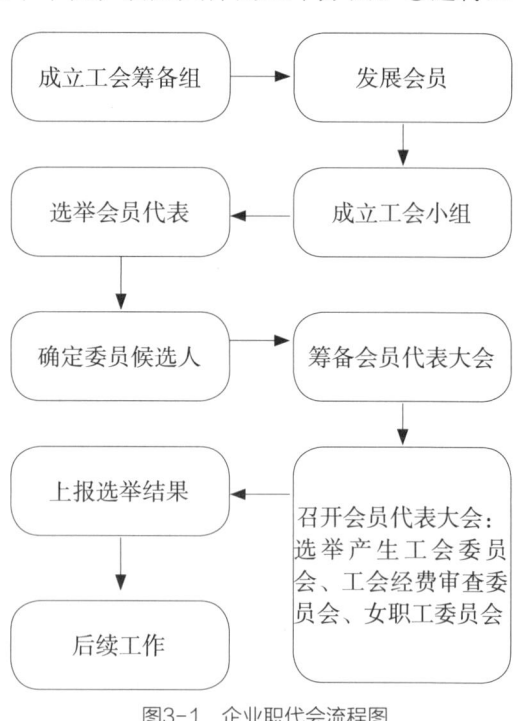

图3-1 企业职代会流程图

三、职代会组织制度

职代会制度是工会自身建设的重要内容,是保证工会组织依照法律和章程开展工作的重要条件。佛冈县在基层工会组织建设中,主要实行会员大会或会员代表大会制度,基层工会会员代表大会代表常任制,民主选举制度,联合制,代表制,委员替补、增补制等几类工作制度。

会员大会或会员代表大会制度。这是工会的一项根本性制度。各级工会代表大会或会员大会是同级工会的最高领导机关,是工会讨论、决定工会重大事项和选举工会领导机构的权力机关。《工会法》规定,"工会的最高领导机关,是工会的全国代表大会和它所产生的中华全国总工会执行委员会。工会的地方各级领导机关,是工会的地方各级代表大会和它所产生的总工会委员会"。

基层工会会员代表大会代表常任制。基层工会会员代表大会的代表在规定的任期内始终具有代表资格、履行代表权利和义务。会员代表的任期与基层工会代表大会届期一致,即从每届工会会员代表大会举行的第一次会议开始,到下届本级工会会员代表大会选举工作完成后为止。会员代表可以连选连任。

民主选举制度。工会各级代表大会的代表和工会委员均实行民主选举。工会的民主选举是工会组织性质的本质体现,是推进工会组织群众化、民主化、法治化的重要组织制度。

联合制、代表制。各级工会的领导机构由其所属基层工会或下级工会的代表联合组成,真正做到工会代表职工,上级代表下级,各级工会为基层、为职工服务。其基本内容和要求是:①工会基层组织的本级工会领导人由会员大会或会员代表大会选举产生;②基层以上的各级工会是下一级工会组织的联合体,其领导机构主要应由下一级民主选举产生的主要领导人组成,是下一级工会的领导机关和代表机关;③参加上级工会领导机构的成员可以实行替补制,当其不再担任工会组织的原领导职务时,即自然失去代表身份,其所担任的上级工会领导机构的职务,由其原工会组织新当选的主要领导人,经过一定的民主程序予以替补;④按照联合制、代表制建立的工会组织,根据工作需要,领导机构可以吸收有关方面的代表参加。其作为一级工会组织,依照法律和工会章程的规定,享有工会组织的权利和义务。工会主席是本级工会组织的社团法人代表。

委员替补、增补制。工会委员会和经费审查委员会委员替补、增补制,按照1988年中国工会十一大工作报告提出的基本程序执行,主要是:根据工作需要,在基层工会实行工会委员会委员的替补、增补制。实行工会委员会委员的替补、增补制,有利于保持工会委员会委员组成的合理性和工会委员会工作的连续性,更好地发挥工会委员会研究工作和决定工会重大事项的作用。

四、职代会民主评议干部制度

1984—1985年,按照上级工会的通知要求,县总工会逐步开展职代会民主评议干部工作。

1986年，根据省委组织部、省委经济工作部、省总工会联合发出的《关于建立健全职代会民主评议干部制度的意见》，为进一步建立健全职代会民主评议干部制度，县委组织部、县经济工作委员会、县总工会联合发出通知，要求县属部、委、办、局，各厂矿、商业企业等基层工会，各企业主管部门和上级工会，重视和加强这项工作的领导，局以上党总支、支部要讨论制订评议的工作方案，注意干群思想动向，做好耐心细致的思想工作，各级企业单位的人事干部和纪检干部要主动积极同职代会分工合作。各个企业民主评议干部工作在9月上旬结束，佛冈县共163个企事业单位参加评议。

1988年，继续抓好企业民主管理，巩固、提高、完善，重点推进职工代表大会制度和建设"职工之家"工作，充分发挥工会组织和职工代表在审议企业重大决策、监督行政领导、维护职工合法权益等方面的权力和作用，保证职工在企业中"主人翁"的地位和民主权利。是年，在改革企业管理体制方面，全县已有85%以上的国营厂矿（公司）和一些联营企业，在深化企业改革中实行企业承包经营厂长（经理）全面负责制。这些企业实行党支部保证监督、职工民主管理的领导体制，积极引进竞争机制，坚持公开、平等、民主、竞争择优的原则，采取公开招标或公开选聘的办法，确定企业经营者。在民主管理和民主监督方面，86.5%的单位实行职代会民主评议干部制度。佛冈邮电局工会组织职工代表参政议政，在四届二次职代会上首次进行职工代表与行政领导面对面的"对话"答问。县教育系统中小学坚持召开一年两次教代会。佛冈一中、石角镇一小教代会会议中心议题突出，决议措施得力，解决问题深透，教工代表满意。

1990年，将职工代表大会制度列至工会工作的重要位置。全县应建立职代会（教代会）的单位有129个，已建立的有127个。大多数职代会制度健全，发挥较大作用。水泥二厂职代会形成每年召开2~3次会议的制度，到1990年上半年已召开六届二次职代会。另外，厂里建立"五会制"（厂务会议、厂长办公会议、生产管理会议、职工代表会议、党支部会议），工会主席除厂长公办会议不参加外，其余会议都参加，真正体现党政重视工会、发挥工会社会政治团体的职能作用。

1995年后，随着范围国有企业转制为非公有企业后，职代会民主评议干部制度也随之发生变化，职代会民主评议干部工作不再开展。

第四章

机关建设

第一节　党组织建设

一、机关党支部

1962年1月，佛冈县总工会建立，由于工会内党员人数少，未成立党支部。1968年7月，佛冈县革命委员会成立政工组，下设群众工作办公室（简称"群工办"），工会、共青团、妇联3家联合成立党支部。1971年，工代会、农代会、红代会与体委合并，党组织同时合并。1973年7月，县工会第六次代表大会召开，恢复县总工会，县总工会仍与其他单位合为一个党支部。

1988年1月，县总工会党支部成立。1988年1月至2001年12月，县总工会党支部归属县直机关党委管理。1988年1月，佛冈县工会党支部书记为赖清龙，党支部副书记为朱云飞，委员为朱畝、何金娣。1992年12月至2002年1月，党支部书记为廖北生，党支部副书记先后为邓发海、陈章桂，委员为廖妙娥、谢凯华。2002年1月至2004年12月，县总工会党支部归属县直机关工委管理。2002年1月至2013年11月，党支部书记为吴琼芳，党支部副书记为邓社棠，委员为廖妙娥、谢凯华。2015年8月15日进行换届选举大会，何永中当选为党支部书记，党支部委员为谢凯华、周惠英。2019年3月27日又进行换届选举，冯庆洲为党支部书记，党支部宣传委员为余河坚，纪检委员、组织委员为周惠英（于2019年9月调出）。2019年12月，补选范兰修为纪检委员、组织委员。

2022年3月，党支部换届选举。改选后，党支部书记为冯庆洲，副书记为刘华洲，组织委员为余河坚，纪检委员为范兰修，宣传委员为黄国亮。是年，党支部有党员18名，其中正式党员11名，预备党员1名，在职党员11名。

2023年6月，改选党支部书记、副书记。改选后，党支部书记为林伟平，副书记为陈永胜。

表4-1　1988—2022年佛冈县总工会党支部班子一览表

届别	职务	姓名	任职时间
第一届	书记	赖清龙	1988.1—1991.2
	副书记	朱云飞	1988.12—1990.1
	委员	朱畋	1988.1—1992.12
		何金娣	1988.1—1992.12
第二至三届	书记	廖北生	1992.12—2002.1
	副书记	邓发海	1992.12—2002.1
		陈章桂	1992.12—2002.1
	委员	廖妙娥	1992.12—2002.1
		谢凯华	1992.12—2002.1
第四至五届	书记	吴琼芳	2002.1—2012.6
	副书记	邓社棠	2002.1—2013.11
	书记	谢雪良	2012.6—2013.6
	书记	袁卫国	2013.9—2015.8
	委员	廖妙娥	2002.1—2015.8
		谢凯华	2002.1—2015.8
第六届	书记	何永中	2015.8—2019.2
	委员	谢凯华	2015.8—2019.2
		周惠英	2015.8—2019.3
第七届	书记	冯庆洲	2019.3—2022.3
	委员	余河坚	2019.3—2022.3
		周惠英	2019.3—2019.9
		范兰修	2019.12—2022.3
第八届	书记	冯庆洲	2022.3—2023.6
		林伟平	2023.6—
	副书记	刘华洲	2022.3—2023.6
		陈永胜	2023.6—
	委员	余何坚	2022.3—
		范兰修	2022.3—
		黄国亮	2022.3—

二、机关制度建设

（一）健全管理制度体系

20世纪90年代起，县总工会在加强机关内部管理上，主要实行干部职工岗位责任制，1994年制订《干部职工岗位责任制》。

2001年起，进一步从制度上加强县总工会规范化管理。2001年，根据县委建立高素质干部队伍要求，县总工会党组制定机关择优上岗实施方案，通过考试、考核、民主测评等方式，总工会、俱乐部（文化宫）人员全部经过竞聘才可上岗。对落聘人员，增设党务办公室安置，专门从事机关党务工作，同年建立以党建带工建联席会议制度。2005年10月，县委组织部与县总工会联合发出《关于印发〈在非公有制经济组织中加强"党建带工建、党工共建"工作的实施意见〉的通知》，通过党组织与工会组织之间的合作，形成优势互补、信息互通、资源共享、共同促进的非公有制企业党建和工建新格局，不断扩大党建带工建组织在非公企业的组织覆盖面、工作覆盖面和活动覆盖面，全县6个镇分别建立了以党建带工建的联席会议制度。

2007年，先后制定《佛冈县总工会机关财务管理制度》《佛冈县总工会机关小车管理制度》。2008年，制定《机关工作考勤制度》《财务管理制度》《小车管理制度》《财产管理制度》《信息调研外宣奖励制度》《清洁卫生制度》《目标考核奖励制度》《机关学习制度》《公章管理制度》《安全保密制度》《信访处理制度》《计算机管理制度》及工会经费审计、民主生活会、机关效能建设等系列管理制度，以制度管人及办事，促进工会工作效率和质量不断提高。2010年，进一步健全和完善领导干部的学习制度、廉洁自律制度、党支部会议制度、主席办公会议制度、考勤制度等5项规章制度。

2012—2014年，县总工会机关根据中央和省市县有关改进工作作风、密切联系群众等有关规定，制订及修订学习制度、调研联系群众制度、请假制度、文书管理制度、接待制度、会议制度、财务管理制度、信访工作制度、车辆管理制度、内务管理制度等11项制度建设。

2015—2017年，县总工会加强领导班子建设，认真贯彻民主集中制原则，规范权力运行，加强集体领导，完善决策机制，县总工会机关制订"三重一大"事项集体决策制度。"三重一大"事项的内容分为重大决策、重要人事任免（奖惩）决策、重大项目决策、大额度资金使用决策等。"三重一大"制度的重点内容是明确"三重一大"事项集体决策的议事规则和表决原则。议事规则是：实行民主集中制原则、实行按照程序集体决策原则、实行"四个不直接分管"制度、实行重大事项报告制度。表决原则是：①"三重一大"事项集体决策会议，其出席人数占应出席人数的2/3，会议方可举行。②主持"三重一大"事项集体决策会议工作的党政领导负责人或其他负责人可实行"末位发言制"。③一般应遵循"少数服从多数"原则。明确规定"三重一大"事项集体决策的程序、"三重一大"事项集体决策的执行、"三重一大"事项集体决策的备案和公布、"三重一大"事项集体决策的监督、"三重一大"事项集体决策的责任追究。

2018年，县总工会制订修订党支部"三会一课"制度、党支部政治理论学习制度、党支部民主议事制度、党风廉政建设制度、领导班子党风廉政建设责任制度、"三重一大"事项决策制度、领导班子学习制度、县总工会领导干部谈心谈话制度。

2019—2022年，在建立各项管理制度的过程中，县总工会机关抓好制度的检查和落实，进一步规范机关行政管理工作。2022年，县总工会编印《佛冈县总工会工作手册汇编》，包括日常工作管理类、党建工作类、管理制度类、组织建设类等类别制度，还包括劳模管理、女职工建设、维权工作、财务工作、经审工作、帮扶中心工作等的系列制度。县总工会组织对工会组建、工资集体协商、工会系统创先争优和工会女职工工作规范化建设等情况进行深入调研，撰写多篇调研报告，在推进各项工作开展的过程中积极发挥制度的作用。同时，坚持制度的执行和落实，规范工作程序，提高办事效率。县总工会机关坚持执行每周1次的主席办公会议制度，对干部的工作进行总体的协调安排。此外，精心设计载体，突出工会特色，深入开展创先争优活动，坚持抓党建促业务、在业务工作中体现党的先进性的原则。

（二）公开办事程序

2013—2022年，县总工会为方便基层工会及会员办事，从简化办事程序入手，实行公开办事程序。

工会组建工作。服务内容包括：免费为企业提供工会组建相关的宣传资料，并派员进行组建工作指导，及时审批企业组建申请报告和工会委员会、工会经审会委员选举结果报告，免费办理工会会员证等。工作程序包括：成立工会组建筹备小组，筹备小组人数3—5人。宣传学习工会相关法律法规，发展工会会员，要求入会的职工填写《入会申请表》。按会员人数确定应设工会委员会委员人数、确定应设工会经费审查委员会委员人数（设3至5人）。推荐产生工会委员会委员、副主席、主席候选人以及经费审查委员会委员、主任候选人，并报送上级工会审批。召开会员大会或会员代表大会（会员代表大会代表应民主选举产生），民主选举工会委员会委员、工会经费审查委员会委员和工会女工委员会委员，选举结果报上级工会审批。基层工会必须按规定开立银行账户，实行工会经费独立管理和核算。

信访接待服务。热情接待职工来访，认真处理职工来信，坚持思想疏导与解决实际问题相结合，做到件件有回音、事事有着落。工作程序：对职工来信来访信息进行登记，填写进有关表格，进行调查核实，协调处理。

困难帮扶服务。对困难职工及困难劳模提出的求助，经核实符合救助条件的，由中心为其提供一定的资助或推荐结对帮扶、助学帮扶、协助纳入"低保"等。工作程序：职工提供身份证、低保证、工会证明和事实资料并填写《帮扶申请表》，工作人员审查材料的真实性。经过核实，对符合条件的职工开展困难帮扶。申请助学帮扶的，还需持本专科院校录取通知书，到县总工会困难职工帮扶中心办理有关手续。

法律咨询服务。县法院或县劳动仲裁委员会受理的劳动争议案件中，针对合法权益受到非法侵害的困难职工、劳动模范，因履行工会职责受到非法侵害的工会工作者以及合法权益受到侵害的工会组织，县总工会为其提供有关法律、法规、政策咨询服务。需诉诸法律的，协助其与县法律援助中心联系，争取县法律援助中心的法律援助。工作程序：职工提供身份证、低保证、工会证明和事实资料，到县总工会困难职工帮扶中心填写《法律援助申请表》，经材料的真实性被审查核实后，针对实际情况，县法律援助中心将对符合条件的职工开展法律援助。

就业帮助服务。对提出求职要求的下岗失业的职工和劳动模范，免费提供就业咨询和中介服务。对生活困难的下岗失业职工，可根据需要，免费提供技能培训服务。就业帮助服务的工作程序：职工提供本人身份证、学历证、职称证书和相关证件的复印件，以及一张近期免冠一寸登记照片，到县总工会困难职工帮扶中心，填写《求职登记表》，材料的真实性经审查核实后，针对其实际情况，帮扶中心将对其开展就业援助。

（三）简化办事流程

2019年，为简化办事流程、提高办事效率，促进工会工作规范、有序、廉洁、高效运行，县总工会发出《关于简化流程、提高办事效率的通知》，规定简化办事流程如下：①凡业务报表、日常业务用章及通知相关事项，统一由常务副主席签字同意方可办理；但涉及"三重一大"重大事项或涉及资金达2000元以上的事项，由主席（法人代表）签字同意方可办理。②凡县总工会对外签订合同（协议）、责任书、方案等相关文书，统一由主席（法人代表）签字同意方可办理。③凡县总工会开支1000元以下（含1000元），统一报分管财务副主席签字同意方可办理；开支达1000元以上2000元以下（含2000元），先由分管财务副主席签字，然后统一报常务副主席签字同意方可办理；开支2000元以上，先由分管财务副主席签字，接着常务副主席签字，最后统一报主席（法人代表）签字同意方可办理。④县总工会开支2000元以下（含2000元），可不启动第三方工作流程。

三、机关思想政治建设

中华人民共和国成立初期，配合清匪反霸、退租退押、抗美援朝、土地改革等运动，佛冈县总工会组织职工学习党的各项方针、政策，动员职工参与对不法分子的检举、清查和监督的活动，同时动员广大党员、职工踊跃捐款捐物，支援抗美援朝。

社会主义建设初期，重点进行社会主义过渡时期总路线和总任务的教育，佛冈县总工会动员职工投入对农业、手工业和资本主义工商业的改造中去。"文化大革命"时期，县总工会暂停了工会组织的各项活动。

1983年，县总工会根据中央《关于加强职工教育工作的决定》，重点抓职工文化学习。1985年1月起，县总工会按照中央、省、市、县委要求，开展整体建设工作，并将"统一思想、整顿作风、加强纪律、纯洁组织"作为工作目标。从1986年1月起，县总工会党支部的共产党员按照上级要求，认真开展整党工作，加强对党员理想信念、组织纪律和全心全意为人民服务的宗旨教育。

1995年，县总工会推进固本强基工程，把加强党支部建设作为组织工作的重点内容，先后开展民主评议党员、党支部和党员"双目标管理"以及"固本强基"工程等集中活动，使基层党组织建设得到不断加强，推动党支部建设逐步走上制度化、规范化轨道。

1998—2001年，县总工会开展"三讲"教育、"三个代表"重要思想相关的学习教育活动，切实加强职工的思想政治工作。县总工会党支部全体党员，认真贯彻工会工作总体思路，积极履行工会四大职能，在维护职工合法权益、切实解决困难职工"四难"问题等方面，充分发挥党员的模范作用，增强党支部和单位的凝聚力和战斗力。

2003—2004年，县总工会机关通过工会的宣传教育阵地，结合"三个代表"重要思想、十六大精神，对职工群众进行全面的、系统的、深刻的政治思想教育、信念教育。2004年，结合七一活动，工会党支部组织全体党员学习党章和回顾党的奋斗历程，号召全体共产党员应时刻牢记党的全心全意为人民服务的宗旨，做到自重、自省、自警、自励，从而树立正确的世界观、人生观、价值观，端正思想作风，提高拒腐防变和抵御各种风险的能力。是年，县总工会党支部获县直工委授予的"先进党支部"称号。

2005—2007年，县总工会党支部先后开展"理想、责任、能力、形象"活动、开展保持共产党员先进性教育活动；按照县委关于佛冈县开展"十百千万"干部下基层驻农村工作，县总工会派出干部下乡驻村；实施固本强基创新成果项目，在农村老党员中开展免费参加新型农村合作医疗和普通中学建立业余党校等三个固本强基创新成果项目；组织开展国有企业"四好"领导班子活动、全面加强"两新"组织（新经济组织、新社会组织）党建工作、加强村级活动场所建设、开展村务公开和民主管理工作，增强基层组织活力。

2010—2012年，县总工会为适应新形势对工会工作的新要求，结合开展创先争优等活动，大力推进"四个一万"工程，开展面对面、心贴心、实打实服务职工在基层活动，加强机关作风建设。县总工会开展了以下工作：①结合企业工会组建工作，组织县镇工会干部60多人，走访企业86家，为企业和职工解决实际问题30多件。②规范工作程序，提高办事效率。重新修订完善《佛冈县总工会内部管理制度》，制定《调研联系群众制度》，增强相应工作制度的针对性、可操作性。③精心设计载体，突出工会特色，深入开展创先争优活动。认真开展岗位廉政风险防范工作，全员参与，获得较好效果。

2013—2014年，县总工会落实督查机制，对工作落实到位的牵头单位"插红旗"，对落实不到位的进行约谈，对进度缓慢的给予黄牌警告，对存在"庸懒散软"行为的单位和个人启动问责程序。2013年，开展"三创一巩固"工作，即创建运作保障机制、创立指导联系机制、创新党组织组建方式、巩固提升党建成果。"三创一巩固"工作后被纳入抓基层党建创新"书记项目"省级项目库。2014年2月，县总工会配合党的群众路线教育实践活动，组织开展"三四五六"活动："三"是指"两代表一委员"开展联系选区选民活动；"四"是指强组织、强改革、强发展、强作风的"四强"行动；"五"是指心暖、耳暖、嘴暖、手暖、脚暖的"五暖"活动；"六"是指"六民六先锋"主题实践活动。在工会机关内，组织开展"抓效能、促发展"主题教育，大力开展人生观、价值观、宗旨观、政绩观、发展观教育，引导工会机关干部牢固树立人民利益至上的理念，提高为职工群众服务的质量和水平。

2015—2017年，县总工会先后开展"学党章、守纪律、当先锋"主题教育和党员

"三严三实"主题教育活动及"两学一做"学习教育活动,并开展"百企服务"行动。通过教育活动,全体党员干部的党员意识进一步增强、组织纪律观念进一步提高、工作作风明显改进。2016—2017年,加强村务"1+1"工作,坚持县直单位领导挂任村"第一书记"制度,推动农村基层组织建设。县总工会派常务副主席何永中挂任王田村"第一书记"。

2018—2019年,县总工会加强学习型党支部建设活动。坚持各项学习制度,继续以"学党章党规、学系列讲话、做合格党员"为主题,深入开展宗旨教育、纪律教育、党内法规教育和作风教育,引导党员干部严守纪律规矩,提高党员的政治素质和理论水平。坚持组织学习中心组参与学习活动,如组织党员参观教育基地后开展学习讨论会议,观看警示教育片后撰写心得体会。

2019—2020年,县总工会坚持抓党建促业务,把学习宣传贯彻党的十九大精神和中国工会十七大精神作为首要政治任务和头等大事,精心安排部署,深入开展学习、宣讲,这使得佛冈县内迅速兴起学习宣传的热潮。2019年9月,开展"不忘初心、牢记使命"主题教育活动,认真贯彻"守初心、担使命、找差距、抓落实"的总要求,把学习教育、调查研究、检视问题、整改落实4项重点措施贯穿于主题教育全过程。2020年,县总工会深入学习贯彻习近平新时代中国特色社会主义思想,开展"大学习、深调研、真落实"活动。主题党日活动,党支部书记走进企业,挂扶迳头镇青竹村,上党课,组织理论学习中心组专题学习。

2021—2022年,县总工会开展"工会进万家"活动。2021年到广东松峰机械有限公司,开展"工会进万家·新就业形态劳动者温暖行动"宣传活动之"中国梦·劳动美——永远跟党走·奋进新征程"文艺晚会,与广东雅迪机车有限公司开展"结对共建"主题党日党建联谊活动,并在长盛谷开展团建活动。同时,到广东松峰机械有限公司工会委员会和佛冈县杰帮应用材料有限公司工会委员会开展"三新"(新就业群体组织)从业人员暖蜂行动,把党和政府的关怀及工会组织的关爱带给新就业劳动者。2022年,加强思想政治引领,引导广大职工听党话、跟党走。是年,县总工会开展主题党日活动共11次,党支部书记讲党课共4次,党史专题学习共6次。同时,提升"学习强国"平台学习氛围,县总工会与县委宣传部联合发出《关于激励党员干部和工会会员进一步加强"学习强国"学习的通知》,结合佛冈县实际和"学习强国"平台积分规则与"粤工惠"平台的实用性,对全县在职人员、工会会员利用"学习强国"平台学习实施激励措施,激励在职人员、工会会员每月积极学习,不断提高自身思想政治素质。

四、党风廉政建设

(一)教育学习

1980年起,县总工会党支部按照县委的部署,学习党的十一届三中全会精神,坚决维护改革开放新时期的政治路线,自觉执行改革开放的系列方针政策。同时,加强社会主义民主与法制教育,提高工会机关干部自觉遵守纪律、遵守国家的法律与法令的自觉性，督促其做安定团结的促进者。

1991年起，县总工会党支部采取组织集中学习、参与民主生活会、党支部上党课、听辅导报告、集中观看反腐倡廉电教片等形式开展党员教育，加强对党员干部特别是领导干部的教育，督促其严格执行领导干部廉洁自律各项规定。抓好岗位廉政风险点防控管理，杜绝违纪违规现象的发生。开展"廉风和畅"教育行动。在推进"廉风和畅"教育行动具体工作中，注重实效，整合廉政文化资源，发挥典型带动作用，培育廉政文化建设的新典型，扩大廉政文化辐射面，使教育成果转化为大众教育目标，对领导干部进行"廉政访谈"。健全党支部民主生活制度、重大问题议事决策制度、政务公开制度等。充分发挥民主集中制的作用，使凡重大事项均能通过集体表决，如工会的基本建设、大型设备维修等，均经集体讨论通过才实施。

2013年起，县总工会党支部学习中央以及省、市有关廉政勤政建设的政策法规，教育干部要忠于职守，爱岗敬业，勤奋工作，钻研业务，甘于奉献。在工会机关倡导"一张笑脸相迎，一声热情问候，一把椅子请坐，一杯清茶解渴，一腔热情办事"的"五个一"机关工作作风，切实转变工作作风。2018年11月，县总工会成立党风廉政建设工作领导小组，组长为蓝应禄（县人大常委会副主任、县总工会主席），副组长为冯庆洲（常务副主席）、黄劲斌（副主席），成员为余河坚（办公室主任）、周惠英（帮扶中心负责人）。领导小组下设办公室，办公室主任由余河坚兼任。办公室设在县总工会办公室。是年起，县总工会坚决执行中央八项规定精神，切实加强党员干部自我管理，确保八项规定落到实处。主要措施有：①各部门把贯彻落实中央八项规定作为当前的政治任务，结合"不忘初心、牢记使命"主题教育，认真查摆自身的问题和不足，从严、从细做起，实实在在解决问题，促进思想、作风、工作的转变。②各部门主要负责人切实担当起"第一责任人"的职责，明责知责，履责尽责，把贯彻落实中央八项规定细则对标责任人，确保八项规定精神有效落实。③突出问题导向，针对检查中发现的问题，健全完善规章制度。制定领导干部廉洁自律的"八不准""六公开"等制度。在领导作风上，做到重心下移，深入基层调查研究，帮助基层工会解决实际问题；在精神状态上，要求干部知难而进，创造性地开展工作；在工作目标上，克服满足现状的保守思想，树立争先创优意识。④县总工会把机关党风廉政建设作为工作重点来抓，在纪律教育学习月活动期间，开展纪律教育专题党课、参观廉洁教育文化基地、组织学习监察法等专题活动，进一步完善原来制定的14项内部管理制度。

2019—2022年，县总工会学习贯彻习近平新时代中国特色社会主义思想，自觉增强"四个意识"，坚定"四个自信"，做到"两个维护"。认真贯彻落实党中央重大决策部署，加强党的政治建设、严肃党内政治生活，防止"七个有之"，做到"五个必须"，严格按照党章规定、党内政治生活准则办事，自觉接受党的纪律和规矩约束。组织党员到革命老区黄花片区存久洞村和县廉洁文化教育基地开展党支部主题党日活动，到水头廖氏宗祠开展"不忘初心、牢记使命"主题教育活动。通过学习活动，强化党员的政治纪律规矩和党纪国法意识；进一步增强其法纪观念、提高廉政风险意识，以清廉之心推动工会工作再上新台阶。

（二）民主议事决策制度

1988年起，县总工会建立起领导班子民主议事决策制度，每届班子坚持贯彻集体领导下的分工负责制，正确处理民主与集中的关系，各领导班子成员要认真履行职责，积极工作，勇于负责，主动维护集体领导。

1990年，补充完善民主议事决策制度，规定：①人事录用、调整、任免、奖惩，所涉金额达2000元以上（2001年以前标准为1000元以上）的开支，重要工作任务的确定等，都要经过领导班子集体讨论决定。②坚持重大问题请示报告制度，领导班子成员个人分管工作中的重大问题，要主动提交领导班子会上讨论研究，不擅自做主，不越权表态。③在决策前，应先经有关股、室调查研究，并广泛听取群众的意见和建议后再行予以讨论，坚持没有调查论证不决策、没有充分的集体讨论不决策、没有可比方案不决策，以保证决策的科学性。④讨论的问题若不能形成统一意见，如不影响马上执行的，应留作下次讨论，不急于做出决定，以免造成失误。⑤对集体讨论决定的事项，严格执行少数服从多数的原则，领导班子个人无权改变，有不同意见的允许保留，但必须在行动上无条件贯彻执行。

2016—2022年，进一步明确履行决策程序。主要有：①决策的提出主要由主席提请，也可由事项的具体负责人或分管领导与主席商议提请集体决策。②针对需提交领导班子讨论的议题，要提前一天将议题的内容通知领导班子成员，以便每个成员对议题进行调查研究、了解情况、认真准备。③针对重大决策，应坚持先召开会议征求中层领导干部或干部职工意见，再由领导班子研究决定，讨论决定时由一把手最后发言的决策程序。

（三）岗位廉政风险防范管理机制建设

2001年，县总工会进一步从制度上加强县总工会党风廉政建设，成立党风廉政建设领导小组，总工会主席为第一责任人，副主席为直接责任人。小组统筹兼顾各项工作，有序推进党风廉政建设各项工作，规范工会机关工作人员行为，建立党务、会务和办事公开制度，扩大职工群众对工会工作的知情权。

2015年，县总工会根据县纪委的工作部署，为做好岗位廉政风险防范管理机制建设，实行本单位党风廉政建设责任制、行政业务工作、制度建设"三个结合"，有效推进党风廉政建设工作。主要工作有：

（1）廉政风险查到点。按照从部门到岗位的顺序，从上到下开展梳理事权工作，并确定每个岗位的职责，要求每个部门制作工作业务流程图、填写《岗位廉政风险防范职责表》，通过自己找、互相查、领导点、组织评等查找方法，找出廉政风险点，并填写《岗位职责潜在廉政风险点及防控措施》，将廉政风险点划分为一、二、三级风险，收集整理后进行审定。

（2）廉政机制建到岗。做到"三个到岗"，即"风险定到岗，制度建到岗，责任落到岗"，达到阻断岗位廉政风险演变成违纪违法事实的目的。

（3）廉政责任落实到人。主要是按照廉政风险点划分的三个风险级别，根据岗位工作的特点，把岗位廉政管理责任同岗位工作职能管理责任结合起来，实现分级分层次落实到人，形成上下结合、遍布全面的廉政风险责任管理网络。

（4）建立廉政风险防控责任追究机制。在各部门建立岗位廉政风险月查制，对岗位廉政风险防控措施落实情况进行监督检查，为岗位廉政风险防范制度的实施和执行打好基础，以使全体干部职工的廉政意识逐步增强，单位和部门的廉政制度和廉政防范机制逐步健全。

2016—2019年，不断完善廉政风险管理制度，围绕"清廉修身、廉洁齐家"主题，要求领导干部坚持依法办事、廉洁办事、高效办事。同时，建立党务、会务和办事公开制度。主要措施有：①完善工会机关日常管理制度，对原制度进行修订、补充或调整，对工作人员的岗位职责进行新的调整。②畅通社会监督渠道，把机关作风、行政效能的好坏评议权交给群众、交给服务对象，开通工会QQ群方便职工群众反映诉求。

2020—2022年，建立领导班子"一岗双责"责任制度，明确工会主席、副主席和股室干部的分工职责，要求领导干部必须一岗双责，扎扎实实地在自己的职责范围内，落实好党风廉政建设责任制要求，一同部署、一同落实、一同检查、一同考核，努力实现党风廉政建设与业务工作同步发展、协调推进。2022年，进一步建立健全党风廉政建设和反腐败领导机制及工作机制，推进惩治和预防腐败体系建设。为推动管党治党主体责任落到实处，将责任体系再健全、责任清单再细化、目标管理再具体，逐级分解责任，扎实开展思想教育，筑牢廉政思想防线。

第二节　精神文明建设

20世纪80—90年代，县总工会加强机关精神文明建设，主要围绕"四有"（有理想、有道德、有文化、有纪律）、"四职"（讲职业道德、尽职业责任、守职业纪律、懂职业技能）和"五讲四美三热爱"，加强干部职工教育，把干部职工的思想和行动统一到党中央的决策部署上来，坚持四项基本原则，反对资产阶级自由化，推进经济发展，促进机关文明建设。1988年，佛冈县遭受"5·25"特大洪水灾害，县总工会除慰问受灾职工外，还积极主动向上级工会报告灾情，请求拨来了1万元救灾款，重点帮助解决受灾严重的3个单位和76名工会会员的困难。味精厂工会、邮电局工会、公路工区工会、水运公司工会、教育工会等基层工会也密切配合行政，及时深入到重灾区慰问，并给受灾职工发放慰问金。1990年，县总工会根据县委的部署，加强精神文明建设，开展职业道德、职业责任、职业纪律、职业技能"四职"教育。县内味精厂、电池厂、床垫厂、工商银行、农业银行、华厦酒店、石油公司、糖烟酒公司人民医院、县府招待所等单位的工会、共青团组织配合党支部开展"双增双节"活动，把精神文明建设落实到工作业务上。

2001—2002年，深入开展"南粤女职工文明岗位"活动，重点抓好服务性较强的窗口行业，县内卫生、交通、邮电、财贸、金融、供电等单位制定女职工文明岗的措施，并贯彻实施。卫生系统开展"医院是我家，建设靠大家；今天不爱岗，明天要下岗"的活动。2001年，卫生系统拒收红包女工达37人，有34位护士被局评为优秀护士。2002年，开展创建"五十佳文明示范窗口"竞赛活动。此次活动以"服务人民、奉献社会"为宗旨，以"尽职业责任、讲职业道德、守职业纪律、懂职业技能、树行业新风"为主要内容，以突出职业道德建设、纠正行业不正之风和强化依法行政为重要目标，坚持以人为本，着力提高窗口单位广大员工的思想道德文化素质，提高窗口单位两个文明建设总体水平和文明程度，努力塑造让人民满意的窗口单位形象。是年，县电信局的营业班获省电信公司授予的"优质服务窗口先进单位"和"南粤女职工文明岗"称号，被市委评为"青年文明号"；营业班员工黎明、谢碧翠被省电信公司授予"服务明星"称号。县国税局、环保建设局、电信局被推荐为清远市精神文明建设委员会表彰的"文明示范窗口"先进单位。县妇联组建的县巾帼志愿者服务队开始开展服务活动。该服务队分为科技兴农服务队、法律服务队、文化宣传队、卫生保健队和家庭教育服务队等5支队伍，大力弘扬"奉献、友爱、互助、进步"的志愿精神，促进新形势下妇女工作的发展创新。是年，服务队组织集体活动7次，取得预期的效果。

2003—2005年，扎实抓好职工队伍的思想政治工作，全面推动精神文明建设的健康发展。县总工会传达贯彻中国工会十三大精神，积极履行维护职工合法权益的基本职责，组织和引导广大职工以主人翁姿态积极投身社会主义现代化建设。各级工会十分重视职工的思想政治教育，通过工会的宣传教育阵地，坚持开展健康文明、丰富多彩的职工文化体育活动。2004年9月，县总工会举办"劳动者之歌"的大型文艺晚会。通过开展各项活动，陶冶职工的情操，使工会组织更具吸引力和向心力。2005年6月，佛冈县连遭暴雨袭击，因而遭遇五十年一遇的洪涝灾害，造成县内69户职工家庭共287人受灾。县总工会组织参加到抗洪抢险中去，并筹集3万元发放给受灾职工。县总工会领导亦于第一时间到受灾职工家中进行慰问。

2006年起，县总工会开展"以热爱祖国为荣，以危害祖国为耻；以服务人民为荣，以背离人民为耻；以崇尚科学为荣，以愚昧无知为耻；以辛勤劳动为荣，以好逸恶劳为耻；以团结互助为荣，以损人利己为耻；以诚实守信为荣，以见利忘义为耻；以遵纪守法为荣，以违法乱纪为耻；以艰苦奋斗为荣，以骄奢淫逸为耻"的"八荣八耻"社会主义荣辱观教育活动，同时，把荣辱观教育与学习先进事迹、用身边人说身边事结合起来，促进社会主义精神文明建设。2008年5月12日，四川省汶川县发生8.0级特大地震。灾情发生后，县总工会根据省总工会《关于贯彻落实全总领导指示精神，加大为地震灾区捐款力度的紧急通知》的要求，向全县工会系统发出紧急通知，要求各基层工会迅速行动，积极发动工会会员捐款，全力支持抗震救灾工作。全县各级工会按每位会员捐款1元的要求，广泛发动组织会员捐款，全力支持地震灾区开展抗震救灾工作。

2015年10—11月，县委宣传部、县文广新局、县总工会联合主办了佛冈县2015首届"家和万事兴"家庭才艺大赛。大赛以"创幸福家庭，建和谐佛冈"为主题，有70多个家庭参赛。参赛选手们优秀的才艺表演，充分展示了追求文明健康精神生活的职工家庭新面貌。

2016年起，县总工会组织开展各项精神文明建设活动。2016年，县总工会举办"创建文明县城·工会在行动"职工书画摄影大赛，以及"职工普法"和"养生保健健康生活"专题讲座。是年10月27日，配合市总工会举办"安全生产法"和"养生保健健康生活"专题讲座，400多名职工到场聆听了讲座。2017年，县总工会举办职工联谊交友活动，吸引了企业、机关、事业单位共230名单身青年参加，为职工朋友们牵线搭桥、创造良机以成就美满姻缘，使职工朋友们更加安心地扎根于佛冈；开展"中国梦·劳动美"广东工人艺术团送文艺进基层活动，全县基层工会干部、企业职工代表和市级以上劳动模范代表约800人一起观看演出，共享为职工量身定做的文艺盛宴。2018年，县总工会广泛开展劳动安全、卫生防护、自救逃生避险知识竞赛活动与企业安全文化活动，营造了良好的安全文化环境，为保障企业安全生产奠定了坚实的安全基础。佛冈县总工会并因此被授予全国"安康杯"竞赛安全文化宣传工作先进单位称号。

2020—2022年，县总工会开展新冠肺炎疫情防控、送温暖活动。2020年，县总工会关心、支持与慰问参与新冠肺炎疫情防控一线的基层工会工作人员，分别对县委宣传部、县卫健局、县公安交警部门、县交运局、县人医县中医院、县自然资源局、县农业农村局、约克公司、加多宝草本公司及挂扶村（长江村）等单位给予慰问，合计用款20万元；组织单位志愿者以"一对一"形式结对佛冈9名驰援湖北疫情一线医务工作人员进行上门走访慰问，为每位医务人员家属送上慰问品，并代表省总工会发放慰问金，合计用款4.5万元；是年11月，积极做好驰援湖北疫情一线医务工作人员疗休养的准备与接送工作。2021年，县总工会到广东松峰机械有限公司，举办"工会进万家·新就业形态劳动者温暖行动"宣传活动之"中国梦·劳动美——永远跟党走·奋进新征程"文艺晚会，与广东雅迪机车有限公司开展"结对共建"主题党日党建联谊活动，并在长盛谷开展团建活动。同年，县总工会分别到广东松峰机械有限公司和佛冈县杰帮应用材料有限公司工会委员会，开展"三新"（新就业群体组织）从业人员送温暖行动，把党和政府的关怀及工会组织的关爱带给就业劳动者，用实际行动为职工办实事、办好事。2022年，县总工会联合县卫生健康局开展疫情期间送温暖暨慰问疫情防控一线人员活动，活动慰问佛冈县卫健系统被派出县外支援疫情防控工作的有关医务人员219人，慰问县卫健系统各有关医疗机构19个，共发放慰问金4.2万元。

第三节 工会集体荣誉

历年来,县总工会在县委、县政府和省、市总工会的指导下,围绕中心,服务大局,在工会组织建设、机关建设、职工合法权益维护、职工经济建设、民主管理、职工教育、职工生活、女职工工作以及财务管理等方面工作中,充分发挥工人阶级主力军的作用,各项工作均得到了上级的表彰。其中,县总工会有40多次因工会工作出色而被省、市总工会评为先进单位、优秀单位;县总工会机关有7次被县委、县政府及县直机关工委评为文明单位和先进党支部。

1986年,广州市总工会表彰佛冈县总工会,授予"企业民主管理先进单位"荣誉称号。

1989年,佛冈县人民政府奖励佛冈县庆祝中华人民共和国成立40周年"新风组织,共建文明"锦旗一面。

1991—1993年,受清远市总工会表彰,被评为工会工作先进单位。

1994年,受广东省总工会表彰,被评为工会劳动保护工作先进集体。

1995年,被清远市总工会评为工会工作先进单位。

1996年,被清远市总工会评为工会工作先进单位。

1997年,被清远市总工会评为工会工作先进单位。

2004年,被清远市总工会评为工会工作优秀单位;佛冈县直机关工委被评为先进党支部。

2005年,被清远市总工会评为工会工作优秀单位;佛冈县直机关工委被评为先进党支部。

2006年,被清远市总工会评为工会工作先进单位;被中共佛冈县委、县人民政府评为文明单位。

2007年,获清远市总工会授予的"外商投资企业工会组建工作先进集体"称号;被清远市总工会评为职工队伍素质提升工作先进单位。

2008年,县总工会女工委员会被广东省工会女工委员会、清远市总工会女工委员会评为先进集体;佛冈县直机关工委被评为先进党支部。

2009年,被清远市总工会女工委员会评为先进集体;中共佛冈县委被评为先进基层党组织。

2010—2011年,获清远市总工会颁发的工会组建工作特别奖。

2011年,佛冈县直机关工委被评为先进党支部。

2012年,获清远市总工会授予的工资集体协商工作一等奖、固本强基工作一等奖奖项和"工会工作先进单位"荣誉称号。

2013年,被清远市总工会评为工会工作优秀单位、工会经费收缴工作先进单位,获得工会工作创新奖、固本强基工作一等奖。

2014年,被清远市总工会评为工会工作优秀单位,获工资集体协商工作一等奖、职工群体性事件信息报告处理工作优秀奖。

2017年,被清远市总工会评为工会工作优秀单位,获建会入会优胜奖、工资集体协商工作特等奖、工会工作创新先进奖。

2018年,由清远市总工会授予工会工作一等奖、集体协商及集体合同工作一等奖、工会经审工作规范化建设一等奖、工会工作创新项目二等奖(以开展摄影培训班项目为获奖依据)。

2020年,由清远市总工会授予工会工作考核综合奖一等奖、工会工作创新一等奖(以"粤工惠"App智能建设推广为获奖依据)。

2021年,获广东省总工会授予的"城市困难职工解困脱困工作中做出重要贡献集体"荣誉称号;获清远市总工会授予的工会工作一等奖、劳动领域维护政治安全和劳资纠纷预防调处工作奖、工会宣教工作奖、工会经审工作规范化建设工作奖以及工会工作创新奖(凭加强"学习强国"学习、促进"粤工惠"推广、推动扶贫产品销售获奖)等。

2022年8月26日,清远市总工会发文《清远市总工会关于2021年度工会工作考核情况的通报》。根据文件通报情况,佛冈县总工会获得2021年度"清远市工会工作一等奖""劳动领域维护政治安全和劳资纠纷预防调处工作奖"以及工会工作创新奖(凭加强"学习强国"学习、促进"粤工惠"推广、推动扶贫产品销售获奖)等。清远市总工会考核颁发的7个奖项中,佛冈县总工会获得的有5个。

2022年,经清远市总工会评定,佛冈县工会工作获8个一等奖:工会工作考核综合奖一等奖,劳动领域维护政治安全工作一等奖,产业工人队伍建设改革工作一等奖,基层组织建设工作一等奖,劳资沟通协商和劳资纠纷预防调处工作一等奖,工会经审工作规范化建设一等奖,"粤工惠"平台推广应用工作一等奖,工会工作创新奖一等奖。

第五章
职工合法权益维护

第一节　职工维权机制

一、工会职能维权

（一）职工代表大会维权制度

1980年起，县总工会在建立职工代表大会制度的过程中，根据《工会法》《中国工会章程》《广东省实施〈中华人民共和国工会法〉办法》《企业工会工作条例》等规定，开展职工代表大会维权工作，力求有效发挥职工代表大会制度在推进基层民主政治建设、协调劳动关系、维护职工合法权益过程中的积极作用。

2001年起，为增强职工代表大会的维权职能，县总工会逐步健全职工代表大会（以下简称"职代会"）的维权制度。主要有：①规范企业工会组建流程，按照广东省企业工会民主选举实施办法，民主选举会员代表，确定委员会候选人，召开会员代表大会，选举产生工会委员会、经费审查委员会、女工委员会，加强管理与监督。②把职代会打造成协调企事业单位劳动关系、维护职工合法权益的有效平台，坚持职代会制度与平等协商集体合同制度有机结合的原则，做到平等协商的职工代表由职代会选举产生、协商议题向职代会代表征求意见、集体合同草案经职代会审议表决、集体合同履约情况向职代会报告。③明确职工代表大会的报告内容，主要有：企业与职工签订劳动合同的情况，职工养老、医疗、失业等社会保险金缴纳情况，企业执行国家和政府规定的劳动安全保护情况，集体合同及工资集体协议的签订、修订、续订、履行情况，企业规章制度的有关情况，企业辞退和处分职工的情况及其依据，职工教育培训经费的失业情况，女职工权益特别保护，职工福利保障情况和企业年金方案等。对以上涉及职工切身利益的相关事项，通过职代会和其他民主管理形式予以公开，发挥职工代表大会的维权职能，维护职工合法权益，促进企业健康和谐发展。

（二）企业工会维权制度

20世纪50年代初起，佛冈县开始组建企业工会，发挥工会的维权作用。此后，不断建立企业工会维权制度，执行《劳动法》《广东省工会劳动法律监督条例》《广东省企业集体合同条例》以及广东省人力资源和社会保障厅关于印发《广东省企业工作集体协商指引》的通知等法规和规章制度，开展宣传学习活动，明确劳动者的合法权益，积极发挥企业工会在职工维权中的作用。截至2022年，全县共有企业工会169个，其中高岗镇3个，迳头镇14个，水头镇4个，石角镇77个，汤塘镇41个，龙山镇30个。各企业工会积极履行工作职责，对用人企业进行劳动法律法规、集体合同、集体协商等方面的监督，以确保职工的各项权益落到实处。

二、法律援助维权

（一）设立工会法律顾问室

1994年8月，县总工会根据法律法规要求，在县内8家重点企业内设立工会法律顾问室，聘请6位律师担任基层工会法律顾问，依法维护职工权益。工会法律顾问室成立后，先后开展法治宣传、解答法律咨询等活动，为工会决策和重大举措提供法律信息和法律依据，为工会组织和广大职工维护合法权益提供法律服务；接受工会组织和职工的委托，参与劳动者与用人单位劳动关系的确立过程，明确双方权利义务的劳动合同和集体合同的订立和变更条件；接受工会组织和职工的委托，参加劳动争议纠纷事项中的协商、调解、仲裁和诉讼；办理各级工会组织委托的有关法律事务方面的工作。

2016年4月，县总工会聘请律师团律师担任企业工会法律顾问，每名律师"结对"3家非公企业。此前已聘任10名律师担任县内28家300人以上非公企业的律师顾问，帮助企业建立健全规章制度。此后，工会法律顾问室坚持履行职责，指导企业规范劳动用工，解答职工涉法相关问题，帮助化解劳资纠纷，构建和谐劳动关系，增强企业凝聚力。

（二）建立法律援助机制

1995—2000年，县总工会在职工信访工作的开展过程中，为困难职工免费提供法律援助。2001—2005年，县总工会与县直有关部门在安全生产月上街集中宣传《安全生产法》，并举办安全生产监督员培训班，培训人员50余人，协助36个生产企业建立起安全生产监督组。2006年起，县总工会与政府有关部门建立合作机制，组成联合执法检查组，定期对企业进行相关法律法规的执法检查，为有需要的企业和职工提供法律援助。2006年5月，县总工会与县劳动和社会保障局在县人民公园举办《广东省工资支付条例》咨询活动；2007年12月，县总工会与县人大、县司法局、县劳动和社会保障局联合到各镇开展《劳动合同法》现场咨询活动。

2011年，县总工会单独或联合司法、劳动等部门在县城公园举办劳动法律咨询活动，发放《工会法》《劳动法》《劳动合同法》等维权法规政策相关宣传资料共1500

多份。2012年,建立工会处置职工群体性上访事件的快速反应机制,成立县总工会处置职工群体事件应急领导小组,印发《佛冈县总工会处置职工群体性上访事件预案》。2013—2015年,做好职工来信来访工作,开通工会官方微信公众号、微博账号,帮助协调解决劳资纠纷问题5宗,在1家行业性企业、2家重点企业建立工资集体协商制度,力求于源头上维护职工的合法权益。

2016—2022年,以"服务职工、维护职工合法权益"为重点,开展职工维权工作。县内企业聘请专业律师担任企业工会法律顾问,帮助企业建立健全规章制度,规范劳动用工,解决职工涉法问题,有效化解劳资矛盾,构建和谐劳动关系。2020年,县总工会开展2家重点企业的工资集体协商工作,处理县内职工来信来访3件,处理省总工会劳资系统及综合平台事件共18件。

(三)建立人事争议仲裁委员会

2010年5月,佛冈县人事争议仲裁委员会成立,主要职责是负责聘用合同争议的仲裁,研究处理重大及疑难人事争议案件。人事争议仲裁委员会在成立后,处理了大量民事纠纷和经济纠纷,依法保障职工的合法权益,在进一步推动全县倡导科学依法维权、正确调处劳资纠纷、构建和谐劳动关系、扩大工会法律援助面等方面呈现出了重大的现实意义,同时,人事争议仲裁委员会也是对政府法律援助的有益补充。

2011—2015年,开展劳动争议调查、调解、仲裁工作,化解劳动纠纷,构建和谐劳资关系。5年内,劳动争议仲裁案件立案365宗,经调解协商解决210宗,仲裁裁决155宗。通过调解仲裁,追发欠薪2180万元。

2016—2020年,通过推进县劳资纠纷应急处置中心平台建设,初步完成市、县两级布点和系统连接工作,劳资纠纷仲裁业务被纳入中心平台管理范围。2020年,推行工资支付担保制度,加强基层调解工作,提升调解效能。累计有102家企业缴纳工资保证金,同时开展金融保险机构工程担保业务,为劳动调解仲裁提供基础。5年内,劳动争议仲裁案件立案288宗,经调解协商解决76宗,仲裁裁决212宗。通过调解仲裁,解决争议金额共2.18亿元。

2022年,为贯彻落实好国家、省、市有关统筹推进新冠肺炎疫情防控和经济社会发展工作会议精神,县劳动人事争议仲裁院积极采取有效措施以促进劳动关系和谐稳定。疫情防控期间,拖欠劳动报酬、解除劳动关系的案件数量有所增加。是年,处理劳动争议案件198宗,涉及劳动者285人,涉案总金额约3133.89万元。其中受理立案175宗(含5宗集体案件),涉及劳动者人数261人,涉案金额2918.12万元,不予受理23宗;已审结案件150宗,其中促成当事人达成和解撤回仲裁申请37宗,以调解方式结案38宗。未出现疑难争议案件。受理群众来电来访咨询千余次。

三、法律顾问维权

2016年起,县总工会根据全县开展"一村(社区)"法律顾问工作的情况,指导各级工会组织特别是企业工会组织,借助法律顾问力量依法维权,解决合法权益落实的问题。

2021年9月，县总工会根据广东省司法厅、广东省总工会印发的《聘请工会律师团律师担任企业工会法律顾问工作制度（试行）》有关要求，决定开展企业与法律顾问的对接工作。对接的企业有广东亿利达风机有限公司、广东兆联纺织有限公司、佛冈盈泰纺织品染整有限公司、广东鑫统仕集团有限公司、广东松峰股份有限公司、广东华劲汽车零部件制造有限公司、东新（佛冈）温泉开发有限公司、广东博华陶瓷有限公司等，对接的律师事务所有广东英都律师事务所、广东德众律师事务所、广东德磊律师事务所、广东浈阳律师事务所、广东德众律师事务所、广东清豪律师事务所。通过开展法律援助工作对接，为企业工会和职工提供法律服务；通过主动服务、依法服务、科学服务，推动劳动关系的和谐发展，保证职工队伍和社会的稳定。

县总工会法律顾问维权工作中，法律顾问的工作职责主要有：①开展法制宣传教育，组织开展对企业职工和工会干部的法制宣传教育，为企业工会和职工提供法律咨询服务。②预防排查企业劳资纠纷，对企业劳动关系隐患进行排查分析，提出预防和化解建议，并向所在地工会反馈信息。③协助企业工会依法开展工作，为企业工会重大决策提供法律意见，协助企业工会开展平等协商和签订集体合同工作。④处置化解企业劳资纠纷，引导职工依法、理性地解决劳资纠纷，指导企业工会依法维护职工合法权益。⑤指导创建劳动关系和谐企业。⑥制定工作台账，将工作开展情况及时记入工作台账。

表5-1　2021—2022年佛冈县部分企业聘用律师顾问安排表

序号	企业名称	企业所在地	法人代表	企业工会主席	派驻律师	所在律师所
1	广东亿利达风机有限公司	佛冈县龙山镇	邓祥生	肖文德	范后岳	广东英都律师事务所
2	广东兆联纺织有限公司	佛冈县汤塘镇	陈亿雄	廖伟浩	成廷习	广东德众律师事务所
3	佛冈盈泰纺织品染整有限公司	佛冈县迳头镇	吴炳钱	吴寒	曾慧光	广东德磊律师事务所
4	广东鑫统仕集团有限公司	佛冈县石角镇	王周平	陈辉庄	曾成文	广东浈阳律师事务所
5	广东松峰股份有限公司	佛冈县石角镇	吴松喜	纪旭升	曾成文	广东浈阳律师事务所
6	广东华劲汽车零部件制造有限公司	佛冈县迳头镇	郑文斌	范文静	曾慧光	广东德磊律师事务所
7	东新（佛冈）温泉开发有限公司	佛冈县汤塘镇	陈英伟	李民辅	张帮练	广东德众律师事务所
8	广东博华陶瓷有限公司	佛冈县龙山镇	莫永良	叶志平	杨晓燕	广东清豪律师事务所

四、劳动关系协调维权

（一）全面建立劳动关系三方协调机制

1. 构建协调机制工作格局

2000年起，县总工会建立劳动关系三方协调机制，加强劳动关系协调维权工作。劳动关系三方协调机制是市场经济条件下处理劳动关系的基本格局和制度，是解决劳动关系问题和参与经济、社会民主管理的一种行之有效的形式。《工会法》也作了明确规定：各级人民政府劳动行政部门应当会同同级工会和企业方面代表，建立劳动关系三方协商机制，共同研究解决劳动关系方面的重大问题。

2003年，县总工会按照法律规定和形势的需要，建立以县人社局为政府代表、县总工会为职工代表、县工商联为企业组织代表的劳动关系三方协调机制。三方协调机制在建立后，坚持以促进就业为重点、以建立顺畅高效的协调机制为基础、以促进和谐稳定的劳动关系为目标、以完善法律法规为保障，努力开辟政府、工会、企业组织在协调劳动关系方面的新途径、新方法，基本上形成了"主体协商、三方指导、政府调控、依法规范"的格局。劳动关系主体三方密切配合，建立工作制度，明确职责任务，制定程序规则，积极开展活动，做了大量卓有成效的工作，在实现劳动关系的和谐稳定、保护劳动者和企业的合法权益、促进企业发展和社会稳定方面发挥着极其重要的作用。

2. 主体构成和组织形式

三方协商的主体是县人力资源和社会保障局、县总工会和县工商业联合会。县人力资源和社会保障局代表政府在三方协商中起组织、引导、协调的作用，通过与工会和工商联的经常性接触和沟通，宣传政府方面的政策意向，争取双方的认可，并最终达成一致意见，以实现本地区对劳动关系的宏观调控；县总工会代表职工参与劳动关系三方协商，如实反映职工的意见和要求，使所制定的有关劳动政策能够真正起到维护职工利益的作用；县工商联通过协商和广泛的活动，维护企业和经营者的利益。在佛冈县，劳动关系三方协调机制的组织形式是三方协调会议，通过三方协调会议，共同研究制定本地区的劳动政策，解决处理劳动关系方面的问题。

3. 工作制度和协调内容

为进一步加强人力社保部门、工会组织和企业组织三方在涉及劳动关系重大问题方面的沟通和协商，不断发展完善全县协调劳动关系三方机制，更好地发挥三方机制在协调劳动关系，促进企业和谐发展中的积极作用，佛冈县制定了协调劳动关系三方会议制度。对参加会议的人员构成、召开时间、工作职责、工作原则等制度进行了规范和健全。在人员构成方面，规定每方参会人员不得少于3人；会议时间方面，要求一般每年在年中和年末召开两次，经一方提议也可召开临时会议。三方会议的主要职责：①在制定有关建立健全平等协商和集体合同制度的意见、方案时交流情况、交换意见。针对有关问题统一认识，提出意见和建议。②交流有关贯彻《广东省企业集体合同条例》《劳动法》和建立健全集体合同工作情况，研究在运作中出现的重大问题，针对其提出对策，加强指导。③组织检查、交流、培训等活动，推动本地区平等协商和集体合同工作发展。所遵循的原则是合法、公正、及时；兼顾国家、企业、职工三方利益；相互信任、支持、合作，协商一致。

三方协商的主要内容是：①通报交流各自在协调劳动关系工作中所遇情况和问题，对劳动关系方面带有全局性、倾向性的重大问题进行共同协商。②对本地区设计调整劳动关系的法规和政策提出意见和建议，并监督实施。③对具有重大影响的集体劳动争议和群体性事件进行调查研究，提出解决和预防的意见建议。④研究制定本地区平等协商和集体合同工作的意见和方案，并组织检查、交流、培训等活动。

（二）设立民主管理热线

2000年，县总工会为了进一步维护职工权益，设立民主管理热线，接收职工咨询、投诉电话。从来电内容看，大致可分为5类：①反映企业改革、改制搞暗箱操作，涉及职工切身利益的减员、分流等方案不经职代会审议通过就实施，侵犯职工民主参与、民主管理、民主监督法定权利的。②反映职代会、工会选举不正常，工会干部受压制、遭打击报复，工会组织、职代会被操纵或被架空，无法正常活动的。③反映企业违反《劳动法》，用不公正手段胁迫或强制职工解除劳动关系，职工劳动、报酬、休息等合法权益遭侵犯的。④就职代会、工会、职工持股会等方面的政策、法规、业务知识问题和工作实践中遇到的新情况、新问题，要求释疑解惑、给予咨询指导的。⑤职工遇到特殊困难，个人无法承受和解决，要求县总工会给予援助的。

2001—2005年，县总工会民主管理热线接待职工来电来访193人次，反映情况有企业违反《劳动法》、职工未获应得劳动报酬、下岗生活困难等问题。县总工会组织人员均做好登记、调研、解释、疏导、处理等工作，全部来电来访得到落实解决。

2006—2010年，县总工会民主热线接待来电来访25人次，反映的主要情况是劳动仲裁、劳动纠纷等问题。县总工会与政府有关部门建立合作机制，组成联合执法检查组，定期对企业进行针对相关法律法规执法情况的检查，督促企业规范用工。联合县劳动和社会保障局开展二期农民工工资支付情况的专项检查。

2011年起，县总工会把民生热线工作同职工信访工作结合起来，一并部署、一并开展、一并检查，做好职工维权工作。

第二节 职工维权方式

一、平等协商和集体合同签订

（一）开展集体合同签订试点工作

1995年起，县总工会根据《劳动法》的规定，在部分企业中开展平等协商和集体合同制度的试点工作。是年8月，举办"签订集体合同试点工作"培训班，基层工会主席、工会干部参加培训。县总工会挑选10个单位作为试点开展工作，并确定佛冈邮电局、佛冈味精厂两个单位作集体合同签订试点。从10月中旬到11月底，佛冈邮电局、佛冈味精厂先后圆满完成集体合同签订工作。此后，县总工会到15个不同类型的国有、集体企业单位做情况调查及分析，总结两个成功签订集体合同的试点单位的经验，请示县委重视加强工作组织领导，把集体合同签订工作列入工会工作重要议事日程，按省、市的要求抓好集体合同签订工作的落实。

（二）推行平等协商和集体合同制度

1997年，县总工会开始在全县推行平等协商和集体合同制度。通过深入贯彻实施《劳动法》《工会法》，把《广东省集体合同条例》的贯彻作为一项工作重点，依法推进平等协商签订集体合同工作。根据各企业单位的实际情况，分期分批做好工作安排，全年完成签订集体合同的企业单位有17家，达到了市总工会的任务要求。

2000年，全县继续积极推进集体合同签订工作，号召工会职工代表和企业依法签订劳动集体合同，稳定劳动关系。是年，全县已有113家企业签订集体合同，职代会制度得到进一步的健全，职工的合法权益得到进一步的保障。

截至2022年，全县95%以上的企业都建立了平等协商制度、签订了集体合同，工人的合法权益得到极大的维护。

（三）实行建会和签约同步运作

1995—2000年，县总工会坚持建立工会与签订集体合同工作同步抓，通过上门与有关单位沟通，促进工会组织发展。全县有基层工会组织225家，其中已有207家落实了建会和同步签约工作。

2006—2010年，县总工会贯彻中央关于"扩大工会覆盖面，增强工会凝聚力"的指示，加大非公企业工会组建工作力度。截至2007年底，新建包括约克、建滔、强丰等在内的规模以上非公企业工会组织61个，填补了佛冈县非公企业无工会组织的历史空白。县总工会被清远市总工会授予"外商投资企业工会组建工作先进集体"称号。是年，全县有基层工会组织237家,均落实了建会和同步签约工作。

2011年起,县总工会启动"广普查,深组建,全覆盖"集中行动,在全县范围内开展"工会组建集中行动",新组建佛冈县社会医药行业工会联合会、佛冈县交通运输行业工会联合会等基层工会组织39个。2013年是全国总工会提出的"两个普遍"工作三年规划的完成年,截至2013年,全县完成工会组建112家,涵盖企业381家。

2014—2015年,依照《工会法》《中华人民共和国工会章程》推动依法建会。2015年,全县有基层工会组织503个,有6家企业工会创建为市级工会规范化建设示范点。

2016—2022年,按照"夯基础、强管理、抓规范、创特色、求实效、促和谐"的总体思路,加强基层工会组织建设。2020年,全县有基层工会组织523个,其中行业工会304个。

(四)民主管理和厂务公开

1995—2000年,全县积极推进签订集体合同工作,依法由工会代表职工与企业签订劳动集体合同,稳定劳动关系,同时健全职代会制度,保障职工的合法权益。6年内签订集体合同的企业有113家。2000年,由县总工会牵头,各职能部门配合,全县27家企业实行厂务公开制度。

2001—2005年,县总工会贯彻中办发《关于在国有企业、集体企业及控股企业深入实行厂务公开制度》文件精神,全县有18家国企、39个文教战线单位、20个卫生战线单位开展厂务公开工作。

2006—2010年,县内企事业单位将职代会作为民主管理的基本形式。2006年,有37家企事业单位实行集体合同签订、工资集体协议、厂务公开等各项民主管理制度,共同构建民主参与、民主监督和民主管理的职工民主管理体系。此后,坚持以多种形式开展厂务公开、民主管理活动,并把厂务公开工作纳入党政工作目标考核内容。2010年,全县共有6家国有及其控股企业推行厂务公开制度,推行率为100%;58家事业单位推行厂(院、校、站、所)务公开制度,推行率为95%;45家非公企业推行厂务公开制度,实施率为41%。

2011—2015年,县总工会创新工作载体,加强民主管理和民主监督,完善以职代会为主体、厂务公开为补充的民主管理制度,推进平等协商集体合同制度落实。

2016—2022年,继续健全企业职代会制度,把经营性事业单位和企业单位厂务公开、民主管理工作纳入单位管理制度体系,先后开展岗位练兵、提合理化建议、建言献策活动。

二、工资集体协商

(一)建立和完善工资集体协商制度

2005年起,为适应社会主义市场经济体制和现代企业制度的需要,建立企业内部分配正常增长与制约机制,促进企业劳动关系的协调与稳定,保障劳动关系双方的合法权益，县总工会开展工资集体协商工作。此后，对于已开展工资集体协商工作的企业，要求其逐步建立和完善本单位工资集体协商的制度，具体可对协商代表组成、协商代表的职责、协商原则、协商内容、协商时间、协议签订、监督实施以及工资集体协议（草案）经职工（代表）大会审议程序等问题作出规定，使工资集体协商的工作制度化、程序规范化，工资集体协议合法化，确保工资集体协议的实施。2012年，县总工会与县人社局联合行动，以实施工资集体协商"百日行动"为抓手，积极推动企业普遍建立工资集体协商制度。通过上门宣讲、广场咨询、媒体宣传等多种形式，广泛宣传工资集体协商制度，发放宣传资料300多份，活动覆盖200多家企业，以提高用人单位和劳动者的法律意识，促使用人单位修改和完善内部规章制度，按规定与劳动者签订劳动合同。截至2014年，全县共签订工资集体协商合同66份，覆盖企业136家，职工8300多名。

2015—2016年，县总工会按照《广东省总工会关于在企业中建立多形式多层级劳资沟通协商机制的意见》的要求，在佛冈县建筑房地产行业、旅游行业及广东鑫统仕车用热系统有限公司、华联（佛冈）机械制造有限公司、佛冈盈泰纺织品染整有限公司、广东松峰机械有限公司、广东亿利达风机有限公司共2个行业和5家企业内推行建立工资集体协商机制。

2017—2019年，在东立（佛冈）木业有限公司、骏达（佛冈）玩具有限公司、广东华劲汽车零部件制造有限公司、广东兆联纺织有限公司、广东雅迪机车有限公司、万兴电子塑胶制品有限公司6家企业内推行建立工资集体协商机制。

2020—2022年，在6家企业推行建立工资集体协商机制。6家企业分别是：位于汤塘镇的广东国珠企业集团、东新（佛冈）温泉有限公司、清远加多宝草本植物科技有限公司、健泰（佛冈）五金电器有限公司，位于龙山镇的佛冈县润记空调设备有限公司，位于石角镇的富湾（佛冈）五金电器有限公司。

表5-2　2015—2022年佛冈县总工会开展工资集体协商工作统计表

（按签订合同时间先后排列）

序号	企业/行业名称	签订合同时间
1	佛冈县建筑房地产行业	2015
2	广东鑫统仕车用热系统有限公司	2015
3	华联（佛冈）机械制造有限公司	2015
4	佛冈盈泰纺织品染整有限公司	2016
5	广东松峰机械有限公司	2016
6	广东亿利达风机有限公司	2016
7	佛冈县旅游行业	2016
8	东立（佛冈）木业有限公司	2017
9	骏达（佛冈）玩具有限公司	2017

续表5-2

序号	企业/行业名称	签订合同时间
10	广东华劲汽车零部件制造有限公司	2018
11	广东兆联纺织有限公司	2018
12	广东雅迪机车有限公司	2019
13	万兴电子塑胶制品有限公司	2019
14	佛冈县润记空调设备有限公司	2020
15	广东国珠企业集团有限公司	2020
16	富湾（佛冈）五金电器有限公司	2021
17	东新（佛冈）温泉有限公司	2021
18	清远加多宝草本植物科技有限公司	2022
19	健泰（佛冈）五金电器有限公司	2022

（二）确定工资集体协商的内容

工资集体协商的主要内容包括工资水平、工资分配制度、工资标准和工资分配形式，奖金、津贴、补贴的分配办法，工资支付办法，工资调整办法，其他劳动报酬分配办法等。各企业在开展工资集体协商工作时，根据实际情况，既可以针对全面展开协商，也可以有所侧重，甚至可以就一个突出的、急需解决的问题进行专题协商。

为建立和完善工资集体协商制度，2012年，县总工会印发了《广东省企业工资集体协商指引》和《工资集体协商要约书（参考样书）》《工资集体协商要约回应书（参考样书）》等文件资料，要求各企业和各企业工会据此进行规范的操作，确保工资集体协商工作顺利开展。

（三）提高工资集体协商质量

1. 建立县总工会专职集体协商指导员队伍

为进一步依法推动集体协商工作创新发展，促进集体协商提质增效，进一步加大工会干部队伍职业化、社会化和专业化的探索力度，进一步加大指导服务基层工会的工作力度，2022年，佛冈县总工会建立了佛冈县总工会专职集体协商指导员队伍。领导小组组长为冯庆洲，副组长为刘华洲，成员有范兰修、邓兰秀、廖志刚、何文彬、周燕清、邝春花。领导小组办公室设在县总工会维权室，范兰修兼任办公室主任并负责联系各镇专职指导员工作，队伍成员分别对应为各镇工资集体协商专职指导员。

通过建立规范化的专职集体协商指导员管理、使用和培养制度，培养造就高素质的工资集体协商指导员队伍，着力解决各镇企业工会工资集体协商工作力量和能力不足的问题，确保工资集体协商工作深化发展。

2. 指导企业开展工资集体协商

县总工会加强指导和帮助企业开展工资集体协商，对已实行工资集体协商的企业在规范协商程序、提高协商水平上予以指导。对于经批准试行自主决定工资水平办法的新建或转制企业，要求其按规定开展工资集体协商工作，并就年度职工工资水平进行集体协商。在开展工资集体协商时，职工方的代表中必须有上级工会的代表或企业外专业人士，其需作为职工方的正式代表之一，参加集体协商。对于实行经营者年薪制的企业，要求其根据企业实际情况合理确定经营者与职工的工资分配关系，既要充分体现对经营管理者劳动的肯定和激励，又要切实保证职工工资收入随经济效益的提高而逐步增加。通过工资集体协商确定本企业职工的收入分配水平，以保障劳动者的合法权益，形成和谐、稳定、利于发展的良好劳资环境。

工资集体协议是专门就劳动报酬有关事项签订的专项集体合同，县总工会将于每年的第二季度定时到各企业展开针对工资集体协商工作的检查工作。县总工会还规定，依法签订工资集体协议后，自双方首席代表签字之日起10日内，相应负责人应当将《工资集体协议送审表》1份、工资集体协议文本一式3份、职工（代表）大会决议以及《工资集体协商送审说明》各1份，把代表产生、协商程序、主要议题等内容，按规定报送劳动保障行政部门进行审查。

（四）开展工资集体协商工作大检查

在非公企业中，工会代表职工与企业开展工资集体协商，维护职工切身经济利益，是工会发挥作用的具体体现，已成为广大非公企业工会的共识。佛冈县总工会于2015年底开始，组织各工会对用人单位开展工资集体协商工作大检查。通过抽查和互查，发现各企业均能按照《广东省企业工资集体协商指引》进行操作，有力维护了企业和职工双方的合法权益，构建了和谐的劳动关系。

（五）调整企业职工最低工资标准

2015年，清远市最低工资保障线是1210元。2018年，清远市最低工资保障线是1410元。2021年，根据广东省人民政府《关于调整我省最低工资标准的通知》要求，结合清远市经济社会发展状况，对最低工资标准进行了调整。是年，清远市最低工资保障线为1620元。

三、工资支付情况监督与检查

（一）开展农民工工资支付情况专项检查

2004年，县总工会为贯彻实施国务院《劳动保障监察条例》、及时制止和解决拖欠农民工工资问题、切实保护广大劳动者的合法权益、维护社会稳定，根据国家劳动和社会保障部（现人力资源和社会保障部）办公厅、建设部（现住房和城乡建设部）办公厅、中华全国总工会办公厅《关于开展农民工工资支付情况专项检查活动的通知》要求，联合县人力资源和社会保障局及相关企业，在全县范围内组织开展专项检查工作，

重点检查农民工工资支付情况。

专项检查活动的检查对象包括全县的各类用人单位，重点为雇用农民工劳动力量较多的建筑、服务、加工制造等劳动密集型企业和雇用农民工劳动力量的个体工商户。检查内容主要包括用人单位支付工资情况、用人单位缴纳社会保险费（综合保险费）情况、用人单位执行《禁止使用童工规定》情况、用人单位遵守其他劳动保障法律法规情况等。通过专项检查，纠正一些企业的违规行为，保护劳动者的合法权益。

（二）联合处理欠薪事件

县总工会加强与县劳动部门及各企业的沟通联系，认真做好农民工来信来访工作，加大力度协助农民工解决工资支付和欠薪问题。

1995—2000年，开展追缴欠薪、禁止使用童工、保障女工权益和缴交社保基金专项检查。6年内，清欠工资138万元。

2001—2005年，开展对企业单位劳动年审工作，组织全县性的劳动执法大检查。5年内，追发拖欠劳动者工资548万元。

2006—2010年，加大劳动政策法规的宣传力度，贯彻落实建设施工企业工资保证金制度，建立群体性突发事件和欠薪案件汇报制度。5年内，追回欠薪1316万元。

2011—2015年，继续开展劳动争议调查、调解、仲裁工作，化解劳动纠纷，构建和谐劳资关系。5年内，追补欠薪2180万元。

第三节 来信来访及劳动争议处理

一、来信来访处理

工会信访工作是国家信访工作的重要组成部分。处理职工来信，接待职工来访，是工会履行维护职能的重要内容，也是工会维护职工合法权益的重要措施。1951年5月，毛泽东同志对信访工作做出了指示："必须重视人民的通信，再给人民来信以恰当的处理，满足群众的正当要求，要把这件事看成是共产党和人民政府加强人民联系的一种方法，不要采取掉以轻心、置之不理的官僚主义的态度。"是年6月，中央人民政府政务院下发《关于处理人民来信和接见人民工作的决定》，佛冈县人民政府遵照政务院关于处理人民来信和接见人民工作的决定认真执行的指示，建立了信访工作制度。

20世纪五六十年代，佛冈县职工群众来信来访的内容主要集中在要求补助、复工，要求技术归队、夫妻团聚调动工作、解决生活困难，反映对评级、工资改革和福利设施不满等方面。中共十一届三中全会以后，职工群众来信来访大幅度增加，主要内容是要求解决历史遗留问题，如落实政策、支农职工复工、子女顶替、生活困难、劳动保险待遇等。各级工会充分发挥自身优势，积极主动协助政府相关部门，进行深入调查，了解具体情况，做耐心细致的思想工作；协调矛盾，使一些矛盾比较突出、可能将导致突发性事件发生的问题解决在萌芽状态时，维护了社会安定，维护了职工利益。

1988—1994年，县总工会接待职工来信来访67件次，经及时与有关部门联系而妥善处理好的有4件，经解释后比较满意的有35件。已处理的重点信访内容包括水泥厂一位工人要求落实政策、煤建公司车间主任殴打1名女工致伤、县中医院职工反映医药费使用包干方案不合理等。

1995年，县总工会在维护职工行使正当合法权益、自主参与民主管理方面，较好地发挥了工会参与监督的作用。是年，县总工会接到职工来信有关劳动保险待遇的有1件（来访4人次）；有关离退休职工待遇的2件（来访3人次）；有关侵犯职工人身权利的1件（来访2人次）；有关工资、福利问题来访的4人次，属其他的3人次。在职工来信来访中，县总工会已落实处理好3件；转下级工会处理4件；转其他有关部门处理2件。这些来信来访全部得到解决或妥善处理。

1996—2000年，县总工会接到职工来信来访48件85人次，信访内容主要包括劳保待遇、离退休待遇、工资福利、劳动就业等问题。5年内，县总工会参与职工伤亡事故调查处理13宗，协助劳动仲裁处理劳动争议17宗。2000年，县总工会共收到职工提出的合理化建议156件，建议所创造的直接经济效益达36万多元。对以上职工信访、参与仲裁、提合理化建议等问题，均给予处理解决。

2001—2005年，县总工会接待职工来信来访62件90多人次，均认真做好解释、疏导和处理工作，全部来信来访得到落实解决。其中已处理的重点信访包括2004年受理外来员工来信来访17件，涉及外来员工近百人。2005年受理职工来信来访7件，涉及职工60多人。是年，县总工会参与政府的劳动执法检查工作，与劳动、安监等部门处理了4宗侵害职工包括外来员工合法权益的事件，有效地维护了职工的合法权益。

2006—2010年，县总工会接待来信来访22件，共参与劳动仲裁案件13宗，劳动监察执法检查12次，调处劳动纠纷4宗。2009—2010年，县总工会参与调处包括悦生明珠花园在内的劳动纠纷7宗，协助解决工人被拖欠工资200多万元。以上信访处理及执法检查、劳动仲裁、劳动纠纷处理，均依法依规进行，维护了职工的合法权益。

2011—2015年，县总工会做好来信来访工作，共接待职工群众来信来访48件，信访内容主要包括政策咨询、困难帮扶、劳动争议、企业欠薪等问题，相关问题均得到妥善处理。其中，于2012年成功调解某公司农民工李某因工伤而产生的经济赔偿纠纷案，2013年帮助解决欠薪和工程款资金45万多元，2014年帮助协调解决包括"工人在线"在内的劳资纠纷问题5宗，2015年开通工会微信、微博而帮助协调解决劳资纠纷问题5宗。

2016年起，继续做好工会信访工作。2019年，成功处理省总舆情投诉案件8宗、工资集体协商重点企业2家。2020年，妥善处理广东省总工会劳资事件登记系统登记的事件

12件，广东省总工会热线综合管理平台工单6单。

2021—2022年，及时妥善处理职工来信来访及广东省总工会劳资事件登记系统登记的事件14件，未接到群体性事件发生舆情通知。

二、劳动争议处理

（一）劳动争议处理概况

劳动争议处理直接关系着广大职工的切身利益，关系着劳动关系的和谐稳定。参与劳动争议处理是工会发挥协调劳动关系作用的重要工作环节，也是工会维护职工合法权益的有效途径和手段。

1956年"三大改造"后，各行业实行公私合营，企业的性质和劳动关系发生了重大变化。此后发生的劳动争议，主要由企业行政部门和基层工会协商解决，或由企业主管部门处理。

1986年，国营企业开始改革劳动制度，注重保护企业行政部门和职工双方的合法权益，以维护正常的生产秩序和社会秩序，促进社会主义建设。1987年7月，国务院发布《国营企业劳动争议处理暂行规定》。佛冈县按照劳动争议处理规定，认真处理好县内发生的多宗劳动争议，协调好企业和职工双方的劳动关系。

1995年以来，全国总工会先后发布《工会参与劳动争议处理试行办法》《关于进一步加强工会劳动争议处理工作的意见》《关于进一步加强劳动争议调解工作的若干意见》等文件。佛冈县总工会对劳动争议的处理和调解，主要依照法律法规开展。此外，县总工会还设有基层工作部，其职责之一是加强劳动法律监督，建立劳动法律监督机构，建立劳动争议调解网络，依法开展活动。

2001年以来，随着企业新型劳动关系的建立和《劳动法》的进一步贯彻实施，劳资纠纷、劳动争议也出现了新情况和新问题，不仅呈高发态势，而且有向纵深发展的趋势，成为社会重要的不稳定因素。为积极参与劳动争议处理，促进劳动关系和谐稳定，县总工会积极开展劳动争议处理工作，创建合法和谐的劳动关系。2016年8月18日，佛冈县80多家企业参加清远市总工会举办的"清远市工会劳动争议调解员、劳动法律监督员培训班"。此次培训邀请在劳动法领域有着丰富经验的广东科讯律师事务所副主任赵鹏律师进行授课，向基层工会干部结合实际讲授"劳动合同解除与终止""加班工资"和"高温津贴"等常见的法律问题实务处理知识，最后利用微信公众号平台与各学员进行有奖问答互动。

（二）建立信访接待工作制度

2001年起，县总工会维权部根据国家法律、法规、政策和规定，开始为县内职工和工会组织提供法律咨询和服务，并运用法律武器，积极维护职工和工会组织的合法权益。

同时，经规定维权部统一受理工作范围内的事项，接受来电来访时需做到态度热情、用语文明、耐心倾听、详细记录、解答恰当。及时答复处理的，需在记录本上写明答复处理情况。需要协调处理的维权服务事项，转有关职能部（室）办理，有关职能部

（室）一般应在15个工作日内办结。办结后，将结果以书面形式反馈给"维权"备案。对应当由下级工会负责办理的职工维权服务事项，由维权部交有关工会办理。交办的事项，一般应在15个工作日内办结，并将结果以书面形式反馈给维权部。办理难度较大的，在15个工作日内确实难办结的，需以适当的方式向职工予以说明。延长办理时间一般不超过30个工作日。情节复杂、问题严重或属突发性的求助事项，由维权部办理，并由维权部及时上报分管领导和单位主要领导；需要有关职能部门办理或协助办理的，按有关程序移交到有关职能部门处理，并由维权部随时跟进处理情况。

维权部转办、交办的事项应及时催办，每次催办均作记录。对因工作不负责任，拖延不办、不反馈、多次催办而未办的单位和个人，需追究其相应责任。定期对来电、来信、来访的数量、内容进行分类和统计汇总；对办结的事项，按档案工作的有关要求立卷归档。

（三）协助劳动部门做好争议仲裁工作

20世纪90年代起，县总工会在参与劳动争议仲裁的过程中，始终坚持预防为主的原则和"三方办案"的制度，重视抓好劳动法规和规章的宣传，抓好相关制度的落实，督促用人单位健全用工制度，依法建立劳动关系。用人单位与职工发生劳动争议时，县总工会在处理上以协调解决的方式为主、仲裁解决为辅，重在做好宣传和调解工作。

由于企业的转制，部分职工与企业解除了劳动关系，由此产生的各种问题也比较突出，集中表现在以下四方面：①工人的连续工龄计算问题。②合同制工人经济补偿封顶问题。③失业救济金的补偿问题。④养老保险金的缴费问题。针对以上存在问题，县总工会深入企业开展调查研究，核实职工所反映的情况，及时向政府及有关部门反映职工的意愿和要求，提出处置的办法，做到依法行政、依法办事。通过努力，下岗职工所反映的问题基本上得到了解决，职工的合法权益得到依法维护。同时，着力构建劳动关系预警机制，围绕"及时发现、有效控制、妥善处理"三个环节，在建立企业工会组织的同时，建立了企业工会劳动争议调解组织，积极做好劳动争议的预测、预报、预防工作。

1995—2000年，县总工会处理劳动争议案件186件，其中96件通过协调形式处理，90件通过仲裁形式解决。

2001年，县总工会处理劳动争议案件8件，其中7件通过协调形式解决，1件通过仲裁形式解决。

2003—2009年，全县已建工会劳动争议调解组织的企业56家，劳动争议调解员132人，解决劳资纠纷86宗，有效地将劳资矛盾化解在其萌芽状态，发挥了基层工会在处理劳动纠纷上的"第一防线"作用，促进了企业的和谐发展。

此后至2022年，县总工会坚持配合劳动仲裁部门开展劳动争议案件的仲裁工作，积极化解劳动争议，以构建和谐劳动关系。

三、建立劳动争议沟通联系制度

2022年，为妥善处理劳动争议，促进社会公平正义，维护劳动关系和谐与社会稳定，根据中共中央办公厅、国务院办公厅《关于完善矛盾纠纷多元化解机制的意见》，广东省高院、广东省人社厅、广东省总工会、广东省工商联、广东省企业联合会《进一步加强调裁诉衔接多元化解劳资纠纷的意见》的要求，结合佛冈县实际，佛冈县人民法院与佛冈县总工会于2022年共同建立多元化解劳动争议沟通联系制度。

（一）成立组织机构

2022年起，佛冈县设立多元化解劳动争议沟通联系工作领导小组，指定由其负责相关的组织和统筹工作。领导小组组长由县人民法院副院长担任，副组长由县总工会副主席担任，成员有县法院立案庭诉讼服务中心负责人、县总工会帮扶中心主任。

（二）建立工作制度

1. 派驻劳动争议纠纷调解员

依托县法院诉讼服务中心，设立劳动争议纠纷调解工作室，由县法院、县总工会选派人员担任劳动争议纠纷调解员，进驻调解工作室开展工作。

2. 开展诉前与诉中调解

劳动争议纠纷在登记立案之前，经县人民法院评估适宜调解的，在征得当事人同意的情况下，劳动争议纠纷调解员应法院邀请开展调解工作。双方达成一致意见的，调解员制作调解协议书，由调解员和双方当事人签字确认；调解不成的，调解员应及时告知法院，由法院依法登记立案。当事人如申请就调解协议进行司法确认的，法院应当根据相关法律规定，及时对调解协议进行审查，依法确认调解协议的效力。

针对已登记立案的劳动争议纠纷，法院经当事人同意，可委托劳动争议纠纷调解员组织调解。经调解达成一致意见的，由调解员制作调解协议书，调解员和双方当事人签字确认。调解员应将调解结果及时报送法院，法院经审查后出具民事调解书。调解不成的，法院应及时恢复审理。

3. 建立困难职工救助制度

对劳动争议纠纷案件中的困难职工，工会应及时提供法律援助服务，对符合司法救助条件的困难职工予以救助，确保职工合法权益及时得到保障。

4. 设立沟通联系机制

县法院与县总工会定期召开劳动争议纠纷诉调对接联席会议，以沟通工作情况，推进劳动争议纠纷诉调对接工作深入有效开展。县法院、县总工会与派驻调解员应加强日常联系沟通，及时就劳动争议纠纷诉调对接工作中遇到的问题进行协商，提高工作质量与效率。

5. 加大宣传教育力度

县法院、县总工会应加强劳动争议纠纷诉调对接宣传力度，提升劳动争议纠纷件当事人、社会公众对劳动争议纠纷诉调对接机制的知晓度与信任度，提高社会公众对诉调对接工作的参与度，形成有利于诉调对接工作顺利开展的良好氛围。

第四节　安全生产和劳动保障

保护职工生产中的安全健康，是工会组织义不容辞的责任，是党和国家的一项基本方针，是坚持社会主义制度的本质要求，是发展生产、促进经济建设的一项根本性大事，也是社会主义物质文明和精神文明建设的一项重要内容。做好职工的安全生产和劳动保护工作，广泛开展群众性劳动保护监督检查活动，对于维护职工利益、促进企业发展和和谐社会建设均有着十分重要的意义。

一、组织与制度

早在20世纪80年代，县总工会就设立有安全生产监督机构，负责指导和开展工会的安全生产监督、职工劳动保护工作。其主要工作职责是负责安全生产监督，指导和开展工会系统的劳动竞赛、技术操作比赛、合理化建议活动等。

20世纪90年代以后，县工会组织均开始设立工会劳动保护监督检查委员会。委员会往往由几名劳动保护监督检查委员组成。其主要工作职责是引导企事业单位和职工参与安全生产活动，提高职工的安全生产意识，落实企业安全生产主体责任，推动全县安全生产水平提升和安全生产形势持续稳定发展。

2002年起，随着社会主义市场经济体制的逐步发展和完善，经济结构和产业结构的进一步调整，农村城镇化和城市工业化、现代化步伐不断加快，全县富余劳动力进城务工数量日益增多。县总工会落实安全生产政府负责制和企业安全生产主体责任，加强安全生产目标责任考核和事故责任追究。加强安全生产工作的组织领导，各企业、经营实体、施工单位全面实施安全工作目标管理，落实安全生产责任制，严格按照有关安全技术和标准组织生产作业。对安全生产违法行为加强监督，加大处罚力度。各基层工会领导亲临生产工作第一线，及时解决安全生产工作中的突出问题，严肃查处违章指挥、有令不行、有禁不止的行为。对发生的生产安全事故，按照"四不放过"①的原则依法查处，并向社会公布结果，调动全县范围抓安全生产的积极性。此后，全县各级工会坚持把安全生产和劳动保护工作作为重要工作任务来抓，逐渐体现工作效果。

2011年起，加强政府监管，推行"党政同责、一岗双责、齐抓共管"和"一票否决"领导安全生产责任考核制度，每年组织安全生产考核组对各企业单位的年度安全生产履职情况进行考核。贯彻落实县委、县政府出台《关于实行党政领导干部安全生产"一岗双责"制度的意见》，进一步明确党政领导干部安全生产责任，努力构建"党委领导、政府监督、行业管理、企业负责、社会监督"的安全生产工作格局，建立安全生

---

① "四不放过"：事故原因未查明不放过，责任人员未处理不放过，整改措施未落实不放过，有关人员未受到教育不放过。

产工作党政齐抓共管机制。在每年签订的安全生产责任书中，将安全生产"一岗双责"纳入安全生产责任考核的主要内容。2016—2022年，继续完善考核表彰奖励机制和安全生产岗位责任制，确保安全生产责任制的落实。

二、安全生产工作

（一）协助开展安全生产专项整治

1. 安全隐患排查治理

中华人民共和国成立初期，佛冈县大部分工厂为小型企业，厂房简陋，设施陈旧，劳动条件差，工人的安全生产和劳动保护均得不到有效保障。中共中央和政务院高度重视劳动保护政策，实行国家监察、企业负责、工会监督的劳动保护方针，颁布了一系列劳动保护相关的法令法规，并且每年都拨出专款用于改善劳动者劳动条件和开展劳动保护工作。

1956年5月，国务院颁布了《工厂安全卫生规程》《建筑安装工程安全技术规程》《工人职员伤亡事故规程》等，从法律法规上对职工的安全生产和劳动保护给予了充分的保障。

1995—2005年，县总工会协助县安全生产管理部门严格执行安全生产规程、规范和技术标准，加大安全投入，加强基础管理，落实安全生产责任制，加强日常安全监管。11年内，查处安全隐患521处，以书面形式下发整改指令书598份，及时消除事故隐患，有效防范各类事故。

2006—2010年，县总工会协助县安全生产管理部门深入开展重点行业和领域安全隐患排查治理专项行动。加强对各类非煤矿山的安全监管和检查，严防坍塌、坠落、透水、窒息等事故发生。全面查找危险化学品和烟花爆竹的储存、运输、销售、使用等各个环节的事故隐患，深化危化品道路运输安全治理，严把新建、改扩建项目竣工投产关，严厉打击非法生产经营行为，严防火灾、爆炸等事故。5年内，查处安全隐患2694处，对相关责任单位收缴罚款34.1万元。

2011—2015年，县总工会协助县安全生产管理部门按照"全覆盖、零容忍、严执法、重实效"的总要求，集中开展安全生产大检查。成立佛冈县安全生产检查督查工作领导小组，部署开展14个重点行业的安全生产检查工作，深入检查企业安全生产管理情况，督促整改存在的问题，引导企业安全发展。5年内，查处安全隐患1939处，对相应责任单位以处罚款95万元。

2016—2022年，县总工会协助县安全生产管理部门继续加强安全生产隐患排查治理工作。2016—2020年，查处安全隐患2423处，对相应责任单位处以罚款68.4万元。

2. 安全生产领域"打非治违"

2012年，结合全县"三打"①专项行动，开展安全生产领域"打非治违"专项行动。

---

① "三打"：打击欺行霸市、打击制假售假、打击商业贿赂。

县政府成立领导小组，制定和印发工作方案，专门安排100万元作为联合巡查执法队的专项经费，对全县非法矿点进行地毯式摸底排查和打击取缔。各职能部门分别按各自职责开展校车专项整治、"酒驾飙车"专项打击整治、大客车旅游包车专项监控、农村道路通行秩序专项治理、非煤矿山节后复产、汛期专项督查、危险化学品烟花爆竹专项检查、旅游景点游乐设备专项检查、电梯安全专项整治、人员密集场所消防安全检查等一系列专项行动。2012年共组织各类"打非治违"专项行动检查398人次，打击非法违法、治理纠正违章违规行为1940起，处理处罚151人，及时消除一批事故隐患，有效保障了全县安全生产形势的持续稳定。

2013年起，继续巩固和发展"打非治违"的成果，通过检查矿山企业、危险化学品和烟花爆竹生产及经营企业，查处各行业各类安全隐患，对有违规行为的企业分别给予限期整改、责令停产整顿处理。

3. 职业病危害防控

1995—2005年，劳动监察部门对企业贯彻执行"企业负责、行业管理、国家监察、群众监督"职业病危害专项治理。县内各企业领导签订相应责任书，承诺消除隐患，保障企业安全生产。

2006—2010年，开展职业病危害申报管理工作，有序推进重点行业职业病危害专项治理工作。部署开展生产或使用粘胶剂企业职业病危害专项治理工作。共检查生产或使用粘胶剂企业9家，发现隐患27项，其中，责令当场改正的有20项，责令限期改正的有7项，完成网上系统申报备案的企业共有25家。

2011—2015年，进一步推进工作场所职业卫生监管工作，开展职业病危害专项治理行动。制定2014年工作场所职业卫生、工贸行业安全生产监管等方面工作要点。按照国家安全监管总局办公厅关于印发职业卫生档案管理规范的通知精神，督促本县水泥制造、石材加工、宝石加工、陶瓷生产和船舶修造等五类行业开展粉尘危害专项治理工作，开展职业卫生重点行业领域专项治理行动。2015年，检查相关企业58家次，查处职业卫生隐患480处，实施行政处罚1宗，处以罚款5万元。

2016—2020年，继续开展职业病危害防控宣传、检查、治理工作。2020年，检查相关企业29家次，查处职业卫生隐患28处，实施行政处罚1宗，处以罚款15万元。

2022年，开展《职业病防治法》宣传周活动工作，利用LED屏播放"预防职业病、幸福千万家"的宣传标语，在宣传栏张贴2022年《职业病防治法》宣传周海报，将有关文件及宣传口号转发到各基层工会工作群，通过微信群、QQ群、朋友圈等多种渠道进行宣传，不断扩大《职业病防治法》宣传周活动的影响力和覆盖面。

（二）安全生产业务培训

1995—2005年，强化各类特种作业人员培训，先后培训企业安全生产管理员727人次。举办叉车班、电工班、焊工班、爆破员班、锅炉工班，参加学习人员1290多人。

2006—2010年，以加强宣传教育和监管监察队伍建设、加强安全基础工作、加强组织协作为重要导向，做好提高全员安全素质，增强安全保障能力有关工作。分别举办烟花爆竹从业人员安全生产培训班、安全监管人员业务培训班和注册安全主任培训班,共1163人参加培训。通过培训,从事生产经营活动的人员其安全生产专业知识水平和安全生产管理能力得到有效提高,全县企业安全生产管理工作的水平亦得到提高。

2011—2015年,组织人员参加省安监局举办的各类业务培训班。培训过程中省、市、县、镇四级监管人员的工作交流,推动了县内安全监管监察队伍在建设中面临的实际困难和问题的有效解决,激发了佛冈县安全监管监察人员的工作积极性,驱使其为造就一支敢抓敢管、公正廉洁、务实高效的安全监管监察队伍而努力。5年内,佛冈县内经培训产生矿山特种人员60人、危险化学品从业人员119人和企业安全生产负责人76人。

2016—2020年,每年分期举办各类型人员安全生产培训班,培训人员达493人,进一步提高安全生产意识和安全生产管理水平。2016年10月25日,县总工会在聚龙湾国会厅举办"法律在线普法活动——安全生产知识培训班",清远市总工会副主席刘兆雄、佛冈县总工会常务副主席冯庆洲等领导和佛冈县内企业职工共265人参加。2020年12月18日,县总工会举办2020年佛冈县道路运输货运车辆从业驾驶员安全生产培训讲座,100多名道路运输货车驾驶从业人员参加了培训讲座。

2022年,为切实提升工会干部职工的消防安全意识,增强应急自救能力和自我保护能力,佛冈县总工会分别在佛冈县消防救援大队、聚龙湾温泉度假村开展"喜迎二十大,永远跟党走"消防安全知识技能培训及演练活动,邀请佛冈县消防救援大队对来自各基层工会的80多名工会干部进行了消防安全知识培训及演练。

(三)安全生产检查监督

1985年起,县安全生产委员会贯彻"安全第一、预防为主"的方针,按季度、半年、一年组织安全生产检查活动。检查办法有自检和抽查两种形式。检查内容是:对安全生产方针、政策、法令的贯彻执行情况,劳动场所、劳动条件、生产设施、劳动保护、卫生设施、安全生产管理和组织领导,纪律制度的落实情况等。对各类安全事故进行认真检查和总结,如先后检查总结汤塘爆竹厂的爆炸事故、民安玩具厂的火灾事故,以及县煤矿、水泥二厂、黄花河石英粉厂的工伤及死亡事故相关情况。实行边检查、边总结、边制订整改措施,处理了相关责任人,也评出安全生产的先进单位和个人。

1985—1994年,县安全生产委员会采取一系列措施,先后查出事故隐患173宗,及时整改172宗,使佛冈县内工伤死亡事故大为减少,经济损失相应降低。1989年7月,县总工会兼职抓安全生产工作的干部郑炳洲同志参加县安全生产委员会组织的上半年安全生产工作检查。该活动对县经委、财委、建委、乡镇企业管理的企(事)业单位进行了安全、卫生防范工作的检查,共抽查26个单位中矿产开采工地、建筑工地、机械设备、车间仓库、电源安装、防火、防尘设施的相关安全情况等,对不符合规定的责令限期整改。

1995—2005年,以保护劳动者的安全和健康、减少职业危害、重视安全生产为重点,开展安全生产执法检查,对非煤矿山、建筑施工地、危险品经营企业等实行挂牌执法检查。

2006—2010年,重点对危险化学品、非煤矿山和建筑施工等重点领域和行业开展集中执法，坚决处罚、关闭和取缔非法建设、非法生产、非法经营和不具备安全条件的生产经营单位，严厉打击制售"私炮"的违法行为。严肃事故调查处理工作，按照"四不放过"原则，从安全制度建立、责任落实、现场管理等各个方面深入调查处理每一起事故，查明事故性质和原因，严肃追究事故责任。

2011—2015年，按照《安全生产法》要求，实施安全生产许可制度，严格市场准入，严厉打击烟花爆竹非法生产、储存、运输、经营企业，完善对危险化学品仓储环境中具自动监测、自动报警等功能信息自动化系统的装配，加强职业卫生监督检查和城市公共安全监督检查。

2016—2020年，继续开展安全生产联合检查、联合执法行动，对安全生产违法违规行为给予严厉查处。县总工会分别到广东松峰股份有限公司、广东博华陶瓷有限公司、约克广州空调冷冻设备有限公司、健泰（佛冈）五金电器有限公司、佛冈县润记空调设备有限公司、广东国珠企业集团有限公司等员工规模为100人以上企业开展安全生产工作督导大检查工作，指导企业工会积极参与企业安全生产工作，为企业提供合理的建议。

2022年，开展安全生产工作督导大检查。县总工会陪同清远市总工会安全生产工作督导检查组到广东松峰股份有限公司、广东国珠集团、佛冈盈泰纺织品染整有限公司、强丰（佛冈）制鞋有限公司等4家公司开展安全生产督导大检查。

（四）安全生产创建及竞赛活动

1. 安全生产标准化创建活动

1995—2005年，贯彻《安全生产法》，县内开展安全标准化达标创建工作，建立企业生产备案台账，按照企业规模、经营种类、安全设施状况进行标准化划分级别，实施差异性监管机制和监管手段。

2006—2010年，以健全完善安全监管长效机制为目标，按照国家有关标准化创建活动的统一部署，全面开展安全标准化达标创建工作，把落实企业主体责任与安全标准化工作紧密结合，通过主体责任级别与标准化级别的衔接，推动企业安全标准化达标创建工作发展。

2011—2015年，继续围绕创新和发展安全生产管理理念，以监管机制和监管手段推动企业安全生产标准化建设工作发展。2013年4月，全县安全生产标准化动员大会召开，对各职能部门、各有关企业提出明确要求。县安委办制定印发《佛冈县工贸行业企业安全生产标准化工作的实施方案》，并分别召开全县规模以上企业安全生产标准化工作动员大会和宣贯培训班，来自70多家规模以上企业的130多名职工参加培训。开展安全生产标准化创建工作的企业有非煤矿山企业11家、危险化学品生产经营单位38家、烟花爆竹批发企业1家和规模以上企业16家。全县完成创建并达标的企业有51家。

2016—2022年，继续推进安全生产标准化创建活动。县总工会发挥工会组织网络优势，组织动员全县广大职工投身经济社会建设，广泛开展岗位练兵、技术比武、技术创新、建言献策活动。县内参与劳动竞赛活动的职工为3500人次。县总工会收到生产经营、技术革新、挖潜改造、工艺改进、发明创造、安全生产、劳动保护等方面的合理化建议500余条。至2020年，全县完成安全生产标准化创建并达标的企业增加到123家。

2. "安全生产月"和"安全生产南粤行"活动

2002年起，县总工会配合县安全生产监督管理部门开展安全生产月活动。

2022年，开展"安全生产月"和"安全生产南粤行"活动。县总工会在6月初组织召开专门工作会议，成立工作领导小组，要求各部门牢固树立"安全第一"的意识，把"安全生产月"和"安全生产南粤行"活动结合起来，致力于安全生产督导与宣传，提升职工安全防范意识。

活动内容主要有：①根据市总文件印发《关于开展安全生产工作督导大检查的方案》的通知精神，成立县安全生产工作督导大检查工作领导小组，细化明确了各部门职责，确保工作有序、高效地推进。②认真贯彻落实市总工会安全生产工作会议精神，要求各级工会认真传达与贯彻落实。③下发《关于开展安全生产工作监督执行情况进行自查的通知》，要求各级工会对《工会法》和《安全生产法》规定的有关安全生产工作职责内容落实情况进行自查，更好地发挥工会在安全生产工作中的监督作用。④由领导带队分2个小组对全县企业进行安全生产督导检查，进一步建立健全工会组织常态化开展安全生产监督工作的长效机制。⑤加强消防安全宣传与自查工作，增强全体干部职工的消防意识。⑥组织全体干部职工集中观看学习《生命重于泰山》电视专题片，发动职工积极参与"应急管理知识线上马拉松""新安法知多少"知识竞赛等主题宣传活动，提高公众安全意识，提升社会各界对生产安全、生活安全的认识。⑦加强宣传新《工会法》和《安全生产法》中对工会在安全生产工作中的职责所作出的规定，提升职工安全防范意识。

活动期间，召开各种安全生产工作会议6次，组织开展消防安全知识培训与演练2次，组织进企业、进农村、进社区宣传与指导安全生产工作共32次。

3. 全国"安康杯"竞赛活动

2021年，县总工会组织开展全国"安康杯"竞赛活动。在活动中，订购《职工安全知识普及培训教材》12本和全国"安康杯"职工安全应急技能知识竞赛试卷含答题卡1000份，分别发放给县内11家企业，供其开展职工安全应急技能知识普及竞赛活动。位于汤塘镇的广东国珠集团有限公司工会开展并完成全国"安康杯"竞赛活动，县总工会给予奖励活动经费1.5万元。

2022年，县总工会坚持"人民至上、生命至上"的理念，于县内广泛营造重视安全生产、守护职工安全健康的浓厚氛围。在5—8月，组织全县职工开展新《安全生产法》知识竞赛答题暨安全文化宣传活动，订购安全文化宣传资料一批，发放给11家企业，合计1.9万元，目的是持续加强安全生产宣传引导，强化职工群众安全健康意识。位于迳头镇的佛冈盈泰纺织品染整有限公司开展并完成全国"安康杯"竞赛，县总工会给予奖励活动经费1万元。

三、劳动就业保障

（一）劳动就业培训

1995年以前，县总工会为做好职工的劳动就业保证工作，充分利用各类教育培训资源，切实有效地开展适应市场需要的各类求职培训、技能培训，多层次、多形式地帮助职工熟悉、掌握有关劳动技能，以助其增强和提高于市场就业活动中的适应能力和自我保护意识。

1995年起，加强劳动力培训工作，开展就业前培训、岗位培训，实行职业资格证书认证制度。从县劳动服务公司培训中心举办职业培训开始，县内的各个培训机构将培训内容逐步扩展到各行业的相关职业技能培训。县内主要培训机构有劳动部门的劳动培训中心、教育部门的县职业技术学校、佛冈县电大、交通部门的机动车驾驶员培训学校、卫生部门的县卫生学校，以及社会力量举办的培训机构。此外，还有本地或外地企业举办的用工培训班。

2001—2010年，举办劳动培训600多班次，培训劳动力3万人次。其中针对国有企业下岗失业人员发起的培训类型为计算机应用、家用电器维修、中式烹调、美容美发等；农业技术短期培训类型为粮食作物类、经济作物类、林业类、畜牧水产类、农机类等。2011年起，由县府办发文，将培训工作纳入目标责任制考评范围，进一步推动劳动力培训工作发展。县内承办职业技能培训的本地机构有属公办的佛冈县职业技术学校、佛冈县卫生进修学校2所；属民办的佛冈县金博士职业培训学校1所。培训工种主要有维修电工、装配钳工、焊工、美容师、育婴员、计算机操作员等。

2011—2015年，按5年内年均数据计算，每年举办各类劳动力培训班5个工种120多班次，培训劳动力3500人。

2016—2020年，按5年内年均数据计算，每年举办各类劳动力培训班6个工种130多班次，培训劳动力3000人。2020年，围绕提升职工职业技能水平这一主题，重点开展3项工作：①三大工程培训。即开展"粤菜师傅""南粤家政""农村电商"3项培训，共培训1755人，领证1360人。②培训政策进企业。发动30多家企业实行岗位培训。③助企业、稳就业培训。在企业开展适岗培训，推行企业新型学徒制，开展以工代训。是年，全县开展技能提升考证人员共2869人。

2021—2022年，全县开展3项重点培训工作。2021年，参与并完成"粤菜师傅"培训的有1305人，"广东技工"培训的有2449人，"南粤家政"培训的有590人。2022年，县内继续加强职工培训，为劳动就业提供了保障。

（二）建立劳动服务平台

加快发展和规范劳动力市场是建设社会主义市场经济体制的一个重要组成部分。积极稳妥地推进劳动力市场的发展和规范，不仅是当前深化国有企业改革、建立现代企业制度的重要前提条件，也是实现劳动力资源优化配置、充分调动经营者和劳动者两个积极性、促进国民经济持续稳定健康发展的重要途径。

1995年起,佛冈县落实国家鼓励就业政策,建立和完善劳动就业市场,为新人劳动就业和下岗职工再就业提供服务。

2005年,坚持建设和完善劳动和社会保障社区平台建设,建立县级公共就业服务机构和基层劳动保障事务所。建成县级公共就业服务机构,具体机构有县劳动就业服务管理中心和县职业介绍服务中心(县劳动力市场)。

2006年,全县6个镇均建立镇级劳动保障事务所,投入30多万元为各镇事务所添置电脑、传真机、空调等设备,向社会公开招考专职工作人员8名。

2011—2015年,推进政务信息公开化,开通佛冈人社网站,编印《佛冈人社信息》,向群众提供更加便捷的网上办事服务。完善基层公共服务平台建设,使基层服务所构建起设施完备、制度健全、职责明确、服务到位、覆盖城乡的工作新体系。

2016—2020年,建立县、镇、村(社区)三级公共就业服务体系,90个村(社区)加挂人力资源和社会保障服务站牌子,按每个村(社区)2万元的标准安排补助资金,统一配置电脑、打印机等相关设备,全面增强就业服务功能。2020年,根据新冠肺炎疫情防控的要求,开展"百日万千网络"招聘行动,通过佛冈就业微信公众号助力开展网络招聘活动,完善就业服务体系。

2021—2022年,继续完善各级劳动服务平台建设,发挥劳动服务平台的作用。

四、安全卫生监督检查

(一)卫生安全检查

20世纪90年代起,县总工会配合县卫生部门、防疫部门开展卫生安全检查工作。

首先为厂区饭堂卫生监督检查。各基层工会每季度对厂区饭堂进行一次卫生监督检查,检查项目分别为食物储存情况、食物质量、食物留样、环境卫生、餐具消毒卫生、饮用水卫生、清洗流程等,发现问题后及时提出整改意见,责令其进行整改。要求饭堂工作人员必须具有卫生部门办理的健康合格证才能上岗,并且要进行每年一次的身体健康检查。通过厂区餐饮卫生监督检查,以改善职工生活,保障职工的健康。

其次为厂区场所卫生监督检查。为创造良好生产、工作环境,养成良好的卫生习惯,树立工厂企业形象,县总工会每年都进行各企业厂区场所公共卫生的监督检查,对厂区的主干道、绿化区、生活垃圾桶、办公楼办公室、生产区域、职工宿舍等进行检查,提出卫生管理要求,设立专职卫生清洁工人,保持厂区场所公共卫生,发现问题后及时提出整改意见,责令相关企业进行整改。

(二)非典型肺炎疫情防控

2003年4月10日,佛冈县委、县政府召开全县防治非典型肺炎工作会议,并发出《关于进一步做好非典型肺炎防治工作的通知》,开展非典型肺炎(简称"非典")防治工作,成立佛冈县非典型肺炎防治工作领导小组和非典型肺炎疾病抢救小组,组建一支规模为50人的疫情处理应急分队。4月23日,广东省"健康直通车"行动防治非典青年志愿者服务月活动在佛冈县举行启动仪式，组织全县医疗机构开展发热肺炎病例监测及查因工作。

2004—2005年，县总工会配合加强对"非典"的防治工作，推动全县机关事业单位医疗保险制度改革落实，督促各基层工会加强卫生医疗设施建设，增强对"非典"的抗击能力。由于工厂、农村、学校、机关事业单位防控工作做得扎实，经监测，在防治非典期间，全县未发现"非典"病例。

（三）新型冠状病毒防控

为做好佛冈县的疫情防控工作，2020年1月22日，佛冈县委常委召开紧急会议，部署县内的疫情防控工作。县委迅速成立疫情防控领导小组和疫情防控指挥部，下设办公室和9个工作组，按照"四个一"（领导、专班、方案、口径）原则统筹组织全县开展疫情防控工作。据统计，从1月23日至4月9日，全县累计排查国内重点疫情地区来佛冈人员1373人，已解除隔离1325人。全县道路交通体温测量点共检测体温32.37人次，排查货运车辆1.03万辆，均未发现异常情况。

在疫情防控工作中，建立防控临时党支部。2020年1月31日，在县疫情防控指挥部办公室、卫健系统疫情防控医疗救治工作组、各高速路口疫情防控检疫点等单位或组织点成立起共8个抗击疫情临时党支部，全面加强党对疫情防控的领导。县总工会积极配合全县的防疫工作，全县各基层工会组织工会会员、职工参加疫情防控工作。全县以社区党组织和党员为主导，统筹协调各方力量，组建一级网格（社区党组织）12个、二级网格（居民小组）101个、三级网格（小区楼宇楼长）644个，发动1563名社区党员、571名志愿者组建43支党员先锋队、志愿服务队等工作队伍，安排其做好人员排查、造册登记、疫情监测、舆情报告等工作，为社区疫情防控注入强劲动力。2020年全年，佛冈县未发生新冠病毒感染病例。

2021—2022年，县总工会组织各级工会积极参与到抗击新冠肺炎疫情工作中。在疫情防控期间，全县各镇和医卫、公安、交运、文广体旅、供水、供电、市场监管等部门的党员干部，春节期间坚守岗位，以忘我的精神战斗在疫情防控第一线。及时制定企业复工复产工作方案及"一企一策""送服务上门"等措施，指引企业制定"五个落实"措施，开展"六个一"工作。全县成立20支企业服务小队，以"一对一"形式精准服务企业，并开展对企业现场进行核查的工作，落实包干责任联系制度，扶持帮助企业复工复产。各镇积极开展疫情期间农业安全生产技术巡回指导，动员群众在做好个人防护的同时，采取分时下地、分散干活的方式，保证农村生产生活的正常秩序。

（四）实施安全系统工程

保障职工在生产生活中的安全和健康是工会组织义不容辞的责任。为继续贯彻执行"预防为主，群防群治"的工会劳动保护方针，在全社会普及劳动保护知识，使安全生产、文明生产成为广大职工的自觉行动，县内各基层工会结合各自实际，积极开展各类劳动保护知识竞赛活动。

1995—2000年，县总工会组织职工开展技术革新、提合理化建议、职工群众科技活动工作。在"南粤女职工文明岗"活动的开展过程中，涌现出一批岗位女能手。2001—2005年，开展创建"五十佳文明示范窗口"竞赛活动，以"服务人民，奉献社会"为宗旨，以"尽职业责任，讲职业道德，守职业纪律，懂职业技能，树行业新风"为主要内容，努力塑造人民满意的文明窗口。2006年起，各基层工会组织广大职工开展劳动竞赛、群众性安全生产活动。

2011—2012年，全县有63家企事业单位1.1万多名职工参加了内容丰富、形式多样的读书自学、技术创新、劳动竞赛、岗位练兵等实践活动。2013—2015年，全县各类企事业单位中广泛开展了以"抓班组、提高管理水平；重教育，推进安全文化"为主题的"安康杯"竞赛活动。在竞赛活动中，广东电网公司清远佛冈供电局荣获全国"安康杯"竞赛"优胜单位"称号，县供水服务中心、中国电信股份有限公司佛冈分公司、建滔（佛冈）特种树脂有限公司3个单位荣获清远市"安康杯"竞赛"优胜单位"称号。

2016—2022年，为弘扬劳模精神、宣传岗位建功理念，县总工会先后举办了职工安全技能大赛等多项活动。2020年举办了"佛冈县网络安全培训暨通信行业技能大赛"，以促进职工职业技能水平提升。

五、职工保险

（一）职工养老保险

1. 职工养老保险制度

1987年前，佛冈县社会劳动保险公司对县内全民所有制和集体所有制企业、部分差额拨款事业单位实行临时工养老保险和合同制职工养老保险制度。1991年8月，对县内全民所有制和集体所有制企业、部分差额拨款事业单位的固定职工实行地方统筹养老保险费制度。1994年起，佛冈县根据《广东省职工社会养老保险暂行规定》，建立社会统筹与个人账户相结合、权利和义务相对应、保险水平与承受能力相适应的职工养老保险制度，覆盖范围由全民所有制企业和集体所有制企业职工扩大到机关事业单位职工。1997年，覆盖范围扩大到私营企业、个体工商户、自由职业者。参保职工建立个人账户，养老保险基金由单位和个人各负责缴纳一部分，养老保险的待遇直接与缴纳的养老保险基金挂钩。1998年后，职工养老保险的参保对象单位和人员为所有企业、城镇个体经济组织和与之形成劳动关系的劳动者，国家机关、事业单位、社会团体和与之建立劳动合同关系的劳动者。从2000年1月4日起，全县实施地税部门征收保险费、工商部门年检控制等措施，确保养老保险基金的落实。2003年，根据《佛冈县村委干部纳入社会养老保险试行办法》规定，将县内农村干部纳入职工养老保险体系。是年，全县村（居）委干部参保人数共331人（2007年共270人）。按照《广东省社会养老保险条例》规定，缴费年限满15年后达到国家法定退休年龄的，可按企业职工养老保险办法办理退休手续。2005年，全县参加职工养老保险人数为1.96万人，2010年增加到3.68万人，2015年增加到9.54万人，2020年（参保范围调整后）为7.07万人。

2. 职工养老保险待遇计发

经社会保险部门资格审查,符合条件的参保人领取养老保险金的方式分为一次性领取养老保险金、按月领取养老保险金两种。2000年起,按规定发放职工养老保险金,发放标准按上级社保机构规定,通过银行机构实行社会化发放。其中2007年1月1日起,全县月人均养老金673元。2008年起,每年按规定给符合条件的人员调整养老金标准。2011年起,全县月人均养老金1161元。2014年,对符合条件的6585名企业退休人员的养老金额度进行调整,人均退休金每月到少增加125元。同时,根据《关于广东省企业职工基本养老金视同缴费账户有关问题的通知》要求,对1998年6月前的缴费记账利息重新计算,重核退休待遇,并在10月把补发金额全部落实到位。2020年,采取定额调整、挂钩调整与适当倾斜相结合的方法调整基本养老金,全年共为8925名企业职工退休人员按年度调整增发养老金。

3. 个体工商户和灵活就业人员养老保险

2004年起,对非公有制企业、私营企业、个体工商户和灵活就业人员实行特殊政策及灵活措施。对"三资"企业、私营企业,适当降低征收单位养老保险费比例,按18%的费率(国有集体企业为20%)执行。个体工商户、灵活就业人员参加养老保险,按清远市上年度职工平均工资60%~300%范围内自主选定,缴费总额比例18%。灵活就业人员既可单一参加养老保险,也可同时参加医疗保险等险种。2020年,参加养老保险个体工商户、灵活就业人员有10 722人。

(二)职工基本医疗保险

1. 职工医疗保险制度

1953年起,佛冈县建立针对国家干部职工的公费医疗制度,医疗费用由县财政负担。20世纪80年代起实行医疗制度改革,医疗费用由单位限额包干。1998年12月,国务院下发《关于建立城镇职工基本医疗保险制度的决定》,佛冈县根据新政策制定方案以开展工作。2002年4月11日,成立佛冈县医疗改革办公室,县政府印发《清远市佛冈县职工基本医疗保险实施办法》《清远市佛冈县职工基本医疗保险暂行规定》,决定从2003年1月1日起实施职工医疗保险制度,率先对县内企业及自收自支、差额拨款事业单位征收医疗保险费。2004年8月,县府办印发《佛冈县机关、事业单位医疗保险实施方案》,对所实施的保险制度规定了保险费征缴、财政支出、实施时间和步骤等事项。其中,对县属行政机关国家公务员(含参照管理)的基本医疗保险费(按缴费基数的6.5%部分)、公务员医疗补助费(按公务员工资总额2.5%进行补助)作出规定,对县内全额拨款、差额拨款、自收自支事业单位、离休干部等人员参加职工医保也分别作出相应规定。是年起,国家干部职工公费医疗制度终止执行。截至2005年底,全县参加医疗保险1.61万人,参保对象主要是机关、企事业单位的干部、职工和失业人员。2010年,职工医保参保人数3.46万人。2014年1月1日起,佛冈县按照《清远市城镇职工基本医疗保险实施办法》和《清远市城镇职工补充医疗保险实施办法》的规定,调整职工医疗保险缴费(含个人、单位)标准。2015年,职工医保参保人数4.76万人。2020年2—6月,执行新冠肺炎疫情期间减征企业职工基本医疗保险费政策,实施减半征收后费率为3.25%。2020年,职工医保参保人数5.81万人。

2. 职工医疗保险待遇计发

城镇职工参加医疗保险后可享受住院基本医疗和特殊病种门诊报销待遇。参保人个人账户包括个人负责缴交的2%部分,全部划入个人账户;单位负责缴交的6.5%部分,按缴费工资、分年龄段划入个人账户。在实施基本医疗保险的同时,实施公务员医疗补助和职工补充医疗保险。为降低患慢性病参保人住院浪费情况发生率和减轻门诊费用负担,从2003年7月1日起,佛冈县规定恶性肿瘤等8种病为特殊病种,可享受部分门诊费用报销待遇,并对重病住院的年报销额作出规定。2012年4月,县府办印发《佛冈县离休干部医疗保障管理办法》,规定离休干部医疗费用仍按公费医疗政策规定的范围内实报实销。2014年1月26日,市政府办公室制定《清远市城镇职工基本医疗保险实施办法》和《清远市城镇职工补充医疗保险实施办法》,相关的年度限额和住院报销比例有所调整,特殊病种种类增加至15种。2015年12月31日,按照市人社局印发的《清远市基本医疗保险门诊特定病种管理规定》,将门诊特定病种增加至32种。2020年12月30日,按照市医保局印发的《关于增加我市基本医疗保险门诊特定病种有关问题的通知》,门诊特定病种增加至56种。

(三)职工工伤保险

1. 工伤保险制度

1992年8月前,县内工伤保险制度根据政务院1952年2月26日颁布的《中华人民共和国劳动保险条例》的规定实施,凡单位在册职工均列入参保名单。1992年8月开始,根据省政府颁布的《广东省企业职工社会工伤保险规定》和《广东省社会工伤保险条例》的规定,实施工伤保险制度,以在社保参保缴费的干部、职工为参保对象。2003年底,全县参加工伤保险1.08万人,其中享受工伤保险的有152人。2005年,全县工伤保险参保人数0.79万人。2010年,全县工伤保险参保人数1.92万人。2015年,全县工伤保险参保人数4.05万人。2019年6月1日起,按照上级规定,全县公务员(含参照管理)全面实行工伤保险制度。2020年,全县工伤保险参保人数4.67万人。2022年,全县工伤保险参保人数4.73万人。

2. 工伤保险待遇计发

工伤保险待遇包括工伤医疗费用、残疾康复器具费用、一次性直系亲属抚恤金、一次性残疾补偿金、残疾退休金、护理费、丧葬费、供养直系亲属抚恤金等。1992年8月前,县内职工的工伤医疗费用由伤者所在单位100%报销。1992年8月至1995年7月,由社保机构与伤者所在单位各负担50%。1995年8月起,根据市政府《关于调整提高社会工伤保险待遇的通知》精神,由社保机构与所在单位各负担70%和30%。此外,对工伤保险的其他待遇,分别按清远市文件规定计发。2011年9月,省人大常委会重新修订《广东省工伤保险条例》,工伤保险待遇经调整,按待遇类别分别由用人单位和工伤保险基金支付。

（四）职工生育保险

1. 生育保险制度

1995年9月前，县内生育保险制度依据1988年7月21日国务院颁布的《女职工劳动保护法规定》（从1988年9月1日起施行）、1994年12月14日劳动部颁布的《企业职工生育保险试行办法》规定，凡国家机关、企事业单位在册女职工均列入参保名单。1995年9月1日起，依据《清远市企业职工生育保险试行办法》规定，实施缴纳生育保险费的国家机关、企事业单位的在册女性干部、职工为参保人，并根据用工人数，每人按上年度社会平均工资的1%由单位缴纳生育保险费。1999年6月，县政府印发《佛冈县职工生育保险试行办法》，在清远市内率先实行将行政事业和企业单位干部职工纳入生育保险范围这一政策。2015年6月起，将职工生育保险费纳入清远市统一核算。2020年1月起，全市城镇职工基本医疗保险费和生育保险费合并缴费，用人单位在职职工在参加职工医疗保险的同时，均同步参加生育保险，缴费比例增加1%。生育保险医疗费待遇按照城镇职工基本医疗保险住院报销比例进行支付，不计起付标准。

2. 生育保险待遇计发

1995年9月1日前，县内各女职工的生育费用由各单位实报实销。1995年9月1日后，参保人发生的生育费用由县社保局支付，具体标准是按上年度社会平均工资，顺产计发4个月，剖宫产或多胞胎计发6个月，3个月内流产或引产者计发2个月，4个月以上流产或引产计发3个月，由社保局一次性划给产妇所在单位包干使用。2014年11月，省政府颁布《广东省职工生育保险规定》，生育保险待遇重新调整，实行计划生育手术费用纳入生育基金支付范围这一制度。佛冈县各时段生育保险情况如下：2005年，全县生育保险参保人数为1.09万人；2010年，全县生育保险参保人数为1.39万人；2015年，全县生育保险参保人数为3.2万人；2020年，全县生育保险参保人数为4.35万人。

第六章
服务经济建设

第一节 支援农业生产与"双增双节"运动

一、支援农业生产

20世纪50—60年代,我国进入社会主义建设过渡时期,佛冈县各级工会动员和组织广大职工积极投身到对农业、手工业和工商业的改造和各项建设中去,并根据各系统特点,与争当先进工作者结合起来,号召广大职工积极投身社会主义建设的伟大事业。20世纪60年代,县总工会积极组织广大干部职工支援农业生产第一线。在县总工会的组织领导下,商业供销社的职工坚决贯彻"及时收购、及时推销、生意做活、活而不乱"的商业原则,在国家计划指导下,积极开展购销活动,促进物资交流,改善经营管理,积累建设资金,全心全意为生产服务、为人民生活服务。拖拉机站的职工,为提高机耕效率和质量,做到"深、透、平、直、齐、碎"六字质量标准,加强拖拉机维修管理,降低消耗、节约费用和降低成本,积极为农业生产服务。交通运输部门,要求职工提高运输能力,降低成本,保证安全,及时完成农业生产资料和农业产品的运输任务,优先运输农业生产急需物资,促进城乡物资交流。其他基层工会,配合各农时季节的实际情况,组织和发动职工做好本岗位工作,更好地为农业生产服务。学校基层工会认真贯彻"教育为无产阶级政治服务,教育与生产劳动相结合"的方针,组织师生到农业生产第一线以支援抢收抢种工作,为把学生培养成为有文化、有社会主义觉悟、爱劳动的一代新人打下基础。1965年,县总工会以支援农业生产为中心,以"五好"为目标开展工作,按照不同行业的特点,发动广大职工积极支援农业生产。县手工业合作工厂五金车间,在生产高潮中把以修为主改为修制并举,成功制造了仿四会式的电动打禾机和轻便铁皮脚踏打禾机,并在修理中大胆革新,为农村修理木制脚踏打禾机降低成本、提高工效。

20世纪70—80年代，各厂矿企业工代会在党支部的领导下，都将坚持支援农业、服务农业视为了义不容辞的责任。参加建设沸腾炉的工人积极工作，以生产更多的化肥支援农业。农机厂的工人，每到农忙季节都派出支农队伍，积极帮助社、队检修农机器械，还帮助基层社、队培训技术队伍，以加快农业机械化建设步伐。交通运输部门的工人努力做好支农物资的运输，及时把磷肥、石灰、氨水、种子、农药等生产资料抢运到生产第一线。邮政和电信部门大力改进服务工作，使得全县60%的大队能收到当天的报纸和信件。商业部门、供销合作社的职工主动做好农副产品的收购工作，积极组织货郎送货下乡，为支援农业生产第一线作出较大贡献。在一些重大工程建设中，县总工会号召广大职工勇当突击队和排头兵。如英德马房军营建设、从化流溪河水电站建设、佛冈县第一座水电站大陂水电站建设等重大工程建设中，广大职工都发挥了重要作用，尤其是在支援农业生产的水利建设方面，全县广大干部职工更是作出了重大贡献。此外，县总工会积极配合全县的中心工作，动员和组织广大职工投身到支援兴建水库的行动中，与广大农民兄弟组成兴建水库的劳动大军，日夜奋战在工地上，为水库建设顺利竣工作出了突出贡献。财贸战线的广大职工贯彻"发展经济，保障供给"的方针，认真做好商品流通工作，改善服务态度，提高服务质量，市场供应逐步得到改善。农林水战线的广大职工大搞机械化，大力培育和推广优良品种，积极做好森林的采育工作，大力兴修水利设施和发展水电事业，发展畜牧业和水产养殖业，广种茶、果树，为完成和超额完成国家征购粮食，收购农副产品、林产品和畜产品任务以及为市场提供丰富的农副产品、畜产品等方面作出了积极的贡献。

20世纪90年代以后，全县各级工会响应县委、县政府的号召，配合造林绿化、水果生产、发展农村经济、完善基础设施等中心工作，持续支援农业生产，助力乡村振兴。

二、"双增双节"运动

20世纪60—70年代，佛冈县开展"双增双节"（增产节约、增收节支）运动。1965年起，县总工会以"五好"为目标开展工作，按照不同行业的特点，发动广大职工参与"双增双节"运动。1965年，"五好"先进车间农机厂铸造车间，为化肥厂铸造大硫酸管和小件复杂的水输泵部件，质量都能达到最高要求。"五好"先进组石灰厂，烧石灰时大胆采用海煤薄石的先进投料方法，使耗煤量大大降低。石灰厂进而降低石灰出厂价，亦大大减轻了农民负担。在"双增双节"运动中，各个企业单位，涌现出大批"五好"、先进职工和各种能手。在"双增双节"运动中，龙山农副产品加工厂、汤塘搬运站、硫铁矿场、松香厂、车队、石场、养路工区烟岭道班、建筑公司、手工业合作工厂等单位，均涌现出在岗位上作出卓越奉献的先进人物。县总工会充分发挥基层工会的重要作用，要求各基层工会负责人争当本单位"双增双节"活动的"领头羊"。在各基层工会负责人的带领下，全县干部职工的劳动积极性得到极大提高，各行业及各类企业的经济效益均得到提高。1965年，佛冈县石油公司员工钟妙荣获"广东省先进工作者"称号。

20世纪80年代，县总工会充分发挥各基层工会组织的作用，在各条战线上广泛开展以生产为中心的社会主义劳动竞赛和以优质、高产、多品种、低消耗以及安全生产为主要生产目标的增产节约运动，积极增加生产，努力提高劳动生产率，为社会创造财富，为社会主义积累资金。工业战线的广大职工，在现有设备的基础上，大搞挖潜、革新、改造，努力增加产品产量，提高产品质量。其中，铸锅厂革新技术，把倒模改为压模，不仅使产量大大增加，而且质量也得到明显提高。磷肥厂在生产硫酸的过程中不断革新产品。交通运输战线努力提高车船的利用率和运输效率，提高装卸、服务质量。商业车队对职工加强安全教育，坚持"两抓一到家"，即抓正面教育，抓思想苗头，安全工作做到家，杜绝行车事故。财贸战线认真贯彻"发展经济，保障供给"的方针，努力发展副食品生产，认真做好商品流通工作，改善服务态度，提高服务质量，使得市场商品紧缺的状况逐步得到改善。如县食品厂通过各种方式努力提高产品质量，而后该厂生产的水果糖被列为优质产品，并由地区推荐参加省的质量评比。农林水战线大搞生产机械化，大力培育和推广优良品种，积极做好森林的采育工作，兴修水利设施和发展水电事业，发展畜牧业和水产养殖业，广种茶树、果树，为完成国家粮食征购和收购农、林、牧副产品任务，以及保障市场商品供应作出了积极的贡献。计委基建战线贯彻"集中力量打歼灭战"方针，以降低工程造价，保证工程质量。文教战线为提高人民的健康水平，为"四化"培养人才付出了辛勤劳动。县工业、交通运输等战线，涌现出不少先进单位和先进工作者。磷肥厂、造纸厂、松香厂、水运公司被省、地区评为大庆式企业。

20世纪90年代，佛冈味精厂基层工会在县总工会领导下开展"双增双节"活动，向全厂干部职工提出要求：每人为企业"增收3000元，降耗2000元，节支100元；做一件有实际效益的事，提一条有实用价值的合理化建议"。工会组织全厂干部职工在企业内部开展"比干劲、比技术、比贡献"的群众性劳动竞赛活动，促使广大职工积极参与经济建设，极大地调动了全厂干部职工的劳动热情和生产积极性，企业效益显著提高。该厂副厂长徐镜全先后被评为"清远市科技先进工作者""广东省'双增双节'劳动竞赛先进工作者"。1990年，佛冈味精厂被评为"省劳动竞赛'双增双节'先进集体"；1991年，该厂又成为清远市首家获省"质量管理奖"的先进企业。在"双增双节"运动中，县羊城饼干厂、财贸部门、佛冈酒厂、林业部门等单位的基层工会，把"双增双节"运动与劳动竞赛结合起来，在各行各业为佛冈县的经济建设做出了重大贡献。

进入21世纪后，"双增双节"活动转变为"节能、降耗、提升效益"的系列活动。随着招商引资工作的进展，高科技、规模化企业纷纷兴办，全县企业的经济效益和社会效益也随之快速提升。

第二节 劳动竞赛

一、劳动竞赛的意义及措施

20世纪50年代起,佛冈县各级工会以多样的形式和丰富的内容组织开展劳动竞赛。劳动竞赛是社会主义制度下充分发挥劳动者的积极性、主动性和首创精神,进行经济建设的重要活动。开展社会主义劳动竞赛,可以增强广大劳动者的集体主义精神,创造、推广新的生产技术和操作方法,改善劳动组织生产模式,发挥劳动者的积极性和创造性,对于提高劳动生产率、提高社会主义经济效益、完成和超额完成国民经济计划有重要的推动作用。

县总工会为有组织地开展社会主义劳动竞赛,主要采取了以下4个方面的措施:①加强社会主义、共产主义教育,提高广大劳动者的思想政治觉悟,大力宣传和表彰先进人物、先进集体的模范事迹,为群众树立学习的榜样。②从实际需要和可能出发,确定恰当的竞赛形式和内容,不断调动群众的积极性,提高竞赛水平。③坚持按劳分配、多劳多得,使劳动者从物质利益上关心自己的劳动成果。④加强竞赛的组织领导,把劳动竞赛的任务切实落实到企业,由企业行政、工会、共青团分工负责,并做好评比奖励工作。

二、20世纪50—70年代的劳动竞赛

(一)系统劳动竞赛

20世纪50年代初,佛冈县早先建成的五个小工厂,即县办火柴厂、粮食加工厂、国营酒厂、松香厂、印刷厂,构建起了县内地方工业的雏形。当时,亟待解决的问题除了资金困难以外,就是如何提高生产技术、改善劳动条件,从而提高生产效率。县工会联合会结合本县实际情况,密切配合县政府组织全县各系统职工开展劳动竞赛。通过竞赛活动,县内各系统的生产效率有了很大提高。1956年,佛冈县根据全国总工会《关于开展先进生产者运动的决议》,决定在县工联会大门两侧专门开辟宣传橱窗,定期展出先进生产者的事迹,有力地推动了学习先进生产者运动的开展。1956年,县内职工吴金根获得"广东省第一届农业二等劳动模范"称号。

1957年,县工联会号召全县基层工会根据各行业的特点,结合实际,大张旗鼓地开展了以增产节约为中心内容的"争当先进生产者"活动,组织职工参与劳动竞赛与技术革新。县松香厂、印刷厂、酒厂均在韶关专区厂际竞赛中获得"优秀厂"称号。1958年起,在"三面红旗"(总路线、大跃进、人民公社)运动的兴起过程中,劳动竞赛得到了更加广泛的开展。县总工会组织各行业各系统陆续开展各项劳动竞赛。

1960—1964年,在各行各业的劳动竞赛活动中,涌现了不少先进的生产者代表,

县中医院医师刘成才于1960年被评为"全国卫生先进工作者";县建设局股长李云飞于1963年获"广东省先进工作者"称号;县公路局班长黄谷锐于1963年获"省先进工作者"称号;县农业银行副行长朱启荣于1964年获"广东省劳动模范"称号。

1965年,全县各级工会协同单位行政与共青团组织,制定定期竞赛、评比制度,做到工作对象落实、竞赛内容落实、具体措施落实,不断扩大先进人才队伍。在劳动竞赛中,鼓励广大职工树立敢于创造、敢于革新的雄心壮志,发动职工抓住生产中的关键和薄弱环节,提合理化建议,开展技术革新、技术革命,不断提高生产技术水平。此后,进入"文化大革命"时期,工会组织处于不稳定状态,各行各业的劳动竞赛活动未能正常开展。

(二)提质降耗安全劳动竞赛

1973年,县总工会要求各厂、矿企业工代会认真贯彻落实"鞍钢宪法",发动工人群众管好社会主义企业,落实企业管理的"双七"制度;在开展社会主义劳动竞赛的同时,降低成本,提高产量,抓好定额管理,把好质量关。

1978年,县总工会根据《中共中央关于加快工业发展若干问题的决定(草案)》中关于开展社会主义劳动竞赛的部署,广泛组织职工开展各种形式的劳动竞赛,以大搞增产节约、全面完成各项经济技术指标为内容,以提高劳动生产率,赶超国内外先进水平为目标,加强岗位责任制,开展"无差错""无事故""信得过"等竞赛活动,努力提高质量,降低消耗,搞好安全生产。在劳动竞赛活动中,佛冈县原迳头公社湖洋大队妇联主任郑静美热情关怀青年职工的成长,开展"传、帮、带"工作,充分发挥基层干部的骨干作用,是年,郑静美被评为全国"三八"红旗手。

1979年,随着全国工作重心的转移,县总工会认真贯彻党的十一届三中全会精神,号召全县65个基层工会,全面开展以生产为中心、以增产节约为主要内容的社会主义劳动竞赛。各基层工会围绕新时期工会工作方针,积极开展以增产节约为核心内容,为"四化"立功,创先进、学先进、赶先进的竞赛活动。在年度考核评比中,全县有68个基层单位被评为先进工会,1125名职工被评为工会工作积极分子或先进会员。

三、20世纪80—90年代的劳动竞赛

(一)立功创先劳动竞赛

1980年12月,县总工会召开劳动竞赛、立功创先活动经验交流会。县邮电局、农机厂等12个单位在会上进行经验交流,县总工会动员全县职工为"四化"立功,迎接党的十二大召开。1983年,县总工会动员各企业开展"办好工厂,搞活经济,努力提高经济效益"的竞赛活动,发动职工积极参加企业的改革和民主管理。活动涌现出了邮电局、味精、印刷厂等25个先进集体和209名先进生产(工作)者。为了加强对先进集体和先进生产(工作)者的宣传表彰力度,五一国际劳动节前夕,县总工会编印专刊,表彰先进基层工会30个、先进会员255人。是年,佛冈县汽车站职工饶抄德被评为"全国优秀工会积极分子",佛冈一中陈引祥被评为"全国优秀班主任"。

（二）立功竞赛

1986年，县总工会响应全国总工会十届三次执委提出的开展社会主义劳动竞赛的决议，号召各基层工会开展争当"我是新时代主人"的立功竞赛活动，并把立功竞赛与经济责任制、提高职工素质、精神文明建设结合起来，使竞赛活动展现出新的气象。具体做法是：①将立功竞赛与经济责任制相结合。②将立功竞赛与提高职工素质相结合。③将立功竞赛与精神文明建设相结合。社会主义劳动竞赛的深入开展，使县内各企事业加强了生产管理，加强了劳动纪律，促进了技术交流，同时加快了生产发展速度，提高了经济效益和社会效益。

1988年，县总工会协助有关部门共同抓好两个文明建设工作，把劳动竞赛继续推向深入。是年，县总工会密切配合县劳动竞赛委员会，以经委、财贸两条战线企（事）业单位为重点，兼顾各行各业的劳动竞赛活动并将其与职业道德教育相结合，紧紧围绕提高企业经济效益这个目标，把竞赛成绩、劳动贡献和社会荣誉、物质利益联系起来，努力使竞赛呈现出趣味性、知识性、新颖性、生动性，让劳动竞赛开展得有形、有趣、有效。在全县企（事）业单位中，味精厂、电池厂、食品厂、工艺厂、教育战线、工商银行、纺织品公司、百货公司等开展劳动竞赛和职业道德教育的效果较好。是年，佛冈味精厂、电池厂、食品厂、工艺厂分别生产的味精、电池、饼干、家具被国家、省、市评定为优质产品。

（三）创先创优创新劳动竞赛

1989年，县总工会进一步健全了劳动竞赛委员会组织架构。劳动竞赛委员会办公室设在县总工会，由县政府主管工业的副县长担任劳动竞赛委员会主任，县总工会主席担任副主任。劳动竞赛委员会围绕"七五"计划的宏伟目标，动员广大职工广泛开展为"四化"立功的创先、创优、创新的社会主义劳动竞赛；动员广大职工人人做到"五个一"（树理想，做一件好事；增活力，参加一项改革实践；当主人，提一条合理化建议；学本领，练好一身基本功；作贡献，增产节约一百元）。各级工会勇于探索、勇于创新、勇于开拓，广泛而深入地开展社会主义劳动竞赛，全县工业生产和经济效益稳步上升。

1990年，随着改革开放不断深入，全县广大职工以国家主人翁的高度社会责任感，积极参与以"挖潜、降耗、节能、高产、优质、增效益"为主要内容的各种社会主义劳动竞赛。同时，为加强企业的民主、科学管理，广大职工努力提高劳动效率，强化参与意识，获得了良好的效果。是年，佛冈味精厂在"挖潜、降耗、节能、高产、优质、增效益"的劳动竞赛中效果显著，被评为广东省劳动竞赛"双增双节"先进集体。1991年，县总工会根据国务院《开展"质量、品种、效益年"活动》的通知，召开第九届全委第八次会议，印发《发挥主力军作用，积极投身"质量、品种、效益年"活动》的决定，向全县干部职工发出号召：以"质量、品种、效益"为导向，以市场为背景，以上质量、增品种、增效益为内容，以优化企业整体素质、提高经济效益和社会效益为目的，团结奋斗，为建设文明富裕的新佛冈做出工人阶级应有的贡献。在活动中，全县广大工人、干部积极投身狠抓技改，多方挖潜，加强企业民主、科学管理的热潮。是年，佛冈味精厂在被评为1990年度"广东省劳动竞赛'双增双节'先进集体"的基础上，再创佳绩，成为清远市首家获"广东省'质量管理'奖先进企业"称号的企业。县羊城饼干厂的"广佛牌麻蓉曲奇饼""富士饼"双双荣获省级"优质产品"称号。佛冈酒厂产品产量、产值和利润直线上升，成为全县企业率先扭亏增盈的先进单位。林业部门的广大干部职工以完成绿化达标任务为目标，积极宣传和参与造林绿化工作，为全县实现绿化率达标作出了重大贡献。财贸部门的职工，积极参与市场竞争，实现了全年社会商品零售总额的大幅度增长。

1992年，县工会第十次代表大会召开，要求各基层工会围绕县委提出的"超常规、跳跃式发展、振兴佛冈经济建设"这一中心工作，全面履行工会的社会职能，动员全体职工深入参与劳动竞赛。是年，石角水处理设备厂的何昌华获"全国乡镇企业家"称号。

1993年，县总工会以味精厂、水泥二厂为重点单位，全面开展劳动竞赛，并与有关部门紧密配合，向全县女职工发出"巾帼建功"竞赛活动的倡议。1994年，县总工会动员各基层工会组织，紧密配合企业继续抓好"岗位创一流、班组创先进、企业创效益"和"增产节约、增收节支、技改挖潜"的建功立业劳动竞赛，把"质量、品种、效益年"活动不断推向深入。

（四）科技创新劳动竞赛

1995年，县总工会深入开展"巾帼建功"劳动竞赛活动，指导佛冈味精厂、电池实业公司、陶瓷厂、工商银行等企业开展"巾帼建功"班组和个人竞赛活动，并向清远市推荐由市表彰的"巾帼建功"活动积极分子。

1996年，县总工会贯彻落实《关于开展科技创新劳动竞赛 争当先进劳动者活动的意见》，经请示县委、县政府，由县委办、县府办下发文件，内容有：①调整充实县劳动竞赛委员会成员。②提出开展科技创新竞赛要求和措施，号召各行各业以技术革新、产品优质、质量上档、服务到家、扭亏增盈为导向着力抓好岗前练兵、岗位比技能等竞赛活动。是年，全县各战线各系统全面开展竞赛活动。经委战线以各基层工会为单位，广泛开展挖潜、节能、降耗和提高产品质量的竞赛活动：佛冈酒厂在稳定产品质量、提高单产和节能降耗上下功夫；佛冈味精厂努力开拓市场，在挖掘市场潜力上做文章。教育系统结合教育改革"纲要"，开展"树、创、献"活动，在素质教育、学校民主管理等方面都取得了可喜成绩。供销系统的果菜公司探索企业改革，扭亏增盈3万多元。

1997年，县总工会动员和帮助职工群众加深对中央关于搞好国有企业重大决策的理解，号召基层工会干部以积极、主动的工作态度协助企业行政继续抓好开展"科技创新，技术进步""挖潜节能，增收节支"等劳动竞赛，努力提高企业的经济效益和社会效益。

1998年，县总工会充分发挥基层工会参与职能，充分调动广大职工参与企业改革和经济建设的积极性，全县各基层工会开展了不同形式的劳动竞赛。电池实业公司工会开展"钻本行、创佳绩、岗位立功"的建功立业竞赛活动。县通用机械厂举行的技术竞赛活动历时70天，参赛人员多达45人。味精厂、酒厂、供电、邮电、金融、公路等企业和部门的"创、树、献"活动都开展得扎扎实实、有声有色、效果显著。是年，调动和发挥好各级女工委员会的作用，动员全县女职工积极参与企业的管理和改革，以立足在岗、建功在岗、成才在岗、奉献在岗的理念激励其开展一系列的劳动竞赛活动。金融系统、电池实业公司、味精厂、通用机械厂等结合实际，先后开展劳动竞赛，提高女职工的操作技能，激发她们的工作热情。为适应新形势的需要，开展"专一门、会二门、学三门"活动，鼓励女职工参加业务知识和岗位技术职称、公务员过渡等培训学习活动。据不完全统计，是年，全县共有3680名女职工参加各类文化学习、业务培训、技术比赛活动。

四、进入21世纪的劳动竞赛

（一）群众性技术创新劳动竞赛

2000年，全县各级工会深入开展以科技创新为主题的劳动竞赛活动，分别开展形式多样的技术革新、技术攻关、技术比武、岗位练兵和提合理化建议活动。同时，认真做好省劳模和先进集体的评先工作。多次召开县总全委会，由基层工会推荐、取证材料，经酝酿筛选，提请县委、县政府审议，最后评定3名劳模人选，此外，县电池实业公司为省先进集体候选单位。

2003年，全县各级工会组织动员和组织广大职工积极参与社会经济建设，在劳动竞赛的开展过程中，涌现出一批先进单位和先进个人。在先进集体和先进个人的带动下，全县广大职工的精神面貌发生了很大变化，有力推动了两个文明建设的同步发展。

2004—2007年，县总工会组织开展群众性技术创新活动，全县基层工会积极响应，坚持以经济建设为中心，组织广大职工开展劳动竞赛、合理化建议、技术革新、群众性安全生产活动。其中，县公路局公路养护所开展了铺筑水泥路面竞赛活动，县人民医院工会开展了医护人员技术、技能和护理竞赛活动，中国电信股份有限佛冈分公司工会开展了"文明待客，微笑服务"活动。为推动"创争"活动深入开展，县总工会制定了"创建学习型组织，争做知识型职工"方案，明确并细化"创争"活动的考核标准。据不完全统计，全县有63家企事业单位、1.1万多名职工参加了内容丰富、形式多样的读书自学、技术创新、劳动竞赛、岗位练兵等实践活动。"创争"活动的开展，促进了佛冈经济建设以及社会和谐发展，使得一批先进集体和先进个人得到上级工会的表彰和奖励。

（二）"安康杯"竞赛

2008—2010年，县总工会引领职工在经济建设主战场建功立业，号召各基层工会以发展为第一要务，深入持久地开展"创争"活动，不断创新职工技术活动的内容和形式，推动企业科技进步，提高企业竞争力。2008年，县总工会继续开展"安康杯"竞赛活动，促进职工安全意识、安全技能和企业安全管理水平的不断提高。同年，县总工会在县人民中心召开了庆五一佛冈县劳动模范座谈会。县四套班子领导和26名市级以上劳模出席会议。

（三）"我为'十二五'做贡献"主题竞赛

2011年起，县总工会组织动员广大职工在经济建设主战场建功立业，大力实施职工经济技术创新工程。重点工作有以下两个方面：①广泛开展"创建学习型组织，争做知识型职工"（以下简称"创争"）活动，培育职工学习风尚。继续积极推进"创争"活动，以学习型企业和学习型班组建设为抓手，引导广大职工牢固树立终身学习理念，全面掀起"创争"热潮。其中，公路养护所开展铺筑水泥路面竞赛活动，县人民医院工会组织开展医护人员技术、技能和护理竞赛活动，中国电信股份有限公司佛冈分公司工会组织开展"文明待客，微笑服务"活动。这些活动的开展，激发了广大职工的工作热情，促进了全县的经济建设以及社会和谐发展。②全县各企事业单位工会开展不同形式的竞赛活动，充分调动了广大职工的生产和工作积极性。

2011年，县总工会充分发挥广大职工在社会经济建设中主力军的作用，组织开展"创争"活动，广泛开展以"我为'十二五'做贡献"为主题的竞赛活动。是年，参与劳动竞赛的职工8896人次，征集到生产经营、技术革新、挖潜改造、工艺改进、发明创造、安全生产、劳动保护等方面的合理化建议1500余条。

2012年，县总工会在组织劳动竞赛的过程中，开展以"抓班组，提高管理水平；重教育，推进安全文化"为主题的"安康杯"竞赛活动。广东电网公司清远佛冈供电局荣获全国"安康杯"竞赛"优胜单位"称号；县供水服务中心、中国电信股份有限公司佛冈分公司、建滔（佛冈）特种树脂有限公司均荣获清远市"安康杯"竞赛"优胜单位"称号。

2013年，县总工会在组织开展劳动竞赛的同时，根据上级文件精神，认真做好全国五一劳动奖章、广东省五一劳动奖章、广东省"工人先锋号"、清远市"工人先锋号"的推荐评选工作。

2015年，为弘扬劳模精神，激励广大职工在各自岗位上建功立业，通过县总工会积极推荐，佛冈县被授予"全国先进工作者"称号的有1人，被授予"广东省先进工作者"称号的有1人，被授予"广东省劳动模范"称号的有1人。

（四）提升职业技能劳动竞赛

2016年起，县总工会按"夯基础、强管理、抓规范、创特色、求实效、促和谐"的总体思路，发挥工会组织网络优势，广泛开展竞赛活动。2017年，参与劳动竞赛的职工达3500人次。是年，获全国五一劳动奖章的有1人。

2018年12月14日，佛冈旅游行业技能培训及竞赛启动仪式在勤天熹乐谷温泉度假区举办；12月19日，"乡村振兴、工会在行动"特色农产品与乡村旅游农业知识技能培训及农产品精细包装技能比赛在石角镇龙南大田村举办，有120名选手参加。是年，获广东省五一劳动奖章的有1人。

2019年，县总工会弘扬工匠精神，厚植工匠文化，提升全县职工职业技能水平，为佛冈经济结构转型发展和产业升级提供技术人才支撑。9月30日，在清远加多宝草本植物科技有限公司举办佛冈县叉车技能大赛。比赛分个人赛和团体赛，个人比赛项目有叉车绕桩和叉车移物，团体赛项目为叉车接力。是年，获全国五一劳动奖章的有1人，获广东省五一劳动奖章的有2人，获清远市"最美产业工人"称号的有2人。

2020年，县总工会深入开展以科技创新为核心主题的劳动竞赛活动。12月9日，县总工会举办首届"'尊崇工匠·技创未来'2020年佛冈县网络安全培训暨通信行业线路专业技能大赛"。此次大赛，对佛冈县经济结构转型发展、产业升级提供技能人才支撑产生了积极的影响。

2021年11月26日，总工会举办佛冈县第二届"尊崇工匠·技创未来"通信行业线路专业技能大赛，以加强和改进产业工人队伍建设、创新创业工人队伍发展方向。开展全国"安康杯"竞赛活动。县总工会订购《职工安全知识普及培训教材》12本和全国"安康杯"职工安全应急技能知识竞赛试卷含答题卡1000份，分别发放给县内11家企业以供其开展职工安全应急技能知识普及竞赛活动；广东国珠集团有限公司工会开展全国"安康杯"竞赛活动，获得1.5万元活动经费的奖励。

2021年，佛冈县内获广东省五一劳动奖章称号的有1人，获广东省"优秀工会工作者"称号的有1人，获清远市劳动模范及先进工作者称号的有4人，获"南粤工匠"称号的有1人。开展"劳模创新工作室"的创建工作，2021年1月28日，举行"蓝榕概劳模创新工作室"揭牌仪式。2022年，县总工会积极指导佛冈盈泰纺织品染整有限公司等企业组织开展全国"安康杯"竞赛活动。在劳动竞赛活动的开展过程中，广东国珠精密模具有限公司技术部主管肖光获全国五一劳动奖章，广东鑫统仕集团有限公司获广东省五一劳动奖状；分别在佛冈县城东中学、国珠集团有限公司成功创建"肖伟英劳模创新工作室"和"钟声劳模创新工作室"。

第三节　工会创建工作

一、工作室创建及工人队伍建设创新

（一）劳模创新工作室的创建

2016—2020年，县总工会开展创建劳模创新工作室工作。创建劳模创新工作室，以更好地凝聚集体智慧，传播劳动技能、创新方案、管理经验，为职工学习交流、攻坚克难构筑平台；鼓励相互借鉴经验，共同提高，推动技术、管理、服务等各项工作的创新，从而将更多的技术成果和管理方法转化为生产力，增强企业竞争力。创建劳模创新工作室，为企业和其他部门的广大干部职工与科技工作者搭建新的平台，为其进行科技创新、技术协作与发明创造提供有利条件和有力保障。

2016年，县总工会启动并成功创建"周长春劳模创新工作室"。

2021年1月28日，县总工会牵头举行以"全国先进工作者""全国优秀法官"蓝榕概为领军人物的"蓝榕概劳模创新工作室"揭牌仪式。

2020年，在国珠集团有限公司创建"钟声劳模创新工作室"。

2022年，县总工会根据清远市总工会《关于加强清远市2022年劳模创新工作室建设工作的通知》精神，加大劳模创新工作室创建力度，在佛冈县城东中学创建"肖伟英劳模创新工作室"。

（二）"技能大师工作室"的创建

约克广州空调冷冻设备有限公司是佛冈县重点企业，公司十分注重工会建设和人才培养投入，由工会牵头，创建博士站1个，提交发明专利83项；鼓励全员创新，突出创新创业实践能力，推动企业自主创新能力提升。公司先后荣获广东省智能制造示范基地、清远市企业职工创新基地、广东省和清远市"工人先锋号"等荣誉。

2022年，约克广州空调冷冻设备有限公司工会协同公司相关部门成立2个市级（清远市）技能大师工作室，积极利用技能大师的专业技术特长和工作室平台资源，承接了"粤港澳大湾区技能提升培训"、"一带一路"沿线国家技能提升培训、企业新型学徒制等项目，累计培训各层次技术人才322名，总培训近课时10 000时。

（三）创新产业工人队伍建设

人才评价是人才发展体制机制的重要组成部分，是人才资源开发管理和使用的前提。2021年起，县总工会创新产业工人队伍建设机制，最大限度激发各类人才创新、创造、创业活力，加快建设知识型、技能型、创新型技术人才以及调动人才创新积极性、加快建设人才，对县内深入实施人才强国战略产生了重要的作用。此外，县总工会着力创新产业工人队伍建设，全力推动改革持续走深走实，争获全市考核创新奖。

1. 成立改革工作领导小组

为贯彻落实《新时期产业工人队伍建设改革实施方案》和《佛冈县产业工人队伍建设改革试点工作实施方案》，2021年12月24日，在清远市总工会的正确领导和大力支持下，佛冈县总工会成立佛冈县推进产业工人队伍建设改革工作领导小组，由县委副书记潘浩担任组长。领导小组下设办公室，由县总工会党支部书记、常务副主席冯庆洲同志兼任办公室主任。

2022年1月12日，召开佛冈县产业工人队伍建设改革工作推进会议，研究部署佛冈县产业工人队伍建设改革领导小组成员分工，详细分解具体任务。制定《佛冈县新时期产业工人队伍建设改革实施方案》，主动争取约克广州空调冷冻设备有限公司作为省推进产业工人队伍建设改革第二批试点，以改革完善技能人才评价制度，开展产改试点工作。

2. 形成合力不断推进

2022年8月17—18日，为进一步推进清远市产业工人队伍建设改革试点工作，清远推进产业工人队伍建设改革试点工作现场交流会在佛冈县召开。会上，县总工会作了经验介绍，省、市总工会领导对佛冈产改试点工作给予了充分的肯定和高度的评价。广东工匠学院、清远市总工会、各县（市、区）总工会负责人及分管产改工作相关人员参加会议。

2022年9月15日，广东省总工会、清远市总工会领导在县委副书记、龙山镇委书记潘浩，县人大常委会副主任、县总工会主席黄丽，县总工会常务副主席冯庆洲的陪同下，到约克广州空调冷冻设备有限公司开展产业工人队伍建设改革试点调研工作。约克广州空调冷冻设备有限公司工会委员会主席李辉华就聚集产业工人思想政治引领、建功立业、素质提升、地位提高、队伍壮大等五大方面进行详细汇报。

省、市总工会领导对佛冈产改试点工作给予充分肯定和高度评价，特别是对下一步深化产业工人队伍建设改革工作提出了要求：推进产业工人队伍建设改革是一项系统工程和长期任务，要形成党政领导、工会牵头、企业和职工广泛参与的产改工作格局，把产改工作推进落实；要加大试点成效宣传推介力度，以点带面，发挥好示范引领作用，形成可复制、可借鉴、可推广的经验，在企业中形成浓厚氛围，造就一支有理想守信念、懂技术会创新、勇担当讲奉献、听党话跟党走的宏大产业先进工人队伍。

3. 勇于创新，多措并举

坚持产教融合，完善人才体系建设。约克公司入选广东省第一批产教融合型企业入库培育企业，进一步加强与广东省交通职业技术学院、广州市工贸技师学院等高校和技工院校建立的长远校企合作关系，以"冠名班""校企双制班""共建实训基地"等项目，每年吸引一批优秀毕业生就业。推进"圆梦计划""企业新型学徒制"等项目落地，大力提升产业工人素质、学历与技能水平，近5年累计145人报读专科和本科学位，110人取得职业资格认证（75名中级工，25名高级工，7名技师，3名高级技师）。

开展技能比赛，搭建交流展示平台。为员工创建技能展示平台，树立员工操作技能标杆，激发员工"比、学、赶、超"的工作热情，制定《员工操作技能竞赛管理规定》，连续7年开展了员工操作技能竞赛，以选拔优秀技能人才。号召县内员工积极参与省级和行业职业技能竞赛，促进一线工人职业技能水平提升，先后荣获广东省第二届职业技能大赛制冷与空调项目银牌，第二届广东省技工院校技能大赛第二名，全国机械行业职业技能竞赛制冷工赛项一等奖、二等奖。在各级竞赛中，有多名职工荣获全国五一劳动奖章、"全国技术能手"、广东省五一劳动奖章、"南粤技术能手"、"广东省技术能手"、"广东省南粤之星"、"清远市劳动模范"、"清远市技能先锋"、"清远市首席技师"、"清远市最美产业工人"等奖项或荣誉称号。

创建技能大师工作室，注重高技能人才培养。约克公司每年加大人才培养投入，创建有博士站1个，提交发明专利83项；突出创新创业实践能力，推动企业自主创新能力提升；先后荣获广东省智能制造示范基地、清远市企业职工创新基地、广东省和清远市工人先锋号等荣誉。成立2个清远市级技能大师工作室，积极发挥技能大师的专业技术特长和工作室平台资源。

突出品德教育，坚持德才兼备发展理念。把品德作为人才评价的首要内容，加强对人才科学精神、职业道德、从业操守等方面的评价考核，倡导诚实守信，强化社会责任。建立回馈社会公益组织，鼓励员工积极参与，在爱心助学上已累计捐助金额超64万元，帮助52间学校，有1350个学生受惠。累计关爱老人近300人，县内职工义工服务总时间达9000小时。

4. 加大信息宣传力度

积极开展"产业工人队伍建设"五周年活动，大力宣传新时期产业工人队伍建设改革的重大意义，并在此基础上加强总结和广泛宣传，结合实际召开座谈会，在新闻媒体宣传报道清远市产业工人队伍建设改革的举措和成效。2022年10月26日，全国总工会微信公众号宣传报道了约克广州空调冷冻设备有限公司产改工作的经验和做法。

2021年，佛冈县总工会获得清远市总工会2020年工会工作考核综合奖一等奖、工会工作创新一等奖。

二、创建"工人先锋号"

2008年起，县总工会根据全国总工会《开展创建活动的实施意见》，开展创建"工人先锋号"活动。开展创建"工人先锋号"活动，是工会推动科学发展、实现共建共享和谐社会的重要举措。此活动，把广大职工进一步动员组织起来，增强了职工的使命感和责任感，以此激励广大职工不断提高学习能力、创新能力、竞争能力、创业能力，激发职工工作热情和创造活力，鼓励员工争当生产建设、技术创新、节能减排和建设和谐文化的先锋，推动经济社会又好又快发展。开展创建"工人先锋号"活动，是深入推进"当好主力军、建功'十一五'、和谐奔小康"主题竞赛的重要抓手，该活动使更多的职工参与到主题竞赛中，扩大了活动的覆盖面，推动竞赛活动不断向广度和深度发展。

县总工会根据上级工会要求，认真组织开展创建"工人先锋号"活动，全县各基层工会积极响应，组织本单位干部职工按照"工人先锋号"的具体要求，开展创建活动。

2013年，根据上级文件精神，县总工会认真做好推荐评选全国五一劳动奖章、广东省五一劳动奖章、广东省"工人先锋号"、清远市"工人先锋号"工作。其中，佛冈建滔实业有限公司董林同志获得广东省五一劳动奖章；佛冈中学物理教研组、约克广州空调冷冻设备有限公司VRF OD生产线、中国农业银行股份有限公司佛冈县支行营业部分别被市总工会授予清远市"工人先锋号"称号。

县总工会在学习各地经验的基础上，结合本县实际，明确目标任务，采取有力措施，努力把创建活动提升到一个新的水平。自2008年以来，佛冈县先后成功创建了全国"工人先锋号"2个、广东省"工人先锋号"2个、清远市"工人先锋号"3个。

表6-1 2008—2018年佛冈县创建全国"工人先锋号"名录表

序号	单位名称	车间/工段/班组（科室）名称	类型	人数/人	单位类型	单位性质	所属行业	负责人	创建年份
1	佛冈县公路局	惠爱亭养护所	科室	50	公益事业单位	公有制	公路管理	罗成通	2008年
2	广东国珠精密模具有限公司	数控班	班组（科室）	35	有限责任公司	非公有制	制造业	蔡天峰	2018年

表6-2　2009—2011年佛冈县创建广东省"工人先锋号"名录表

序号	单位名称	车间/工段/班组（科室）名称	类型	人数/人	单位类型	单位性质	所属行业	负责人	创建年份
1	约克广州空调冷冻设备有限公司	风机盘管制造生产线	企业法人	50	外资企业	有限公司	制造业	李辉华	2009年
2	广东省佛冈县地方税务局	广东省佛冈县地方税务局城区税务分局	分局法人		国家机关	公有制	地方税务管理		2011年

表6-3　2013年佛冈县创建清远市"工人先锋号"名录表

序号	单位名称	车间/工段/班组（科室）名称	类型	人数/人	单位类型	单位性质	所属行业	负责人	创建年份
1	中国农业银行股份有限公司佛冈县支行营业部	营业部	班组（科室）		股份有限公司	公有制	金融业	曹伟森	2013年
2	佛冈中学物理教研组	中学物理教研组	科室		学校	公有制	教育	周长春	2013年
3	约克广州空调冷冻设备有限公司	VRF OD生产线	班组		外资企业	有限公司	制造业		2013年

第四节　"粤工惠"平台推广应用

2019年起，县总工会为贯彻落实习近平总书记关于工人阶级和工会工作的重要论述和工会十七大会议精神，加强基层工会建设和工会网上工作，推进基层工会组织和工会会员实名制管理，按照清远市总工会《关于开展广东工会会员实名制服务平台推广使用工作的通知》精神，在县总工会领导的高度重视下，以创新的方式积极开展"粤工惠"平台推广应用工作。

一、"粤工惠"活动准备背景

（一）"粤工惠"平台推广应用工作计划及普惠服务工作方案的制定

按照2019年10月22日广东工会会员实名制服务平台暨"粤工惠"App试点推广会的

统一部署要求，为了尽快完成"粤工惠"工会组织登记和会员实名制登记工作，县总工会制定了相应的工作方案。

工作目标：2019年底，针对"粤工惠"平台开展工会组织登记和会员批量导入工作。按照市总的工作部署，基层以上工会组织都应在平台进行登记。要求全县基层工会登记率需达到90%、会员数据批量导入需达到2.1万人的目标。

具体措施：①"粤工惠"的日常工作事项由组宣部安排专职工作人员负责，组宣部，制定县体的工作计划，并提供预算资金用于开展线上线下普惠活动。②对已经进入实名制服务平台的会员，将"粤工惠"平台根据企业工会的实际情况并经向省总工会技术人员申请技术支持，通过与第三方服务平台合作共同在"粤工惠"中依托第三方在产品、物流、技术等领域的全方位优势，引入智能采购，并开设爱心助农"福利商城"专区，以专属优惠价格为工会会员提供精选产品和礼包。广东省工会会员只需下载"粤工惠"App并实名注册登录，就可直接在福利商城选购自己需要的商品，并享受企业会员折扣价格。确认下单后，即由第三方直接配送到会员手中。工会组织可通过权限管理端口直接以积分的形式实施福利发放，个人福利由会员自主选择和兑换。这项举措进一步提高了工会会员福利的满意度，并吸引了更多的工会会员在服务平台实名登记。③扎实推进粤工惠App登记进企业活动，对于未实名登记的会员，县总工会将与企业联系，到企业现场推广注册认证过程，手把手指导职工现场下载注册"粤工惠"App并完成实名认证，耐心介绍"粤工惠"平台的服务板块，教会职工如何用好这个平台，并且为完成实名注册的会员赠送上小礼品。④依托第三方和建设银行合作，为佛冈农产品在"善融商城"上架，提供快捷通道（已完成平台搭建上线蜂蜜产品，其他产品陆续上线）。同时，可在"粤工惠"App服务栏"善融商城"中搜索到佛冈农产品相关信息。⑤开展"粤工惠"平台推广培训工作，县总工会面向基层工会开展推广"粤工惠"专题培训。⑥开通本级工会"粤工惠号"并及时稳定更新，由专人负责审核及发布。⑦开通多层级"粤工惠号"矩阵。

（二）"粤工惠"平台推广应用工作考评方案的制定

2019年，为了确保"粤工惠"活动的有效开展，县总工会制定了"粤工惠"平台推广应用工作考评方案，明确考评的具体项目和考评细则，由县总工会组织负责宣传，由网络工作部、办公室负责考核。

表6-4 2019年佛冈县"粤工惠"平台推广工作人员职责表

目的	分管领导	相关责任部门			工作内容
		办公室	组宣部	具体落实人员	
按照省总工会《关于开展广东工会会员实名制服务平台推广使用工作的通知》精神，做好会员实名制登记工作	冯庆洲	余河坚	冯燕华	陈树珍 梁间清 罗秋菊	1. "粤工惠"服务平台推广工作； 2. 负责组织登记； 3. 负责会员数据录入等工作

148

（三）组建服务运营团队

2019—2022年，为确保"粤工惠"活动有序开展和高效运行，县总工会组建第三方服务运营团队，明确团队内部人员项目分工及其职责。2022年3月，县总工会与广东二十四度商旅科技有限公司签订了"粤工惠"App佛冈县第三方服务合作协议，确保"粤工惠"活动的正常开展。

表6-5　2022年佛冈县"粤工惠"第三方运营团队人员名单

序号	姓名	学历	部门	职务	分工
1	李雪金	本科	项目组	组长	负责统筹及监督整个平台的运作情况
2	曾慧玲	大专	项目组	副组长	负责项目申报、人员工作安排，设备设施建设和升级以及负责提供日常服务、发布服务、协助农产品电商上架、销售、物流等服务
3	曹清容	大专	项目组	培训专员	负责计算机、手机网络管理及益农培训课程的对接；平台对接
4	邓恩	中专	项目组	联络专员	负责对接商户信息，现场了解信息，为商户提供销售、物流等服务
5	刘慧		项目组	宣传专员	负责产品拍摄美化，统筹产品信息内容链接
6	黄青梅	大专	财务部		负责财务收支各项工作

二、开展"粤工惠"活动

2021年，县总工会将"粤工惠"平台与"国家反诈中心"App的推广结合起来，指定责任部门、专人负责"粤工惠"日常管理工作；年初制定开展"粤工惠"平台推广应用工作计划及普惠服务方案；提供预算资金用于开展"粤工惠"线下线上普惠服务。2021年3月26日上午、3月29日下午，组织以消费扶贫为主题的线上活动，向在"粤工惠"平台上实名注册的工会会员发放活动优惠券。截至2021年12月22日，全县已于"粤工惠"平台上登记的有277家，达到本地工会总数的82%；会员实名注册达到64%。"国家反诈中心"App推广数325人。

2022年，县总工会"粤工惠"活动的开展工作取得新的进展，重点工作有：①2022年3月，与广东二十四度商旅科技有限公司签订"粤工惠"App佛冈县第三方服务合作协议。②在"粤工惠"平台上发布资讯。是年，在"粤工惠"发布文章12篇，阅读量达到800多人次。③根据企业工会的实际情况，通过与第三方服务平台合作，依托第三方在产品、物流、技术等领域的全方位优势，在"粤工惠"平台中引入智能采购，并开设爱心助农"福利商城"专区，以专属优惠价格为工会会员提供精选产品和礼包。④继续联合县委宣传部，对全县在职人员、工会会员利用"学习强国"平台学习实施激励措施。通过链接"粤工惠"第三方服务平台，对每月积分达1000分以上的在职人员、工会会员予以奖励30元票券一张，票券可以用于在"粤工惠"平台购买扶贫农产品、电影票等。⑤扎实推进粤工惠App登记进企业培训活动，分别到佛冈建滔实业有限公司工会委员会、广东佛冈佳联制冷有限公司工会委员会、广东鑫源恒业电力线路器材有限公司工会委员会、美团外卖佛冈分公司、佛冈县吉信物流代理有限公司等企业开展"粤工惠"实名制登记活动，并安排专职人员到企业，现场指导职工下载注册"粤工惠"App并完成实名认证，为完成实名登记的员工送上小礼品。⑥举办两场"粤工惠"专题培训活动。其中，2022年9月8日，举办"粤工惠"App专题培训班，邀请第三方运营团队负责人授课，对"粤工惠"平台使用进行重点讲解和现场演示，并于现场开设答疑互动环节，让接受培训的各级"粤工惠"平台管理员进一步明确"粤工惠"平台的推广使用任务和目标。⑦着力推动工会数字化转型，开展"粤工惠"App宣传，全年在"粤工惠"发布文章12篇，并常态化开展"粤工惠"App登记进企业培训活动。与2021年相比，2022年"粤工惠"组织登记增加31家，会员实名认证增加8292人，会员实名注册总数达到25 199人。

第五节 参与扶贫开发与乡村振兴

一、扶贫开发

2004—2005年，县总工会选派干部进驻石角镇黄花村开展扶贫工作。2006年，选派干部进驻石角镇诚迳村开展扶贫工作。2007—2008年，选派干部进驻石角镇三八村开展扶贫工作。

2009—2011年，县总工会派出2名正科级干部、2名科员干部，进驻水头镇王田村开展扶贫开发工作，并成立扶贫开发工作领导小组。为了扶贫开发工作的顺利开展，制定《2009—2011年王田村扶贫开发工作实施方案》，提供扶贫开发技术保障，协助王田村支部举办了一期果树技术培训班；提供扶贫开发资金支持，县总工会干部为每户困难户拨付了6000元的帮扶资金，支持王田村办公经费1.5万元。

2012年初起，根据县委的安排，县总工会成为挂扶点王田村的牵头单位，重新调整挂扶领导小组，制订《水头镇王田村扶贫开发年度工作计划》，组建驻村工作组，实行驻村干部专职化，完善扶贫工作督查制度，创新扶贫工作方式，切实有效地开展扶贫开发工作。重点措施有：①针对帮助王田村扶贫修建农田水利设施、扩建文化室、完善村基础设施、解决王田村民用水紧张问题、开展维稳工作等，县总工会、市人大共提供支持资金13万元。②协助村委筹资32万元，在村内主、次干道共安装56盏太阳能路灯。③

协助村委争取多方支持,筹集资金46万元,建设王田村乡村休闲文化广场,完善各项公共配套设施。④挂扶单位领导到村指导工作,2012年全年达60多人次,帮扶干部到户开展帮扶工作90多人次。

2015年下半年,按照县委组织部安排,县总工会扶贫帮扶对象转为高岗镇高岗社区,由县总工会主席何永中任长江村第一书记。

二、精准扶贫与精准脱贫

2016年起,县总工会根据《关于新时期精准扶贫精准脱贫三年攻坚的实施意见》及《关于印发新时期相对贫困村定点扶贫工作方案的通知》,县总工会对口帮扶的贫困村调整为高岗镇长江村。县总工会高度重视对高岗镇长江村的帮扶工作,采取切实有效的措施,开展精准扶贫精准脱贫帮扶工作。

2016—2018年,县总工会对贫困户拨付帮扶慰问资金共4万多元;2017年,为发展产业扶贫项目,共投入帮扶资金1.27万元。在驻高岗镇长江村开展精准扶贫精准脱贫帮扶工作的过程中,县总工会干部范兰修于2016年度、2017年度获省级"突出贡献个人"表彰。

2018—2020年,在长江村新时期精准扶贫精准脱贫工作的开展过程中,县总工会重新确立帮扶工作思路及目标任务,制定长江村新时期精准扶贫精准脱贫《2018—2020年帮扶工作总规划》,于村集体经济收入、贫困户增收、贫困户帮扶、基础设施、基层党组织建设、社会事业建设等方面进行全面规划,采取科学有效的措施,因户施策,结对帮扶,精准扶贫、脱贫。县总工会四级主任科员黄建锋,在长江村新时期精准扶贫精准脱贫工作中,担任长江村驻村党建指导员兼扶贫工作队队长,于2019—2020年被评为广东省"脱贫攻坚突出贡献个人"。

三、乡村振兴工作

2021—2022年,县总工会乡村振兴工作任务调整到迳头镇青竹村。根据上级工作要求,为推进乡村振兴战略,扎实开展各项工作,成立党员突击队,分组分批下沉结对联系点,协助开展乡村振兴、疫情防控、安全生产、抗洪救灾、人居环境整治、维稳等工作,充分发挥党建带工建的引领作用。根据《佛冈县党群团联共建试点工作方案》有关要求,结合工会实际,将结对联系村的迳头镇大村村区域内的代表性企业联合起来建成大村工会联合会,强化村(社区)党组织对村级群团组织的领导,统筹协调群团组织建设发展,统一组织开展联系服务群众工作,促进乡村振兴。

第七章
民主管理和参政议政

第一节 民主管理

1950年,《工会法》颁布实施后,工人阶级开始通过工会组织在企业、事业单位中支持职工依法行使管理权力,组织职工参与民主管理和民主监督,以维护工人阶级的利益。企业实行民主管理是我国企业管理的一项重要原则。根据《企业民主管理规定》精神,企业民主管理是指中国境内的企业职工依照法律法规和政策规定,参与企业决策、管理和监督,企业的经营者尊重、支持和保证职工的知情权、参与权、表达权、监督权等民主权利行使及落实有组织的制度性、规范性活动。

一、职工代表大会民主管理制度

职工代表大会(简称"职代会")是企业中职工实行民主管理的基本形式,是职工行使民主管理权力的机构。职工代表大会制度是指职工通过民主选举,组成职工代表大会,在企业内部行使民主管理权力的一种制度。企业民主管理是指企业职工依照法律法规和政策规定参与企业决策、管理和监督。企业民主管理的主体是企业的经营管理者和全体职工。企业民主管理的基本形式是职工大会(或职代会,下同)。

1957年起,佛冈县工会组织在县内各企业、事业单位中推行职代会制度。全县职代会的建立健全和民主管理的完善,大体经历了以下4个时期。

(一)1957—1980年:民主管理制度启动建立

我国的职工代表大会制度是1957年建立起来的。1957年4月7日,党中央在《关于研究有关工人阶级的几个重要问题的通知》中,提出在工厂方面,应该在实行党委领导下的厂长负责制的同时,实行和加强党委领导下的群众监督,提出把企业现行的由工会主持的职工代表会议制度改为常任的职工代表大会制度,并且适当扩大它的权力,使其成为群众参加企业管理和监督行政的权力机关。

1957年起,佛冈县工会配合县政府按照中共八届二中全会提出增产节约、勤俭建国、勤俭办一切事业的方针,推动各行各业开展以增产节约为中心的"争当先进生产者"活动,掀起全县职工争当先进生产者的热潮。工会委员会负责筹备和召开职工代表大会,并且监督行政对职工代表大会有关生产行政工作决议的执行。1957年下半年,全县的国营工业企业普遍建立起职代会制度。

1966—1976年"文化大革命"期间,佛冈县工业企业追求"小而全",大办小钢铁、小化肥、小水泥、小煤窑、小机械等"五小"企业,许多企业因技术、资金等问题被迫停产,县工会各项活动被迫停止,职代会制度名存实亡。

1976年,"文化大革命"结束后,佛冈县按照中央"调整、改革、整顿、提高"的方针,对资不抵债、亏损严重的企业实行关、停、并、转。对一些经济效益好的企业,实行技改挖潜,加强管理,促进发展,并在国营企业中又开始恢复党委领导下的厂长负责制和党委领导下的职工代表大会制度。

1978年党的十一届三中全会后,党中央明确规定"所有企业必须毫无例外地实行民主管理"。县总工会在职工中广泛开展以提高经济效益为中心的社会主义劳动竞赛。从此,以职工代表大会为基本形式的民主管理制度逐步建立起来。

1979年,县总工会根据省总工会的部署要求,在县磷肥厂试行选举车间正、副主任,班、组长。1980年,在水运公司、造纸厂、松香厂这3个大庆式企业开展试点工作,实行民主选举厂长。

(二)1981—1987年:民主管理制度恢复发展

1981年7月13日,中共中央、国务院颁发《国营职工代表大会暂行条例》(简称"暂行条例"),县总工会继续推行和完善职代会制,把重点放在"抓建立,促完善"上。

1983—1985年,县总工会会同有关部、委、办、局,对企业民主管理工作进行检查评比。评比办法是在企业的自检互检基础上,县总工会组织有关人员对其进行抽检、复检、评选。1983—1984年,检查已建制单位224个,评选出县民主管理先进单位56个,其中10个单位被评为"广州市企业民主管理先进单位"。1985年,全年已建制单位有145个,其中,在职代会上进行民主选举厂长(经理)的单位有62个;民主评议厂长(经理)的单位有40个。

1986—1987年,县总工会围绕"七五"计划的目标,开展为"四化"立功的"创先、创优、优新"的劳动竞赛活动,要求每个职工做到"五个一"(即"树理想,做一件好事;增活力,参加一项改革实践;当主人,提一条合理化建议;学本领,练好一身基本功;作贡献,年增产节约一百元")。同时,根据中共中央、国务院颁发的全民所有制工业企业3个条例(即厂长、党的基层组织、职工代表大会条例),县总工会把3个条例的实施与工会开展"建家"活动结合起来,在建立和健全职代会制度中建成合格"职工之家",促进民主管理制度的建立和完善。1986年,佛冈县被广州市总工会评为

"企业民主管理先进单位"。

（三）1988—2022年：民主管理制度的巩固完善

1988—1995年，企业的厂长、党的基层组织、职工代表大会制度逐步得到完善，企业的民主管理、科学管理水平进一步得到提高。1989年3月2日，佛冈公路分局召开职代会，在会上讨论1989年各道班、车间与分局经济承包方案，并签订合同。3月4日，佛冈味精厂召开职工代表大会；3月5日，佛冈中学教工代表大会，讨论教职员工岗位责任制计分法方案；3月10日，佛冈县邮电局职代会上总结了上一年的工作，提出了本年的计划，同时开启了一场局领导干部与职工的民主对话。3月28日，佛冈中医院召开职代会，讨论1989年目标管理承包责任制方案。至1990年，县水泥二厂建立"五会制"（厂务会议、厂长办公会议、生产管理会议、职工代表会议、党支部会议），各基层工会的工会主席除厂长办公会议不参加外，其余4个会议都要参加，以积极发挥工会社会政治团体的职能作用。至1994年底，全县共有213个工会基层委员会，分布在经济、财政、农委、建委、经委、企委、金融、教育、卫生等企事业单位，工会会员为12 417人（含市垂直单位）。全县各基层工会的职工代表大会制度逐步健全。1995年，县总工会依照"扩大工会覆盖面，增强工会凝聚力"的要求，坚持"党建带工建"的思路，继续在工会扩建的过程中巩固和加强民主管理制度。是年，佛冈县总工会被清远市总工会评为"工作先进单位"。

1996—2000年，县总工会进一步加强企业民主管理和民主监督工作，完善以职代会为主体、厂务公开为补充的民主管理制度。1997年，以贯彻实施《劳动法》为重点，加强用人单位和劳动者的法律意识，修改和完善内部规章制度，要求各企业按规定签订劳动合同。全县共有35个单位签订了集体合同。至2000年，县总工会加强工会组织建设，通过与有关单位沟通协作，推动35家私营企业组建了工会，进一步促进了民主管理制度的完善，使私营企业的职工们有了自己的"职工之家"。

2001—2010年，采取多种形式建会，并完善职代会制度。2003年，全县有53家企业建立了职代会制度，扩大了民主管理的覆盖面。2004年，建立区域性、行业性工会联合会，在南部镇组建非公有制企业工会联合会6个，在县城个体工商户成立"佛冈县个体饮食行业会联合会"和"佛冈县医药行业工会联合会"，民主管理制度覆盖企业和个体工商户共227家。2007年，县总工会与县人大县司法局、县劳动和社会保障局分别到3个镇开展《劳动合同法》现场咨询活动，进一步深化厂务公开政策，坚持和完善以职代会为基本形式的企事业民主管理制度。是年，县总工会被清远市总工会授予"外商投资企业工会组建工作先进集体"称号。2009年，以非公有制企业工会组建为重点，正确引导劳资双方达成共识，使企业主能够同意成立工会组织、职工自愿加入工会组织。同时加强民主管理和民主监督工作，大力完善以职代会为载体、厂务公开为补充的民主管理制度，保护职工群众的知情权、参与权，畅通利益诉求渠道，行使职工民主权利。是年，在全县的企业和事业单位中，全面巩固和完善职代会制度，已建立有工会的非公企业中有30%建立了职代会制度。2010年，县总工会会同劳动部门对16家用工单位劳动合同的签订履约情况进行了大检查,把工作时间、工资兑现、养老及工伤保险、安全卫生条件列为必查内容,检查发现履约情况良好的用工单位占总数的80%,对3起不规范条款进行了纠正。

2011—2015年,县总工会启动"广普查,深组建,全覆盖"集中行动,高度重视企事业单位民主管理工作。2012年,年初成立以常务副主席为组长、相关股室和各镇工会主席为成员的工作领导小组,小组紧紧围绕年度民主管理工作目标开展工作,到基层进企业推动落实。建立工会处置职工群体性上访事件的快速反应机制,成立县总工会处置职工群体事件应急领导小组,印发《佛冈县总工会处置职工群体性上访事件预案》,做好纠纷调解工作。5年内,全县国有控股、企事业、民营经济组织中共有100多家建立了职代会和其他形式的民主管理制度,以职代会制度为主要形式的企事业民主管理制度不断得到完善和加强。

2016—2020年,县总工会以职代会为载体,以"服务职工、维护职工合法权益"为重点,开展职工维权工作。企业聘请律师负责企业工会法律顾问工作,帮助企业建立健全规章制度,规范劳动用工,解决职工涉法问题,有效化解劳资矛盾,构建和谐劳动关系。2016年,县总工会在抓好企业工会组建的同时,更注重"质"的提高,侧重在"强管理、抓规范"上下功夫,重点对一些具有一定规模、具备较好基础条件的企业单建工会,以做到"挂三牌"①"建三档"②"五个有"③"六个好"④为标准,着力抓好工会规范化创建工作。是年,有40家企业工会参与了规范化创建活动,其中约克等6家企业工会组织达到了市级"规范化工会"要求。

2021—2022年,常态化推进建会入会工作,深入贯彻落实习近平总书记关于坚持"三个着力"、加强基层工会建设的重要指示,建立组建长效工作机制,当年全县民主建会共22家,其中非公企业共14家(25人以上有6家),会员695人。2022年,积极推进建会入会工作,年内全县新成立的基层工会共28家,规范化换届的基层工会共23家。县总工会培育广东森波拉度假山庄有限公司申报非公有制企业民主管理示范典型,推荐广东鑫统仕集团有限公司工会委员会申报清远市职工之家示范典型和推荐广东电网有限责任公司清远佛冈供电局水头供电所申报清远市职工小家示范典型。

二、厂务公开

1995年起,佛冈县推行厂务公开制度。厂务公开是指企业依照有关法律法规的规定和相关政策要求,将与本单位改革发展稳定和职工切身利益密切相关的重大问题和重要事项,通过职工代表大会和其他适当形式向广大职工公开,为组织职工参与决策、管

---

① "挂三牌":指门口挂有工会牌、工会办公室牌、职工活动室牌。
② "建三档":指建有工会组织、工会会员、工会会员档案。
③ "五个有":指有职工书屋、文艺活动场所、健身场所、报刊栏、通信员队伍。
④ "六个好":指党委政府支持好、组成网络健全好、履行基本职责好、指导帮助基层好、服务职工群众好、围绕中心开展工作好。

理和监督创造前提条件的一整套办事规程或行动准则。《企业民主管理规定》第三十四条对所有的企业实行厂务公开的具体内容作了原则性规定。厂务公开工作是职工参政议政、加强民主政治和体现维护职能的一项富有改革创新的工作。佛冈县工会在推行厂务公开进程中，坚持从实际出发，规范公开形式、程序，凡需公开的事项，由厂务公开办公室整理交领导小组研究，确定公开范围、渠道、时间。以职代会为主，充分利用公开栏、座谈会、黑板报、简报等形式进行公开。

1995—1998年，全县抓好签订集体合同工作，依法由工会代表职工和企业签订劳动集体合同（6年共有113家企业签订集体合同），稳定劳动关系；同时健全职代会制度，保障职工的合法权益。1996年，进一步加强企业民主管理和民主监督工作，完善以职代会为主体、厂务公开为补充的民主管理制度。重点抓住工会"四项职能"突出维护，替职工说话办事。1997年，继续深入贯彻实施《劳动法》《工会法》，将《广东省集体合同条例》的贯彻作为重点工作。全年完成集体合同签订的单位有17个。1998年，将推行平等协商和集体合同制作为重点工作，全年有29家企业签订了集体合同。

1999年，县委、县政府根据党的十五大关于扩大基层民主、加强政治民主建设的精神，在省、市的部署下，转发县总工会《关于全县推行厂务公开、加强民主管理和监督制度的实施意见》，在全县推行厂务公开、加强民主管理和监督制度。是年，佛冈县厂务公开工作分三个阶段进行：第一阶段（9—10月），以县供电局为试点单位进行制度的试点；第二阶段（11—12月）为第一批实施阶段，主要在县通用机械厂、酒厂、电信局、石角粮所、水头粮所、汤塘粮所、工行、农行8个单位进行；第三阶段（2000年上半年）为全面实施阶段，规定未实施厂务公开的其他国有企业在2000年上半年完成此项工作。2000年下半年，县厂务公开协调小组对实施单位进行全面验收。

2000年起，为加强厂务公开工作的开展，在县委、县政府的领导下，纪委县委组织部、县工业局、县总工会等有关单位的负责同志，组成了"全县厂务公开协调小组"，研究制定推行厂务公开制度的政策性意见；协调和管理有关部门推行厂务公开制度的工作；监督检查全县厂务公开的落实情况；研究和解决工作中遇到的重要问题。协调小组下设办公室，负责在全县范围内推行厂务公开，加强民主管理监督的日常工作。工作人员由各有关单位派人组成。办公室地点设在县总工会，办公室负责收集情况、沟通信息、交流经验、指导工作。同时各单位成立相应组织机构，落实人员、经费情况，制定一套具体、可操作的厂务公开实施办法和管理制度，逐步规范厂务公开的程序、内容形式和时间，并把其作为一项长期的制度建设抓紧抓好。在全县国有企业、集体企业、国有和集体资产控股企业普遍实行厂务公开制度。2000年9月，县供电局作为试点单位启动厂务公开工作，以政务公开为重点，明确公开内容，本着"先内后外，先易后难，先急后缓，逐步推开"的原则，在全局范围内全面推行政务、厂务、班务公开，建立党支部统一领导，党支部书记负总责，局长、书记齐抓共管，各业务部门具体承办，纪检监察、工会组织协调，职工群众积极参与支持的领导和工作机制。建立起一套完善的厂务公开制度体系，各股室、各班组按照局的统一时间、统一标准实行政务、厂务、班务公开。是年，由县总工会牵头，各职能部门配合，全县共有27家企业开始实行厂务公开制度。厂务公开制度的实行协调了干群关系，减少了企业的内耗，加强了企业的廉政建设，促进了企业的民主管理。

2001—2005年，按照中共中央办公厅、国务院办公厅《关于在国有企业、集体企业及控股企业深入实行厂务公开制度的通知》文件精神，县总工会制订佛冈县厂务公开实施方案。2001年，全县有国有企业46家，经营运作正常的国有企业27家、科研单位2家、文教单位39家、卫生单位20家等实行了厂务公开。2002年，佛冈县按照《关于在国有企业、集体企业及其控股企业深入实行厂务公开制度的通知》精神，结合本县实际，加强现代企业制度建设，深化国有企业改革，抓紧、抓好、抓落实。是年，全县共有18家国有企业落实了厂务公开制度，并取得了一定的成绩。汽车站、通用机械厂和供电局被评为清远市厂务公开工作的先进单位。2003年，全县有53家企事业单位建立了职代会制度，并通过职代会这一载体，推行厂务公开工作，有55家企事业单位实行了厂务公开制度，公开面达85%以上。当年，汽车站、通用机械厂和佛冈供电分公司被清远市评为"厂务公开先进单位"。2004—2005年，县总工会在非公有制企业经济组织中大力推广平等协商签订集体合同制度，并在全县企业工会建立劳动争议调解组织，调解劳动争议纠纷。

2006—2010年，县总工会从抓维权机制建设入手，推动厂务公开工作规范化、制度化建设，全县有16家企事业单位实行了厂务公开。2007年，把实行厂务公开纳入党政工作目标考核范围。全县共有6家国有及其控股企业、58家事业单位、45家非公企业实行了厂务公开制度。2008年，县总工会贯彻执行《2008年广东省厂务公开民主管理工作要点》精神，不断完善厂务公开、民主管理制度体系，进一步发展和完善职工代表大会制度，指导基层建立厂务公开民主管理制度。2010年，全县共有6家国有及其控股企业推行厂务公开制度，推行率为100%；58家事业单位推行厂（院、校、站、所）务公开制度，推行率为95%；45家非公企业推行厂务公开制度，实施率为41%。

2011—2015年，完善以职代会为载体、厂务公开为补充的民主管理制度。2012—2015年，围绕民主管理工作目标开展工作，深入基层企业推动政策落实。全县共有100多家国有控股、企事业或民营经济组织建立职代会和厂务公开的民主管理制度。

2016年，围绕民主管理目标开展工作，到基层进企业推动落实。2017年，全县共有100多家国有控股、企事业或民营经济组织等建立了职代会和厂务公开的民主管理制度。以职代会制度为主要形式的企事业民主管理制度得到不断完善和加强。厂务公开、校务公开、院务公开走上制度化、常态化、规范化、科学化轨道。

2020—2022年，执行县总工会《关于进一步推进非公企业民主管理制度落实的意见》，建立和实行厂务公开、业务公开制度，把企业"三重一大"决策、生产经营管理、劳动规章制度等重要事项和企业领导班子成员履职情况，按照程序向职工公开。公开内容包括企业中长期发展规划；投资和生产经营管理重大决策方案，企业改革、改制方案，兼并、破产方案，重大技术改造方案，职工裁员、分流、安置方案等；企业年度生产经营目标及完成情况；企业担保、大额资金使用、大额资产处置情况，工程建设项目的招投标，大宗物资采购供应，产品销售和盈亏情况，承包租赁合同履行情况，内部经济责任制落实情况，重要规章制度制定与履行等；企业职工招用及劳动合同签订的情况；集体合同文本和劳动规章制度的内容，奖励处罚职工、单方解除劳动合同的情况以及裁员的方案和结果，评选劳动模范和优秀职工的条件、名额和结果，劳动安全卫生标准、安全事故发生情况及处理结果，社会保险、企业年金及住房公积金的缴费情况，职工教育经费提取、使用和职工培训计划及执行的情况，劳动争议及处理结果情况，职工提薪晋级、工资奖金收入分配情况，专业技术职称的评聘情况，等等；民主评议企业领导人员、中层领导人员、重要岗位人员的选聘和任用情况，企业领导人员薪酬、职务消费和兼职情况，以及出国出境费用支出等廉洁自律规定执行情况等。企业通过职工代表大会、厂务公开栏、厂报厂刊、各类会议、网络等各种渠道对相关信息进行公开。

第二节 参政议政

20世纪50年代起，佛冈境内从建立工会组织起，就开展参政议政工作。工会参政议政，即工会组织并代表职工参与国家和社会事务的管理。我国宪法规定："一切权力属于人民""人民行使权力的机关是全国人民代表大会和地方各级代表大会""人民依照法律规定，通过各种途径和形式，管理国家事务，管理经济事业，管理社会事务"，这为工人阶级和工会组织参政议政提供了法律依据。

佛冈县总工会成立后，工会代表及组织广大职工参政议政成为佛冈县内充分发挥工会民主参与和民主监督作用的重要内容，以及社会主义民主的重要组成部分。佛冈县每次召开人民代表大会，工人代表都占有一定比例的名额。每一届都有基层单位职工或县总工会干部进入委员会或常委会，代表职工行使管理国家和社会事务的权力。

20世纪70年代起，工会组织参政议政职能增强。先后有黄社观作为工人阶级的代表任县革委会副主任，黄儒养被选为县委候补委员，县石厂工会主席黄尧被选为省人大代表，县总工会副主席郑炳洲当选县第五届政协常委，县工会主席李榕高当选为县第六届人大常委，廖北生当选为县第十届人大常委，佛冈味精厂袁镜焕当选为全国第八届人民代表大会代表。这些工会代表在职期间均努力做到尽职尽责，代表广大职工行使参政议政和民主监督的权力。

1984年，全国总工会第十届二次执行委员会首次明确提出"工会参政议政"任务。从1984年起，佛冈县总工会主席均当选为县委委员。

1985年11月5日，中共中央办公厅、国务院办公厅转发全国总工会党组《关于工会参加党和政府有关会议和工作机构的请示》后，凡涉及职工利益的各种重大改革的领导机构，吸收工会负责人参加。佛冈县成立的经济体制改革、工资改革、劳动争议仲裁、安全生产、劳动制度改革、职工教育等领导机构都吸收了县总工会有关负责人参加。工矿企业基层工会主席都代表职工参加企业管理机构和政治、经济活动领导机构，参与职代会主持工作，通过职代会正确行使职权，参与企业重大决策、监督领导和维护职工合法权益。佛冈县工会在县总工会、系统工会、基层工会这3个层次上，通过不同的渠道参政议政；有条件的工会主席则进入同级领导班子，享受同级副职待遇，参加同级领导班子的有关会议，反映职工意见。1987年，政府或企业行政召开的会议，凡涉及职工切身利益问题的，工会领导人均需列席参加，听取工会反映有关职工的意见和要求。1989年以后，佛冈县96%的基层工会主席均选调自相当于企业单位的党政副职领导。

1989年，中共中央印发《关于加强和改善党对工会、共青团、妇联工作领导的通知》，全县各级工会认真贯彻中央精神，积极开展参政议政工作。1996年，县总工会主席以县人大常委、县政协常委身份参加政府联席会议，会上提出有关企业职工劳动保护、劳动工资、劳动就业、社会保险的提案，同时参与县的有关法规的制订工作。

2001—2005年，县总工会围绕全县改革发展大局开展参政议政工作，为国有企业改革转制和职工安置、招商引资以及发展民营经济做好服务工作。

2006—2010年，县总工会开展对困难职工帮扶、劳动就业保障、企业劳动争议调解机制完善等工作，向县委、县政府提出合理化建议，为全县构建和谐社会做贡献。2007年后，县总工会主席均由县人大常委会副主任担任，参与政府或企业召开的会议，反映职工意见，为广大职工代言，维护广大职工合法权益，工会组织的参政议政作用得到较好的增强。

2011—2021年，县总工会紧紧围绕全县中心工作，开展调查研究，提出意见和建议，为县委、县政府决策提供参考。在此期间，全县各级工会组织积极发挥党建带工建的引领作用，维护工会系统意识形态安全，号召职工听党话、感党恩、跟党走，增强各级工会的凝聚力，增强工会的职能作用。

第三节　参与社会活动

2022年颁布的《工会法》第五条指出：工会组织和教育职工依照宪法和法律的规定行使民主权利，发挥国家主人翁的作用，通过各种途径和形式，参与管理国家事务、管理经济和文化事业、管理社会事务；协助人民政府开展工作，维护工人阶级领导的、以工农联盟为基础的人民民主专政的社会主义国家政权。佛冈县各级工会根据党在各个时期的中心工作和政治运动，积极组织职工参与各个时期的社会活动。

20世纪50年代起,佛冈县各级工会积极发动会员、职工参与社会活动。佛冈解放初期,配合清匪反霸、退租退押、抗美援朝、土地改革等运动,组织职工学习党的各项方针、政策,动员职工参与对不法分子的检举、清查和监督的活动;动员广大职工踊跃捐款捐物,支援抗美援朝。社会主义建设初期,重点进行社会主义过渡时期总路线和总任务的教育;动员职工投入对农业、手工业和资本主义工商业的改造中。改革开放和社会主义现代化建设时期,以经济建设为中心,建设有中国特色的社会主义,佛冈县在职工中开展"有理想、有道德、有文化、有纪律"的教育,动员广大职工积极投身于"创先、创新、创优、创汇、创最佳效益"和提合理化建议、技术革新、技术协作、发明创造等运动,为"四化"作贡献。

一、20世纪50—60年代参与社会活动

(一)参与抗美援朝宣传动员

1950年6月,朝鲜战争爆发,严重威胁中华人民共和国的安全。10月8日,中国人民革命军事委员会决定组织中国人民志愿军入朝鲜参战。我国开展声势浩大的抗美援朝保家卫国运动。

佛冈县委通过乡村农民协会、县城工人联合会和工商联合会、共青团、妇联、学校学生,利用各种形式深入农村及墟场宣传"抗美援朝、保家卫国"的重大意义,动员全县人民参加抗美援朝保家卫国运动。1950年10月下旬,全县组织各阶层参加"抗美援朝、保家卫国"的和平签名活动,到10月底,全县各界群众共有3万多人参加签名。11月19—23日,全县各区联合召开的第二届农民代表会议把抗美援朝作为形势教育的重要内容。通过宣传,发动全县各界人民以实际行动支持抗美援朝运动,机关、农村干部群众和学校师生写信慰问中国人民志愿军,积极参加捐款以支持抗美援朝活动,至1953年7月,全县共捐款8.4亿元(人民币旧值,下同),超额完成上级分配的4亿元任务。同时,佛冈县的青壮年响应县委的号召,踊跃报名参军。1950—1952年,佛冈有1000多人报名参加志愿军,556人被批准入伍,其中260人奔赴朝鲜战场。抗美援朝保家卫国的运动,对全县人民进行了一次广泛的爱国主义和国际主义教育。

(二)参与禁烟禁赌及取缔卖淫嫖娼运动

中华人民共和国成立前,佛冈县人口不多,城镇人口更少,赌博、贩毒吸毒、卖淫嫖娼等社会丑恶现象主要在圩镇中存在,但也祸及全县各地,人民群众深受其害。中华人民共和国成立初期,县政府颁发禁烟(鸦片)禁赌、取缔卖淫嫖娼的布告,广泛宣传,明令禁止。县公安局依靠民兵和工、青、妇、农会等组织的力量,大规模进行清查整治。到1950年1月,二区(今高岗、迳头镇)收缴烟赌工具90多件,扣留20多名烟赌徒;一区(今水头、石角镇)扣押30多名烟赌徒,强制戒烟戒赌。同时,县城和墟场全面检查扫荡藏污纳垢场所,取缔娼妓。1951年1月,根据省政府颁发的禁令,继续取缔嫖娼卖淫活动,县内工商界配合全县开展工作。此后,全县的烟、赌、卖淫嫖娼基本绝

迹，社会风气逐步好转。

（三）参与"三反""五反"运动

中共中央于1951年12月发出《关于实行精兵简政、增产节约、反对贪污、反对浪费和反对官僚主义的决定》，在全国开展"三反"（反贪污、反浪费和反官僚主义）运动。1952年2月，县委召开党员干部大会部署"三反"运动。"三反"运动只停留在部署上，未全面铺开。11月15日，县委召开以"三反"为主题的土改工作队整队会议，将"三反"运动与土改整队、土改复查工作结合起来，以群众运动的形式予以推行。1953年4月13日，县委召开县城15个单位（县属机关单位8个，财政经济单位7个）党员、干部大会，县委书记王启智作"三反"动员报告，宣布成立佛冈县"三反"委员会，下设7个中队，每个中队分为10个小组。会后，采取层层"下水洗澡"、抓典型、自我检查和群众检举揭发相结合的办法，重点是抓"大老虎"。"三反"运动从4月13日开始，分为动员学习、思想批判、评定进步三个阶段，到5月中旬基本结束。

在"三反"运动中，全县党员干部共有146人"下水"，其中有贪污行为的90人，贪污金额折合人民币计4354.7万元（人民币旧值），另有白银600元，港币32万元，其他物资若干；有浪费行为的56人，严重的3人（合作总社、卫生院、财政科各1人），虽然浪费数额不大，但也把这些人作为"老虎"进行重点斗争。运动中给予开除党籍处分的有9人。时任佛冈县人民政府县长的武中堂，也因将上年财政结余资金用于兴建县府礼堂和购买20辆自行车（公用）而受到处分，被调离佛冈。

1953年4月，县委成立"五反"领导小组，在全县开展"五反"（反对行贿、反对偷税漏税、反对偷工减料、反对盗骗国家财产和反对盗窃国家经济情报）运动。

佛冈的"三反"和"五反"是在特殊的历史条件下开展的，全县工会组织和职工群众积极投入运动。由于佛冈工商业阶层中，主要以小型私商为主体，资本家人数极少，所以主要是结合恢复经济等工作开展运动，以宣传、教育为主。

（四）参与宣传贯彻《婚姻法》

1950年5月1日，中央人民政府颁布新中国的第一部法律——《中华人民共和国婚姻法》（简称《婚姻法》）。1953年3月，根据华南分局的指示，佛冈县广泛宣传贯彻《婚姻法》。县委成立佛冈县宣传贯彻《婚姻法》委员会，主任由县长担任，副主任由人民法院副院长担任。宣传贯彻《婚姻法》委员会下设办公室，成员包括县人民法院、县民政、县妇联、共青团以及基层党组织负责人。

宣传贯彻《婚姻法》委员会先以一区小梅乡作为试点，取得经验后在全县铺开，并举办《婚姻法》知识培训班2期，培训各区乡党、团和妇女干部174人。利用各种会议（特别是妇代会和妇女会议）以及各种宣传媒体进行宣传。在宣传贯彻《婚姻法》的过程中，县人民法院结合办案，惩办了一批违反《婚姻法》和严重虐待妇女的违法人员。

自《婚姻法》颁布后，工会组织职工群众响应号召、积极参与。至1954年底，佛冈县内登记结婚的有840对，离婚的有756对，调解后不离婚的有104对，转法院处理的有

1647对。工会组织通过宣传、教育、调解、执法等方式宣传贯彻《婚姻法》,使人民群众逐步树立起新社会的婚姻家庭观念。

二、20世纪70—90年代参与社会活动

(一)参与揭批"四人帮"运动

1976年10月6日,中共中央政治局采取果断措施,一举粉碎江青反革命集团,从危难中挽救了党、挽救了革命。江青反革命集团的覆灭,标志着中国进入新的历史阶段。

全县广大党员、干部和人民群众围绕中共中央《关于王洪文、张春桥、江青、姚文元反党集团事件的通知》文件精神,按照中共中央的战略部署,分三个阶段开展揭批江青反革命集团(即"四人帮")罪行的活动。第一阶段从1976年12月中旬开始,按照中共中央《关于印发王洪文、张春桥、江青、姚文元反党集体罪证(材料之一)的通知》,在全县范围进行传达、组织阅读和讨论,掀起揭批"四人帮"罪行的高潮;第二阶段从1977年3月开始,主要是学习中共中央下发的文件和《毛泽东选集》,批判"四人帮"祸国殃民的罪行;第三阶段从1977年10月下旬开始,县委发出文件,要求打好揭批"四人帮"反党集团第三战役,主要揭发批判"四人帮"反动纲领、反动谬论和"左"的罪行。

揭批"四人帮"罪行的活动,延续至1978年6月,于6月上旬基本结束,此后工作重点转入清查。10月22日,县委召开县直机关、各公社副科以上干部会议,传达中共韶关地委整风会议精神,动员在全县范围内清查与"四人帮"有关的人和事,清查"文化大革命"中严重打砸抢者、杀人凶手、幕后策划者、挟私报复者和阶级报复者。在开展揭批"四人帮"活动的三个阶段中,县委通过深入传达宣讲中央文件,彻底批判"四人帮"的反革命罪行,使党员、干部、群众分清是非,提高认识,从而坚定信心,进而纷纷表示坚决拥护中共中央的决策。虽然当时受到"两个凡是"和"抓纲治国"方针的影响和束缚,但揭批"四人帮"斗争仍然取得重大的成果。

(二)参与改革开放启程的实践

1978年12月召开的党的十一届三中全会,提出对内实行改革、对外实行开放的方针。这是中华人民共和国成立以来党的历史上具有深远意义的伟大转折,也是决定当代中国命运的关键抉择。佛冈县工会贯彻执行中国工会九大提出的关于工会工作的7项任务和要求。

20世纪80年代初期,佛冈县的改革开放,随着家庭联产承包责任制的落实,农村生产力得到进一步的解放,群众的生产积极性空前高涨,农村经济迅速发展,粮食生产获得丰收,农民生活得到改善。县委、县政府把农村改革的成功经验推广到工业、商业等其他领域,逐步开展经济体制改革和政治体制改革等一系列改革,通过改革促进经济社会的科学发展。全县基层工会发展到99个,全员4638人。各系统工会积极参与本单位改革工作。

（三）参与工业企业改革发展

20世纪80年代初起，佛冈县工业企业改革的着重点是扩大企业自主权，增强企业活力，县总工会组织各系统工会协助本单位推广以"包"字为主要内容的经济承包责任制。其主要形式为厂长经理承包责任制。基本做法是，由县经委发包，各企业向经委承包。1980—1981年，采取县经委向县财政承包、各企业向经委承包的方式；1985—1988年，在广州市带县办工业的带动下，佛冈工业部门与广州地区的大中型企业联合兴办了佛冈味精厂、县电池实业公司、县电池配件厂、县搪瓷厂、县耐火材料厂、县香料厂等联营企业。这些中外合资企业和联营企业，除味精厂外，都实行了董事会领导下的厂长经理负责制，规定重大问题由董事会讨论决定，厂长经理负责日常生产经营的组织实施，厂长经理岗位遵守目标责任制。1988—1993年，经委制订《关于转换企业经营机制，增强企业活力的方案》。实行经委和财政局共同发包、各企业向经委和财政局承包的方式，对超计划利润部分，企业、财政局、经委按7∶2∶1的比例分成。承包经营的实施，使企业经济效益不断提高，董事会领导下的厂长经理负责制进一步得到落实。

1994年，《关于转换企业经营机制，增强企业活力的方案》正式在县属企业中实施，经委与各企业签订厂长经理岗位目标责任制，各系统工会积极协助并参与其中。基本做法是根据企业年创利额和销售收入额，划分7个档次，以档次确定经营者收入，对企业经营者实行"年薪制"。通过实施厂长经理岗位目标责任制，进一步调整企业经营者与职工的分配关系，调动经营者的积极性。随着改革的深化，20世纪90年代后期，工业企业的改革得到深层次发展，并向以产权制度改革为主的方向转变。

（四）参与商业供销部门改革

20世纪80年代中期起，佛冈商业供销部门着眼于改革、搞活，开始有计划地对商业结构、流通渠道、管理体制、经营方式等进行改革。围绕扩大企业自主权，着力改革小型企业。对国营商业的小型商店、饮食服务店采取"国家所有，集体经营，照章纳税，自负盈亏"的办法，推行各种不同形式的经营责任制，包括"五定一奖"（定资金、定人员、定销售额、定利润、定费用，根据以上情况进行奖励）；见利分成；定额包干，超亏不补；联购联销计奖；职工集体或个人承包经营等。通过改革，初步改变"吃大锅饭"的弊端，增强企业的经营活力。

1987年，商业部门在县纺织品公司开展"经理任期目标责任制"的试点，商业工会协助制定经理3年任期期间商品购销、库存、利润、费用水平、税收、资金周转、职工奖金福利等项目的年度目标及奖惩办法。1988年，商业企业全面实行承包经营责任制，公司（企业）直接向县财政局承包，基本原则是："包死基数，确保上缴和还贷，超收多留，欠收自补"。

1993年起，县商业部门进一步深化和完善承包经营责任制，实行个人风险抵押承包政策，由承包者缴交一定数额的风险抵押金。20世纪90年代中后期至21世纪初，佛冈商业企业的改革向纵深发展，逐步转向以产权制度改革为中心的深层次改革，实行破产、拍卖、转制等形式的改革，国有商业企业逐步退出市场。供销部门的改革，从初期扩大企业自主权到后来逐步推行各种形式的经营责任制，供销系统工会协助制订的经营责任制主要包括了联购联销计酬、超利分成、"五定一奖"、利润包干、租赁经营等经营形式。1983年以后进行基层供销社恢复"三性"（组织上的群众性、管理上的民主性和经营上的灵活性）和"五个突破"（突破用工制度、突破入股限额、突破经营范围和服务领域、突破分配平均主义、突破作价办法）的改革，除基层供销社外，供销部门对县供销社的直属企业也实行简政放权、经济目标责任制、调整经营方式、落实经营承包责任制等一系列的改革。通过改革，供销社系统内的企业出现新的生机和活力。

三、2001—2021年参与社会活动

（一）参与实施民心工程

2003年起，佛冈县每年选定十项民心工程（民生实事），由县委、县政府部署实施。县总工会发动全县工会组织，动员广大职工全面投入、全程参与，推动十项民心工程顺利实施，取得实效。在2004年开展的济困助残工程、外来员工合法权益保护工程中，县各级工会按职能开展工作，使这两项民心工程取得预期实效。此外，在有关年度中县工会积极配合开展的重点工作有：2010年开展的扶贫开发"规划到户、责任到人"工作、狠抓安全生产工作；2012年开展的平价商店建设工作；2013年开展的就业技能培训、人才交流和企业招聘会工作；2014年开展的肉菜市场改造工作、县城生活垃圾处理工作；2015年开展的规范市场经营秩序、增加城乡交通站点工作；2019年促进就业创业工作。每年开展的十项民生工程均在全县各级工会和广大职工群众的配合参与下得以顺利实施。

（二）参与实施共创富民强县工作

2005—2007年，佛冈县开展"十百千万干部下基层驻农村"工作。2012年，开展"村务1+1"工作。2016年，开展精准扶贫工作。2019年，开展脱贫攻坚战工作。2020年，开展创建农村基层党建示范点工作，县总工会及县直属机关事业单位工会均派专人参与，并指定单位主要领导担任村党支部第一书记，在本单位职工群体中开展募捐工作，支持农村脱贫奔康和改革发展。

第八章
职工教育

第一节 思想政治教育

工会对职工的思想政治教育工作,主要内容是围绕党在各个历史时期的中心任务,在上级组织的指导下,以形势任务教育和政治理论教育为主要内容,针对当时的政治、经济文化、社会形势,结合职工的实际思想状况,积极发挥工会的自身优势,通过群众性的宣传讲解、读书读报、学习讨论等活动,使得职工从中了解国内外大事,理解党的路线、方针、政策,明确工人阶级所肩负的责任,做社会主义建设的主力军。

一、佛冈新中国成立初期形势任务及路线方针政策教育

1950年,佛冈县各级工会结合形势和任务开展职工思想政治教育工作。是年6月,《中华人民共和国工会法》颁布实施,佛冈县建立店员、搬运、建筑等行业工会,相应配合全县展开清匪反霸、恢复治安秩序、生产度荒等工作。

1951年初,佛冈县工人联合会成立。2月起,各级工会组织职工学习中共中央《关于严厉镇压反革命分子活动的指示》和《中华人民共和国惩治反革命条例》,动员职工参与对不法分子的检举、清查和监督活动,大张旗鼓开展清匪反霸、镇压反革命运动。同时,发动职工群众学习《广东省减租实施办法》,在全县开展退租退押、减租减息运动。进行土改政策培训,从机关、学校抽调的干部职工134人、县外干部职工131人参加培训。是年,动员全县人民参加"抗美援朝、保家卫国"运动。

1952—1953年,结合"三反"(反贪污、反浪费、反官僚主义)、"五反"(反对行贿、反对偷税漏税、反对偷工减料、反对盗骗国家财产、反对盗窃国家经济情报)运动,在党员干部职工中开展思想政治教育活动。

1953—1955年,重点进行社会主义过渡时期总路线和总任务教育,动员职工投身于

对农业、手工业和资本主义工商业展开的"三大改造",以实际行动贯彻执行党对"三大改造"的方针、政策、法令、法规等。

二、全面建设时期党的八大路线和"一五"计划教育

1957年,佛冈县各级工会在干部职工中开展"反右"斗争教育,开展群众性大生产运动教育。1958—1961年,着重对职工进行"总路线、大跃进、人民公社"三面红旗的教育和战备教育,要求工人做到组织军事化、思想革命化、行动战斗化。1962年,是国民经济的困难时期,工业缩短战线,政府实行压缩城镇人口,全县共精简职工486人。工会配合当时的形势,在全县范围内开展社会主义教育运动,在职工群体中反复进行形势教育、阶级教育和战备教育,并开展大学毛主席著作运动。1963年,开展以打击投机倒把、资本主义自发势力、封建迷信(简称打"三风")为中心的社会主义教育运动(以下简称"社教")。1964年8月,开展"社教"活动,动员全县干部职工参与农村社会主义教育运动。1964—1967年期间,活动在县内分期分批进行,先在水头公社完成试点工作,1965年在迳头、三八、石角3个公社开展社教活动,1966年在龙南、民安、龙山3个公社开展社教活动,1967年在良安、四九2个公社开展社教活动。1966年5月后,"文化大革命"对工会职工教育活动造成了一定的冲击。

三、社会主义建设曲折前进时期毛泽东思想教育

20世纪60年代初起,佛冈县开展学习毛主席著作运动,一直持续到"文化大革命"末期,学习运动范围广、持续时间长、影响深刻。县委(县革命委员会)要求全县干部、工人、农民、学生,特别是机关干部,坚持开展学习毛主席著作活动。县总工会配合全县毛主席著作学习活动,组织各级工会举办各种毛泽东思想学习班,以推动毛主席著作学习活动的深入开展。毛泽东思想学习班的主要学习内容除毛泽东原著外,还包括毛主席的最新指示,中共中央重要文件和党的路线、方针、政策等,以及讨论、研究、解决一些重大事情等。

1967年,全县各级工会配合有关部门,把全县12个公社和机关、厂矿、企事业单位编为5个组,进行检查、评比和讲用。1968年8月,举办全县中小学教职员工毛泽东思想学习班,历时62天,参加学习班的教职工共有1226人;县属机关中干部、职工凡能集中学习的,全部集中办学习班,不能集中的营业单位、医院等部门,则分期集中办班;各系统和公社机关干部、职工,集中在汤塘公社办学习班,时间为2个月;农村采用生产队办班或自然村、联村、联家办班的方式;厂矿采取就地、业余的形式办班,当年12月底前结束。据统计,1968年全县各级各部门(包括公社、大队、生产队、工厂、机关、学校等)举办各种类型的毛泽东思想学习班1.55万期,先后参加学习的有83万多人次。

1976年,县总工会举办5期工人干部理论学习班,参加学习工人干部共396人,其中副厂长以上干部35人、工人辅导员161人,目的是肃清"四人帮"流毒。1977年,县总工会响应党中央和省委号召,掀起"工业学大庆"高潮,在县委的领导下,号召工

交企业和财贸战线的职工开展"远学大庆、近学马鞍"和学习"铁人"王进喜精神的相关活动。

四、改革开放和现代化建设时期思想政治教育

1978年12月起,县总工会积极贯彻党的十一届三中全会精神,在职工中开展"有理想、有道德、有文化、有纪律"的教育,动员广大职工积极投身于"创先、创新、创优、创汇、创最佳效益"和提合理化建议、技术革新、技术协作、发明创造等运动,为"四化"建设作贡献。根据党在新形势下新任务的要求,教育广大职工围绕有利于造就一个长期安定的政治局面,团结一致搞"四化",做社会主义建设的排头兵。县总工会为配合做好党的中心宣传工作,在县文化局的协助下,成立县属机关职工业余文艺宣传队,以宣传党的方针政策。

1981年起,全国总工会等9个单位联合发出《关于在全国开展文明礼貌活动的倡议》。县总工会与教育部门、团委、妇联等单位利用广播、黑板报、墙报、电影、幻灯片等形式,深入开展宣传"五讲"(讲文明、讲礼貌、讲卫生、讲秩序、讲道德)、"四美"(心灵美、语言美、行为美、环境美)教育活动,还召开基层工会主席会议和基层工会宣传委员会议,研究部署结合本单位的实际开展"五讲""四美"教育。该项思想教育活动的开展,起到了"三新""四少""五多"的效果,即厂貌、店容、校风新,粗言脏语、打架赌博、旷工缺勤、随地吐痰现象少,礼貌待客、尊师爱生、助人为乐、钻研技术、做贡献的人多。

1985—1989年,县总工会住以理想、纪律教育为主要内容,加强职工队伍建设,把提高职工素质、建设一支"有理想、有道德、有文化、有纪律"的职工队伍作为社会主义精神文明建设的一项重要工作来抓。1989年春夏之交的政治风波中,县总工会及时教育各基层组织和工会职工,坚定不移坚持党中央的集体领导,不受任何干扰,立场坚定、旗帜鲜明地积极维护安定团结的政治局面。对广大职工进行反对资产阶级自由化的教育,坚决反对和制止动乱,人人坚守生产岗位,做到不信谣、不传谣、不外出搞串联活动。

1990年,县总工会贯彻中国工会九大精神,并根据中央宣传部、国家计委、全国总工会《关于在企业职工中进行基本国情与基本路线教育的通知》的要求,在佛冈味精厂、县石油公司开展"双基"(即基本国情与基本路线,下同)教育试点工作。1991年3月,在总结"双基"教育试点经验的基础上,将"双基"教育在全县基层工会全面铺开。这次教育活动购买学习资料8000多册,职工受教育面达到96%以上。通过学习教育,广大职工对祖国的"历史与国情"、社会主义的"建设与改革"、工人阶级的"传统和使命"有了深刻的认识和了解,认清了工人阶级在社会主义现代化建设中的地位和责任,坚定了走社会主义道路的信心和决心,提高了广大职工贯彻执行党的"一个中心、两个基本点"的基本路线的自觉性。当年,全县企事业单位物质文明和精神文明建设成效获得了双丰收。县汽车站全体职工通过"双基"教育,增强了主人翁责任感和改革意识;县教育系统广大教师、教工通过"师德"教育,增强了工作责任感,使得教育

质量不断提高。县人民医院、县中医院通过开展"双基"教育和"医德医风"教育，普遍提高了院内职工思想觉悟，且县人民医院创下了历史最好的经济效益。中国工商银行佛冈县支行通过"双基"教育和职业道德教育，推动干部、职工牢固树立"顾客至上、服务第一"思想，为建设"先进职工之家"打下坚实基础。

1992年，县总工会及时组织干部职工学习新修订的《工会法》，进一步发挥工人阶级的主人翁精神，充分发挥工会职能，使其成为党联结职工群众的桥梁和纽带。1994年起，县总工会贯彻党的十四届三中、四中全会和广东省工会九大精神，号召全县基层工会坚持党的基本路线，建设一支高素质的、坚强的工人阶级队伍；坚持用中国特色社会主义理论武装职工，使工人阶级队伍成为坚持党的基本路线的一支坚强力量。县总工会还提出要把学习与坚定社会主义信念和树立崇高的人生追求结合起来，使邓小平理论为广大职工所掌握、运用，帮助广大职工树立与社会主义市场经济相适应的新价值观念。

2000年，佛冈县根据中央深入开展"讲学习、讲政治、讲正气"教育意见，在全县铺开"三讲"教育工作，历时2个多月。2001年，全县开展"三个代表"重要思想学习教育活动，历时10个多月。2005年1月，在全县开展"保持共产党员先进性"教育活动，活动分三批进行，到2006年6月基本结束。

2008—2009年，在全县职工党员干部中开展"深入学习实践科学发展观"活动，取得五大成效：深化解放思想，形成统筹城乡一体化科学发展新思路，广大党员干部深受启发；突出实践特色，加快推进统筹城乡一体化进程，科学发展迈上新水平；切实改善民生，统筹社会各项事业协调发展，人民群众得到更多实惠；注重改革创新，着力构建推动统筹城乡一体化科学发展的长效机制，有效扩大活动成果；坚持转变作风，切实加强和改进党的建设，形成狠抓落实的良好氛围，此举得到了省委对佛冈县试点活动的肯定。

2010年起，县内开展多项集中学习教育，全县各级工会抓职工队伍思想政治工作，对职工群众进行全面、系统、深刻的政治思想教育和信念教育。主要有：①开展以"争当职业道德标兵，争创窗口服务先锋"为主题的职业道德建设活动，建立与市场经济相适应的职工职业道德体系，促进全县职工职业道德素质和服务水平的提高。县卫生系统开展"假如我是病人"的医德医风教育活动，财税、金融、电信、交通运输和公路等单位的工会开展"巾帼文明示范岗"活动，以突出职业道德建设为重点，塑造让人民满意的窗口单位形象。②贯彻落实《公民道德建设实施纲要》，引导职工牢固树立建设有中国特色社会主义的共同理想和正确的世界观、人生观和价值观，提高职工的道德素质。

五、建设中国特色社会主义新时代思想政治教育

2012—2016年，佛冈县开展学习党的十八大精神系列活动。2015年，佛冈县总工会制定《职工素质建设工程五年规划（2015—2019年）实施方案》，紧紧围绕全面建成小康社会、全面深化改革、依法治国、从严治党战略布局，充分发挥工会"大学校"作用，以培育和践行社会主义核心价值观为主线，以培养职工职业精神和提高职工技术技能素质为重点，深入实施职工素质建设工程，加快培养高素质劳动者，为实现"两个

一百年"奋斗目标、实现中华民族伟大复兴的中国梦提供坚实的人才保障。贯彻落实《新时期产业工人队伍建设改革方案》，积极发挥工会组织优势，大力开展以提高职工素质为重点的各项活动。全面贯彻落实习近平总书记视察广东重要讲话精神、关于工人阶级和工会工作的重要论述，坚持全心全意依靠工人阶级的方针，把统一思想、凝聚力量作为中心环节，引导广大产业工人进一步增强主力军作用、县内进一步形成劳动光荣的社会风尚和精益求精的敬业风气、用人单位进一步完善新时代职工队伍思想政治工作领导体制和工作机制。

2017—2020年，佛冈县开展学习贯彻党的十九大精神系列活动。县总工会按照县委印发《佛冈县学习宣传贯彻党的十九大精神总体工作方案》，组织基层工会开展多层次、多形式的理论学习。理论学习的重点是结合"两学一做"学习教育和"不忘初心，牢记使命"主题教育，学习党的十九大精神、习近平新时代中国特色社会主义思想以及《习近平谈治国理政》（第一卷、第二卷）。通过理论学习中心组学习、党组织书记上党课、宣讲团到各地宣讲辅导等形式，在全县范围内开展全方位的理论学习活动。2020年，县总工会先后制定《2019—2023年佛冈县工会干部教育培训规划》和《干部教育培训工作制度》，落实对基层工会干部特别是基层工会主席的教育培训工作。同时，县总工会根据《广东省产业工人队伍建设改革实施方案》，要求各镇总工会、各基层工会加强产业工人思想政治工作，强化职业思想和职业精神教育；创新产业工人队伍党建工作，增强产业工人队伍先进性；实施新生代产业工人培养工程，建设适应现代产业发展需要的工匠人才队伍；实施农村劳动力精准培训工程，促进农民工职业技能提升。县总工会结合全县工人队伍实际，制定《佛冈县总工会关于加强和改进新时代产业工人思想政治工作实施意见》，动员组织职工积极参加"中国梦·劳动美"等群众性主题宣传教育活动，引导广大产业工人坚定对中国特色社会主义的信念、对实现中华民族伟大复兴中国梦和办好国企的信心。

2021年，县总工会开展3项重点工作：①开展"把一切献给党、劳动创造幸福"全省职工百场党史主题阅读活动。主要内容有：按照市总工会《关于开展2021年职工书屋图书配送工作的通知》精神，对广东雅迪机车有限公司工会委员会和佛冈盈泰纺织品染整有限公司工会委员会职工书屋的图书进行补充更新；县广东农村商业银行工会委员会和加多宝草本植物有限公司工会委员会积极与县图书馆沟通，开展图书共建共享工作，提高全县在职人员在"学习强国"平台上学习的积极性，提升"学习强国"平台覆盖面和活跃度。开展党史学习教育，组织非公企业工会主席到佛冈县佳达服装有限公司开展以"听党话、感党恩、跟党走"为主题的工会主席培训班。女工委员会开展"玫瑰书香"阅读活动启动仪式。②开展"中国梦·劳动美——永远跟党走·奋进新征程"全省工会百场劳模工匠进企业宣讲活动。县总工会到约克广州空调冷冻设备有限公司开展劳模精神、工匠精神宣传活动。8月31日，全国先进工作者蓝榕概到广东国珠企业集团有限公司，开展"全省工会百场劳模工匠进企业"宣讲活动。组织开展"中国梦·劳动美"送文艺进企业活动。11月，县总工会深入广东松峰机械有限公司举办专题文艺晚会。③开展"百企帮百村"助力乡村振兴宣传活动。经过县总工会对接协调，聚龙湾天然温泉度假村于汤塘村（汤塘小学、汤塘围）开展"百企帮百村"爱心捐赠活动；国珠企业集团有限公司向汤塘镇大埔村、汤塘村、湴江村合计捐赠5万元；佛冈盈泰纺织品染整有限公司每逢春节、中秋节、重阳节都会到社坪村走访慰问该村的老人；清远市加多宝饮料有限公司到汤塘镇联合村委会开展"夏送清凉"活动；佛冈县万兴电子塑胶有限公司到汤塘镇上黎村村委会开展农民工岗位培训；县总工会支持挂扶村高岗镇长江村、水头镇乡村振兴工作经费共3万元。同年，县总工会制定开展"粤工惠"平台推广应用工作计划及普惠服务方案，开展"粤工惠"线下线上普惠服务。

2022年，佛冈县开展学习贯彻党的二十大精神系列活动。县总工会加强"学习强国"学习普及工作，促进"粤工惠"宣传教育推广活动，与中共佛冈县委宣传部联合发文《关于激励党员干部和工会会员进一步加强"学习强国"学习的通知》，结合全县实际和"学习强国"平台积分规则与"粤工惠"平台的实用性，根据全县在职人员、工会会员利用"学习强国"平台学习的实际情况实施激励措施，激励方式为全县在职人员、工会会员每月学习积分达1000分以上奖励价值30元的票券一张，该票券可用于在"粤工惠"平台购买扶贫农产品等，从而间接促进全县消费扶贫。据统计，2022年全县"粤工惠"组织登记数同2021年相比，增加了31家，会员实名认证数增加了8292人，会员实名注册总数达到25 199人。县总工会积极在"粤工惠"平台上发布资讯，全年在"粤工惠"发布文章12篇，阅读量达到800多人次。

是年，县总工会开展的重点活动有：①开展多场"中国梦·劳动美——喜迎二十大·建功新时代"主题宣传教育活动。②开展"最美产业工人""南粤工匠"主题学习宣传活动。③开展"提高摄影技能，建设美丽佛冈"职工摄影技能大赛，吸引90名摄影爱好者参加培训，评选出作品一等奖1名、二等奖2名、三等奖3名、优秀奖10名。④举办"会聚良缘·相约七夕"联谊活动，吸引了来自各基层工会的40名青年职工参加。⑤分别在佛冈县消防救援大队、聚龙湾温泉度假村开展"喜迎二十大，永远跟党走"消防安全知识技能培训及演练活动。

第二节　职业道德教育

20世纪50年代起，佛冈县工会坚持在职工中开展职业道德教育。职业道德是人们在职业活动中所遵守的道德准则、道德情操和道德品质的总和，是每位职工于社会活动中应肩负起的道德责任与义务。开展职工职业道德教育工作，就是要求工会利用自身优势，在职工中大力弘扬爱岗敬业、诚实守信、办事公道、服务群众、奉献社会的现代职业道德精神，培养职工的高尚情操，做社会主义道德风尚的带头人。抓好职业道德建设，对于提高职工的道德水平，培养"四有"职工，形成全社会良好的道德风尚具有十分重要的意义。

一、学雷锋和"五讲四美"活动

1957年6月，召开佛冈县工会第二次代表大会，举办五一工人运动会，并通过组织职工开展竞赛活动和创造技术革新，帮助职工树立为人民服务的劳动观念、做国家主人翁的劳动态度。县松香厂、印刷厂、酒厂均获韶关专区厂际竞赛"优秀厂"称号。1961年起，县总工会开展学习雷锋、争当雷锋式工人宣传教育活动，组织讲雷锋故事会，号召职工争做一颗永不生锈的螺丝钉，发扬优良传统，全心全意为人民服务，努力为社会主义建设增砖添瓦。各级工会还结合各自的实际，分别深入开展了"学雷锋、做好事"为民服务活动。

1981年起，县总工会会同教育、团委、妇联等单位组织开展"五讲四美"（讲文明、讲礼貌、讲卫生、讲道德、讲纪律和心灵美、语言美、行为美、环境美）活动，推进职业道德教育，发扬团结互助的劳动风格和严格自觉的劳动纪律，引导职工把革命理想、道德、纪律融于日常的劳动之中，更好地为"四化"建设建功立业。在"文明礼貌月"宣传教育活动的开展过程中，各级工会将"全民文明礼貌月"活动同"三热爱"（热爱中国共产党、热爱祖国、热爱社会主义）教育、立功竞赛结合起来，号召广大职工恪守社会主义职业道德守则，自觉遵守劳动纪律，遵守厂规厂纪，搞好文明生产、文明服务，维护好厂容、店容；同时，以主人翁的劳动态度对待生产和工作，以一丝不苟的精神严格要求产品质量、工作质量和服务质量，以共产主义协作精神搞好上下工序之间、前后方之间的关系。一些退休职工也在工会的指引下，尽力维护生产秩序、保护绿化、宣传法规，教育青年职工讲文明、讲礼貌。

此后，县总工会按照县精神文明建设委员会的部署，把学雷锋和"五讲四美"活动融入各项精神文明建设活动中，全面提升精神文明建设的水平。

二、开展创先争优活动

佛冈县工会组织成立后，按照各级工会的部署开展评选表彰先进集体和先进个人活动。

1956年，县工会联合会召开全县工会积极分子代表大会，表彰一批工会先进集体和先进个人。1957年，佛冈县松香厂、印刷厂、酒厂获韶关专区授予"优秀厂"称号。

1964—1965年，全县开展评选先进集体和先进个人工作。1965年，全县各基层工会组织开展"五好"、先进职工和各种能手评选活动，评选出先进班组13个、"五好"职工34名、先进职工140名。

1978年，县总工会工作恢复开展，由各级评选出工会积极分子260人。

1980年起，评选表彰工作结合劳动竞赛和"先进职工之家"评选进行。在1980年1月召开的县工会第七次代表大会上，表彰了一批先进单位和先进个人。1986年，佛冈味精厂被广州市总工会评为"先进职工之家"。1990年，佛冈味精厂被评为省劳动竞赛

"双增双节"先进集体。

20世纪90年代起,全县各级工会坚持开展评选表彰先进工作,由各单位在每年总结表彰大会上进行表彰奖励。2003年3月,县总工会部署在五一国际劳动节前评选出一批全县先进集体和先进个人,并予以表彰。经过评选,县总工会授予广电集团佛冈供电分公司工会等5个基层工会组织"工会工作先进集体"称号,授予杨明等8名工会工作者"优秀工会工作者"称号,授予李凡敏等8名财会工作者"优秀财会工作者"称号,授予钟定能等45名工会会员"先进工会积极分子"称号。

2005年起,结合"党建带工建"工作的开展,将工会评选表彰工作纳入创先争优活动一并进行。2006年4月27日,清远市总工会发出《关于表彰清远市模范职工之家、模范职工小家的决定》,其中佛冈县的广东电网公司清远市佛冈供电局工会、广东烟草佛冈县有限公司工会、佛冈县中医院工会被授予"清远市模范职工之家"称号,清远市佛冈公路局龙山公路养护所工会小组、广东省佛冈县食品药品监督管理局工会被授予"清远市模范职工小家"称号。同年4月30日,清远市委、市政府召开庆五一国际劳动节暨劳动模范和先进工作者表彰大会。大会上,佛冈县约克广州空调冷冻设备有限公司YSM生产线班长桂必兴(河南省信阳市人)当选市劳动模范,为佛冈县史上首次有外来工当选市劳模。

2007年4月25日,县总工会举办全县工会干部培训班暨五一表彰大会。县工会第十二届全体委员和全县基层工会主席共235人参加会议。培训班邀请省总工会干部学校副校长李晓明教授授课。会上,对工会工作先进单位、优秀工会工作者、优秀工会财务工作者进行表彰。2010年4月26日,县总工会召开工会庆祝五一国际劳动节暨表彰大会,县工会十三届委员、女工委员和基层工会及部分县四套班子和有关部门领导参加。大会表彰先进基层工会组织15个、优秀工会工作者15人、优秀工会财务工作者10人。会上,县委常委徐文婉作了讲话。

2012年,佛冈县为适应新形势对工会工作的新要求,组织开展"创先争优"等活动。主要内容有:①改进机关作风建设,开展面对面、心贴心、实打实服务基层职工活动,结合企业工会组建工作,县总工会组织县镇工会干部60多人,走访企业86家,为企业和职工解决实际问题30多件。主要领导坚持每月一周深入基层一线,倾听职工群众呼声和基层工会需求,努力解决基层工会和职工群众的合理诉求和实际困难。②规范工作程序,提高办事效率。重新修订完善《佛冈县总工会内部管理制度》,制定《调研联系群众制度》,增强政策的针对性、可操作性。重点工作如工会组建、工资集体协商、会费收缴、维权维稳工作等实行督查督办制度,确保重点工作按时推进,有力地推动各项工作有序开展。③精心设计载体,突出工会特色,深入开展创先争优活动,全员参与,获得较好效果。是年,在"安康杯"竞赛中,佛冈县一批单位及个人获评先进。

2013—2022年,全县各级工会的创先争优活动与党内创先争优、各类竞赛以及工会工作结合开展,有效加强了职工队伍的职业道德教育工作。

三、弘扬劳模精神

进入21世纪后，县总工会激励广大职工在各自岗位上建功立业，组织职工开展劳动模范推荐评选工作，使一线工人能够受到尊重，体现组织对他们的关心及重视。2019年，约克广州空调冷冻设备有限公司高建华勤奋工作、技术过硬、成绩显著，荣获全国五一劳动奖章；广东松峰股份有限公司周伟松荣获广东省五一劳动奖章；约克广州空调冷冻设备有限公司於德钊、雅迪机车有限公司陈尚礼获清远市"最美产业工人"称号。是年7月，"中国梦·劳动美"广东工人艺术团送文艺进基层，全县基层工会干部、企业职工代表和市级以上劳动模范代表800余人观看演出，这场为职工量身定做的文艺盛宴深深感染了在场的观众群众。2020年4月30日，县总工会举行庆祝五一国际劳动节，并为省五一劳动奖章获得者肖伟英颁证，表彰慰问援鄂抗疫先进代表。

四、培育践行社会主义核心价值观

进入21世纪后，县总工会充分利用重大节庆日、重大历史事件纪念活动等，持续加强爱国主义、集体主义、社会主义教育，深化形势政策教育，宣讲党和国家的大政方针，宣传改革发展的伟大成就，讲清党情、国情、企情，引导广大职工树立正确的历史观、民族观、国家观、文化观。加强党史、新中国史教育，引导广大职工听党话、跟党走，把对党忠诚落实到践行企业精神、做好本职工作上来。

2010年起，培育和践行社会主义核心价值观[1]，以职业道德建设为重点，开展"道德模范""最美产业工人"等评选表彰活动，激励广大职工敬业奉献、诚实守信、向上向善、孝老爱亲。强化产业工人的主人翁意识，坚持和完善以职代会为基本形式的企业民主管理制度，通过厂务公开、接待日等多种形式，保障职工群众的知情权、参与权、表达权、监督权，切实增强产业工人主人翁意识。在协同办公平台开设"合理化建议"系统，开门纳谏，集思广益，持续鼓励职工为改革发展出谋划策。开展"金点子"征集活动，设立"金点子建议奖"，让职工发出"好声音"。积极创建"劳模工作室""工匠工作室"，注重发挥高技能人才作用，并大力推进创新成果转化。

2020年7月，县总工会开展以社会公德、职业道德、家庭美德、个人品德为重点的"四德"教育活动，受众100余人。同时，通过厂报、厂刊、宣传栏、网络媒体、微信公众号等宣传阵地，加大对各行各业职工开展劳动竞赛、争创"工人先锋号"等活动的宣传力度，弘扬劳模精神、工匠精神，推动社会主义核心价值观融入企业和广大职工的生产实践，推进群众性精神文明创建活动深入发展。

---

[1]社会主义核心价值观：富强、民主、文明、和谐、自由、平等、公正、法治、爱国、敬业、诚信、友善。

第三节 职工素质教育

从20世纪50年代起,佛冈县工会就开始开展职工素质教育工作。职工素质教育是开发职工智力,提高职工文化水平,增强职工技术技能,培养一支掌握现代科学业务技术和专业管理能力的知识型职工队伍,推进社会主义现代化建设的一项重要工作。佛冈县工会组织自成立以来,主要采取了开办扫盲班、夜校、职工业余学校、岗位技能竞赛等形式,对职工进行文化技术技能教育。

一、文化学习

中华人民共和国成立初期,佛冈县大多数工人出身于无产家庭或半无产家庭,家庭贫困读不起书,多是文盲或半文盲,因此干部职工整体的文化水平偏低。广大职工因要从过去的个体手工业生产转到工厂集体性的机械化或半机械化生产,在工作中深受无文化之苦。1953年1月,佛冈县工会第一次代表大会召开,会上提出要提高工人队伍的素质,给职工补习文化。是年,根据大会的部署,开办职工文化学校,地址设在石角解放路。学校分为两部分:一部分为佛冈县直属机关干部文化学校,由县文教科主办,负责补习初中的语文和数学,招收县直属机关和事业单位的干部职工,分别参加初一、初二、初三班学习,早上7—9时上课。另一部分为佛冈县城职工业余文化夜校,由县总工会主办,补习小学的语文和数学,招收县城各企业单位的职工,分别参加初小、高小两个班学习,晚上7—9时上课。至1955年,职工文化学校发展为职工业余学校,校长由县总工会主席兼任,分设高小班和普通班,课程有语文、数学、裁剪、美术等,除配备专职教师曾繁玉、黄国球、梁锦清、陈松年、温新等外,还聘请机关干部任教。1958年下半年,因佛冈与从化并县,职工业余学校停办半年,后于1959年初复办。

1979年起,职工业余学校先后增办初级、中级英语班和机械制图、无线电、珠算、古典文学、初中语文、数学、文学写作等14个班,学员共722人。职校聘请县城两所中学和县教师进修学校部分教师以及有一定学历的机关干部担任课时辅导教师。1981年,广东省总工会根据中华全国总工会《关于对工会系统举办的中等职工学校进行检查的通知》,对职工业余学校的检查项目包括:组织领导、机构设置情况和干部、教师、工作人员的数量、业务水平和教学水平;班级开设和课程设置情况;教学计划、大纲和教材选定、使用情况;教学质量情况,毕业生情况;经费来源和收支情况;现有校舍(自有、租用)情况,设备仪器、实验条件和图书情况;规章制度制定和执行情况以及存在的问题。县总工会按照要求把检查情况如实全面上报。

1983年,根据党中央《关于加强职工教育工作的决定》,县总工会在有关部门和基层工会的支持配合下,重点开办职工文化补课班,并增办逻辑语言、写作班和初中、高中文化补习班，学员共有432人。至1986年，县创办成人教育培训中心，开设各个专业的大专、中专班，并可获国家颁发的毕业证书，为国家承认学历，对县总工会举办的高中文化补习班形成冲击。由于学员竞争问题，职工文化补课班随之停办。随着文化水平的逐步提高，广大职工为取得合格的文凭，后续也趋向到成人教育培训中心学习。

1992年6月，县总工会根据全国和省、市总工会关于加强工会干部培训的要求，在县委党校举办一期工会干部培训班，参加学习的有37人。学习内容按省总工会干校教育大纲设置，学员需完成《工会学》等6门规定课程。经考试合格，可获工会干部岗位培训合格证书。

1995—2000年，县总工会结合全县开展"三个基本"（马克思主义基本理论、党的基本知识、党的基本路线）等系列集中教育活动，以党建带工建，在全县各级工会中组织开展党的路线方针政策学习活动，提高工会会员和职工的思想政治素质。同时，鼓励工会会员和职工开展读书活动，提倡带职学习、岗位成才，提高工会会员和职工的文化业务素质。

2001—2010年，县总工会组织开展"创建学习型工会，争做知识型职工"活动，开展各项培训教育工作。2004—2008年，全县有67个基层工会1.3万人参加素质提升工程。其中，佛冈公路局工会获"全省创建学习型工会"称号，全县一批职工被评为学习型先进个人。

2013年，县总工会联合县史志办开展赠书活动，向全县50家职工书屋赠送《佛冈县志》《中国共产党佛冈县历史》《佛冈年鉴》等书籍共1500多册。2017年6月，县总工会举办为期4天的工会业务知识培训班，参加培训的有50多人，培训期间同时组织参培人员到清新区太平镇供电所工会、广阳运动用品有限公司工会参观学习。

2020—2022年，县总工会围绕全县的学习教育工作，指导各级工会组织开展多种形式的学习教育活动。其中，县内通过招商引资建立的一批高科技企业，把职工培训和人才培育工作结合起来，推动职工队伍素质的有效提升。

二、技术培训

20世纪60年代起，佛冈县开展职工技术培训工作，培训内容主要有5种类型，包括旅游服务培训、残疾人特殊教育就业培训、专业技能培训、知识与技能竞赛、工会队伍素质培训。

（一）劳动力就业培训

1964—1965年，县开办技工学校。各厂矿、企事业根据本单位的需要，选送了一批工人参加短期培训。

1995年起，加强劳动力培训工作，开展就业前培训、岗位培训，实行职业资格证书制度。县内主要培训机构有劳动部门的劳动培训中心、教育部门的县职业技术学校、交通部门的机动车驾驶员学校、卫生部门的县卫生学校、佛冈县电大。此外，还有社会开办的培训机构以及本地或外地企业开办的用工培训班。至2010年，全县各层次、各类型的劳动技能培训班的工作重点是开展国有企业下岗和失业人员、城乡富余劳动力培训，共举办各类劳动培训600多班次，培训劳动力3万人次。国有企业下岗失业人员培训课程为计算机应用、家用电器维修、中式烹调、美容美发等，农业技术短期培训班课程为粮食作物类、经济作物类、林业类、畜牧水产类、农机类等。

2011年起，县政府将干部职工培训工作纳入目标责任制考评范围，进一步规范了职业培训，推动了劳动力培训工作发展。县内有资质的职业技能培训机构共3所，其中佛冈县职业技术学校和佛冈县卫生进修学校为公办培训机构，佛冈县金博士职业培训学校为民办培训机构。培训工种主要有维修工、电工、装配工、钳工、焊工、美容师、育婴员、计算机操作员等。2011—2015年，佛冈县内年均开办5个类型培训班、120多班次，培训劳动力3500人。2016年起，年均开办6个类型培训班、130多班次，培训劳动力3000人。

2020—2022年，围绕提升职业技能，培训重点围绕3项工作展开：①三大工程培训，即开展"粤菜师傅""南粤家政""农村电商"3项培训，2020年共培训1755人，领证1360人。②培训政策进企业，发动30多家企业实行岗位培训。③助企业稳就业培训，在企业开展适岗培训，推行企业新型学徒制，普及以工代训做法。2020年开展技能提升培训，参加考证人员有2869名。

（二）残疾人特殊教育就业培训

2001—2005年，县总工会会同县残联、科技、农业、职校等部门联合举办残疾人就业培训，资助贫困残疾学生读书，推荐残疾人学员到相关单位或企业就业，解决150名残疾人的就业问题。

2006—2010年，县残联与县农技推广中心长期合作，举办以种植沙糖桔为主要培训内容的残疾人农技培训班，同时，县残联拨出9.78万元，在种苗、化肥、农药及其他农业生产资料等方面给予扶持。县残联与骏达玩具公司达成合作协议，该公司设立"爱心车间"专门安置残疾人就业，成为市残联、县残联的残疾人培训和安置就业基地。2008年起，举办残疾人肉兔饲养技术培训班，选择高岗镇墩下村、汤塘镇泣江村、龙山镇车步村为整村推进残疾人脱贫试点村，以扶持残疾人从事农业种养。5年内，县残联共拨出专款18万元，举办农技培训班18期，培训残疾人966人次。

2011—2015年，经县委、县政府批准收取残疾人就业保险金，开展实用技术培训，残疾人按比例就业。2012年起，县残联与县人社局等部门联合举办用人招聘会。2013年，巩固和发展残疾人培训和就业基地。5年内，举办实用技术培训班34期，培训残疾1097人次，招聘和安排就业242人。

2016年起，通过开展残疾人培训、举办残疾人劳务招聘会等形式推进残疾人培训就业工作。2016—2020年，举办各类残疾人培训班31场次，培训残疾人920人次。2020年，按比例安排残疾人就业250人。

（三）专业技能培训

2018年3月10日至4月28日，县总工会组织举办8期摄影爱好者摄影技能培训班，培训人员主要为基层工会、机关、企事业单位的通讯员及摄影爱好者，每期学员约为100名。县总工会邀请县摄影协会资深专业人员前来授课，目的为推进全县各基层工会的文化建设，助力广大干部职工学习新技能，同时为全县各基层工会宣传工作者及摄影爱好者提供学习、分享与交流的平台。12月14日，在勤天熹乐谷温泉度假区举办佛冈旅游行业技能培训及竞赛。12月19日，在龙南大田村举办"乡村振兴、工会在行动"特色农产品与乡村旅游农业知识技能培训及农产品精细包装技能比赛，共有120人参加比赛。

2019年5月4—25日，县总工会组织举办第二届摄影技能培训班（共5期），每期有约200名的来自各基层工会、机关、企事业单位的通讯员及摄影爱好者报名参加。是年5月，举办《工会经费收支管理业务知识》培训班，加强基层工会经费收支管理，规范基层工会经费的使用制度，培训活动有280余人参加。2020年10月10—24日，工会组织举办第三届摄影技能培训班。12月9日，举办以"尊崇工匠　技创未来"为主题的2020年佛冈县网络安全培训暨通信行业线路专业技能大赛。

2021年5月15日至7月24日，县总工会组织举办第四届"提高摄影技能，建设美丽佛冈"摄影技能培训班。12月，举办旅游行业技能培训暨乡村振兴活动，以维护新就业形态劳动者保障权益，有效提升县旅游行业技能水平。在聚龙湾天然温泉度假村举办旅游行业技能培训，有42家旅游企业100多人参加，有效提升了从业人员的服务技能水平，夯实了全县旅游行业的发展基础。

2022年8月16日，由县总工会、县文化广电旅游体育局牵头，龙山工会联合会、佛冈县摄影协会、广东二十四度商旅科技有限公司协办了第五届"提高摄影技能，建设美丽佛冈"职工摄影技能培训班。通过技能培训，弘扬工匠精神，厚植工匠文化，提升全县职工职业技能水平，为全县经济结构转型发展和产业升级提供技能人才支撑。

（四）知识与技能竞赛

1983年起，全县各基层工会配合单位行政，开展"振兴中华"读书活动。县总工会举办"可爱的祖国"主题演讲会，并举办工会知识有奖测验活动。1983年，组织职工学习党的十二大和中国工会十大文件，学习《国营企业职工思想政治工作纲要（试行）》，提高职工对党的路线、方针、政策和新时期党赋予工人阶级历史重任的认识，掀起"振兴中华"读书活动热潮。参加读书活动的有9个单位39个读书小组共329人。县总工会选派石角镇第一小学工会主席黄宝玲参加广州市"振兴中华"读书活动演讲比赛，最终获得优秀奖。

1988年五一国际劳动节，县总工会举办以《婚姻法》《计划生育条例》《妇女工作条例》《工会章程》等为内容的知识竞赛。1989年元旦，县总工会与县委宣传部等9个单位联合举办"爱我佛冈"征文和演讲比赛，各条战线参赛选手紧紧围绕"山区要崛起，佛冈怎么办？"这一中心问题，各抒己见，开展了一次别开生面的"爱我家乡"教育。

1999年9月，县总工会与县社保局联合举办社会保险知识竞赛活动，发放社会保险资料一批及竞赛试卷3000份。竞赛活动奖励一等奖5名，二等奖10名，三等奖30名，四等奖180名。

2000年4月,县总工会组织职工参与省总工会举办的"百万职工劳动权益知多少知识竞赛"活动,通过积极宣传发动,全县500多名职工参加知识竞赛考试并取得良好的成绩。2015年,县总工会在全县重点基础设施建设工程中开展劳动竞赛,组织动员全县广大职工积极投身经济社会建设,广泛开展岗位练兵、技术比武、技术创新、提合理化建议、落实"节能减排,降本增效"等活动。是年,参与活动职工5500人次,征集生产经营、技术革新、挖潜改造、工艺改进、发明创造、安全生产、劳动保护等方面的合理化建议1000余条。

2016年,"周长春劳模创新工作室"荣获"清远市劳模创新工作室"称号。为加强职工教育培训阵地建设,2015—2018年,县总工会分别在广东华劲汽车零部件制造有限公司、约克广州空调冷冻设备有限公司、清远加多宝草本植物科技有限公司、广东松峰股份有限公司建设职工书屋示范基地,吸引大量职工积极参与各种读书活动。通过各种科学文化知识的教育、传播与普及,引导职工树立科学理念,提升科学文化素养。2018年12月14日,在勤天城熹乐谷温泉度假区举办佛冈旅游行业技能培训及竞赛启动仪式。是月19日,在龙南大田村举办"乡村振兴、工会在行动"特色农产品与乡村旅游农业知识技能培训及农产品精细包装技能比赛,共有120人参赛。2019年9月,县总工会在清远加多宝草本植物科技有限公司举办全县企业及产业工人叉车技能大赛。比赛分为个人比赛和团体比赛,个人比赛项目有叉车绕桩和叉车移物,团队比赛项目为叉车接力。通过比赛,全面提高了企业形象和产业工人的劳动技能。

2020—2022年,县总工会组织举办两届"尊崇工匠·技创未来"网络安全暨通信行业线路专业技能大赛,目的是弘扬工匠精神,厚植工匠文化,提升职工职业技能水平。2021年开展"安康杯"竞赛活动,县总工会订购了一批《职工安全知识普及培训教材》并发放至县内各企业供学习。同年,开展职工安全应急技能知识普及竞赛活动;在汤塘镇的广东国珠集团有限公司工会开展"安康杯"竞赛、职工禁毒宣传活动、安全生产宣传活动。2021年12月11日,县总工会到广东雅迪机车有限公司开展"结对共建"主题党日党建联谊活动,并在长盛谷开展团建活动。2022年5—8月,县总工会在11家企业开展以"排查整治安全隐患,共促安全健康发展"为主题的全县职工新《安全生产法》知识竞赛答题暨安全文化宣传活动,并指导佛冈盈泰纺织品染整有限公司工会开展"安康杯"竞赛活动。

(五)工会队伍素质培训

20世纪60年代起,县总工会开展加强对工会干部的素质培训工作。1976年,举办5期工人干部理论学习班,参加学习的共有396人,其中副厂长以上干部35人、工人辅导员161人。县总工会响应党中央和省委号召,掀起"工业学大庆"高潮,并在县委的领导下,号召工交企业和财贸战线的职工开展"远学大庆、近学马鞍"和学习"铁人"王进喜精神的活动。

1999年7月13日,县总工会召开会议,传达贯彻中华全国工会第十三次代表大会和广东省工会第十次代表大会精神。县总工会第十一届委员会委员和经审委员、县总工会机关人员、各系统工会和基层工会主席共100多人参加会议。

2000—2005年，县总工会制订加强工会干部队伍建设实施手册，开展工会队伍素质培训。重点工作有：①加强理论和业务知识的学习，不断提高工会干部的理论水平和研究新情况、解决新问题的能力，增强开展工会工作的主动性。县总工会领导轮流参加省总干校和市委党校的业务理论学习，基层工会干部全面订阅学习《南方工报》《广东工运》《工运研究》等内部刊物，加强业务知识学习，增强业务工作能力。②坚持以与时俱进、开拓创新的精神，探索建立与社会主义市场经济相适应的组织体制、工作机制和活动方式。③切实改进工作作风和工作方法，不断提高工作水平。核心是增强群众观念，贯彻群众路线，与群众密切联系，把工会工作的出发点和落脚点真正放在关心职工群众切身利益，助其培养正确的世界观、人生观、价值观上。以内强素质、外树形象为重点，狠抓工会自身建设，大力锻造高素质的工会干部队伍。④县总工会机关制定《佛冈县总工会机关工作人员工作目标责任制》，将各股室、各工作岗位职责细化，下发至人手一份，做到人人肩上有担子、事事都有责任人，并确定年终考核结果需与评先评优、物质奖励挂钩。制订领导干部廉洁自律的"八不准""六公开"等规定，健全监督约束机制，增强组织纪律观念，维护干部队伍和领导班子团结。

2006—2010年，县总工会集中力量加强工会队伍思想道德素质建设，培育和践行社会主义核心价值观。2007年5月，县总工会举办一期工会干部业务知识培训班，聘请省总干校副校长李晓明教授授课，全县有235名基层工会干部参加培训。7月，县总工会又举办一期针对企业工会干部的劳动安全知识师资培训班，有52名企业工会干部参加培训学习。2008年，县总工会制定《工会机关干部理论业务学习培训计划》，大力倡导终身学习、全员学习和团队学习的理念，积极开展思想解放大讨论、争创"五个一流"活动和开展深入学习实践科学发展观试点活动，利用每周的星期一理论业务学习日，组织全体干部职工认真学习政治理论和业务知识，工会干部的政治理论和业务素质进一步得到提高。根据职工反映的热点难点问题，县总工会撰写了《全县非公有制企业职工参保情况调查报告》《对全县非公企业工会组建的调查与建议》的调研文章呈交县委，得到县委领导的重视。县总工会从多方面入手，加大工会工作的规范化管理，把提高职工技术素质、开展岗位技能竞赛作为职工经济技术创新工程的核心内容来抓，以充分发挥工人阶级主力军作用。主要措施有：①广泛开展"创争"活动，培育职工学习风尚。积极推进"创建学习型组织，争做知识型职工"活动，以学习型企业和学习型班组建设为抓手，引导广大职工牢固树立终身学习理念，全面掀起"创争"热潮。在此过程中，县公路养护所工会、县人民医院工会、电信佛冈分公司工会分别结合业务积极开展相关活动以提升职工素质。这些活动的开展，激发了广大职工的工作热情，促进了全县经济建设以及社会的和谐发展。②开展不同形式的以岗位比武、技术创新、提合理化建议、节能降耗为主题的竞赛活动，有千余名职工参加了职工群众技术创新活动，有力促进了县内各企业技术的进步和发展。

2011—2015年，县总工会组织动员全县广大职工积极投身经济社会建设。广泛开展以"我为'十二五'做贡献"为主题的多种形式的竞赛活动，确保重点工作按时限进度要求扎实推进，有力地推动了各项工作有序开展。2014年6月4日，县总工会举办全县企业工会会计制度培训班。培训班邀请省总工会财务部副部长李东跃授课，围绕工会经费收管用相关知识展开培训。来自全县各镇总工会（工会工作委员会）和较大规模以上企业工会主席、财务人员共100多人参加培训。是年8月27日，县总工会联合县人社局举办全县企业工资集体协商指导员暨劳动争议调解员培训班，来自全县6个镇的工资协商指导员、劳动争议调解员和企业工会主席、人事工作人员等120多人参加培训。培训内容是企业工资集体协商以及《劳动合同法》《劳动合同法实施条例》和《劳动争议调解仲裁法》等法律法规和劳动保障政策等业务知识。

2016—2020年，县总工会推进"提升年"建设，致力于把工会机关建设成为党性强、作风硬、具有凝聚力和战斗力的工会机关。主要措施有：①注重理论学习，要求领导班子始终坚定社会主义信念，不断提高班子的议事决策能力。②坚持贯彻民主集中制原则，提高民主意识，坚持重大问题需经集体讨论、民主决策，形成团结协作、务实高效的工作作风。③加强党风廉政建设，认真执行党风廉政建设责任制，做好领导干部廉洁自律工作。④建立健全各项规章制度，修订完善领导干部学习制度、廉洁自律制度、党支部会议制度、主席办公会议制度、考勤制度等5项规章制度。2017年6月20日，县总工会举办为期4天的工会业务知识培训班，参加人数为50多人。培训班邀请清远市总工会组宣部部长曹永健、帮扶中心主任黄志雄授课，培训期间组织学员到清新区太平镇供电所工会工作委员会、广阳运动用品有限公司工会参观学习。2018年，县总工会广泛开展劳动安全卫生防护自救逃生避险知识竞赛活动与企业安全文化活动，营造了良好的安全文化环境，为保障企业安全生产奠定了坚实的安全基础。2019年，县总工会分别举办工会主席和工会干部业务培训班、工会女干部业务培训班及经费收支管理业务知识培训班，为基层工会干部职工提供良好的学习、交流平台，力求提升全县工会干部的业务知识水平。2020年，县总工会全面加强工会系统中党的建设，维护工会系统意识形态安全，引导广大职工听党话、感党恩、跟党走。

2021—2022年，为更好地推动"学习强国"平台普及，提高在职人员、工会会员通过"学习强国"学习的积极性，提升"学习强国"平台的覆盖面和学员的活跃度。结合县实际和"学习强国"平台积分规则以及"粤工惠"平台的实用性，根据全县在职人员、工会会员对"学习强国"平台的利用学习情况实施激励措施。主要措施有：①注重传统媒体与新兴媒体融合发展，通过微信公众号、"粤工惠"和主流新闻媒体报道的传播渠道及时发布工会信息动态、弘扬职工正能量。②深化企业职工文化建设，结合党史学习教育不断提升职工精神文明素质。引导职工多读书、读好书，成为有智慧、有技术、能发明、会创造的新型劳动者。2021年9月1日，县总工会组织非公企业工会主席到佛冈县佳达服装有限公司举办以"听党话、感党恩、跟党走"为主题的工会主席培训班活动。2022年，县总工会以"喜迎二十大·永远跟党走·奋进新征程"为主题，围绕宣传贯彻党的二十大精神，开展"最美产业工人""南粤工匠"主题学习宣传活动。同时，开展"工会进万家·新就业形态劳动者温暖行动"。是年，县总工会在清远市工会系统考核评定的7个奖项中获得了5个奖项。

第四节　普法宣传教育

1950年起，佛冈县按照全国的统一部署，先后开展《婚姻法》《工会法》《宪法》的宣传教育工作。此后，继续学习贯彻各时期颁布的法律法规。自1986年县总工会开展"一五"普法工作起，至2022年，已进入"八五"普法工作的第二年。在职工群众中开展普法宣传教育活动，是工会组织应承担的一项职责，是适应社会主义经济建设新形势的需要，也是维护广大职工的合法权益、建立和谐稳定的劳资关系、促进企业健康发展的必经途径。县总工会开展的普法教育工作主要围绕与职工群众密切相关的《宪法》《婚姻法》《刑法》《刑事诉讼法》《劳动法》《工会法》《民法典》等法律开展。

一、普及法律常识和法律援助知识

1985年，县总工会根据中宣部和司法部《关于五年之内在全体公民中普及法律常识》和省市总工会、团委、妇联、司法部门的要求，在佛冈县内掀起学法、知法、守法的热潮。按照《佛冈县普及法律常识五年规划》，与公安局、检察院、法院、宣传、教育、工会、共青团、妇联等部门，组织法制宣传小分队，开展法制宣传服务周、服务日活动。并通过有线广播、宣传栏、图片展览、开办法制课和编印各种法制宣传资料等，深入开展法制宣传。县总工会组织工会干部参加普法干部短期轮训班和自学法律常识，促其成为在职工中开展普法教育的骨干力量。通过组织骨干培训学习班和利用各种宣传工具进行宣传，以及检查督促和必要的学习考试，以考促学，把法制宣传不断引向深入。

1986—1990年，在"一五"普法期间，县总工会按照全县部署，组织职工学习"10法1例"（《宪法》《刑法》《刑事诉讼法》《经济合同法》《婚姻法》《森林法》《民事诉讼法》《民法通则》《兵役法》《继承法》《土地管理法》和《治安处罚条例》），经考核，对达到规定合格率要求的发放合格证书。1989年3月，县司法局被中央宣传部、司法部评为全国普法先进单位，并颁发证书。

1991—1995年，在"二五"普法期间，县总工会继续抓好《宪法》等基本法律知识的普及教育，强调部分专业法律知识的宣传教育，突出以社会主义市场经济法律法规为主的200多部法律知识的宣传教育。全县各级工会运用各种形式在广大职工中全面开展普法教育，增强职工的法制观念和遵纪守法的自觉性。此轮普法教育主要采取脱产轮训班、辅导班、形象化教学和自学等方法，围绕3个方面展开教学：①帮助职工了解公民的基本权利和义务，即国家法律允许做什么、禁止做什么。②指导职工运用法律武器来维护国家、集体和自身的合法权益，与违法犯罪行为作斗争。③组织职工了解与本职工作有关的法律知识，严格依法办事。利用文化宫、俱乐部、广播电视、黑板报和班组园地等宣传阵地，不断宣传法律知识，介绍法律案例，表彰学法用法中的先进事迹。截至

1995年底，接受普法教育的职工占全体职工的92.1%，普法教育工作取得重大成效。

1996—2000年，在"三五"普法期间，县总工会结合县司法局等部门成立专门普法队伍，形成了一支具备较高法律素质的专、兼职结合的法制宣讲队伍，并聘请省、市级普法讲师团进县普法。同时，创新普法工作形式：①在基层乡村、社区开展"法律下乡""法律进万家"活动。②在军民共建中开展"法律拥军"活动。③通过普法进校园开展青少年法制教育。1996—2000年，全县共印发宣传资料2.1万份、举办法治讲座842场次、登出宣传栏408期，参加法治讲座的有14.52万人次。

2001—2005年，在"四五"普法期间，国家首次明确将现行宪法实施日（12月4日）设为全国法制宣传日。县总工会在每年全国法制宣传日都组织举行系列法制宣传活动，此期宣传主题是"增强宪法观念，推进依法治国"。这次普法，全县共印发宣传资料1.5万份、举办法治讲座712场次、登出宣传栏325期，参加法治讲座的有13.54万人次。在2003年的除"四害""严打"行动中，广大职工积极配合司法、公安部门追逃犯、挖团伙、扫"黄毒"。据不完全统计，在此轮打击犯罪活动专项行动中，各基层工会组织了10多次行动，协助抓获罪犯207名，挖掉团伙14个，检举揭发犯罪活动线索50多条，为维护社会安定团结发挥了工人阶级的积极作用。

2006—2010年，在"五五"普法期间，开展法律进机关、进乡村、进社区、进学校、进企业、进单位的"法律六进"活动，通过形式多样、群众喜闻乐见的法制宣传教育，在全社会掀起学法用法新高潮。2006年12月1日，《广东省法制宣传教育条例》颁布，县总工会与政府有关部门建立合作机制，组成联合执法检查组，定期对企业进行相关法律法规执法情况的检查，督促企业规范用工；联合县劳动和社会保障局，开展二期农民工工资支付情况专项检查，为农民工追讨回被拖欠工资126万元。2006年5月，县总工会与县劳动和社会保障局在县城人民公园举办了一期《广东省工资支付条例》咨询活动；2007年12月，县总工会与县人大、县司法局、县劳动和社会保障局分别到3个镇开展《劳动合同法》现场咨询活动。注重源头维权，深化厂务公开，坚持和完善以职代会为基本形式的企事业民主管理制度，实现公有制企事业职代会建制率达100%，非公企业职代会建制率达71.4%。到县内各镇开展"送法下乡"活动，向群众发放宣传资料，现场解答法律问题。5年内，县总工会联合有关部门共印发宣传资料13.3万份、举办法治讲座718场次、登出宣传栏365期、参加法治讲座12.92万人次。

2011—2015年，在"六五"普法期间，十二届全国人大常委会第十一次会议决定将12月4日设立为"国家宪法日"，同时也是"全国法制宣传日"。因此，县总工会每年均于12月4日单独或联合司法、劳动等部门在县城公园举办劳动法律咨询活动，发放《工会法》《劳动法》《劳动合同法》等维权法规政策的宣传资料。2012年，建立工会处置职工群体性上访事件的快速反应机制，成立县总工会处置职工群体事件应急领导小组，印发《佛冈县总工会处置职工群体性上访事件预案》，成功调解某公司农民工李某因工伤而产生的经济赔偿纠纷案。全县国有控股、企事业、民营经济组织中共有100多家建立职代会和其他形式的民主管理制度，使得以职代会制度为主要形式的企事业民主管理制度在县内不断得到完善和加强。做好职工来信来访工作，开通工会微信公众号、微博号，帮助协调解决劳资纠纷问题5宗，在1家行业性企业、2家重点企业建立工资集体协商制度，在源头上维护职工的合法权益。5年内，全县共印发宣传资料16万份、举办法治讲座660场次、登出宣传栏572期，参加法治讲座的为11.88万人次。

2016—2020年，在"七五"普法期间，县总工会以"服务职工、维护职工合法权益"为重点，开展职工维权工作，聘请律师担任企业工会法律顾问，帮助企业建立健全规章制度，规范劳动用工，解决职工涉法问题，有效化解劳资矛盾，构建和谐劳动关系。县总工会于2017年配合市总工会举办3场"职工普法"和"养生保健"专题讲座，400多名职工参加活动。2018年，县总工会分别到长江村、田野绿世界、县府广场、县人民公园、强丰鞋厂、国珠集团公司等地方开展禁毒宣传活动，发放宣传资料1000份。2019年7月，县总工会在聚龙湾温泉度假村举办女职工普法专题讲座活动，通过培训进一步推进法制宣传教育工作，提升广大女职工法律意识和维权能力。2020年5月，县总工会联合省总工会干部学校肇庆培训基地，举办为期一周的佛冈县工会干部培训班，县直机关部分单位工会、镇工会工作委员会、较大规模企业工会主席及县总机关干部等50多人参加培训，提高工会干部依法治会的意识和能力。

2021年起，进入"八五"普法，县总工会按照"谁执法谁普法"的要求，通过深耕工会普法阵地，提高工会干部队伍的法治水平，培育提升广大职工的法律意识。在做好新冠肺炎疫情防控情况下，结合禁毒宣传开展普法，共开展职工禁毒宣传活动17场，发放禁毒宣传资料800余份；开展安全生产宣传活动15场。2022年，根据市总工会《关于开展2022年女职工维权行动月活动的通知》要求，组织开展以"情系女职工·法在你身边"为主题的法律知识培训，50名基层工会女职工参加培训。开展"美好生活·民法典相伴"主题宣传学习，切实推动《民法典》实施，开展活动32场（次），派发各类宣传资料1500多份，惠及职工群众5000多人次。结合安全生产，在全县11家企业开展全国"安康杯"职工安全应急技能知识竞赛答题活动，发放《职工安全知识普及培训教材》11份、全国"安康杯"职工安全应急技能知识竞赛试卷（含答题卡）2200份以及安全生产宣传资料一批，总价值为1.9万多元。到县消防救援大队、聚龙湾温泉度假村开展"喜迎二十大，永远跟党走"消防安全知识技能培训及演练活动，80多名工会干部职工参加了消防安全知识培训及演练。结合"宪法宣传周"活动，到清远加多宝饮料有限公司、金尊大厦等单位开展"宪法进企业"宣传活动。

二、工会重点组织的法律学习贯彻工作

（一）宣传贯彻《中华人民共和国婚姻法》

1950年起，佛冈县各级工会开展宣传贯彻《中华人民共和国婚姻法》（简称《婚姻法》）工作。1950年5月1日，中央人民政府颁布新中国的第一部法律《婚姻法》。1953年3月，根据华南分局的指示，佛冈县广泛宣传贯彻《婚姻法》，县委成立佛冈县宣传贯彻《婚姻法》委员会。县内工会按照要求组织会员、职工参加《婚姻法》知识培训班（共2期），并利用各种会议以及各种媒体对《婚姻法》进行宣传。通过宣传教育工作，

干群职工对贯彻《婚姻法》的重要意义有了初步的认识，逐渐认清新时代新社会人民婚姻生活的优势，以更加积极的态度和干劲投入到社会主义生产建设中。

1980年9月10日，第五届全国人大三次会议通过新的《婚姻法》，县总工会举办宣传新《婚姻法》的报告会和展览会，向广大职工宣传的内容主要有：①法定婚龄推迟两岁，鼓励青年适当晚婚的问题。②"夫妻双方都有实行计划生育的义务"，孩子少了，更应该注重人口质量的问题。③保护老年人的合法权益的相关问题。此外，县总工会与妇联、共青团、民政局等单位召开"贯彻婚姻法，发扬新风尚"积极分子会议，表彰团结和睦的好家庭、互敬互爱的好夫妻、教育子女的好家长、计划生育的好榜样、尊老爱幼的带头人、婚事简办的积极分子等。县交通局工会会同有关部门培训宣传干部，结合本单位具体事例，编写宣传资料，并组织举办16对青年伴侣的集体婚礼，进行新婚新办。县内的大团轧花厂工会宣传工作做得十分细致、深入，不仅对在厂职工进行宣讲，还对外出、病假的职工进行补课，举办"破千年旧俗，树一代新风"茶话会，教育职工移风易俗、节约办婚事。

（二）学习宣传《中华人民共和国工会法》

1950年起，佛冈县各级工会开展学习宣传《中华人民共和国工会法》（简称《工会法》）工作。《工会法》于1950年6月由中央人民政府第八次会议通过，并由毛泽东主席颁布实施。此时，佛冈县工会组织尚不健全，部分行业工会主要借助报刊、广播等宣传工具，向职工进行相应宣传教育。通过宣传教育，职工了解到《工会法》是保护工人阶级利益的法律、是中国工人阶级几十年流血奋斗所换来的成果，知道人民政府支持工人组织建立工会，同时工人也要遵守政府法令，按时完成生产任务。

1992年4月3日，新修改的《工会组织法》颁布施行，根据上级组织的要求，县总工会下发《关于认真学习贯彻〈工会法〉的通知》，制定三步走的宣传教育计划：第一，6月15—22日为《工会法》宣传周，由县总工会统一发放标语、口号、横幅，张贴在各级政府所在的城镇醒目处；县城和乡镇影剧场、俱乐部，放映《工会法》宣传幻灯片，举办黑板报、宣传画展出评比活动。第二，6月25—27日，开办短期培训班，邀请县委领导、有关法律专家作专题辅导报告。第三，各基层工会组织开展学习《工会法》知识竞赛，并在11月召开典型经验交流大会。

2001年10月27日，二次修改后的《工会法》正式颁布实施，县总工会下发《关于认真学习贯彻修改后的〈工会法〉的通知》，要求各基层工会组织充分认清学习《工会法》的重要意义，认识到这部法律适应了社会主义市场经济的发展要求，进一步明确工人阶级和工会组织在国家政治、经济和社会事务中的地位，体现了党全心全意依靠工人阶级的指导方针。为了宣传学习《工会法》，各级工会的主要领导亲自带头贯彻实施，认真制定了切实可行的计划，精心部署、周密安排，并将这次活动列入工会"四五"普法规划。县总工会运用新闻媒体，发挥俱乐部的宣传教育阵地作用，通过培训班、黑板报、晨会、广播等有效形式，把学习宣传活动落实到了基层职工群众当中。这次宣传教育活动，对于密切党与职工群众的联系、调动广大职工的积极性和创造性、在解放和发展生产力中发挥工人阶级主力军作用、推进工会法制化建设，都起到了重要意义。11月初，县总工会把新《工会法》刊登到《佛冈报》上，并印发4000多份发放到广大干部、职工手上，各基层工会、车间、班组组织人员学习，在县内悬挂宣传横幅，加强对《工会法》的宣传。县总工会还组织机关干部职工学习，对新、旧《工会法》进行对比及解释，深化对《工会法》的认识。

《工会法》的贯彻实施，对进一步加强党对工会工作的领导、密切党和政府与职工群众的联系、发挥工人阶级在解放和发展生产力中的主力军作用、推动工会组织的改革和建设，都具有十分重要的意义。2012年，县总工会进一步加大宣传力度，五一前夕在全县各基层工会组织举办了一次学习《工会法》知识有奖测验活动，印制的6000多份试卷全部发至各基层工会，最终收回5700多份，回收率达95%以上。此外，各基层工会根据行业和工种的不同情况，结合企业实际，通过组织班前、班后和工会小组学习，将相关内容刊登于宣传栏等多种形式，广泛深入宣传《工会法》，重点推动《工会法》关于工会基本职责、工会组织建设、维护职工合法权益的两个主要制度、建立协调劳动关系三方机制、工会民主参与和民主监督以及法律责任等方面规定的落实，促进全县工会工作的开展。

（三）学习宣传《中华人民共和国宪法》

1954年起，佛冈县各级工会开展学习宣传《中华人民共和国宪法》（简称《宪法》）工作。中华人民共和国第一部《宪法》于1954年9月20日在第一届全国人民代表大会第一次会议上通过，共4章106条，被称为"五四宪法"，是一部较为完善的宪法。《宪法》规定全国各族人民、一切国家机关和武装力量、各政党和各社会团体、各企业事业组织，都必须以宪法为根本的活动准则，并且负有维护宪法尊严、保证宪法实施的职责。

1975年、1978年我国又制定了两部宪法，根据形势要求，各级工会组织分别进行学习宣传。1982年12月4日，中华人民共和国第四部宪法在第五届全国人大第五次会议上正式通过并颁布，县总工会根据全国总工会要求，及时组织各级工会组织和干部职工学习宣传新宪法，并根据中央宣传精神，认识辨清"七五宪法"的严重缺点和错误，提高干部职工群众的思想觉悟和对国家宪法的正确理解。

1988年、1993年、1999年、2004年、2018年，第七届、第八届、第九届、第十届、第十三届全国人大会议上先后对宪法进行修订及发布。县总工会也根据要求，及时在宪法修订后组织基层工会组织进行宣传和学习。

2018年3月11日，十三届全国人大一次会议通过新的宪法修正案，与时俱进地体现了党的主张、国家意志和人民意愿的有机统一，就新时代如何坚持和发展中国特色社会主义、实现"两个一百年"奋斗目标和中华民族伟大复兴中国梦，以根本法的形式给出了答案。县总工会结合学习贯彻习近平新时代中国特色社会主义思想主题教育掀起宪法学习热潮，教育职工不断完善社会主义的各项制度，发展社会主义市场经济，发展社会主义民主，健全社会主义法治，贯彻新发展理念，自力更生，艰苦奋斗，为把我国建设成为富强民主文明和谐美丽的社会主义现代化强国、实现中华民族伟大复兴而努力奋斗。

(四)学习宣传《中华人民共和国劳动法》

1994年起,佛冈县各级工会开展学习宣传《中华人民共和国劳动法》(简称《劳动法》)工作。《劳动法》于1994年7月5日由第八届全国人大常务委员会第八次会议通过。《劳动法》的颁布具有重要的历史意义和现实意义,工会的基本职责是维护职工权益,而履行维护职能最基本、最主要的武器就是《劳动法》。县总工会以宣传、学习《劳动法》为契机,把学习《劳动法》与检查贯彻《工会法》结合起来,积极联合县劳动局开展宣传学习《劳动法》系列活动,联合发文要求各级工会组织突出工作重点,加强领导,精心组织,把学习、宣传、贯彻《劳动法》作为适应社会主义市场经济体制要求、维护企业和职工合法权益、促进经济发展的一件大事来抓。

1995年,在《劳动法》颁布实施一周年之际,全县各级工会开展纪念《劳动法》颁布一周年宣传活动,在街头悬挂宣传横幅标语。县总工会与劳动局联合召开《劳动法》颁布一周年座谈会,并开展贯彻实施《劳动法》咨询活动。广大基层工会采用召开座谈会、出黑板报、张贴标语和广播等形式宣传《劳动法》,开展宣传和咨询日活动,印发《劳动法》宣传小册子,组织开展《劳动法》知识竞赛,进一步深化《劳动法》学习和宣传效果。是年6月,举办《劳动法》贯彻实施学习班,全县基层工会干部共55人参加。通过学习和宣传,广大工会干部和职工及企业领导对《劳动法》的意义有了明确的认识,企业领导的法制观念和依法管理企业的自觉性有所提高,职工群众依法保护自己的意识也明显增强。大多基层工会对照《劳动法》规定,参与厂规厂纪的修改工作,使其符合《劳动法》的规定,促进了企业管理的法制化、规范化。

2011年,县总工会结合"五五"普法,加大宣传力度,提高职工的法律意识。单独或联合司法、劳动等部门在县城公园举办劳动法律咨询活动,发放《工会法》《劳动法》《劳动合同法》等维权法规政策的宣传资料1500多份。积极参与安监及劳动等部门对企业安全生产事故的调查及善后处理工作,做好工伤者家属的安抚和赔付工作。县总工会建立"五五"普法领导小组,开展以机关干部职工为培训对象的法律法规知识学习培训,督导基层工会干部职工开展普法培训,使全县工会系统的干部队伍普遍接受到法律知识教育。

2016年5月31日,县总工会召开非公企业工会主席和法律顾问律师见面会。加多宝、约克、国珠等28家非公企业工会主席和10名顾问律师进行"结对"。8月18日,全县80多家企业参加清远市总工会在英德举办的"清远市总工会劳动争议调解员、劳动法律监督员培训班"。此次培训班邀请广东科讯律师事务所副主任赵鹏律师授课,赵律师围绕劳动争议调解员、劳动法律监督员两个岗位的工作范畴和原则,通过"南山仲裁钟传高案""惠州中院周贵夏案"等案例,结合实际向各基层工会干部讲授"劳动合同解除与终止""加班工资"和"高温津贴"等常见的法律问题事务处理办法,还利用微信公众号与学员进行有奖问答互动。10月25日,为了进一步提升企业依法经营和职工依法维权的意识和能力,县总工会结合全省开展的职工在线法律活动,在聚龙湾国会厅举办了一期"法律在线普法活动——安全生产知识培训班"。清远市总工会副主席刘兆雄、佛冈县总工会常务副主席冯庆洲及全县企业265名职工参加本次培训。2017年7月，佛冈县总工会配合清远市总工会举办"职工普法"和"养生保健健康生活专题讲座"3场，全县有400多名职工到场听讲。2018年积极开展企业职工宣传安全生产知识宣传，分别向广东兆联纺织有限公司、国珠集团有限公司、加多宝草本植物科技有限公司、广东华劲汽车零部件制造有限公司、佛冈盈泰纺织品染整有限公司、广东博华陶瓷有限公司、广东亿利达风机有限公司、广东雅迪机车有限公司、建滔实业有限公司、广东松峰机械有限公司等10家企业发放安全生产宣传资料、消防和劳保器材，指导企业做好安全生产月宣传活动。

（五）学习宣传《中华人民共和国安全生产法》

2002年起，佛冈县各级工会开展学习宣传《中华人民共和国安全生产法》（简称《安全生产法》）工作。《安全生产法》于2002年6月29日由全国人大常委会通过。这是我国安全生产法制建设的一个里程碑。结合全国总工会1985年下发的3个《工会劳动保护条例》（1997年、2001年两次修改），县总工会在全县范围内开展学习《安全生产法》的各项活动，组织和发动广大职工做好群众性劳动保护监督检查工作。这次活动的重点是：做好对基层工会职工的学习宣传培训工作，利用广播、电视、报刊等宣传工具，采用职工喜闻乐见的方式，帮助职工深刻领会《安全生产法》和3个《工会劳动保护条例》的主要内容和实质，使职工学法、懂法、守法，用好法律赋予的各项权利，同时也履行好自身所应承担的义务。各级工会还加强了安全生产的监督检查，督促企业不断改善劳动条件和作业环境，努力维护职工安全与健康方面的合法权益，极大地提高了企业管理人员和广大职工的安全生产意识，有效预防重大、特大事故的发生，降低伤亡事故的发生率和职业危害的发病率。同年9月，在县总工会的鼓励下，众多企事业单位的职工纷纷报名，参加了以"学习3个《条例》，保障安全生产，争做安全职工"为主题的全国"安康杯"知识竞赛活动，并取得较为优秀的成绩。

2018年，县总工会广泛开展劳动安全卫生防护自救逃生避险知识竞赛活动与企业安全文化活动，营造良好的安全文化环境，为保障企业安全生产奠定了坚实的基础，被授予"全国'安康杯'竞赛安全文化宣传工作先进单位"称号。2020年，组织开展15场安全生产指导与宣传工作，向10家企业派发了价值1.4万多元的安全生产宣传资料。是年，万兴电子塑胶制品有限公司工会参加全国"安康杯"竞赛活动并取得了优秀成绩。

（六）学习宣传《中华人民共和国劳动合同法》

2007年起，佛冈县各级工会开展学习宣传《中华人民共和国劳动合同法》（简称《劳动合同法》）工作。《劳动合同法》于2007年6月29日由第十届全国人大常委会第二十八次会议通过。2007年10月，总工会下发《关于学习〈中华人民共和国劳动合同法〉推进劳动合同制度实施的意见》，号召各直属工会认真学习新颁布的《劳动合同法》，对学习贯彻工作进行专题研究，制定工作计划，作出全面部署。各基层企事业单位工会响应号召，将组织动员职工学习和宣传《劳动合同法》作为工作重点，纳入工会

"五五"普法教育的重要内容,并与《劳动法》《工会法》的学习宣传工作结合起来,充分利用各种宣传媒体和阵地,通过知识竞赛、案例分析、咨询介绍、答疑解惑以及印发学习材料等多种形式,让《劳动合同法》进社区、进企业、进班组,基本覆盖企业的一线职工和企业管理者,增强职工群众自觉运用劳动合同制度、依法维护自身权益的意识和能力。

2012年起,《劳动合同法》修正发布后,县总工会组织宣传贯彻工作。全县各级工会参与职工与企业劳动合同的制定、签订、监督履行、台账管理和争议调处等各个环节,将劳动合同签约率提升至95%,构建了和谐稳定的劳动关系。在宣传活动中,工会还制作了集体合同的样本,供各企业单位参考,并且制定了集体合同、工资协商权益维护的具体工作职责。在"五·一"前夕,县总工会联合司法、劳动等部门在县城人民公园举办劳动法律咨询活动,发放《工会法》《劳动法》《劳动合同法》等维权法规政策的宣传资料1500多份。县总工会建立普法领导小组,开展本机关干部职工的法律法规知识学习培训,督导基层工会干部职工开展普法培训,使全县工会系统的干部队伍普遍接受到法律知识教育。

第五节 文体活动

一、文娱活动

1980年,县总工会创办工人文化宫,设图书室、录像室、电视室等功能室。

20世纪90年代后,为适应市场经济发展需要和满足职工日益增长的文化生活需求,县总工会组织开展了多种形式的职工文娱活动。1986年,全县组织了文明健康家庭演唱会。1989年,教育工会举办青年教师"发扬'五四'光荣传统,我为祖国献才华"普通话演讲会。1990年,组织书法美术展览评奖会,42名职工参加了"颂工人、树新风"书画展,展出参赛作品70幅;147个基层工会开展了多形式的五一国际劳动节庆祝活动,共8476人次参加了各种类型的学习会、座谈会、文体活动、知识竞赛等。1991年以来,配合县文化局和邮电部门,成立了美术协会、书法协会、象棋协会、花鸟协会、集邮协会等民众组织,极大地活跃了职工群众的文化生活。1992年五一文艺联欢会,十二大战线职工踊跃参赛。2001年,举办庆五一文艺晚会。2003年,举办"劳动者之歌"大型文艺晚会。积极向上的文艺活动,陶冶了职工情操,铸就了工会组织的凝聚力和号召力。

2015年,县总工会与县纪委联合举办"讴歌劳动美,共建佛冈廉"职工书画、摄影大赛活动，贯彻落实中央"八项规定"精神，反对"四风"，持续推进廉洁文化进机关、进企业，展现佛冈县广大劳动者崭新的精神风貌，发现、培育一批职工书画摄影艺术人才。大赛共收到各类参赛作品539件，聘请清远市有关协会专家集体评定出获奖作品153件，111件获奖作品分别在县人民中心主楼大堂和各镇政府驻地展出。10—11月，县委宣传部、县文广新局、县总工会联合主办佛冈县2015首届"家和万事兴"家庭才艺大赛，有70多个家庭参赛，充分展示了追求文明健康精神生活的家庭新面貌。

2016年，举办"创建文明县城，工会在行动"职工书画摄影大赛活动，收到参赛的美术作品71份、书法作品69份、摄影作品133份；2017年，职工书画摄影大赛活动收到的美术、书法和摄影参赛作品各超过100幅；2018年，职工书画摄影大赛活动收到的美术、书法和摄影参赛作品有186件。职工书画摄影大赛活动中，对参赛作品进行分类评比、宣传展览，不仅展现了广大劳动者崭新的精神风貌，还为佛冈县培育了大批书画摄影艺术人才。

2017年，县总工会开展"中国梦·劳动美"广东工人艺术团送文艺进基层活动，全县基层工会干部、企业职工代表和市级以上劳动模范代表800多人一起观看演出，共享为职工量身定做的文艺盛宴。2018年，文艺进基层活动转为给职工送票，观看电影教育片活动，向加多宝、松峰、国珠、华劲、富湾、新力等公司工会会员赠送城春文化传播有限公司电影票1000张。2019年，县总工会联合县委宣传部、县税务局、聚龙湾天然温泉度假村举办"我们的节日·端午节"主题活动，目的是加强联谊沟通交流，弘扬中华优秀传统文化。

2020年1月，县总工会联合县委宣传部在龙山工联会开展春节"送万福，进万家"书法公益活动；在龙山加油站"卡车之家"，县总工会携手清远市总工会、中国石化广东清远石油分公司举办"卡车司机团年饭"活动，为货车司机朋友们送去新春的祝福；携手佛冈县书法协会在篁胜国际温泉花园酒店开展"中国梦·劳动美"书法培训讲座。5月，在县人民公园举办"乡村新闻官·爱心助农奔小康"活动，活动相关新闻被选送至"学习强国"平台。9月，举办迎国庆贺中秋"凝心聚力 关爱职工"联欢晚会。9月到10月，举办3期青年人才交流活动，在全县营造"引才、聚才、留才"的人才发展氛围。

2021年5月，县总工会与县摄影协会联合举办第四届"提高摄影技能，建设美丽佛冈"摄影培训班，组织"村里村外·乡村振兴看佛冈"摄影大赛。11月，县总工会到广东松峰机械有限公司，开展"工会进万家·新就业形态劳动者温暖行动"宣传活动，组织"中国梦·劳动美——永远跟党走·奋进新征程"文艺晚会，极大地提高了新就业形态劳动者的入会积极性。12月，县总工会与广东雅迪机车有限公司开展"结对共建"主题党日党建联谊活动，在长盛谷开展团建活动，激发企业职工团队敢于拼搏、永争第一的团结协作精神。还到广东松峰机械有限公司和佛冈县杰帮应用材料有限公司工会委员会开展"三新"领域从业人员"暖蜂"行动，把党和政府的关怀及工会组织的关爱带给新就业劳动者，用实际行动为职工办实事、办好事。全年共开展主题党日活动12次，"不忘初心、牢记使命"主题教育3次，党支部书记走进企业、挂扶村上党课4次，党史专题学习18次，践行"我为群众办实事"主题活动18次。

2022年，县总工会在做好新冠肺炎疫情防控的基础上，组织进企业、进农村、进社区宣传与指导安全生产工作，订购一批安全文化宣传资料，发放到各企业、公司。在佛冈盈泰纺织品染整有限公司开展全国"安康杯"竞赛活动，对创建"安康杯"成功单位奖励活动经费1万元。

二、体育活动

1961年，县总工会筹建篮球场、乒乓球室和溜冰场，结合职工群众传统的体育爱好，开展篮球、乒乓球、象棋、羽毛球等体育活动项目。每逢重大节日，县总工会均与县体委联合举办体育竞赛或由战线以基层工会组织为单位举办竞赛。20世纪七八十年代，全县工人体育代表队中的篮球队、乒乓球队、象棋队等队伍代表佛冈县，参加了韶关地区相关比赛，均获得前三名的好成绩。1986年，组织篮球、环城跑、象棋、拔河以及夫妻接力跑等体育竞赛活动。1989年，有16个基层单位举办职工运动会。县水泥二厂工会坚持每年举办一届厂际职工运动会，参加活动人数达到全部职工数的92%以上。

1990年，县总工会举办规模盛大的职工乒乓球赛、象棋赛。参加乒乓球赛的有26个团队，其中男子队17个、女子队9个，参赛选手82名；参加象棋赛的选手58名。1991年，举办职工"五一劳动杯"篮球赛，该比赛有33支男女篮球队参加，规模大、参赛人数多，为历年来县篮球赛之最。县职工代表队获清远市男子象棋赛团体总分第五名。县职工代表队在1992年、1993年两次参加清远市"供电杯"和"阳山水电杯"象棋赛，均荣获季军。1994年五一国际劳动节，县总工会在亨地（佛冈）实业公司独家赞助下，举办"亨地杯"职工男子篮球赛，声势规模之大、参赛队之多、企业形象宣传效果之好，都是前所未见的。1997年，县总工会举办五一全县职工乒乓球赛，以战线为单位组队，分别组建有党群、经委、财委、农委、政法、教育、外经、卫生、建委、宣传等10个代表队，有63人参加男子单打、28人参加女子单打比赛。1998年，县总工会组织举办庆"元旦"象棋擂台赛。1999年，为庆祝五一国际劳动节成立113周年，在县文化公园举办职工拔河比赛，有11支男队、10支女队，250多名运动员参赛。

2000年，县总工会开展庆五一全民健身运动，组织职工乒乓球比赛，开展男女子混合团体赛、男单、女单3个项目，参赛者以系统（战线）党委为单位组队，共有12支队伍46名运动员参赛。2003年，由各级工会组织"庆五一"篮球、乒乓球、象棋、拔河比赛等体育活动或其他文艺晚会。

2014年，县总工会开创性举办首届"佛冈县职工庆'五一'趣味运动会"，主题是"我运动、我快乐"，全县机关、事业单位和企业工会47支队伍800多名职工参加活动。2015年，举办第二届职工趣味运动会，有70支队伍共1000多名职工参加活动，佛冈中学、清远加多宝草本植物科技有限公司、县职业技术学校代表队分别获得比赛一等奖。9月，与县体育局联合举办庆国庆"工会杯"羽毛球比赛，有14支代表队250多名羽毛球爱好者参加比赛，教育、农信社、农林水代表队分别获团体前三名。

2016年，县第三届佛冈县职工趣味运动会有95支队伍1000多名职工参加，设有"协力云梯""移舟过海""超级障碍"等项目，清远加多宝草本植物科技有限公司代表队获得比赛第一名。2017年，第四届职工趣味运动会在县人民中心广场举行，有103支队伍共1000多名职工参加，设有"和谐号""指压板奔跑赛""欢乐大闯关"等项目。2018年，第五届职工趣味运动会围绕"新时代新征程，我运动我参与我健康"主题展开，设有"猛龙过江""大步向前""欢乐大冲关"等项目，有108支队伍共1296名职工参加。是月底，又举办象棋赛，推动象棋比赛成为全县传统益智体育运动项目，弘扬国粹，传承文化。2019年，第六届职工趣味运动会围绕"团结奋进·快乐健康"主题展开，设有"旋转木桩""趣味投篮""争分夺秒"等项目，有115支队伍参赛。

2020—2022年，为做好新型冠状病毒感染肺炎疫情防控工作，最大限度减少人员聚集，降低人员流动，佛冈县严格控制举办大型聚集性集会和文体活动。

三、残疾人文体活动

1995年起，县总工会加强残疾人文化体育活动组织工作，每年举办残疾人力所能及的活动。县振兴小学（启智学校）每年举办智障儿童多形式文体活动，还组织残疾儿童组队参加省、市残疾人文体活动比赛。

2014年，视障人员黄燕飞参加第四届全省盲人声乐器乐大赛，获表演二等奖；县启智学校18名智障学员参加"清远特奥融合运动会"，其中3人分别获得类项第一名、3个类项第二名、3个类项第三名，并获得"团体体育风尚奖"；11人组队参加清远市第四届残疾人乒乓球、羽毛球、象棋锦标赛，全部比赛项目中，获第一名1人、第二名2人、第三名3人，集体获"体育道德风尚奖"。2015年，建设"全民助残健身工程示范点"，选取石角镇社区康园中心（室内）和县文化公园（室外、部分）建设示范点，该示范点于当年完成投入使用，顺利通过省、市专项检查验收。是年，在第七届省残运会上，有4名佛冈县籍残疾人运动员获奖。其中肢体残疾人运动员罗观玲获得T44级100米跑和跳远比赛第一名，跳远成绩破全省纪录；视力残疾人运动员冯柱中获男子F11级铅球比赛第一名，成绩破全省纪录。

2016年起，在石角镇社区康园中心和人民公园内建成首个佛冈县全民助残工程示范点，总面积（室内、室外）2600平方米，设有多种健身项目及器材。至2020年，组织残疾人运动队参加省、市举办的残疾人运动会，共获得奖项43项。

第九章
职工生活

第一节 失业救济和再就业工程

一、失业救济

20世纪90年代起,佛冈县各级工会开展失业救济工作。失业救济是指职工由于非本人原因暂时失去工作,工资收入中断而失去维持生计来源,并在重新寻找新的就业机会时,从国家或社会获得物质帮助以保障基本生活。下岗职工问题最早出现于20世纪90年代初期,当时还不称"下岗",而是称"停薪留职",或称"厂内待业",或称"放长假",等等。佛冈县内职工下岗问题的出现始于1993年。

(一)企业改革转制

1995年起,县总工会配合有关单位推行企业体制改革,一些企业面临停产甚至破产的困境。据统计,全县企业126家,其中国有企业53家,集体企业46家,三资企业27家。正常生产115家,停产5家,半停产5家,破产1家。全县特困职工1500人,其中在职特困职工1230人,退休特困职工270人。

截至2002年7月底,全县县属87家公有制企业中,已转制的有70家,占总数的80.5%,其中,经法院批准立案破产的32家,核销呆滞资金2.63亿元;当时准备申请破产的企业13家(包括种子公司、分公司在内)。实行租赁经营4家,风险抵押承包3家,兼并1家,联营企业1家,实施关闭6家,产权转让4家,实施转让2家,用拍卖和转让所得金对企业员工进行遣散补偿及清偿有关债务。企业面临的困难造成了很多职工放长假、一部分职工下岗待业。

(二)实行失业保险制度

1995年前,佛冈县按《国营企业职工待业保险暂行规定》执行,实行待业保险制度。1996年4月1日起，实施失业保险制度，以在社保部门参保缴费的干部、职工为参保对象，待业保险改称失业保险。2000年8月，县政府根据《广东省失业保险规定》，印发《关于财政全额拨款事业参加失业保险的通知》，2000年9月1日起按省规定实施新修订的失业保险制度。

2002年10月起，实施《广东省失业保险条例》。2005年，全县失业保险参保人数1.06万人。2010年，全县失业保险参保人数1.3万人。2015年，全县失业保险参保人数3.6万人。2020年，全县失业保险参保人数4.45万人。

（三）失业救济金的计算与发放

1996年3月前，佛冈县内职工的失业救济金按连续工龄计算，每满一年发两个月失业救济金。工龄不足5年的，最多发12个月，每月所发为本人标准工资的60%~75%；工龄5年以上的，最多发24个月，其中1~12个月每月所发为本人标准工资的60%~70%，13~24个月每月所发为本人标准工资的50%。从1996年4月1日起，以上失业救济金计发标准有所调整。

1999年7月1日后，根据市政府《关于贯彻实施〈广东省失业保险规定〉的通知》规定，按缴费年限（含视同年限）满1年以上不满4年的、满4年以上的2种对象分别计发。2002年9月1日起，农民合同制工人计发一次性失业待遇，标准为缴费满1年的按其失业前月平均缴费工资12%发放，而后每多缴一个月的失业保险费加发月平均缴费工资的1%。

2020年3月至12月，根据《关于贯彻落实扩大失业保险保障范围有关问题的通知》规定，领取失业保险金期满仍未就业的失业人员、不符合领取失业保险金条件的参保失业人员，可以申领6个月的失业补助金。参保缴费满1年的，失业补助金标准为每月634.5元；对参保缴费时间不足1年的，失业补助金标准为每月190.35元。

（四）建立下岗职工档案

1997年，在国有企业改革转制过程中，由于受到市场大气候大环境等主客观的影响，不少国有、集体企业生产情况不正常，经济效益差，部分工人下岗待业、放长假。是年，据县总工会统计报表反映，全县有富余及下岗职工1012人，放长假的462人。特别是下半年一些困难企业富余、下岗、安置等问题引发的劳动争议有增多的趋势。县总工会领导和基层工会干部高度重视，认真做好职工的思想教育和疏导工作，并与企业党政领导一起研究，慎重调处好富余问题引发的劳动争议。

1998年，县总工会定期对下岗职工基本生活及再就业情况进行调查，协助县政府发放基本生活费予下岗职工，受益职工88人，发放金额共5720元（每人每月65元），建立特困职工和困难企业以及下岗职工档案，并对其实行动态管理。据统计，是年全县企业特困职工有290人，下岗职工共1082人（有63个单位上报），其中国有企业629人，集体企业453人。困难企业75户，其中亏损企业46户，停产企业15户，半停产企业14户，困难职工共3403人。企业停发减发973名退休职工的退休金，退休职工被拖欠工资达28.4万元。县总工会通过对全县一些企业进行定点调查，深入基层找企业领导协商，想方设法解决实际问题。

2000年，县总工会抓好建立健全困难企业和特困职工的档案工作。据统计，全县家庭人均收入低于生活保障线170元的特困职工有532人，分布在8条战线58个单位。困难企业17家，累计拖欠职工工资286.03万元，其中50%是粮管所，50%是一部分未改制的国有企业或集体企业。

2001年，县总工会深入调查特困职工的生活状况。据统计，全县职工家庭人均收入低于生活保障线170元以下的特困职工有298户956人，分布在8个党委71个企业事业单位中。其中，低收入的有153户765人，受疾病困扰的有134户146人，其他类的有11户45人。2002年，全县职工家庭人均收入低于居民最低生活保障线170元的特困职工有132户446人。2003年，全县职工家庭人均收入低于居民最低生活保障线170元的特困职工有375户。2004年，县总工会为全县252户困难职工建立档案，并提供给县民政部门将其纳入低保名单。2005年，为全县216户困难职工建立档案，并提供给县民政部门将其纳入低保名单。

2006年，县总工会积极配合党政落实"两个确保"政策，对"低保"对象进行调查，完善"低保"对象家庭收入计算方法，促进"应保尽保"。推行职工医疗互助保障计划，帮助职工解决看病难问题，县总工会为10名特困职工购买了职工医疗互助保障，全县参加职工医疗互助保障和女职工安康保险的职工达567人。2007年，对全县的困难职工建立了档案，完善工作制度，实行动态管理，以及时给予帮扶。

2019年，据调查统计，企业下岗职工有994人，其中国有企业566人，集体企业428人。国企下岗职工中领到生活费的有471人。困难企业有55家，其中亏损企业28家，停产企业22家，半停产企业5家，拖欠工资企业19家，被拖欠人数953人，被拖欠工资总额达333.343万元。低于人均收入150元的特困职工有324人，其中停产、半停产企业特困职工135人，特困在职职工99人，特困下岗职工90人。

（五）下岗职工基本生活保障

2002年起，佛冈县开展下岗职工基本养老保障工作。根据国务院总理朱镕基关于"要确保国有企业下岗职工基本生活和离退休人员基本养老金按时足额发放，任何地方都不得发生新的拖欠"的批示精神，佛冈县在做好企业深化改革的同时，认真解决职工基本生活保障相关问题和抓好退休职工管理工作，积极为职工办实事，维护职工合法权益，稳定社会大局，促进安定团结。

2002年，在县委、县政府的重视和县财政、税务、工商、城建等部门的配合下，下岗职工基本养老保障工作得到有效开展。全县国有企业下岗职工477人，已安排享受企业保险232人；县总工会服务中心发放安置费231人，补偿金额258 1940元；足额代缴社保费人数447人，资金筹集100万元，其中企业自筹60万元，财政安排40万元。是年，县政府制定印发《关于切实做好国有企业下岗职工基本生活保障和再就业工作的实施办法》，对下岗职工从事社区居民服务业的简化工商登记，3年内可免征营业税、个人所得税以及行政收费。对下岗职工经营所得和劳动服务所得，可自该职工持下岗证在当地主管税务机关备案之日起,3年内免征个人所得税。对全县从事社区服务工作的人力三轮车工人,服装、雨伞、自行车修补工人给予免征营业税、所得税、城建税、教育费附加的优惠政策。是年,享受免征税款的下岗职工共312人次,免征税款15万元。到工商行政管理局登记申请从事个体经营,享受工商行政管理费减免的有300人,共减免金额7.2万元,县城监部门对使用人力车和设摊档等的数百名下岗职工实行管理费减半收取政策。

2003年起,全县各级工会组织按照规定,做好下岗职工基本生活保障工作。

二、再就业工程

1995年起,佛冈县实施再就业工程。再就业工程是充分发挥政府、企业、劳动者和社会各方面的积极性,综合运用政策扶持和各种就业服务手段,实行企业安置、个人自谋职业和社会帮助安置相结合,努力帮助下岗职工、失业人员和企业富余人员实现再就业的一项系统工程。工会组织是职工合法权益的代表者和维护者,再就业是工会组织工作的重点工作之一。解决下岗职工生活困难和再就业问题是关系社会改革、发展和稳定全局的大事。

(一)成立职工待业工作领导小组

1995年,县总工会根据企业面临困境和部分职工下岗待业的情况,组成两个工作小组,深入基层调查了解停产、半停产的6家企业职工的生活和思想情况,并把调研的情况写成书面材料,向县委、县政府及上级工会汇报。县委、县政府高度重视,以"稳定高于一切,稳定大于一切"的大局观,把关心职工生活的大事摆上议事日程,为妥善处理职工下岗待业问题,决定成立佛冈县职工待业工作领导小组,组长由1名副县长担任,副组长由县总工会主席担任,组员队伍由劳动局等相关部门的领导组成。佛冈县职工待业工作领导小组在成立后,根据各企业和职工的实际情况,开展妥善处理及安置工作,为劳动就业和下岗职工再就业提供服务。

(二)开展再就业技能培训

1995年起,县总工会配合有关单位加强劳动力培训工作,开展就业前培训、岗位培训,实行职业资格证书制度。培训机构服务内容从于县劳动服务公司培训中心举办职业培训开始,逐步扩展到各行业职业技能培训领域。县内主要培训机构有劳动部门的劳动培训中心、教育部门的县职业技术学校、佛冈县电大、交通部门的机动车驾驶员培训学校、卫生部门的县卫生学校,社会力量举办的培训机构。此外,还有本地或外地企业举办的用工培训班。1995—2000年,全县每年举办各层次各类型的劳动技能培训班,重点开展国有企业下岗和失业人员、城乡富余劳动力培训。

2001—2010年,全县举办劳动培训班600多班次,培训劳动力3万人次。其中针对国有企业下岗失业人员的培训内容有计算机应用、家用电器维修、中式烹调、美容美发等;农业技术短期培训内容有粮食作物类、经济作物类、林业类、畜牧水产类、农机类等。

2011年起,由县府办发文,县总工会将培训工作纳入目标责任制考评范围,进一步推动劳动力培训工作。县内承办职业技能培训的本地机构有公办佛冈县职业技术学校、佛冈县卫生进修学校共2所；民办职业培训佛冈县金博士职业培训学校1所。培训工种主要有维修电工、装配钳工、焊工、美容师、育婴员、计算机操作等。2011—2015年，按5年内年均数量计算，每年举办各类劳动力培训班5个工种120多班次，培训劳动力3500人。

2016—2022年，县总工会与县人社部门联合举办各类劳动技术培训班。2016—2020年，按5年内年均数量计算，每年举办各类劳动力培训班6个工种130多班次，培训劳动力3000人。2020年，围绕提升职业技能，重点开展3项工作：①三大工程培训，即开展"粤菜师傅""南粤家政""农村电商"3项培训，共培训1755人，领证1360人。②培训政策进企业，发动30多家企业实行岗位培训。③助企业、稳就业培训，在企业开展适岗培训活动，推行企业新型学徒制，开展以工代训。是年，全县有技能提升考证人员共2869人。

（三）加强就业保障

1995年起，县总工会配合有关单位拓展就业门路，采取培训就业、安置就业、招聘就业、转移就业等措施，加强就业扶持服务。按照市政府印发的《城镇失业职工和富余职工劳动就业与社会保障试行办法》的规定，每年开展就业证、待业保险办理工作，并举办就业招聘会，解决城乡富余劳动力就业问题。2000年，执行县委、县政府《关于做好国有企业下岗职工基本生活保障和再就业工作的实施办法》，县财政提供"两个保障"资金108万元。此后，按照清远市文件精神，将"两个保障"所需资金纳入财政预算。2001年起，加强就业和再就业工作，推进城乡统筹就业。

2006—2010年，县总工会配合有关单位建成覆盖城乡的就业工作体系，形成城镇、农村并重，就业、培训、维权三位一体的就业工作格局，打造城乡一体就业服务平台，全面开展"路径就业服务"和"充分就业社区"创建工作。2007年起，制定创业富民工程实施方案，在县职校设立创业培训基地，推进"百万农村青年技能培训工程"和"农民工技能提升计划"的实施，超额完成年度培训转移任务。5年内，通过以民营企业吸纳、劳务输出等方式，全县城乡举办就业招聘会141场次，成功就业1.02万人次；全县实现"零就业家庭"动态为零，城镇新增就业2.76万人次，年均5516人次；2010年城镇登记失业率为3.5%。

2011—2015年，县总工会配合有关单位开展"南粤春暖""再就业援助月""大中专毕业生服务月"等公共就业服务，为城乡劳动者提供及时有效的政策咨询和就业服务，全方位促进就业。2013年起，以"推动实现更高质量的就业"为目标，成立首个创业孵化基地，采用社会投资型运作模式，对基地内的创业人员给予减免租金、免费提供创业服务等多项优惠政策优待。5年内，全县城乡举办就业招聘会109场次，成功就业1.72万人次；在多种就业扶持服务作用下，全县"零就业家庭"动态为零；城镇新增就业3万人次，年均为6000人次；2015年城镇登记失业率为2.37%。

2016—2020年，全县城乡举办就业招聘会179场次，成功就业7535人次；在多种就业扶持服务作用下，全县"零就业家庭"动态为零；城镇新增就业2.57万人次，年均为5137人次；2020年城镇登记失业率为2.47%。

（四）拓宽就业渠道

1995年起，县总工会与县人力资源和社会保障局合作，拓宽就业渠道，进行富余劳动力转移。1995—2000年，全县城乡富余劳动力转移就业人数3.35万人次，年均5583人次，人月平均工资920元。2001—2005年，全县城乡富余劳动力转移就业人数3.33万人次，年均6660人次，人月平均工资1030元。

2006—2010年，县总工会通过举办就业现场招聘会、进行就业推荐、实行订单培训就业制度等方式，促进城乡富余劳动力转移就业。2007年6月27日，在县人民中心广场举办佛冈县2007年城乡富余劳动力就业暨远程可视见工系统现场招聘会（以下简称"招聘会"），参加招聘会的有近万人。进场的113个招工单位中，共有20个行业60个工种，提供了7758个岗位。现场求职登记人数2493人，成功录用人数1085人。2008年，佛冈县抓住全省启动"双转移"战略契机，全力推进城镇化进程。坚持以市场需求为导向，引导农村劳动力向城镇集中，帮助返乡农民工和高校毕业生实现就业。将招聘会举办地延伸到镇村一级，免费为用人单位和各类求职者提供服务。5年内，全县城乡富余劳动力转移就业人数达3.51万人次。

2011—2015年，加大政策扶持力度，根据县府办发文，县总工会把就业和农村劳动力技能培训转移就业纳入目标责任制考评范围，推动劳动力转移工作的开展。同时，根据清远市的部署，开展全民创业促进工作，鼓励企业招用本县劳动力，并开辟校企挂钩培训就业新途径，推动转移就业工作发展。5年内，全县城乡富余劳动力转移就业人数2.94万人次。

2016—2020年，5年内，全县举办用人招聘会179场，城乡富余劳动力转移就业人数1.88万人次，年均就业人数1507人。

2022年，县总工会与县人社局联合开展2022年"南粤春暖"专场招聘活动，为1000多名返乡农民工提供适合的工作岗位，得到了广大求职者的一致好评。依托全国总工会"工E就业"网上就业服务体系，鼓励各基层工会到"工E就业"平台开展招聘工作，实现就业服务线上线下融合，拓宽服务渠道，提升服务效率，促进就业。目前，佛冈县有3家企业通过全国总工会"工E就业"平台实行网上招聘。

表9-1 2006—2020年佛冈县劳动就业服务统计表

年度	求职登记人数/人	举办招聘会/场	招工单位/个	提供岗位/个	成功就业/人	新增转移就业/人	城镇新增就业人数/人
2006	3648	24	247	18 058	1622	4000	5600
2007	3966	26	249	14 496	1808	5379	5639
2008	2400	30	260	13 000	900	9000	5200
2009	2419	37	300	14 000	974	9671	5639
2010	9162	24	439	15 207	4910	7000	5500

续表9-1

年度	求职登记人数/人	举办招聘会/场	招工单位/个	提供岗位/个	成功就业/人	新增转移就业/人	城镇新增就业人数/人
2011	17 200	11	338	18 468	5695	9468	5506
2012	12 500	8	340	13 523	4660	6729	6008
2013	3388	46	394	7018	2203	4520	6002
2014	4446	30	542	12 999	1637	4574	6005
2015	5358	14	426	11 500	2977	4076	6500
2016	13 730	14	430	14 322	1371	4036	5209
2017	12 436	15	518	15 892	1078	1504	5535
2018	13 750	53	750	22 764	2876	4530	5218
2019	14 000	60	730	18 299	1823	4262	4983
2020	11 000	37	331	7296	387	4462	4738
2021	5415	52	557	17 041	589	4260	4711
2022	3419	29	328	11 528	384	4461	4830

注：①本表2015—2017年"举办招聘会"栏指户外大型招聘会，2018—2020年指开展"南粤春暖"、"春风行动"、就业精准扶贫、周六公益性就业现场招聘会总数。②2020年举办招聘会37场，另网络招聘会54场未列入本栏。③本表数据由佛冈县人社局提供。

（五）建立劳动服务平台

2005年起，佛冈县坚持推进和完善劳动和社会保障社区平台建设，建立县级公共就业服务机构和基层劳动保障事务所。所建成的县级公共就业服务机构，有县劳动就业服务管理中心和县职业介绍服务中心（县劳动力市场）。2005年1月28日，县职业介绍服务中心（县劳动力市场）竣工并投入使用。2006年，全县6个镇均建立镇级劳动保障事务所，县总工会投入30多万元为各镇事务所添置电脑、传真机、空调等设备，向社会公开招考专职工作人员8名。

2011—2015年，推进政务信息公开化，开通佛冈人社网站，编印佛冈人社信息资料，向群众提供更加便捷的网上服务。完善基层公共服务平台建设，把基层服务所建成设施完备、制度健全、职责明确、服务到位、覆盖城乡的工作新体系。

2016—2022年，全县建立县、镇、村（社区）三级公共就业服务体系，90个村（社区）加挂人力资源和社会保障服务站牌子，按每个村（社区）2万元的标准安排补助资金，统一配置电脑、打印机等相关设备，全面增强就业服务功能。2020年，根据新冠肺炎疫情防控的要求，开展"百日万千网络"招聘行动，通过"佛冈就业"微信公众号助力网络招聘工作的开展，完善就业服务体系。

第二节　困难救助

一、困难职工救助

1956年起，县总工会每年均开展困难职工调查，以便摸清县内困难职工基本情况，建立困难职工档案。每年元旦、春节期间，总工会对全县企事业单位、机关干部职工及困难劳模进行走访慰问，向特困职工发放困难补助金，以让困难职工过上一个安定、祥和、愉快的春节。是年起，县总工会提出发扬职工互助互济精神，组织互助储金会，全县各基层工会积极响应。

1986年起，每年春节前夕，县总工会都到县城医院去慰问住院的工会会员，各基层工会做好一年一度的"迎新春、送温暖"活动。1989年1月，县总工会领导和部分干部、职工组成两个组到县人民医院和县中医院慰问患病住医院的30多名工会会员。1990年春节前夕，县总工会连同市总工会开展"送温暖"工作，县总工会、县退管会做好调查工作，共补助困难职工21名，慰问患病职工52名。

1995年，县总工会强化服务意识，努力为全县困难职工办实事、做好事、解难事。建立县、镇、基层工会三级帮扶网络，制定并完善工作制度和工作流程，积极实施"送温暖"工程，加大力度为职工排忧解难。全年慰问患病住院职工和走访特困职工55人次，给他们送上慰问金和慰问信，合计8000多元。

1996—2000年，县总工会建立特困职工档案，以掌握困难职工的人数、姓名、困难情况及其变化，推动"送温暖"活动的经常化、制度化、社会化，加大力度为企业和职工排忧解难。1998年，在全国抗洪救灾活动中，县人民医院工会的职工们共捐出助困基金及抗洪救灾款1万多元；同年，还为该院车祸重伤职工捐款助其就医。县房管局工会组织职工捐助抗洪救灾款，还协助单位开展扶贫活动，捐款共2.6万多元。5年内，在"送温暖"活动中，县总工会慰问各类困难职工共1200人次，发放慰问金、救助款等共10.45万元。

2001—2005年，县总工会认真做好"送温暖"工作，做好国有企业下岗职工生活费的发放工作，县总工会每月代表县政府发放下岗职工生活费。2004年，县总工会将送温暖和帮扶工作对象延伸到外来困难职工范围，成立"佛冈县困难职工帮扶中心"，为本地和外来的困难职工和提供职业介绍、技能培训、困难救助、法律援助、信访接待"五位一体"的一站式服务，发挥工会为政府分忧、为职工解难的作用。5年内，县总工会慰问各类困难职工共1921人次，发放慰问金、救助款等共33.4万元。

2006年，县总工会积极向县委、县政府反映职工的情况，落实有关政策，大力为职工办好事、办实事，努力深化"送温暖"工程，使得"送温暖"工程成为县工会工作品牌活动。2007年，积极筹措资金，开展送温暖活动，使工会组织成为困难职工的"第一知情人、第一报告人、第一关心人、第一帮助人"，实现对困难职工群体合法权益的维护。全县共组成了15个慰问组，为482名困难职工送去了价值32万元的慰问品和慰问金。2008年，县总工会加强困难职工帮扶机构建设，坚持以困难职工的实际需求为基础，以困难职工帮扶中心为平台，以临界困难职工和外来困难职工为重点目标对象，全面实施生活救助、工会助学、医疗互助保障、法律援助、工伤救助、职业介绍等民心工程。是年，县总工会分别举行"佛冈县困难职工助学金发放仪式""佛冈县困难职工帮扶资金发放仪式"，为30名非义务教育阶段的困难职工子女、100名困难职工送去共计10万元的帮扶资金。2009年，县总工会开展以困难职工群众为帮扶主体的"惠民行动"，努力为全县困难职工办实事、办好事、解难事，深入开展"送温暖"工程。2010年，县总工会以帮扶救助工作全覆盖为目标，积极完善扶贫帮困长效机制，着力推动困难帮扶由节日送温暖向常态化保障转变、由以关心城镇困难职工为主向关心包括农民工在内的不同弱势职工群体扩展，全力打造工会组织的爱心品牌。在春节期间开展"真情送温暖，助困进万家"活动，开展夏季"四送"促发展活动，举办"佛冈县困难职工助学金发放仪式"及"佛冈县困难职工帮扶资金发放仪式"。2006—2010年，县总工会慰问各类困难职工（含助学）共2067人次，发放慰问金、救助款（含助学款）共113.3万元。

2011年，县总工会建立健全县、镇、基层工会三级帮扶网络，实现工会帮扶工作的常态化、规范化、网络化，先后制定《困难职工帮扶中心工作制度》《困难职工帮扶工作程序》《资金管理制度》《档案管理制度》等，以规范帮扶行为。2012年，县总工会开展以帮扶困难职工群众为重点的"惠民行动"，积极开展困难帮扶和"送温暖"活动。2013年，县总工会强化服务意识，把"送温暖""金秋助学"等活动列入重要工作日程，积极拓宽筹资渠道，不断扩大帮扶资金规模。认真组织广大女职工参加"广东省女职工安康互助保障计划"甲种版，为县环卫所全体员工260多人购买"广东省职工医疗互助保障计划"。2014年5月，县总工会筹集资金3万多元，对在洪灾期间受灾严重的67名农民工送上每人500元的帮扶救灾资金。2015年，县总工会完善帮扶工作制度和工作流程，开展困难职工调查，为300多名困难职工建立帮扶档案；筹集资金120多万元，积极开展"送温暖""送清凉""金秋助学""工伤探视"等工会帮扶活动，普惠职工群众6700多人次；向全县5000多名在职职工每人赠送一份"在职职工住院医疗综合互助保障"（二次医保），推进"工会培优计划"，组织基层工会为800多名女职工购买"职工安康互助保障计划"，建成"爱心妈妈小屋"2间。2011—2015年，县总工会慰问各类困难职工（含助学）共5410人次，发放慰问金、救助款（含助学款）共216万元。

2016—2020年，县总工会慰问困难企业，扎实推进"职工互助保障计划"落实。2017年，县总工会分别开展"春节送温暖""工伤探视""金秋助学"等系列活动，帮扶困难职工、困难家庭学生、劳动模范近800人次，发放慰问金、救助金、助学金共45.5万元。2018年起，县总工会开展职工帮扶、"春节送温暖"等系列活动，帮扶机制逐步建立。5年内，县总工会慰问各类困难职工（含助学）共2396人次，发放慰问金、救助款（含助学款）共179万元；慰问省市级劳模共119人次，发放慰问金（含体检费）共14万元。

2021年，县总工会开展送温暖慰问活动，向全县66名困难职工，40名全国、省、市劳模，11名户外一线职工，9名驰援湖北抗疫医务人员，以及1家企业发放春节"送温暖"帮扶慰问资金，合计15.3万元。由于帮助困难职工解困脱困工作成绩突出，是年，佛冈县总工会被广东省总工会授予"城市职工解困脱困工作中作出重要贡献集体"荣誉称号。

2022年，开展春节"送温暖"慰问活动，为83名困难职工、47名全国、省、市劳模，以及1家企业发放春节"送温暖"慰问资金，合计共款19.67万元（其中县财政10万元，本级工会经费9.67万元）。开展"情暖农民工　留粤过大年"新春行动，向全县14个基层工会共118名留佛冈过年的非广东户籍务工人员发放新春大礼包，礼包价值合计2.36万元。

二、助学纾困

2003年起，县总工会进一步推动为困难职工解困脱困工作，帮助困难职工（农民工）子女就学，开展以"爱心成就梦想"为主题的助学助困活动。2004—2005年，县总工会筹集助学金，以协助经济困难的外来职工子女解决上学难的问题。两年内，发放困难职工子女助学金共1.2万元，受助18人次。

2006—2010年，县总工会分别举行"佛冈县困难职工助学金发放仪式""佛冈县困难职工帮扶资金发放仪式"，每年为30名处于非义务教育阶段的困难职工子女送去总计3万元的助学金。

2011—2015年，县总工会开展"金秋助学"活动。5年内，县总工会向困难职工（含农民工）和非义务教育阶段的困难家庭学生（共192人次）发放慰问金、救助金、助学金总计86万元。

2021—2022年，开展爱心赠书活动。县总工会联合县关心下一代工作委员会发文《关于开展向全县困难职工在读子女赠送系列图书活动的通知》，向全县困难职工读书子女赠送系列图书活动。2022年，县总工会认购500册书籍进行发放，总价值为12 450元。

第三节　职工生活后勤工作

一、职工医疗保障制度

20世纪50年代起，佛冈县实行职工医疗保险制度。职工医疗保险包括职工基本医疗保险和职工补充医疗保险。职工基本医疗保险是依法对职工的基本医疗权利给予保障的社会医疗保险；补充医疗保险则不是通过国家立法强制实施的，而是由用人单位和个人自愿参加的。基本医疗保险与补充医疗保险不是相互矛盾的关系，而是互为补充且互相不可替代的，其目的都是给职工提供医疗保障。

2014年起，佛冈县为适应社会形势和职工队伍发展变化，全面推行工会"普惠化、常态化、社会化"服务内容，维护职工切身利益，致力改善并提高广大职工抵御医疗风险的条件和能力，根据2014年广东省总工会办公室发出的《关于深入开展职工医疗互助保障工作的通知》精神，县总工会在全县范围内实施职工医疗互助保障。职工住院医疗互助保障活动具有保费低、保障力度大、普及面广等特点，是工会推出的又一项惠民工程，能起到为政府分忧、为职工解难的作用，是对职工基本医疗保险的重要补充，也是为职工办实事、办好事，维护职工利益，保持社会稳定、构建和谐社会的重要举措。2014年，佛冈县总工会大力推进"服务型"工会建设，主要内容有：①筹措资金8万多元，为全县990多名在职职工每人赠送一份"住院二次医保"（在职职工住院医疗综合互助保障活动），保障期为1年，每份95元。②进一步扩大工会面向职工的服务的广度和深度，推动工会服务由帮扶型向普惠型转变，筹集资金2万多元为280多名在职在档困难职工和部分省市劳动模范购买了"住院津贴"（在职职工住院津贴互助保障活动），保障期为1年，每份80元。③建设心灵驿站，帮助职工减压。投入10万元，采取试点形式，分别在佛冈中学、清远加多宝草本植物科技有限公司建立职工"心灵驿站"，为职工提供心理咨询、个别心理辅导等的心理咨询服务，以提升职工心理抗压能力，保障职工身心健康。

2016年，县总工会向各基层工会发出《关于进一步做好职工医疗互助保障工作的通知》，扎实推进"职工互助保障计划"普及工作，为缴费企业的职工购买二次医保或医疗津贴近30万元，以解决职工"看病难"的问题。

2020年，县总工会严格按照广东省职工医疗互助保障活动有关规定办理职工新购买与续保工作，并做好理赔工作。据统计，全年有88个单位共购买四种互助计划（包括"广东省在职职工医疗互助保障计划""广东省在职女职工安康互助保障计划""广东省在职职工住院医疗综合互助保障计划""广东省在职职工住院津贴互助保障计划"）241份，总人数7472人，涉及金额70多万元；办理理赔的有149人，报销金额达到22万多元。

2021年，县总工会推进广东省职工医疗互助保障工作落实，全县有89个单位参加四种互助计划，总人数为9639人，购买总金额90.89万元，办理理赔296人，理赔金额40.01万元。

2022年，县总工会开展省级帮扶资金的发放和广东省职工医疗互助保障推进工作。为5名在档困难职工发放中央财政专项帮扶资金38 400元，为2名在档困难职工发放省级困难职工帮扶专项经费共1.4万元。全年共有105个单位参加四种互助计划，总人数11 969人，保单共368份，购买金额119.87万元，办理理赔人数457人，理赔金额73.95万元。

二、职工疗养休养

20世纪80年代起，佛冈县在汤塘黄花湖建立干部疗养所，试行职工疗养休养制度。职工疗休养是为劳动者提供休养生息服务的福利事业，是我国社会保障体系的重要组成部分，是国家法律赋予职工的一项基本权利。其主要任务是通过举办疗休养院（所），恢复与增进职工的身体健康，降低职工的患病率，调动职工的积极性，使职工以充沛的体力及高昂的劳动热情投入生产建设事业。政策规定疗休养对象面向广大职工，以一线职工和工会会员为主，优先考虑长期从事有毒有害（或工作强度大）岗位的职工、各类先进模范人物，照顾因公负伤和即将退休的职工。

2019年起，县总工会及各基层工会按照《全国总工会关于工会疗养事业若干问题的暂行规定》，分期分批组织安排部分劳模职工进行体检、疗养。是年，组织9名劳模分3批参加疗养，安排9名省级劳模参加体检。2020年，做好劳模服务工作，安排8名老劳模参加体检，安排1名全国劳动模范参加休养；为9名省部级老劳模申报生活困难补助专项资金和省级劳模特困帮扶金。

2022年，县总工会认真做好清远工会技术工人和先进职工疗休养活动工作，根据《关于开展2022年清远工会技术工人和先进职工疗休养活动的通知》精神，认真做好疗休养活动的参加人员方案，顺利组织5批次共23人参加清远工会技术工人和先进职工疗休养活动。同时，按通知要求推荐汤塘镇汤塘村的汤塘围温泉民宿聚集点作为技术工人疗休养基地。

第四节　退休干部职工管理与服务工作

一、退休职工管理委员会

1989年，佛冈县开展离退休干部职工管理与服务工作。是年4月，成立佛冈县退休职工管理委员会，委员会主任由县总工会主席担任。2002年，调整佛冈县退休职工管理委员会，委员会主任由副县长担任，县总工会为成员单位，并在县总工会设立离退休干部职工活动室。

佛冈县退休职工管理委员会成立后，县总工会配合有关单位，贯彻执行党和政府有关退休职工工作的方针、政策，维护和保障退休职工的合法权益。做好退休职工的思想政治工作，组织他们学习党和政府的有关方针、政策。组织退休职工参加力所能及的社会公益活动，开展有益身心健康的各种活动，办好退休职工之家，让退休职工度过幸福晚年。

二、退休职工管理服务工作制度

进入21世纪后,佛冈县为贯彻落实党和国家有关离退休人员的各项待遇,从政治上尊重、思想上关心、生活上照顾、精神上关怀等方面关心老干部,逐步建立健康、温馨、有序的养老机制。县总工会配合有关单位,根据《老年人权益保障法》《广东省老年人权益保障条例》《中共中央办公厅国务院办公厅关于进一步加强和改进离退休干部工作的意见》等文件精神,加强对离退休人员工作的组织领导。县总工会坚持落实离退休人员的"两个待遇",即落实离退休人员的政治待遇,完善和落实离退休人员在政治理论学习、阅读文件、参加重要会议和重大活动、情况通报、参观学习等活动中的相关制度;落实离退休人员的生活待遇,确保离退休人员按时、足额领取退休金和各项政策性补贴,完善老干部困难帮扶机制。同时,加强和创新离退休人员党组织建设,按照有利于教育管理、有利于发挥作用、有利于参加活动的原则,灵活设置党组织。从政治上关心离退休人员,宣传党的主张、贯彻党的决定,认真学习贯彻落实习近平新时代中国特色社会主义思想和相关党内法规制度,提倡和鼓励党内开展互助关爱、传送温暖活动。

(一)离退休老干部活动制度

进入21世纪后,县总工会配合有关部门开展离退休老干部活动。2018年,在全县老干部中开展以"增添正能量·共筑中国梦"为主题的"五讲好五畅谈力展望"系列传播正能量的活动,印发《佛冈县"增添正能量·共筑中国梦"正能量活动宣传手册》1000多份,组织参加多个文艺表演、书画摄影展,举办县老干部大学成立五周年校庆等一系列主题文体活动,召开座谈会、交流会50多场次。参与各项活动的离退休干部达1000多人次。同时,为结合庆祝改革开放40周年,开展"我看改革开放新成就"专题调研活动,通过召开座谈会和个别访谈等方式听取老同志的心声。

2019年,佛冈县组织老干部开展"我看新中国成立70周年新成就"专题座谈会和征文活动,推荐县府办退休干部周兰娣参加清远市"我看新中国成立70周年新成就"老干部代表座谈会;"七一"期间,组织老干部大学临时党支部全体党员共80多人到石角镇黄花村存久洞开展"助力革命老区建设和乡村振兴战略"主题党日活动;9月25日,在县人民中心广场举办以"同心同行70年·共圆伟大中国梦"为主题的庆祝中华人民共和国成立70周年暨2019年"老人节"老干部文艺晚会;10月,组织老干部前往深圳及中山开展"重温改革历程,不忘初心使命"主题考察学习活动,先后参观了前海自贸区展厅、"大潮起珠江——广东改革开放40周年展览"、孙中山纪念馆、中山市老干部大学校园,引导老干部为助力粤港澳大湾区建设、促进佛冈经济社会发展再贡献智慧和力量。

2020年,县委老干局开展"我看脱贫攻坚新成就"系列活动,主要项目有:①组建一支专题调研小组。撰写完成《党建引领脱贫攻坚》《筑脱贫之基·引致富之源》的调研报告,为乡村振兴建言献策。②组织一次新农村实地参观考察。组织实职副处退休干部到英德市连樟村和县内开展"我看脱贫攻坚新成就"考察活动与学习《习近平谈治国理政》第三卷。③组织一次主题党日活动。组织退休党员到水头镇石潭村党建、爱国主义教育基地和天西乡革命遗址纪念馆参观学习，以此缅怀革命先辈，重温入党誓词。④开展一次访谈活动。对县老促会会长（原县人大常委会副主任）李玉方就"我看脱贫攻坚新成就"进行专题访谈。⑤发起一次网络征稿活动。组织老同志忆往昔、说发展、谈变化、献良策。活动共收到稿件10多篇，并聘请评委进行评奖，为助力脱贫攻坚营造浓厚的宣传氛围。⑥举办一场书画摄影展。此次展品共60余件，展现了脱贫攻坚取得的丰硕成果。

2021—2022年，县总工会配合县委老干局开展系列多项活动。2021年，开展"庆祝建党百年·践行初心使命"主题系列活动，由老干部及老干部工作者共同组成的调研小组在县内开展"我看建党百年新成就"专题调研活动。撰写"我看建党百年新成就"调研报告，引导老干部们畅谈新变化、赞颂新成就、建言新发展。组织实职副处级以上退休干部到广佛（佛冈）产业园开展"我们的节日·重阳"参观考察活动，让老领导们实地感受佛冈县经济社会发展取得的新成就、新变化，引导老干部对佛冈的发展建言献策。开展"三个100"活动，共收到故事稿22篇、党课稿28篇、"最美老党员"事迹材料22篇，其中有3篇被省委老干部局采用并汇编成册。举办征文比赛活动，组织老同志讲党史、谈体会、颂党恩，共收到稿件16篇。举办"我看建党百年新成就"书画摄影展，共展出书法摄影优秀作品91件，充分抒发了老干部爱党爱国的情怀。

（二）"四必访"制度

2015年起，县总工会为更好地体现对离退休人员的关心，建立健全"四必访"制度：①重要节日必访。在春节、五一劳动节、七一建党节、重阳节、国庆节等重大节日，组织开展多种形式的慰问或文体活动。②有事必访。离退休人员有困难、意见建议和信访问题，工作人员主动上门交流沟通，代办相关事务符合政策规定的，立即协调解决，不符合政策规定的，做好解释和思想政治工作。③有病必访。对生病住院的离退休人员，及时到医院看望慰问。慰问金标准参照工会会员标准执行，原则上每年发放1次。病愈出院后，协助工会办理医疗互助报销事宜。④去世必访。离退休人员去世，组织单位人员吊唁，慰问直系亲属。慰问金和丧葬用品标准参照工会会员标准执行。

（三）离退休老干部服务制度

2016年起，县总工会配合有关部门落实离退休干部服务制度。是年，落实好对新中国成立初期参加革命工作的部分退休干部在生活上给予适当照顾的工作，相关待遇福利足额发放到位，坚持做好"四必访"慰问工作。全年，走访慰问老干部80多人次，探望患病住院、重病在家的老干部20多人次，探访易地安置老干部3人次，将党和政府对老干部的关怀落实到位。耐心做好老干部信访工作，接待老同志来访22人次，用心、细心、耐心做好接访工作，做到事事有落实、件件有回音。

2019年，县总工会配合有关部门做好离退休干部服务管理工作。从2019年1月起，将县36名离休干部的护理费标准由原来的600元提高到3000元至3800元不等。走访慰问老干部100多人次，探望患病住院、重病在家的老干部20多人次，探访易地安置老干部5

人次。接待老干部来信来访8人次,做到事事有落实、件件有回音。为县36名离休干部发放"庆祝中华人民共和国成立70周年"纪念章。为王连显和陈有仕两名离休干部解决住房困难的问题。

2020年,坚持精准服务的导向,做好老干部服务工作。重点工作有:①疫情期间,上门为老干部宣传疫情防控知识,共送上一次性爱心防护口罩1000个。通过微信、短信联系慰问老同志460多人次,推送防控疫情信息45条次。②做好老干部体检工作,组织27位离休干部、29位实职副处退休干部、95位享受副处级退休待遇干部进行身体检查,对体检工作出现的问题及时进行解决。③开展送医服务,与县干部保健中心合作,为老同志看病开通便捷绿色通道,提供预约医生、缴费、取药"一条龙"服务,服务老同志60多人次。④走访慰问和收集老干部意见建议,收集老干部涉及干部队伍建设、城市建设、经济建设、民生工程等方面的意见建议共17条,交由县"两办"转相关部门办理,并将办理结果及时向老干部反馈。⑤建立完善离退休干部服务管理系统工作。

2021—2022年,做好老干部体检工作,每年组织离休干部、实职副处级以上退休干部、享受副处级退休待遇干部进行身体检查,举办健康咨询活动。开展送医服务,与县干部保健中心合作,为老同志看病开通便捷绿色通道,提供预约医生、缴费、取药一条龙服务,在老干部局一楼设立保健室。通过召开老干部情况通报会、座谈会及电话和上门走访的方式,收集老干部意见建议。完善离退休干部服务管理系统工作,及时更新和发布离退休人员数据信息、老干部工作相关信息,实现以信息化带动离退休干部工作规范化、精准化,精准做好老干部服务工作。

三、落实老年人优待政策

1995年起,县总工会配合有关部门采取多项措施落实老年人优待政策。2002年,县政府对企业离退休人员基本养老金做到按时、足额发放,基本养老金领取人数2778人,总金额1093万元,人均退休金364元。发放比例100%。切实做好企业离退休人员调整待遇政策落实工作,按照清社保〔2002〕29号文和佛府办〔2002〕30号文件精神,提高离退休人员养老保险待遇,保障离退休人员的合法权益。协助离退休人员妥善解决医药费用问题,由单位根据各自的不同情况对门诊费和住院费用作出具体规定,对门诊费的退休人员基本实行包干办法,对退休人员的住院费用实行按比例报销。

2006—2010年,先后为全县60岁以上1278人办理优待证,向百岁以上老人14人发放长寿保健金(每人每月100元)。投入专项资金建设"星光老年之家"。2006年,全县6个镇有15个村(居)委会建立"星光老年之家"。至2010年,全县建立"星光老年之家"35间。

2011—2015年,逐步完善"星光老年之家"设施和管理制度,发挥好老龄设施的作用。2012年,根据《佛冈县80岁以上高龄老人津贴制度实施方案》精神,从是年10月1日起,开展80岁以上高龄老人津贴的发放工作,是年发放津贴61.19万元,2013年发放津贴199.24万元,2014年发放津贴249.68万元,2015年发放津贴262.66万元。同时,贯彻《老年人权益保障法》《广东省老年人权益保障条例》精神,全面落实《清远市老年人优先办法》，在人力资源和社会保障局发放的《清远市民卡》上加载《老年人优先卡》。2012年起，为60岁以上老年人办理优待证、优待卡。

2016—2022年，县总工会配合有关部门组织开展关爱老人系列工作，提高80岁以上、90岁以上、100岁以上老人的高龄津贴标准，开展"银龄安康"行动（60岁以上五保户、80岁以上老人投意外伤害综合保险），同时继续建设"星光老年之家"。2020年，对全县8间镇级养老机构进行整治和优化建设。同年，为全县60周岁以上老人51 065人购买银龄安康保险，为7365名80岁以上的高龄老人发放津贴共518万元。

四、开展敬老活动

1995年起，县总工会配合有关部门落实《老年人权益保障法》等老龄政策法规和敬老先进事迹的宣传工作，开展各项活动。

2002年，县总工会配合有关部门，在春节、五一国际劳动节、国庆节、老人节等节日开展各种活动。5月，在老干局开展象棋、麻将、天九、扑克、门球、男女乒乓球等各种比赛活动，参赛人数60人次。同时，为庆祝五一国际劳动节，县总工会组织了一场生动活泼的文艺汇演。老人节期间，在县文化公园举行游园娱乐活动，开展"气枪打气球""定位投篮""猜谜语""盲公打球""套圈"等游戏竞赛项目，参赛者达500人次。

2006年10月，县老龄办和县老干局组织退休老干部参加清远市首届老年文艺调演晚会，所表演的《佛冈颂》和《黄河》分别获得一等奖和二等奖。

2007年12月，县老龄办会同老干局、文化和体育局组织老年人参加市老年人运动会。2007年10月14日、2009年10月23日和2010年11月7日，县人民政府、香港圣约翰爵士敬老基金会和香港交通安全队——特殊职务署联合主办了香港圣约翰爵士敬老基金会佛冈县重阳敬老晚宴，先后参加3次敬老晚宴的，有全县60岁以上老人共2373人次，百岁老人共48人次。同时，组织退休老干部参加清远市第三届和第四届老年文艺调演晚会。

2011—2015年，每年重阳节期间，县委组织部、县老干部局均联合举行老干部游园活动，与老干部共庆老人节，并组织退休老干部参加清远市老年文艺晚会，部分参演节目获二等奖和优秀奖。2011年11月27日，县人民政府、香港圣约翰爵士敬老基金会联合主办第5次香港圣约翰爵士敬老基金会佛冈县重阳敬老晚宴，全县近1000名60岁以上老人参加。2013年起，佛冈县据省老龄委《转发全国老龄工作委员会关于开展全市"敬老文明号"创建活动通知》，逐步推进福利院"敬老文明号"创建工作落实。2013年10月13日上午，县委组织部联合县委老干局在县人民中心篮球场举行老干部游园活动，吸引近百名离退休老干部参与。2014—2015年，开展敬老模范人物和敬老模范单位评选表彰活动，会同老干局文艺队、轻歌曼舞队参加在阳山县举行的清远市第七届、第八届文艺调演，分别获得铜奖和优秀奖。

2016—2022年，组织开展老年人文艺活动。其中2016年组织老年人表演队参加广东省老年人文艺汇演——"丝路传歌"（清远专场），表演歌舞《美丽中国富起来》和扇舞《人民》。

第十章
女职工工作

第一节　女职工组织

一、女职工组织建设

1950年，佛冈县工会开始执行《基层工会女工工作委员会组织条例》，但未建立女工组织。

1961年，建立佛冈县总工会女工委员会，届次与历届总工会委员会同步，女工委员会成员通过选举产生。

1973年起，县总工会根据广东省总工会要求加强工会组织建设，设女工专职干部，基层工会设兼职女工委员。

1981年，县总工会女工委员会的职能是：①宣传贯彻女职工保护工作条例，团结动员女职工发扬工人阶级主人翁精神，积极投身于改革开放和社会主义现代化建设，在全面建设小康社会中建功立业；②依法维护女职工在政治、经济、文化、社会和家庭等方面的合法权益和特殊利益，同一切歧视、虐待、摧残、迫害女职工的行为作斗争；③对女职工进行爱国主义、集体主义、社会主义教育，引导女职工树立自尊、自信、自立、自强精神，全面提高女职工的思想道德、科学文化技术和健康素质水平；④会同工会有关部门和社会有关方面共同做好女职工工作。县总工会着力抓好女工组织建设，按照《基层工会女工工作委员会组织条例》，要求凡含25人以上名女职工的基层工会（包括车间），都要成立女工工作委员会，25人以下的成立女工小组。

1982年，县总工会的女职工工作重点是进一步推动学习"五讲四美"，抓好6项工作：①抓好政治思想教育，创"五好"女职工；②抓好职代会完善工作，发扬女职工当家作主精神，号召女职工积极参加企业民主管理；③抓好女职工组织建设，积极发现和培养妇女骨干；④抓好配合有关部门办好托幼事业工作；⑤抓好宣传贯彻《婚姻法》和计划生育工作；⑥抓好女职工保健工作，协助行政做好女职工的劳动保护工作。1983年，全县建立9个女工委员会，女工小组103个。在女工委员会主任和女工小组长中，为股级、科级以上干部的有55人。

1992年，全县基层女工委员会发展到28个，女工小组175个。1993年，全县基层女工委员会有25个，女工小组有167个。1994年，全县基层女工委员会有26个，女工小组有173个。至2000年，佛冈县已建有女工委员会（小组）30个。

2001年起，县总工会全面加强女职工组织建设。至2008年，全县已建女职工组织490家，占应建女职工组织的97.8%，组建率达97%。2009年，佛冈县新建立基层女工委员会13个。2010年，佛冈县有48家企业新建立女工委员会。

2012年，佛冈县共建有基层女工组织343个。2014年，全县已建女职工组织493家，占应建女职工组织的98%，组建率达97%，全县女职工组织所覆盖企业达279家。佛冈县建立县总工会女工委员会、镇及局工委女工委员会、基层工会女工委员会三级组织网络，形成较大的覆盖面。2015年，全县已建工会组织514家，已建女职工组织497家，占应建女职工组织的98%；组建率达98%，全县女职工组织覆盖企业达280家。

2016年开始，县总工会女工委员会主任进入党组班子，基层工会在搭配班子时也都按照单位女职工比例配备女性工会干部，凡达到规定条件的单位均成立工会女工委员会，各级工会代表大会和职代会中都有一定比例的女职工参加，县总工会代表大会中女职工代表占20%，确保女职工贪污享有政治权利。县总工会还主动积极和组织人事部门沟通协调，加大对女干部的培养力度。在县级部门担任党政领导实职的女领导干部占同级干部的三分之一，多个部门一把手为女同志。

2018年，全县建有基层工会525家，其中女职工组织有515家，组建率达到99.03%。2019年，切实夯实女职工组织基础，提升女职工组织的自身建设。围绕当好"娘家人""代言人"这一工作重点，加强女职工组织规范性建设，主动履行女职工权益表达者和维护者的职责，将女职工组织建设工作纳入工会组建工作目标，实现女职工组织建设与工会组建工作同步部署、同步实施、同步考核，不断完善程序，逐渐形成机制。

2022年，佛冈县县级以上女工委员会有1个，设主任1名、副主任1名，女工委员有23人，其中本科女职工干部17人、大专6人。全县基层工会建立女工委员会515个，其中企业建立女工委员会265个，女职工组织的覆盖率达77.6%。

二、女职工会员队伍建设

2000年，全县有女职工会员3995人。

2008年，全县有女职工会员12 024人（含当年新发展女工会员850人）。2009年，全县有女职工会员12 386人，占当年女职工总数的97.8%。2010年，全县有女职工会员14 298人，占当年女职工总数的99.8%。

2013年，全县有女职工会员24 921人，占当年女职工总数的99%。

2018年，全县有女职工会员31 721人，占当年女职工总数的99.9%。

2022年，全县有女职工会员18 559人，占当年女职工总数的91%。是年，佛冈县各级工会和小组共配备专职女职工干部20人，兼职女干部为568人。

表10-1 2009—2022年佛冈县女职工会员信息表

年度	全县职工/人	女职工/人	女职工会员/人	女职工会员占女职工总数/%
2009	36 851	12 666	12 386	97.8
2010	30 950	14 330	14 298	99.8
2011	37 957	17 633	17 343	98.4
2012	52 530	22 695	22 413	98.8
2013	61 911	25 175	24 921	99.0
2014	64 628	26 209	25 951	99.0
2015	73 026	29 765	29 764	100.0
2016	73 074	30 798	30 704	99.7
2017	73 074	30 798	30 704	99.7
2018	77 406	31 741	31 721	99.9
2019	79 832	32 557	32 509	99.9
2020	82 108	26 318	26 275	99.8
2021	48 721	20 261	18 402	90.8
2022	49 142	20 393	18 559	91.0

第二节 女职工权益特别保护

1950年起，佛冈县宣传贯彻《工会法》。《工会法》规定，维护职工合法权益是工会的基本职责。加强女职工权益维护，保护女职工身体健康是工会工作的一项重要内容。多年来，佛冈县各级工会组织女职工认真学习《工会法》《劳动法》《女职工权益保障法》，提高法律知识水平，增强自我维权意识，提高参与民主政治活动的能力。

一、女职工权益特别保护内容

1988年6月28日,国务院第十一次常务会议通过了《女职工劳动保护规定》,该规定从1988年9月1日起施行。女职工劳动保护具有两层含义:①保护女职工的劳动权利。②保护女职工在生产劳动中的安全与健康。其基本任务是,防止职业有害因素对女职工的健康及生殖机能产生不良影响。2012年,国务院颁布《女职工劳动保护特别规定》,县总工会关心女工生活,维护女职工合法权益,扎扎实实为女职工做好事、办实事。

(一)女职工安康互助保障

2014年3月,广东省总工会下发《关于在全省开展职工住院医疗互助保障活动的通知》,要求各地工会组织继续做好女职工安康互助保障计划普及工作。

2016年,经各级女工委大力宣传,购买女职工安康保险的单位不断增加,全年参保女职工有702人,患病得到赔付的有2名,累计赔付总金额达到60 000元。2018年,经各级女工委大力宣传,购买女职工安康保险的单位持续增加,全年参保女职工有103人,患病得到赔付的有2名,累计赔付总金额达到7.5万元。2019年,县总工会女工委扎实推进女职工医疗互助保障工作落实,做好女职工安康互助保障计划的参保发动和续保动员工作,以各种形式通过各种渠道进行宣传,以使更多女工获得真切的健康保障,体现女工委对她们的关心和爱护。截至2019年,佛冈县共有2500名女职工参加女职工安康互助保障计划,8名女职工获得理赔,赔付金额达13.5万元。

2021年,全县有259名女职工参加安康互助保障计划。2022年,全县有689名女职工参加安康互助保障计划。

(二)"两癌"筛查关爱行动

2009年,佛冈县公路局有一名女职工患上乳腺癌,佛冈县总工会女工委把她的申报资料送到清远市总工会,使之得到赔付。

2013年,佛冈县各级女工委积极配合计生部门做好计划生育及妇科保健工作。每个季度组织育龄妇女进行健康妇科检查,做到无病防病、有病及时治疗。当年11月9日,广东省总工会联合广东省工人医院到华联(佛冈)机械制造有限公司举办女职工免费检查"关爱行动",12名医疗专家为华联公司366名女员工进行"两癌"(乳腺癌、宫颈癌)的健康筛查,并发放宣传资料50多份。此次活动,把义诊送进了企业,把健康送到了群众家门口,使女员工的有关疾病得以早发现、早诊断、早治疗,更好地保护了女员工的健康,以人文关怀的形式间接激发了员工群体助力企业发展的热情。2014年,县总工会女工委联合广东省工人医院到佛冈县,为部分企业开展"两癌"筛查关爱行动,为1000多名女职工进行"两癌"免费筛查。

2018年8月3日,县总工会女工委组织盈泰纺织、广东华劲汽车零部件制造有限公司、龙山工会联合会等企业为489名女职工开展"两癌"免费筛查体检活动,使女职工感受到女工组织的温暖和关爱,进一步提高女职工的自我保健意识,并在全社会营造关爱女职工的良好氛围。

2021—2022年，全县有3744名女职工参与"两癌"筛查关爱行动。

（三）"爱心妈妈小屋"建设

2015年，根据广东省总工会关于推进"爱心妈妈小屋"建设工作的通知，县总工会女工委决定在全县开展"爱心妈妈小屋"建设工作，妥善解决女职工在生理卫生、哺乳方面的困难，维护女职工的合法权利和特殊利益。

至2016年，已有3家企业申请建设"爱心妈妈小屋"，其中标旗磁电产品（佛冈）有限公司工会委员会首先建设完工。11月10日，清远市总工会女工委员主任巫伯池一行，先后到访约克空调制冷设备有限公司工会、佛冈供电局工会，对"爱心妈妈小屋"的标准化建设及使用情况进行检查验收。至2018年末，佛冈县已有8家企业建设完工并开放使用，其中公共场所"爱心妈妈小屋"有2家，已验收合格并获得省市示范点称号的有5家。2019年，县总工会制定"爱心妈妈小屋"建设方案，争取市总工会拨出专项资金，在女职工人数较多、条件较成熟的企事业机关单位、工业园区、公共场所中建设"爱心妈妈小屋"，有力促进女职工"四期"保护工作的落实。至当年年底，全县已建成9间"爱心妈妈小屋"，并均已合格验收。2020年，佛冈县妇幼保健计划生育服务中心、粤运佛冈分公司、东新（佛冈）温泉开发有限公司的"爱心妈妈小屋"建成并投入使用。

2021年，县总工会按照省、市总工会女工委的工作部署，在全县继续推进"爱心妈妈小屋"建设工作的开展。至当年年底，已建成15家"爱心妈妈小屋"（2021年新建2家），其中公共场所已建成3家，妥善地解决了区域内女职工在生理卫生、育儿等方面的问题。

2022年，县总工会女工委到森波拉度假森林、佛冈县文化广电旅游体育局开展"爱心妈妈小屋"建设工作。至是年年底，全县已建有17家"爱心妈妈小屋"，其中公共场所3家。在以上的"爱心妈妈小屋"中，被评为"广东省爱心妈妈小屋示范点"的有7个，被评为"清远市爱心妈妈小屋示范点"的有10个。通过推进"爱心妈妈小屋"建设，县总工会望可帮助女职工有尊严、体面地过特殊生理期，切实维护女职工合法权益。

表10-2　2016—2022年佛冈县获评省市"爱心妈妈小屋"名单表

序号	所属辖区	单位名称	类别	获奖时间	获奖层次
1	龙山镇	标旗磁电产品（佛冈）有限公司	集体	2016年3月	清远市"爱心妈妈小屋"
2	佛冈县县城	广东电网有限责任公司清远佛冈供电局	集体	2016年12月	清远市"爱心妈妈小屋"
3	龙山镇	约克广州空调冷冻设备有限公司	集体	2017年3月	清远市"爱心妈妈小屋"
4	迳头镇	广东华劲汽车零部件制造有限公司	集体	2017年12月	清远市"爱心妈妈小屋"
5	龙山镇	广东雅迪机车有限公司	集体	2018年3月	广东省"爱心妈妈小屋"

续表10-2

序号	所属辖区	单位名称	类别	获奖时间	获奖层次
6	石角镇	广东松峰股份有限公司	集体	2018年12月	清远市"爱心妈妈小屋"
7	县城	佛冈县农村信用合作联社	集体	2018年12月	清远市"爱心妈妈小屋"
8	县城	清远市佛冈县中医院	集体	2019年12月	清远市"爱心妈妈小屋"
9	汤塘镇	广东鑫统仕车用热系统有限公司	集体	2019年12月	清远市"爱心妈妈小屋"
10	汤塘镇	清远加多宝饮料有限公司	集体	2019年12月	广东省"爱心妈妈小屋"
11	县城	佛冈县妇幼保健计划生育服务中心	集体	2020年	广东省"爱心妈妈小屋"
12	县城	东新（佛冈）温泉开发有限公司	集体	2020年	清远市"爱心妈妈小屋"
13	县城	清远市粤运汽车运输有限公司佛冈分公司	集体	2020年	清远市"爱心妈妈小屋"
14	县城	佛冈县人民政府行政服务中心	集体	2021年	广东省"爱心妈妈小屋"
15	县城	佛冈县社会保险基层金管理局工会委员会	集体	2021年	广东省"爱心妈妈小屋"
16	县城	森波拉度假森林	集体	2022年	广东省"爱心妈妈小屋"
17	县城	佛冈县文化广电旅游体育局	集体	2022年	广东省"爱心妈妈小屋"

二、女职工权益维护工作

1979年，县总工会与县劳动局、县妇联、县卫生局联合对县内女工劳动保护情况进行调查，随机抽取调查8个单位内352名女工（其中全民所有制单位145人，集体所有制单位207人）的相关情况，发现和解决一批女工在劳保和生活上遇到的问题，并向县委、县政府作出书面汇报，进一步加强女工工作。

1981年起，县总工会按照国家和政府有关女工特殊保护的规定，监督和协助行政部门，不安排女工从事有危害女性生殖机能的工作，做好女性生殖机能发生变化过程的"四期"（经期、孕期、产期、哺乳期）保护工作，此外还聘请县妇幼保健站专家为本县女工讲解妇女保健及"四期"保护知识，建立妇检制度。

1995年，县计委、农委、财贸战线、佛冈味精厂、电池实业公司、工商银行等10多个单位各自举办《妇女权益保障法》学习班。是年，县女工委员会受理职工来信来访案件4件，主要反映企业工人工作时间长、工资低等问题，县女工委员会联系了有关部门加以处理。

2001年12月，县总工会配合县妇联组建巾帼志愿者服务队，动员女工积极参与，并分设科技兴农服务队、法律服务队、文化宣传队、卫生保健队和家庭教育服务队。志愿者服务队坚持弘扬"奉献、友爱、互助、进步"的志愿精神，在全县城乡先后组织7次活动，开展政策咨询、法律援助、就业指导、技能培训、文化教育、科普宣传、卫生保健、家庭教育、扶贫助困等多项服务。

2005—2008年，县总工会女工委受理职工来信来访案件15件，办结15件，办结率达100%。几年内案件反映的多数是企业的女职工因产假期间工资待遇和生育保险待遇得不到补偿的问题。通过县总工会女工委的调解，这些企业女职工的工资待遇问题得到了妥善的解决，女职工的合法权益得到了维护。

2009—2013年，县总工会女工委受理女职工来信来访案件25件，办结25件，办结率100%。2015年，县总工会女工委根据省市总女工委的工作部署，监督和推动《劳动合同法》的贯彻实施，促成县供电局、电信局、汽车站、公路局、建设局等25个单位签订《女职工权益保护专项集体合同》，覆盖女职工1500人。

2016—2017年，县总工会女工委共受理职工来信来访案件3件，办结3件，办结率达100%。2018年，为了进一步提高全县各级女工的综合素质和自身建设水平，实现男女平等，保障妇女权益，佛冈县各基层女工委都加大宣传力度，组织各级女职工学习有关法律知识，如《工会法》《劳动合同法》《婚姻法》《妇女权益保障法》《人口与计划生育法》等。印发相关法律法规知识学习宣传材料1000多份，通过报刊、网络、微信等途径开展法律知识竞赛5场，参加人次达400。各级女工委通过各种宣传方法来提高女工的法制法律意识，增强其法制观念。

2019—2022年，县总工会女工委联合省总工会法律部在佛冈县举办《广东省实施〈女职工劳动保护特别规定〉办法》专题培训讲座，组织基层工会女职工参加广东省干部学校教授主讲的《如何用法律智慧为婚姻保驾护航专题讲座》，组织各单位女职工干部到广东省总工会干部学校参加女职工业务知识培训。通过开展形式多样的女职工普法教育宣传活动，进一步推动女职工权益保护法律法规的普及、教育和落实，全面提升女职工的自我维权意识和维权能力，从源头上维护女职工的合法权益。

第三节　巾帼建功和文体活动

一、巾帼建功

1978年起，县总工会积极推动女职工发挥参与经济建设的积极性、创造性和主动性，各级工会女工委组织女职工参加普法知识竞赛、"安康杯""双基"知识竞赛、"爱岗敬业"演讲赛、手工艺纺织品和服装设计制作展示赛等活动，鼓励女职工积极投身于经济建设主战场，提高学习能力和实践能力，以促进女职工队伍整体素质的提高，并使广大女职工在经济建设中，为实现经济又快又好发展做出应有的贡献。

1978年，佛冈县获全国"三八红旗手"称号的有1人。1981年，获广东省"少年儿童教育工作者"称号的有1人。1988年，获"全国优秀妇女干部"和全国"三八红旗手"称号的有1人，获卫生部（现为国家卫生健康委员会）授予的"药品管理先进个人"称号的有1人。1989年，获"全国优秀教师"称号的有1人。

1991年6月，县电池厂女工委员会在清远市女职工工作会议上，介绍了《做好女职工工作，发挥"半边天"作用》的经验和体会。1995年，佛冈味精厂、电池实业公司、陶瓷厂、工商银行等企业开展"巾帼建功"班组、个人竞赛活动，推动佛冈县"巾帼建功"劳动竞赛广泛深入开展。当年，在清远市金融系统业务技能比赛中，佛冈工商银行女职工伍小红获得第一名。是年，获教育部"全国优秀教师"称号的有1人。

1997年，县总工会女工委以"展望九七，再创辉煌"为主题，号召全县女工积极参加"巾帼建功"竞赛活动，举办女工骨干培训班，加强女职工思想教育，引导广大妇女树立正确的人生观、世界观、价值观，呼吁女职工要自强、自重，以此造就一支过硬的女工队伍。是年，佛冈县获"广东省劳动模范"称号的有1人，获卫生部授予的"全国卫生系统先进个人"称号的有1人。2000年，获"广东省劳动模范"称号的有1人。

2001年，县总工会女工委根据实际开展工作，切实加强女工的自身建设，继续开展"专一门、会二门、学三门"的活动。全县参加此项活动的女职工达3500多人，已掌握两门技能的女职工有2000多人。县内卫生系统内有213人参加大专自学考试，有78人由企事业单位分配委送参加学习班进行深造。交通系统公路局开展"百日收费无差错""万元收费无差错""文明收费，微笑服务"竞赛活动和"千岗联千村，共建新农村"活动，组织"巾帼文明示范岗"与农村妇代会进行"结对子"帮扶活动，开展"四送"计划（即送服务、送文化、送设备、送温暖），为搭建城乡妇女协调发展的服务平台做贡献，得到系统党委的好评。是年，佛冈县获广东省五一劳动奖章的有1人。

2001年，佛冈县教育系统女工巾帼建功活动表现突出，成绩喜人，李红梅、邓银英、黄榕清、罗观容4名女教师分别被评为省南粤优秀教师和省山区优秀教师，朱旭丽等

5名女教师受到清远市市级表彰，78名女教师受到佛冈县县级表彰。县人民医院有37名女工拒收红包，有34名女职工被卫生局评为优秀护士，病人满意度达95%以上。是年，获"广东省信访工作先进工作者"称号的有1人。2002年，佛冈县电信局的营业班被省电信公司授予"优质服务窗口先进单位"和"南粤女职工文明岗"荣誉称号，被市委评为"青年文明号"，营业班员工黎明、谢碧翠被省电信公司授予"服务明星"称号；县国税局、环保建设局、电信局经推荐，被评选为由清远市精神文明建设委员会表彰的"文明示范窗口"先进单位。2005年，佛冈县获广东省政府"全省再就业工作先进个人"称号的有1人，获清远市总工会"先进女职工工作者"称号的有1人。

2006年，佛冈县获国家计生委（现为国家卫生健康委员会）颁发的"全国人口与计划生育科学技术工作先进个人"称号的有1人。2008年的妇女节、母亲节期间，佛冈县各系统女工委开展经济困难和单亲特困家庭捐助慰问活动，受慰问户数达200户，慰问金总计30多万元，捐助衣物一批，其中，县农业系统女工委慰问了130户，慰问金达到20.3万元。各基层女工委在当年抗击雪灾和震灾活动中均积极响应县委、县政府和县总工会的号召，组织女职工伸出援助之手，捐资捐款，为灾区奉献了一份力量。2009年，佛冈县获民政部"全国基层低保规范化建设先进个人"称号的有1人。2010年，在"女工文明岗"活动的开展过程中，县机关幼儿园、人民医院妇产科、聚龙湾天然温泉度假村收银班组获得2010年度清远市"南粤女职工文明岗"称号，汤塘镇工会主席温焕霞、建设系统女工委主任朱燕伶获得2010年清远市"先进女职工工作者"称号。县委宣传部、县妇联、县地税局联合评选出10位"好母亲"，获评名单是：刘带娣、郑静美、吴彤彤、黄虹、张永红、林丹红、杨焕英、周杏婵、王喜琴、黄小兰。

2015年，佛冈县卫生系统开展以"假如我是病人"为主题的医德医风教育活动，财税、金融、交通运输和公路等单位的工会分别开展"巾帼文明示范岗"活动。通过开展这些活动，促进行业工作作风的转变，推动各项工作的开展。全县各基层工会广泛开展岗位练兵、技术比武竞赛活动，通过竞赛活动的开展，引导女职工"学习新技术、提出新建议、改革新工艺、运用新成果"，鼓励女职工争当先进、赶超先进，在提高工作效率、增产节约、降低成本上大挖潜力。2015年5月，县总工会举办"讴歌劳动美，共建佛冈廉"职工书画摄影大赛，全县共有30多名女职工分别获得全县二等奖和优秀奖，为佛冈县女工委争光添彩。同年，开展创建"五十佳文明示范窗口"竞赛活动，该活动以"服务人民、奉献社会"为宗旨，以"尽职业责任、讲职业道德、守职业纪律、懂职业技能、树行业新风"为主要内容，以突出职业道德建设、纠正行业不正之风和强化依法行政为重点，坚持以人为本，目的是着力提高窗口单位广大员工的思想道德文化素质，提高窗口单位两个文明建设总体水平和文明程度，努力塑造让人民满意的窗口单位形象。是年，举办各种技术交流、劳动竞赛、技能大赛、岗位练兵活动共17次，活动共有230多人参加，各行业共评出女职工标兵12人、女职工能手25人。

2016年，县卫生系统女工委积极开展以"以病人为中心""假如我是病人""医院质量管理年""预防职业病健康养生知识讲座"等为主题的活动，掀起了加强职业道德、开展优质服务、提高服务质量活动的高潮。为提高女职工工作素质，建设系统举办"建筑施工质量安全演讲比赛"活动。县供电局开展以"提升素质，奉献企业"为主题的女职工读书活动，力图通过实施"人才强企"战略，激励广大女职工自觉学习相关的现代科学文化知识，培养和提高女职工的学习能力和实践能力，促进女职工队伍整体素质的提高，使广大女职工在公司实现又快又好发展中作出应有的贡献。是年，佛冈县内获广东省总工会"女职工工作先进集体"称号的组织有1个，获广东省"南粤建功立业女能手"称号的有1人，获"清远市巾帼文明岗"称号的有1个，获"清远市最美家庭"、"广东省百户最美家庭"、中华全国妇女联合会"全国最美家庭"称号的家庭1个，获"广东省环境保护先进工作者"称号的有1人。2017年，获广东省"巾帼文明岗"、清远市"绿色学校"称号的幼儿园有1所。

2018年，全县各级工会女职工组织积极响应，引导广大女职工积极投身于提升素质、建功立业的活动，广泛开展经济技术创新，积极推进"女职工素质提升工程"。一年以内，举办各种技术交流、劳动竞赛、技能大赛30多次，有400余人参加。是年，佛冈县获"南粤建功立业女能手"称号的有2人，获"清远市最美产业工人"称号的有1人，获"全国人民调解工作先进个人"称号的有1人。获清远市"青年文明号"称号的单位有1个。是年6月，县总工会举办"创建文明城市，建设美丽佛冈"摄影培训班，全县共有100多个女职工参加培训；在8月开展的"书写职工风华，展现佛冈辉煌"美术书法摄影大赛中，有5名女职工获得奖项；9月18日，佛冈县建设路幼儿园的集体舞《中国妈妈》参加了市举办的"劳动最美　匠心筑梦"清远市职工文艺作品创作大赛，并荣获二等奖。

2019年，佛冈县女职工获"全国优秀教师"荣誉称号的有1人，获"全国地方志先进工作者"称号的有1人，获广东省"五一巾帼奖"称号的有1人。

2020—2022年，按照广东省总工会关于《2020年广东省先进女职工集体和个人的推荐评选工作的通知》精神，县总工会开展推荐工作。是年，佛冈县获广东省五一劳动奖章的有1人，获"广东省总工会女职工工作先进工作者"称号的有1人，获"清远市劳动模范"称号的有1人，获"清远市先进工作者"称号的有1人。

二、女职工文体活动

县总工会女工委成立以后，积极组织女职工开展各种文娱活动，如"迪康杯"普法知识、"双基"知识竞赛、"爱岗敬业"演讲赛、手工艺纺织品和服装设计制作展示赛等。在"创建达标""创建文明窗口""创建文明家庭""模范妻子""好婆婆""好媳妇"等活动中，女职工成绩可喜。

1999年5月9日，即母亲节当天，县总工会配合县妇联在县政府礼堂举办母亲风采着装表演，来自县城9个战线（系统）的53位以母亲身份参赛的女职工身着新颖的服饰，展现现代母亲的美好形象，其中有15位母亲获得优秀奖。2010年4月，由县旅游局主办的佛冈县2010年旅游行业服务技能大赛，在篁胜国际温泉酒店举行。大赛共有来自9个单位的58名选手参加，成为是全县旅游从业人员风采的一次集中检阅，进一步提升了佛冈县旅游业的接待水平，以及旅游从业人员的服务技能、整体素质和职业道德水平。

2015年，县委宣传部、县文广新局、县总工会联合主办佛冈县2015年首届"家和万事兴"家庭才艺大赛。大赛以"创幸福家庭，建和谐佛冈"为主题，有70多个家庭参赛。2016年三八节期间，全县各级女工委均开展了各种丰富多彩的活动，有的举行座谈会，有的组织郊外野餐，有的组织外出参观学习以助女职工增长见闻、开阔视野，有的举办拔河比赛、越野比赛和乒乓球比赛，等等。另外，县女工委组织全县干部职工在县政府会议室举办佛冈县工会《养生保健健康生活》专题讲座，参会人员达到150人次。以上活动丰富了女工的精神文化生活，促进女工之间的团结，增强女工组织的凝聚力和战斗力。

2020年1月7日和8日，佛冈县总工会携手佛冈县书法协会，在篁胜国际温泉花园酒店开展"中国梦劳动美"书法培训讲座。1月14日上午，佛冈县总工会在龙山工联会开展2020年春节"送万福，进万家"书法公益活动。1月21日，中国石化广东清远石油分公司携手清远市总工会、佛冈县总工会，在清远龙山加油站"卡车之家"举办"卡车司机团年饭"活动，为货车司机朋友们送去新春的祝福。

5月19日，县总工会在县人民公园举办"乡村新闻官·爱心助农奔小康"活动，该活动被选送上"学习强国"平台进行宣传展示。9月24日晚，佛冈县总工会携手龙山工会联合会举办迎国庆贺中秋"凝心聚力·关爱职工"联欢晚会，该活动亦被选送上"学习强国"平台进行宣传。

2021—2022年，县总工会在五一节前夕举办职工象棋赛，有活跃于本县棋坛的10多名职工报名参赛。母亲节前后，县总工会与县妇联联合举办文艺表演活动，还在各种重大节日举办各种类型座谈会、外出观光、爬山登高、卡拉OK等活动。各基层工会也根据自己的实际，组织会员参观花博会、举行篮球赛、参加交谊舞比赛等，增强了工会的凝聚力。

第四节 职工家属工作

一、家属服务

20世纪70年代起，佛冈县开展职工家属服务工作。做好职工家属服务工作，是工会女工工作的一项重要内容。1980年，全国总工会和全国妇联发文指出：职工家属服务工作，集中居住的职工家属以工会为主，分散居住，以妇联为主。佛冈各级工会把做好职工家属工作当作一项重要任务，除开展"五好家庭""民主和睦新家庭"等活动外，还深入职工家属群体以做好家属工作。

20世纪70年代，佛冈县饮食服务公司新招的职工大部分是年轻、有文化的女工，起初她们大都认为饮服业是"伺候人"的工作，工作辛苦，收入又低，无法安心工作。为此，公司女工干部逐个找她们谈心，并深入职工家庭做工作，关心女职工的工作、生活，努力帮助她们解决困难，以人文关怀的形式推动女职工逐渐热爱本职工作。

1983年夏天，县果菜公司工会副主席（兼管女工工作）发现该公司头菜加工场宿舍附近杂草丛生，蚊虫甚多，易使职工及其家属滋生皮肤病，就此展开蚊虫消杀工作。1982年，县总工会在三八妇女节中，表彰和睦家庭27户、先进个人47人。1983年，县总工会在三八妇女节联合县妇联表彰和睦家庭6户、三八红旗手3人，评选出"五好"女工21人、先进妇教工作者48人。

2000年2月，县总工会、团县委、县妇联经联合倡议开展了"家庭助廉"活动，以建设积极、乐观、向上的家庭文化和"以德治家、以廉着家"的廉政家庭文化、在职工家庭中树立家庭助廉意识为目的，通过开展家庭助廉活动，帮助教育职工家属树立廉洁意识，拒腐防变。当年，由县纪委、县委组织部组织评选出10名"廉内助"，获评名单是：李女、范碧彦、沈美锦、黄雅容、陈丽兴、邓榕莲、范凤英、黄捷海、刘少云、朱燕伶。

2004年，县总工会牢固树立为外来职工服务的意识，积极为他们排忧解难，努力深化"送温暖"工程。是年，帮助一批外来职工家庭解决工作或生活上遇到的困难，特别是子女读书问题。如在1月，县总工会帮助顺达家私厂一名外来职工解决子女就学学杂费问题。

2017年，县总工会选择拥有1000多名员工的松峰公司的工会作为规范化建设的试点单位，共筹资5万元支持松峰公司工会完善硬件设施，同时建起一间"职工子女爱心辅导室"，解决职工的后顾之忧。

2021年，省妇联开展以"夫妻恩爱·幸福永远"为主题的广东省"现代好丈夫、好妻子"评选活动及清远市"感动清远十大人物"活动。佛冈县报送省妇联"现代好妻子"候选者2名，其中金婚1名、铜婚1名；报送清远市妇联敬业奉献、孝老爱亲类型榜样候选者2人。

2022年3月8日上午，县总工会女工委到广东德诚高分子有限公司工会、骏达（佛冈）玩具有限公司工会开展"爱心父母大联盟"活动（由县总工会主办），并对单亲困难女职工家庭进行慰问，让女职工充分感受到来自"娘家人"的温暖和关爱。

多年来，约克广州空调冷冻设备有限公司工会委员会一直为佛冈县贫困学子捐资助学。2018—2022年期间，其共资助了600多名生活上有困难的儿童。

二、托幼工作

1956年起，佛冈县开展托幼工作。佛冈县机关幼儿园是佛冈最早兴办的一所幼儿园。1956年创办时称托儿所，主要为解决县城干部职工及居民的子女学龄前生活护理、保健及家长上班的后顾之忧所设立。1960年改称佛冈机关幼儿园。1982年，县总工会在女工工作会议上明确提出，要把女工工作着重点转移到现代化建设上来，要把协助行政办好托幼事业作为女工工作的一项重要任务来抓。1984年，县财贸战线、经委战线先后创办起财贸幼儿园和经委幼儿园（后由机关幼儿园统一管理），一直开办至现在。1985年，县总工会联合县妇联、县教育局、县计划生育办公室，对县城的3所幼儿园进行检查评比。各有关单位的领导和代表、各幼儿园负责人共8人参加检查评比工作。检查组深入各幼儿园，听汇报、看现场、摆成绩、查问题、提意见，评选出先进幼儿园1所、先进保教工作者6人。接着又联合县妇幼保健站、防疫站在县城3所幼儿园为幼儿进行健康检查，受检幼儿共608人，其中，患有贫血和其他疾病的有243人，占40%；正常健康发育的有365人，占60%。通过检查，发现托幼工作中存在以下4个问题：①副食品供应不足，儿童伙食不好；②儿童体质差，贫血现象较为普遍；③环境设备差；④教学质量差。根据调查情况，县政府召开专门会议，采取措施，通过工会会同有关部门齐抓共管，上述问题得到妥善解决。1989年，再次进行儿童健康检查，并组织儿童参与文艺表演、书画竞赛等活动。

1990年和1991年，县城幼儿园还分别开办了办学规模为30～50人的学前班。1992—1994年，县机关幼儿园、经委幼儿园、财贸幼儿园先后被评为二类一级幼儿园。

2000年后，县内公办、私立幼儿园逐年增加。佛冈县机关幼儿园，在2003年被评为清远市绿色幼儿园，2004年被评为广东省一级幼儿园。到2022年，全县有幼儿园69所，其中县城幼儿园有29所，镇村幼儿园有40所。

第五节　女职工教育及关爱活动

一、女职工教育

1979年，改革开放后，县总工会坚持组织女职工参加各类培训学习，开展爱国主义、集体主义和社会主义教育，着重进行"四自"（自强、自尊、自爱、自重）教育，要求女职工做到"四有"（有理想、有道德、有文化、有纪律）。在女职工中进行"过三关"（恋爱、婚姻、家庭）教育，教育女职工正确处理好"三个关系"（处理好生产、工作、学习与家务、孩子的关系，处理好夫妻关系、婆媳关系，处理好与男同志交往和与女同志相处的关系）。多年来，坚持对女职工进行上述教育，创造了交心法、谈心法、座谈法、学习法、讨论法、互助法等细致深入、行之有效的教育方法，普遍获得较好的效果，使得女工干部真正成为女职工的"知心人""贴心人""娘家人"。

1981年，县总工会提出了创"五好"的标准：①努力学习政治、文化，钻研技术，积极工作完成生产任务好;②互敬互爱、共同进步、夫妻关系好;③家庭民主、邻里团结、勤俭持家好;④严格要求子女晚婚、计划生育好;⑤尊老爱幼、讲究文明礼貌、助人为乐风格好。全县80%以上的基层工会都开展了创"五好"活动,在130个基层工会中评选出157名"五好"女工和一批女工工作积极分子。在学校里评出216名"四美"孩子,其中4人获地区奖,25人受县奖励。当年,县总工会举办一期女工干部学习班,明确女工工作的方针任务;要求广大女职工做到有"三气"(要有为妇女争气的骨气,要有为"四化"多作贡献的志气,要有发扬民主的风气);要求家家争当和睦户,人人争做"五好"女工。1983年,全县读书小组发展到有9个单位39个读书小组,共329人参与"振兴中华"读书活动。县总工会选派石角镇第一小学工会主席黄宝玲参加广州市"振兴中华"读书演讲比赛,获得优秀奖。1984年11月,县总工会与团县委、县妇联、县文化馆在县城联合举办集体舞基本功培训班,提高女职工社会交往能力和适应能力。1988年,县总工会女工委组织本县3000多名女职工参加省总工会女工委员会组织的测试和《女职工劳动保护条例》内容的答题抽奖活动。

1993年,县总工会举办全县工会干部岗位函授学习培训班,学员87人。培训辅导工作主要由县教育工会承担,培训期满后,对规定学习的6门课程进行结业考试,经考核,87名学员全部合格。1994年7月,县总工会对全县基层工会干部进行培训,培训对象以局工会正副主任、基层工会正副主席和车间到组女工主任为主,重点学习社会主义市场经济理论。

1995年,县总工会举办两期女工干部学习班,学员共有47人。1997年三八妇女节前,县总工会举办了一期"妇女保健知识讲座",有1000多人参加。在三八节妇女当天,县总工会与县妇联、县卫生局合作,在电影院门前举办了妇女卫生用品知识咨询活动。1998年,全县女职工开展"专一门、会两门、学三门"活动,县农委系统有9名在职女工参加大、中专函授学习,8人参加业务知识和岗位技术职称的培训。2000年起,县总工会深入开展"南粤女职工文明岗"活动,以服务性较强的窗口行业为活动重点目标对象。卫生、交通、邮电、财贸、金融、供电等单位都制定了"文明岗"措施。通过各种形式学习《工会法》、《劳动法》、《企业法》、《女职工劳动保护条例》、新《婚姻法》、《妇女权益保障法》等法律法规,增强法律意识,依法规范自己的行为,依法维护自己的合法权益。开展爱国主义、集体主义、社会主义教育活动,帮助女职工树立正确的人生观、世界观和价值观。全县基层工会结合各自行业特点,开展主题教育活动,推动女职工提升素质。《中国妇女发展纲要》发布后,县总工会召开全县女工委主任专题会议,并与妇联、妇儿工委等方面协作配合,开办女工干部业务培训班。通过对《中国妇女发展纲要》的宣传贯彻,全县广大妇女职工素质得到普遍提高。是年,全县参加大专学历教育和培训的女职工有1800多人,其中来自教育系统的有1300人。

2001年,县总工会继续组织女职工开展"专一门、会两门、学三门"的活动。全县参加此项活动的女职工达3500多人,已掌握两门技能的女职工有2000多人,占全部女职工的50%以上。2003—2010年,县总工会组织开展以"争创窗口服务先锋"为主题的职业道德建设活动。县卫生系统开展以"假如我是病人"为主题的医德医风教育活动。财税、金融、电信、交通运输和公路等单位的工会开展"巾帼文明示范岗"活动，提高窗口工作人员的思想道德素质水平，塑造让人满意的窗口单位形象。每年全县参加各类活动的女职工有7000多人次。

2011—2015年，佛冈县各基层工会女工委员会针对不同层面女职工的特点，指导女职工制定切合实际的目标计划，为女职工实现自我价值提供平台。2011年是《佛冈县妇女发展规划（2001—2011年）》实施的第十年，各系统女工委加大工作力度，组织各级女职工学习有关法律知识，提高女职工的法制法律意识，增强女职工的法制观念。

2016年，全县各基层工会女工委员会针对不同女职工的特点，指导其制定切合实际的工作学习计划，为其实现自我价值提供平台。县教育系统有女教职工1389人，占教职工总数的35%。为全面提高女职工的素质，他们坚持"内培外送"的培训方式，注重校本培训，将教育理论与实践紧密结合起来，有效提高女教工的素质。2019年7月10日，县总工会举办女工工作干部业务培训班，由省总工会干部学校教师授课。

2021年3月12日，县总工会在县人民公园开展"情系女职工·法在你身边"普法宣传活动，宣传内容主要围绕《民法典》中的婚姻法规定和《广东省在职女职工安康互助保障计划》。5月，县总工会举行第四届"提高摄影技能，建设美丽佛冈"摄影培训班，共有80多个女职工参与培训。12月，县总工会举办旅游行业技能培训暨乡村振兴活动，共有40多名女职工报名参加。2022年，县总工会女工委员会广泛发动29个基层工会开展阅读活动。通过读书活动，将党史学习教育与提升女职工素质、推进家庭文明建设、关爱服务女职工紧密结合，推动女职工在全社会范围内形成热爱阅读的良好风尚。是年6月，县女工委举办"创建文明城市，建设美丽佛冈"摄影培训班，全县共有100多个女职工参与培训。在6月、9月、12月还分别举办心理服务知识讲座。

二、女职工关爱工作

20世纪50年代起，佛冈县工会联合有关部门开展形式多样、内容丰富的关爱女职工活动。20世纪80年代后，关爱女职工活动逐步正常开展，活动效果不断得到增强。

2009年，县总工会配合县妇联，利用三八妇女节的有利时机，推出表彰、联谊、慰问等关爱活动，进一步组织动员广大妇女齐心协力、在深入推进自主创新等方面工作上再建新功。2月26日上午，县妇联十二届二次执委扩大会议暨表彰大会召开，对2008年度在全县经济社会发展中作出突出贡献的"先进基层妇联组织""三八红旗集体"，以及先进妇女工作者和"双学双比"女能手等39个集体和个人进行表彰奖励。3月4日下午，县委组织部、县妇联联合在南海食街举办佛冈县2009年副科以上女领导干部联谊会。在是年"三八维权周"活动中，实行多机构合作，联手维权。县妇联、县维稳及综治办、县司法局联合下发《关于联合开展"三八"维权周活动的通知》。3月5日下午，县妇联、县委政法委、县司法局、县妇幼保健院联合在石角镇冈田村举办"妇女法治、卫生健康宣传乡村行"活动。3月6—7日，县妇联与县总工会还分别举办妇女保健知识专题讲座和"关爱妇女儿童·构建和谐佛冈"文艺晚会，展现佛冈县妇女崭新的精神风貌。根据佛冈县打造珠三角休闲度假首选地的部署，县妇联、县旅游局联合开展"畅游佛冈·三八同乐"活动。为关注妇女的身体健康，县妇联与县妇幼保健院联合下发《在全县开展妇科常见病普查的通知》，从3月初至5月底，分期分批对全县广大妇女实行妇科常见病优惠检查。此外，县总工会配合县妇联为"母亲安居房"挂牌。是年，佛冈县已挂牌的"母亲安居房"共有27户。

2010年的三八妇女节、母亲节期间，各级女工委开展为"三困"和单亲特困家庭捐助慰问活动，慰问户数达100多户，慰问金共计10多万元。4月14日，青海玉树发生7.1级大地震，各级女工委弘扬"一方有难，八方支援，万众一心，攻克难关"的精神，共为灾区妇女儿童捐款20多万元。

2011年三八妇女节期间，佛冈县在县妇联的牵头下组织各系统举办"移动幸福杯"女子乒乓球团体赛、全县副科以上女干部联谊会和组织妇女群众参加"春游绿道·福地万家同赏·同乐"等系列活动，以共庆三八节新百年。7月8日，县总工会女工委员会开展"玫瑰书香"阅读活动启动仪式，县总工会女工委员会主任黄劲斌担任阅读活动的引领人。

2019年7月3日，县总工会在聚龙湾温泉度假村举办2019年女职工普法专题讲座，邀请中山大学法学院副教授、广东岭南律师事务所律师卓冬青教授前来授课，来自各基层工会的159名女职工干部代表参加了活动。2021年3月12日，县总工会在县人民公园开展"情系女职工　法在你身边"普法宣传活动。

2022年8月，县总工会举行第四届"提高摄影技能，建设美丽佛冈"摄影培训班，共有31名女职工参与培训。通过培训学习，提高女职工摄影技能，为建设美丽佛冈贡献力量。8月12日上午，县总工会号召广大基层女职工积极参与"玫瑰书香"全国女职工主题阅读推荐书目发布现场直播活动。活动以分享书籍、谈体会为中心内容，激发广大女职工爱岗敬业、巾帼建功的信心和决心。

三、职工婚姻咨询服务

20世纪80年代起，县总工会根据县内大龄未婚青年职工逐年增多的情况，设立了婚姻咨询服务部，并多次与县相关部门联合举办大龄青年联欢活动，为大龄男、女青年恋爱牵线搭桥、排忧解难。婚姻咨询服务部除开展"红娘"活动外，还负责为职工解答有关婚姻问题的咨询，对未婚青年进行人生观、审美观、恋爱观、婚姻道德观和家庭观等方面的思想教育。

1982年元旦，县总工会、县妇联和县团委3家县属机关主办了一场青年集体婚礼，大力倡导移风易俗、新事新办。

1989年，县总工会再次与县妇联、县团委联合为机关单位的6对新婚青年主办集体婚礼，收获了良好的社会反响。

2016年农历七夕期间，县总工会举办了"相约七夕——幸福牵手"青年职工联谊交友活动。此次活动共有200人参加，现场有3对男女职工牵手成功。10月27日，县总工会在碧桂园清泉城举办以"爱在金秋，幸福牵手"为主题的大型联谊交友活动。活动的开展，更好地满足广大职工的需求，为在本县工作的单身职工们搭建了一个有效的联谊交友、结识异性、寻找生活伴侣的平台。此次活动有107名单身职工参加。

2017年5月，县总工会在篁胜酒店举办"爱在盛夏，相约牵手"单身联谊会。有230名单身职工参加此次活动。

2019年5月20日，县总工会在森波拉奇妙世界举行相亲联谊活动。活动主题为"缘起520·爱在森波拉"，为单身职工朋友牵线搭桥、创造良机，成就美满姻缘。县城机关、厂场共有330名基层工会单身会员参与活动。7月3日，县总工会在聚龙湾温泉度假村举办以"如何用法律智慧为婚姻保驾护航"为主题的专题讲座。该专题讲座活动邀请了中山大学法学院副教授、广东岭南律师事务所律师卓冬青教授现场讲解分析了女性对婚姻法的理解误区，大大提高女职工的法律意识和维权意识。来自各基层工会的159名女职工干部代表参加了此次活动。

2022年7月，县总工会举办"会聚良缘"工会婚恋服务活动，共有47名职工报名参加。各级工会女工组织继续担当好"娘家人"角色，成为女职工的坚强后盾，让女职工更好地做好本职工作。

第十一章
财务管理与经费审查

第一节 工会财务管理

一、工会财务管理概况

1953年佛冈县工会联合会成立后，工会财务工作依照《中华人民共和国工会法》关于"为生产服务，为群众服务，为工会组织建设服务"的方针开展。

20世纪60年代，工会财务工作的中心任务是压缩社会集团的购买力，控制商品性购买，贯彻厉行节约、勤俭办事的办事原则。1966年"文化大革命"运动开始，佛冈县总工会受到冲击，机构瘫痪，财务工作停滞。

1973年7月，佛冈县恢复总工会组织机构，财务工作由工会办公室管理，设会计员一名、出纳员一名。1983年，全国总工会十大提出，新时期工会财务工作的方针是"为职工群众服务，为工会建设服务，为两个文明建设服务"。

1986年后，县总工会每年向上级工会上报各项会计目报表，于每次县工会代表大会作财务工作报告，接受大会代表审查。另外，县总工会制订了财务管理制度和财经纪律。财务工作具体抓好3项工作：①抓领导、抓专人负责；②召开财务人员汇审评比会议；③财务专职人员勤跑腿、勤记账。基层工会的经费收支情况定期向会员公布，接受会员监督。财务工作做到严管理、精打算，杜绝贪污、浪费现象。1989年10月25日，县总工会召开1989年度财务工作总结表彰大会，大会表彰奖励了县水泥一厂和二厂、味精厂、电池厂、供电局、外经委、工艺厂、水运公司、人民医院、饮服公司、百货公司、糖烟酒公司、医药联合总公司、轻工机械厂、交电公司、物资局、石厂、龙南小教、石英粉厂、纸厂等20个单位。

1992年以后，根据新《工会法》和《中国工会章程》，县总工会财务工作主要是建立完整的、统一的预算、决算、会计、审核制度和向会员及上级工会作定期报告的制度。工会经费的使用原则是"用得适当,不准浪费,群众满意"。

1996—2000年,佛冈县各级工会财会干部勇于开拓,大胆创新,模范遵守国家财经纪律和工会财务制度,落实中国工会十三大和广东省工会十大对工会工作的要求,不断深入发展工会财务改革,进一步增强了工会的经济实力,在工会财务管理和会计核算工作中成绩突出。在此期间,佛冈县总工会的财务工作不仅经得起上级工会组织的审查,还受到了上级工会的赞誉,连续5年获得市"工会工作先进集体"称号。2000年,县总工会财务工作进一步突出维护职能的要求,始终坚持为职工群众服务的宗旨,为贯彻落实工会工作总体思路提供了物质保证。针对许多国有企业职工下岗分流的情况,县总工会集中一定的财力,帮助解决国有企业下岗职工的基本生活困难和再就业问题。同时,在政府的支持下,县总工会建立的"送温暖"基金项目经费逐年增加,不仅帮助职工解决了一些实际困难,还助力工会一定程度上扩大社会影响。

2001年起,县总工会财务工作的一项主要内容是代表县政府发放下岗职工生活费,工会财务人员认真履行好各种手续,拨款一到位,便立即把生活费发放给下岗职工。

2022年,县总工会进一步加强工会财务规范化建设,提高工会会计电算化水平。县总工会于2022年6月14日发出《关于推广使用工会财务云平台的通知》,向全县基层工会推广新中大工会财务云平台。财务云平台是利用"互联网+"技术搭建的云核算系统,具有免安装、免维护、简便化、智能化的优点,除了会计电算化功能外,还具有预决算管理、报表上报等功能。财务云平台适用于县级以下各级独立建账的工会,包括产业(系统)、工会、集团公司工会、乡镇(街道)工会和各基层单位工会。

二、工会经费来源

工会经费是依照国家法律法规取得的,它的来源的合法性受国家法律保护,任何组织和个人不得干涉。佛冈县总工会的经费来源于以下4个方面:①行政拨款;②工会会员缴纳的会费;③上级工会下拨的补助;④工会企业、事业收入。基层工会经费收入范围包括:①会费收入。会费收入是指工会会员依照全国总工会规定按本人工资收入的5‰向所在基层工会缴纳会费。②拨缴经费收入。拨缴经费收入是指建立工会组织的单位按全部职工工资总额的2%依法向工会拨缴的经费中的留成部分。③上级工会补助收入。上级工会补助收入是指基层工会收到的上级工会拨付的各类补助款项。④行政补助收入。行政补助收入是指基层工会所在单位依法对工会组织给予的各项经费补助。⑤事业收入。事业收入是指基层工会独立核算的所属事业单位上缴的收入和非独立核算的附属事业单位的各项事业收入。⑥投资收益。投资收益是指基层工会在遵守相关规定的基础上向外投资取得的收益。⑦其他收入。其他收入是指基层工会取得的资产固定资产处置净收入、接受捐赠收入和利息收入等。

(一)行政拨交工会会费

1978年12月3日,财政部、全国总工会联合发出《关于恢复企业、事业、机关的行政方面拨交工会经费的联合通知》,该规定从1979年1月起执行。《通知》规定,凡已成立工会组织的工业、交通、财贸、基迨、农林、水利、气象、学校、科学、卫生等生产企业或事业单位的行政方面，均应按职工工资总额的百分之二，按月向工会拨交工会经费；已成立工会组织的国家机关的行政方面，应按工资总额的百分之一，按月向工会拨交工会经费。拨交工会经费的工资总额，一律按国家统计局"关于工资总额组成的暂行规定"计算。工会经费应于每月15日前拨交工会，一般可按上月工资总额计算拨交当月的工会经费（1979年1月按1978年12月工资总额计算）。行政拨交的工会经费，基层工会费用比例应不少于60%。省、自治区、直辖市总工会和市县总工会两级的费用比例应不超过35%，两级各当多少，由省、自治区、直辖市总工会决定；其余5%部分上缴至全国总工会，由全国总工会掌握使用。1979年，县总工会行政拨款收入为7.2万元。

1985年起，县总工会实行行政工会经费"核定上年工资总额，下达当年行政拨交和上解基数，超解与基层工会比例分成，同时奖励有关人员。加强检查督促，及时记账统计，定期对账催缴，少提少解的必须补提补解，拖交、截留、贪污、挪用者受罚"的办法。

1987年，行政拨款工会费收入31.25万元，比1984年增收13.64万元，增长77.42%，受到广州市总工会表彰奖励。佛冈县总工会的主要做法在全市工会范围内被多次介绍推广，并登载于《广州工会通信》1986年第四期。

（二）工会会员费

《工会法》规定，缴纳会费是工会会员应尽的义务，同时也是会员在工会组织内部享受权利的物质基础。会费缴纳的标准，是根据不同时期会员的收入水平和工会工作情况，由全国总工会统一制定的。

1978年，全国总工会通知规定：①工会会员每月应向工会组织缴纳占本人每月工资收入百分之零点五（0.5%）金额的会费；工资尾数不足十元的不计交会费。②学徒工会员，一律按每人每月人民币五分缴纳会费。③无固定收入的会员，可按本人上月所得工资额计算缴纳会费。④会员所得各种奖金、津贴、稿费收入以及按劳动保险条例或其他法令规定所领取的各种补助费、救济费、退休金、退职金等，均不缴纳会费。⑤关于按法缴纳会费的时间，不作划一的规定。凡工会组织健全、条件具备的，均可在"中国工会章程"正式通过后，即1978年10月21日以后的第一个收缴工会会费月份改按新办法收缴会费。凡工会组织不够健全的，应尽快地进行整顿，健全组织，做好准备，尽快按新办法收缴会费。但除新建工会组织以外，最迟均应在1979年1月，改按新办法收缴会费。⑥收缴的会费，暂时全部留存于基层工会，由基层工会掌握使用。

1992年，新修订的《工会法》规定，凡已成立工会组织的企、事业单位，会计按当月职工工资总额的2%向工会收缴经费；凡入会的会员，按月缴交会费给基层工会留用；各级工会应建立经费审查委员会，各级工会经费收支情况应当由同级工会经费审查委员会审查，并且定期向会员大会或者会员代表大会报告，接受监督。此后，由企业行政方面或资方拨付的工会经费得到了法律的保障。新《工会法》还规定，凡建立工会组织的企业和机关，应按上月份全部职工工资总额的2%向工会缴纳经费，并由工会按有关规定逐级上解。县级以上工会有权对行政区域内企业、事业单位和机关行政单位工会经费情况进行检查。对逾期未交或者少交工会经费的单位催交无效时,可以正式文件通知缴款单位的开户银行,在其存款中扣缴,并从当月的第16日起,每日扣收千分之五的滞纳金。新《工会法》第四十三条规定;企业、事业单位无正当理由而拒不拨缴工会经费的,基层工会或者上级工会可以向当地人民法院申请支付令,拒不执行支付令的,工会可以依法申请人民法院强制执行。

2000年,县总工会进一步加强工会财务工作,一把手亲自抓经费收缴工作,对上解大户、重点户和困难户亲自做工作,与财务人员一起深入基层了解情况。抓好对财会人员的业务培训,经常组织他们参加省、市、地方的财会学习,不断提高其业务素质。

三、工会经费收缴改革

(一)工会经费收缴改革概况

1991年前,佛冈县总工会经费主要来源是工会会员缴纳的工会费,县财政拨付的工会经费占比较少。1991年起,县总工会经费收入分为财政拨款、上级下拨、拨缴经费、其他收入4种。

1996年起,县总工会实行工会会计制度改革。为适应国家预算会计制度改革,明确工会会计制度改革的指导思想、改革目标、会计体系、核算办法、改革步骤等,县总工会还制定了《工会预算管理办法》《工会财务制度》《工会会计制度》等制度,为做好工会财务工作奠定了良好的基础。工会机关财务改革方面,在行政经费包干的基础上,引入激励机制和约束机制,对工会机关的办公费、水电费、差旅费、会议费等公用经费,制定了费用指标,实行包干使用方法。1996—2000年,县总工会节约开支共30多万元。

2001年,县总工会收缴工会费15万元,工会经费上缴情况较好的基层工会有环卫所、供电局、电池公司、味精厂、工行、林业局、中医院、人民医院、交通局、国土局等20多个单位。2002年,佛冈县部分企业生产经营困难,经济效益下滑,因此工会经费收缴难度较大。县总工会加强工会经费收缴工作,积极争取各级党政领导的重视和支持,很快扭转了经费收缴工作的被动局面。2003—2005年,佛冈县大部分工矿企业进入转制改革阶段,落岗职工大幅增多,基层工会工作受到较大影响,进入本县的外商投资企业大部分亦仍未建立工会组织,工会经费收缴难度加大,经费收入下降。

2006—2007年,县总工会加强完善和健全财务制度建设,严格执行预算管理办法,积极拓展工会经费收入渠道,严把支出关,使得会费收缴工作获得较大进展,顺利完成年度上缴任务。2008—2009年,县总工会通过实行目标管理,改善了工会经费的收缴情况,使得工会经费稳步增长,工会经费管理进一步规范。

2013年,按照《广东省工会经费收缴管理暂行办法》规定,全县各级工会充分运用各种宣传方式和宣传渠道,大力宣传税务代收工会经费及工会筹备金的重要意义,引导形成依法申报、依法收缴、依法推进的良好局面。按照《工会法》规定,对已建工会组织的单位,督促其按规定向税务部门申报缴纳;对未建工会的企业,要按全部职工工资总额的2%向其收取建会筹备金。县总工会加强和税务部门间的密切配合，相互协调，定期进行交流沟通，以实现信息资源共享，维护法律权威和社会公平。2014年，全县已有92家非公企业办理了税务代收工会经费手续，比上年增加19家，税务代收工会经费工作稳步推进。

2019年，县总工会主动与省总、市总对接，成功申报广东国珠企业集团工会省总联系基层专项经费10万元。

2021年，全县47家行政事业单位会费共收缴43.21万元，税务代收（1—11月）87家共170.31万元。

2022年，全县46家行政事业单位会费共收缴27.85万元，税务代收83家共240万元。

（二）各阶段工会经费收入情况

1981—1985年，全县工会经费收入15.9万元，年均收入3.18万元。
1986—1990年，全县工会经费收入50.7万元，年均收入10.14万元。
1991—1995年，全县工会经费收入144万元，年均收入28.8万元。
1996—2000年，全县工会经费收入242.8万元，年均收入48.54万元。
2001—2005年，全县工会经费收入331.1万元，年均收入63.88万元。
2006—2010年，全县工会经费收入935.6万元，年均收入187.12万元。
2011—2015年，全县工会经费收入1633.9万元，年均收入326.78万元。
2016—2020年，全县工会经费收入3190万元，年均收入638万元。
2021—2022年，全县工会经费收入1596.2万元，年均收入798.1万元。

2022年，全县工会经费经市总工会审核核准收入决算为835.8万元。其中，拨缴经费收入296万元，上级补助收入245.6万元，财政补助收入220.6万元，其他收入73.6万元。

表11-1　1980—1990年佛冈县总工会经费收入及上解统计表

年　份	全县工会组织/个	县总工会干部/人	工人文化宫事业人员/人	退休人员/人	总工会经费收入/万元	工会经费上解/万元
1980—1983	136	6	4		17.4	7.3
1984	168	6	9		5.2	2.2
1985	168	6	9		6.2	2.6
1986	168	6	9		7.6	3.2
1987	217	6	12		8.2	2.5
1988	199	6	12		10.1	2.5
1989	199	6	12	1	12.4	3.4
1990	199	6	12		12.4	3.4

表11-2 1991—2022年佛冈县总工会经费收入统计表

单位：万元

年份	收入总计	财政拨款	上级下拨	拨缴经费	其他收入
1991	24.0	0.1	0.3	18.3	5.3
1992	26.6	1.0	0.5	17.8	7.3
1993	27.4	1.0	0.1	20.3	6.0
1994	31.1		0.3	21.3	9.5
1995	34.9			22.9	12.0
1996	36.7		1.8	20.1	14.8
1997	51.1	13.0	2.1	22.9	13.1
1998	48.1	9.2	2.0	23.2	13.7
1999	55.9	23.4	1.0	20.7	10.8
2000	51.0	10.3	1.5	22.9	16.3
2001	55.7	21.5	1.8	17.9	14.5
2002	86.3	30.5	7.7	25.0	23.1
2003	33.0	7.2	2.8	12.5	10.5
2004	56.5	22.2	6.4	12.5	15.4
2005	87.9	28.6	8.1	13.1	38.1
2006	136.2	56.0	13.9	28.6	37.7
2007	145.4	65.6	8.3	31.8	39.7
2008	260.5	82.8	13.0	104.2	60.5
2009	181.6	71.6	13.0	47.0	50.0
2010	211.9	101.2	15.7	27.5	67.5
2011	222.5	79.2	37.0	40.6	65.7
2012	230.0	97.0	32.5	33.4	67.1
2013	319.8	94.6	69.3	86.7	69.2
2014	410.1	86.3	30.9	215.8	77.1
2015	451.5	103.6	44.2	218.4	85.3

续表11-2

年份	收入总计	财政拨款	上级下拨	拨缴经费	其他收入
2016	544.6	146.9	73.4	241.0	83.3
2017	619.6	155.7	105.3	266.7	91.9
2018	609.1	156.8	83.1	280.5	88.8
2019	728.7	156.6	183.6	288.6	99.9
2020	688.0	218.5	166.3	221.3	81.9
2021	760.4	203.9	234.2	235.5	86.8
2022	835.8	220.6	245.6	296.0	73.6

四、工会经费收解与使用

（一）工会经费收解

1981年，佛冈县总工会、中国人民银行佛冈县支行、佛冈县财政局联合转发省总工会、省人民银行、省财政厅转全国总工会、中国人民银行、财政部《关于严格按〈工会法〉规定拨交工会经费的通知》，根据本县实际作出如下规定：各基层工会均应在银行、营业所建立工会工作经费户；行政按月向工会拨交工会经费，工会即办理分成和上解工作，在每月25日前办理完毕，将上解部分即40%解入县总工会"上解经费集中户"；基层工会留用经费可和会费合并使用，编制预算决算报县工会审核，严格财经纪律，切实收好、管好、用好工会经费。

1989年下半年起，佛冈县按《国家统计局关于工资总额组成暂行规定》和《劳动工资统计主要指标解释》执行以及严格按《工会法》规定拨交工会经费及上解。1990年6月，县总工会召开基层工会经费收解通报会议，要求：①各工会要按照全国总工会、中国人民银行《关于企业、事业、机关拨交工会经费结算办法的通知》，从本次会议后，工会经费委托付款凭证改用转账支票结算，其结算金额可以不受一百元起点的限制。企业、事业、机关按月拨交工会经费时，应签发转账支票，并填制一式三联上解缴款书，然后一并送交其开户银行，由该开户银行将所拨经费分别支付给基层工会及其上级工会。②制定目标责任，采取有力措施，摸清和掌握用人单位的职工人数、工资总额、应拨缴工会经消基数以及企业经济效益，合理下达经费收缴指标，实施目标责任管理制度；建立健全领导分工负责制，切实加强与缴费大户的联系，按季逐月通报经费上解情况；建立考核机制，对企业工会经费收取采取分片到组，定额到部室，由分管领导挂帅，将任务完成情况与奖惩挂钩，充分调动全体干部的收费积极性；国家机关、事业单位仍由财政分别按职工工资总额的2%和1%上解纳入预算统一代扣拨缴到县总工会。

1994年，为贯彻全国总工会、财政部《关于新〈工会法〉有关经费问题的具体规定》，县总工会制发《关于1994年工会经费上解办法的决定》，与局（社）工会和直属工会签订经费上解合同。1995年，佛冈县总工会继续实行工会经费按工资总额核定方法，落实工会经费收解任务。

(二) 工会经费使用

佛冈县工会经费使用按法律法规和规章制度的规定执行。《工会法》第二十三条规定："工会应根据经费独立原则，建立自己的预算、决算、会计、审核制度。"2010年起，佛冈县总工会经费使用实行预决算制，各项支出都需通过年初预算后才能使用，年初编制预算时，按照"经费收支相抵，略有结余"的预算管理原则进行。在预算执行中严格按照预算管理办法，如需新增加预算支出，按规定程序报请清远市总工会审批后执行。基层工会经费开支范围：①会员活动费，即用于组织开展集体活动及给予会员特殊困难补助的费用；②开展职工教育、文娱、体育、宣传活动以及其他活动的费用；③工会业务费，即用于履行工会职能、加强自身建设、开展业务工作等方面的费用；④事业支出，即用于工会管理的为职工服务的文化、体育、教育、生活服务等附属事业的相关费用，以及对所属事业单位必要的补助支出；⑤其他支出。

2016年1月，县总工会筹集资金26万元用以慰问300名困难职工（含农民工），筹集资金45万元用以慰问县内41名省、市劳模，筹集资金5万元用以慰问县内一家困难企业。

2017年1月，县总工会发放慰问金、救助金、助学金共计45.5万元；2月，筹资5万元支持松峰公司工会完善硬件设施。

2018年1月，县总工会对本县209名困难职工送出节日慰问17.31万元，共慰问挂扶村困难户10户，每户发放500元慰问金。

2019年，县总工会全年决算总支出532.38万元。其中，职工活动支出37.99万元，困难职工帮扶支出35.47万元，业务支出45.65万元，行政支出263.72万元，资本性支出17.13万元，补助下级支出116.61万元，其他支出15.81万元，当年结余196.25万元。

2021年，行政事业单位共计47家缴费43.21万元。截至2021年11月，税务代收87家，县总分成170.31万元。2020—2021年，县总工会根据省总工会《关于转发中华全国总工会办公厅实施小微型企业工会经费支持政策的通知》，以小微企业名录查询结果作为认定依据，对本县辖区内基层工会实行摸底调查，通过"广东省工会经费收缴管理系统"实行工会经费全额返还。县内符合小微企业认定标准的企业有58家，县总工会逐一与企业进行工会户名、账号、金额核实并全额返还。2020年通过系统直接全额返还67.27万元，2021年通过系统直接全额返还75.92万元。

2022年，佛冈县总工会总支出决算744.8万元，其中工会业务费306.9万元，工会行政费437.9万元，上解经费支出225.6元。是年，税务代收工会经费85家，县总工会按比例分成收入261.1万元；原渠道缴费行政事业单位共44家，缴费收入27.85万元。是年，根据全国总工会办公厅《关于规范建会筹备金收缴管理的通知》精神，经核查，自2013年7月至2020年3月，佛冈县符合返还条件的不足25人，已缴建会筹备金但未建会企业有32家，县总工会逐一进行收款账号和金额核对，按规定全额返还，返还建会筹备金合计5.91万元。

表11-3 1991—2022年佛冈县总工会经费支出统计表

单位：万元

年份	支出总计	业务费用	行政费用	上解费用	备注
1991	22.5	12.3	6.7	3.5	
1992	25.2	14.4	7.3	3.5	
1993	26.5	9.3	13.2	4.0	
1994	34.0	11.3	13.6	9.1	
1995	27.6	5.0	16.1	6.5	
1996	29.8	5.3	16.0	8.5	
1997	43.0	13.6	19.7	9.7	
1998	65.4	18.7	36.8	9.9	
1999	41.4	15.7	16.9	8.8	
2000	44.5	15.4	24.1	5.0	
2001	57.1	29.7	21.9	5.5	
2002	78.4	20.2	48.0	10.2	
2003	54.1	26.1	27.0	1.0	
2004	54.8	19.7	27.9	7.2	
2005	60.4	23.7	30.9	5.8	
2006	84.1	32.9	45.4	5.8	
2007	199.3	43.2	153.1	3.0	
2008	125.0	71.9	46.6	6.5	
2009	140.3	44.7	88.6	7.0	
2010	199.3	43.2	153.1	3.0	
2011	237.0	64.9	172.1		
2012	210.4	68.9	141.5		
2013	264.5	112.8	151.8	51.1	税务代收系统上解
2014	307.9	173.2	134.6	131.5	税务代收系统上解
2015	491.0	317.7	173.3	138.0	税务代收系统上解

续表11-3

年份	支出总计	业务费用	行政费用	上解费用	备注
2016	447.4	222.2	225.2	140.9	税务代收系统上解
2017	498	251.8	246.1	166.5	税务代收系统上解
2018	557.7	283.2	274.5	180.5	税务代收系统上解
2019	532.4	268.7	263.7	185.5	税务代收系统上解
2020	536.1	227.3	308.7	132.4	税务代收系统上解
2021	668.4	340.8	327.6	139.2	税务代收系统上解
2022	744.8	306.9	437.9	225.6	税务代收系统上解

五、工会财务管理与监督

（一）工会财务管理措施

1983年起，县总工会按照《工会法》《中国工会章程》有关规定，制订《工会财务管理制度》《财经纪律》和《基层工会经费开支原则》，要求各基层工会组织应当在银行单独开列工会经费账号，依法独立管理工会经费，把每月经费收支情况公布上墙，接受会员监督，每年向会员大会或会员代表大会作财务工作报告，县总工会也在县工会会员代表大会上作财务工作报告。县总工会和系统工会不定期培训基层工会财务人员，组织工会财务会审或抽检抽查，开展财务工作评比，总结经验，表彰先进，发现问题及时解决。由于实行民主理财、民主监督政策，佛冈县内没有发现截留、挪用、贪污工会经费等现象，基本上做到"收足、管好、用活""用得恰当，群众满意，没有浪费"。

1994年，县总工会修订《工会财务管理办法》，要求各基层工会建立经费收支明细账目和对账表，使每个单位的工会经费收支情况一目了然；对未缴、欠缴的，能及时发现，查明原因，落实催缴；各工会实行财务自查、互查、重点抽查。

2011年，县总工会严格按照工会财务预算管理办法，合理编制了2011年工会财务预算方案，制定预算管理及票据管理制度，保证经费使用正常运转，加强了基层工会财务指导和经费管理。2012年起，县总工会重新制定《工会财务管理制度》，总体要求是：严格执行国家财经制度和工会财务制度，开支应按预算计划进行。单位各项开支由分管财务工作的副主席审批，2000—5000元的开支需经主席同意，5000元及以上的大额支出经集体讨论决定，由分管财务的副主席和主席共同核签，方可报销；干部职工出差开会或学习，旅差费按有关规定报销；实行票款分管制度，出纳管钱，会计管票。出纳要做到日清月结，会计要加强监督审核。报销的票据，原则上需要正式发票。所有报销票据，必须注明开支事由，并有经手人、证明人、审批人签名；各项收入要及时如实入账，严禁任何人挪用、截留、职务侵占公款，违者依纪依法处理。

2018年，县总工会执行《广东省基层工会经费收支管理实施细则（试行）》，规定

续表11-3

县内基层工会应加强对各项经费收入的管理。要按照会员工资收入和规定的比例，按时收取全部会员应缴纳的会费。要严格按照国家统计局公布的职工工资总额口径和广东省总工会规定的分成比例，及时足额拨付工会经费；实行财政划拨或委托税务代收部分工会经费的基层工会，应加强与本单位党政部门的沟通，依法足额落实基层工会按照广东省总工会确定的留成比例应当留存的经费。要统筹安排行政补助收入，按照预算确定的用途开支，不得将与工会无关的经费以行政补助名义纳入账户管理。2019年5月，县总工会举办工会经费收支管理业务知识培训班，共有280余人参加。通过培训学习，提高各级工会财务人员业务素质，加强基层工会经费收支管理，规范基层工会经费的使用，提供基层工会经费使用的正面清单，加强工会经费服务职工工作的可操作性，坚持工会经费取之于工、用之于工，维护职工合法权益。

2020年起，县总工会严格执行《中华人民共和国预算法》，根据市总工会批复的预算收入和预算支出，结合本级工会各部门经费使用情况，编制2020年度工会经费收支决算、2021年工会经费收支预算以及三公经费预算，并在政府门户网站公开。

2022年，佛冈县总工会继续加强基层工会财务规范化管理：通过线上办公系统向基层工会转发《关于实行新〈工会会计制度〉的通知》及《关于推广使用工会财务云平台的通知》，向基层工会推广"工会云财务"软件，规范基层工会财务管理；配合市总工会财务部开展2022年度财务监督检查工作；实地走访汤塘镇总工会和国珠集团工会，对专项资金等方面情况进行检查。

（二）工会财务监督措施

1986年起，佛冈县在开展工会经费审计时，同步开展财务监督工作。2020年，县总工会加强财务监督，维护财经纪律，强化内部控制，规范财务行为，提高资金效益。是年11月25日，县总工会制定《财务监督实施办法（试行）》，主要内容有：①县总工会财务部负责管理和指导全县工会系统的财务监督工作。②县总工会财务可以采取购买服务的方式，聘请具有资质的中介机构和人员，实施财务监督，所需经费纳入本级预算。③财务监督按国家财经法律法规和全国总工会及省总工会有关财务制度规定执行。④县总工会财务部实施财务监督。⑤财务监督分为日常监督和专项监督两种形式。⑥被监督单位应当配合监督工作，为监督工作提供必要的办公条件和工作保障。

县总工会下一级工会及所属单位应按照全国总工会、省总、市总和县总工会的要求，加强财务管理制度建设，健全、完善并严格执行财务管理制度，报县总工会财务部备案，积极支持和配合县总工会财务监督工作。

第二节 工会经费审查工作

一、工会经费审查工作规定

佛冈县工会经费审查委员会最早由佛冈县工会第二次代表大会（1957年6月）选举产生，后因政治运动撤销。

1987年起，县总工会设立经费审查委员会，负责工会经费的审查工作。

《工会法》规定，各级工会应建立经费审查委员会，各级工会经费收支情况应当由同级工会经费审查委员会审查，并且定期向会员大会或者会员代表大会报告，接受监督。工会经费审查工作的职责，是对工会经费的收支、财产管理以及机关经济情况进行流动监督；工会经费审查工作的任务，是促进工会经费收缴、监督工会经费的管理和使用，以保证工会经费收支符合国家财经法规和工会财会制度，保证工会经费支出结构合理，体现为基层工会服务、为职工群众服务、为工运事业服务。

《中国工会章程》规定，工会应当根据经费独立原则、建立预算、决算和经费审查监督制度，实行统一领导、分级管理的财务体制和统一领导、分级负责的经费审查监督体制。

工会的财务审计内容主要有如下几方面：①经费预算执行情况和财务状况；②经费计提和拨缴，专项资金的筹措、拨付、管理和使用情况；③资产的管理、使用和处置；④基本建设、维修改造工作和对外投资情况；⑤财务管理和相关内部控制、经费使用效益和资产经营效益情况；⑥撤并时的财务清算、社会捐赠资金、各类基金的收支情况；⑦其他有审计需要的有关事项。

二、工会经费审查机构及职能

（一）工会经费审查机构

工会经费审查委员会（简称"经审会"），是代表会员群众对工会经费收支和财产管理情况进行审查监督的组织。工会经费审查工作的基本职责是对工会经费收支和财产管理情况进行审查监督。

工会经费审查委员会办公室是经审会的工作机构（简称"经审办"），同时也是工会的内设机构。经审办承担着经审会对本级和下一级工会审计的职责。

（二）工会经费审查工作职能

监督是工会经费审查工作的基本职能。依法履行监督职责，当好工会经济监督的"卫士"和工会经济发展的"谋士"，是工会经审工作服务大局的着眼点和着力点，是工会经审会的立身之本。

经济监督职能：工会经审会依据国家法律法规和工会相关制度，对工会经费开支、资产管理情况和相关经济活动予以审查、审计，揭露违法违纪、稽查损失浪费、查明错误弊端，督促收好、管好、用好工会经费，促进工会经济活动规范运作，实现工会资产保值增值。这项职能体现在审查、审计的全过程。

经济评价职能：工会经审会通过审查、审计，依据有关规章制度对所查明的事实做出分析与判断。经济评价要以查明客观事实真相为前提，把肯定成绩、发现问题、提出建议紧密结合起来，推动被审查、审计工会科学决策、完善管理、健全内控、提高效益。

经济鉴证职能：工会经审会通过审查、审计，对被审查、审计工会的会计资料及有关经济资料所反映的财务收支和有关经济活动的真实性、正确性、合法性和合理性进行检查和验证。工会经审会在检查验证后出具经济鉴证证明，是为了向审计的授权人或委托人及利益相关方提供确切的信息，并取信于工会干部和会员群众。

三、工会经费审查程序

工会经费审查的程序是指工会经费审查过程中的工作步骤，具体指经费审查人员从接受经费审查任务到经费审查工作结束的行动部署。一般可分为准备阶段、实施阶段、结束阶段、后续和复议阶段。

（一）准备阶段

准备阶段是指从确定审计项目到开始实施审计的这一段时间。在这段时间内，工作的主要步骤是：确定审计项目，组织审计力量，制订审计方案，发出审计通知书。

确定审计项目。一般来说，审计项目是根据经审会年度审计计划而分步确定的。年度审计计划则要求根据工会经费管理和工会企事业管理的要求、工会年度工作的需要而制定，注意突出工作重点，解决现有的经济问题。如工会经费年度收支审计、工会企事业单位的年度审计、领导干部经济责任的审计等。当然，遇有工会或上级经审会交办的审计任务，或遇到临时发现需要审计的重大问题，也应及时确定审计项目。

组织审计力量。确定审计项目后，经审会根据该审计项目的难易程度，组织审计人员，组成审计小组，并指定负责人。主审员一般由负责人担任。审计小组一般应有两人以上。

制订审计方案。审计小组根据被审计单位的特点和审计任务的情况，拟订工作方案。审计工作方案主要包括以下内容：审计项目的名称；被审计单位名称；审计方式；编制方案的依据；审计的内容和范围；审计的时间进度；审计人员的分工；审计中应注意的事项等。

发出审计通知书。在审计方案确定的基础上，工会经审会发出审计通知书。审计通知书是指通知工会或工会企事业单位接受审计的书面文件，是审计小组进入被审计单位执行审计的书面依据。审计通知书的内容包括：经审会或内审部门名称；被审计单位名称；审计的依据；审计的范围和内容；审计的起始日；审计人员；对被审计单位配合审计工作的要求。

如果是采用会议审查的方式审查工会经费收支预决算等，则不需要编制审计方案和下发书面审计通知书。按审查程序在准备阶段应完成的事项有：①确定审查内容；②确定审查时间；③准备审查资料；④提前一周将审查资料送达经审会委员，同时发出会议通知。

（二）实施阶段

审计实施阶段是审计小组进入被审计单位，审查会计凭证、会计账簿、会计报表，查阅与审计有关的文件、资料，检查现金、实物、有价证券，并调查取证的过程。它是审计全过程中最重要的阶段。

听取被审计单位的情况介绍。通过听取介绍，审计小组可以初步了解被审计单位的情况。根据实际情况需要，如领导干部离任审计，还可采取个别访谈、召开座谈会、设置审计意见箱等方法。

索取、收集必要的资料。如被审计单位有关的规章制度、文件、计划、合同文本；被查期间的各种票据、银行对账单、凭证、账簿、报表、分析资料等。

评价内控制度。深入了解被审计单位业务活动的一些具体规定、手续及执行情况，以便发现被审计单位在管理上的漏洞和薄弱环节，进一步确定和调整审计的范围、重点和方法。

审查和取证。审查索取、收集的资料，根据需要进行取证。对取证有如下要求：①调查取证时，审计人员不得少于2人。②所收取材料能证明审计事项。③尽可能取得原始资料、有关文件和实物，不能取得的可采取复印、拍照、录像等方法取得。④盘点实物、现金，或向有关人员查询，所形成的书面材料应有被查询人签章。未能取得签章的，审计人员应注明原因。

编制审计工作底稿。对审计中发现的问题，做出详细、准确的记录，并注明资料来源。审计工作底稿是撰写审计报告的基础，是检查审计工作质量的依据，也是审计复议的重要资料。

如果采用会议审查方法，这一阶段应完成的事项有：①召开会议。工会财务主管汇报被审查的事项，并对有关问题做出说明和解释；②经审会委员认真审议，并提出意见和建议；③对被审计事项进行表决；④做好会议的实况记录。

（三）结束阶段

审计小组整理和分析审计工作底稿，审查和鉴定审计依据。

审计组长编写审计报告初稿。

审计报告初稿征求被审计单位意见，并要求被审计单位在征求意见书上签署书面意见。

核实情况，修改报告，定稿后报经审会。对有异议的书面意见，审计小组应进一步予以核实，必要时修改审计报告。

审定审计报告，形成审计意见书。经审会应在审定审计报告的基础上，出具审计意见书。对有违法违纪行为的，还应做出审计决定。

如果采用会议审查，这一阶段应形成一个会议纪要。

（四）后续和复议阶段

后续和复议阶段，实际是以上审计程序的延伸。一般情况下，后续审计和复议的内容和范围，只限于审计结论和审计决定中所涉及的内容和范围。

后续审计是指审计结论和审计决定发出一段时期后，由于经审会、内审部门指派原审计人员去检查审计结论和审计决定执行的情况，并促进其真正落实，从而实现和巩固审计成果，维护审计的权威性和严肃性。虽然后续审计是原审计程序的延伸，但必要时仍然需要撰写审计报告。

四、经费审查工作的开展

（一）历年经费审查工作

1987年，佛冈县工会第九次代表大会上，选举产生了第一届佛冈县总工会经费审查委员会。此后，每届委员会都设立经费审查委员会，对工会经费的收、管、用进行审查，经审会的成员一般为兼职。截至1989年，基层工会已成立经审组织31个。佛冈县工会经费审查工作除了对少数基层组织进行审查外，主要是参加县总工会的财务大检查以及审议预算决策和财务总结报告。

1991年起，根据省总工会、省审计局《关于对工会经费计提拨交进行审计的通知》和全国总工会《关于印发〈开展对工会经费计拨审查的意见〉的通知》，县总工会委托县审计事务所对基层工会1991年的经费收支进行审计。1994年，县总工会经审会制订规章，开展规范审查工作，对县内一些单位工会进行一看（看账本）二查（查发票、支出是否合理）三建（建档案、制度、经审会）。2000年，全县共建立工会经费审查机构108个，经审委采取单位自学和到重点单位宣讲督导、以会代训等方式，培训经费审查人员，提高其业务水平和工作能力。

2002年，全县大部分基层工会已建立有经费审查委员会或经审小组，开展工会经费计拨审查和年度预算审计工作。县总工会规定，凡工会年度经费在5000元以上的单位，必须在年头年尾逐级上报预结算审计纪要，建立健全工会经费审计工作档案。是年，县总工会利用县"四五"普法培训骨干的机会，先后两次举办培训班，参加培训的人员有县城企事业普法骨干和乡镇领导，培训的重点内容有：宣讲工会依法收费、依法审计的法律依据、操作办法、重大意义等知识，加大工会审计法规的宣传和骨干培训力度；对新建的工会组织选配经审干部，对重点单位工会经审组织干部实现有序更替，加大工会经费审查组织和队伍建设。在3月、4月组织两次大的审计行动，实现以审促收的目的。县经审会对独立建账、年工会经费达万元以上的单位进行重点审计。2003年，对新建的基层工会同步建立经审组织，调整新配经审干部。县工会和教育工会各举办工会经审业务培训1次。县工会将工会财务公开纳入工会财务管理的重要内容，健全制度，规定经费收支需逐月以报表形式向领导汇报、半年一次向职工通报，大额开支需有集体意见，严格程序。在实际的经费审查工作中，将工会经费收入分配的完整真实视为基层工会审计工作的重要关注点，以审计促进经费的提拨和上解。

2004年后，县工会经审委采取3项措施加强工会经审工作：①强化宣传，进一步改善经费审查工作环境。充分利用各种机会宣传工会经费审查工作的重要性，使工会上下理解经费审查工作，把经审工作和工会其他工作同步安排、同步检查、同步总结。②加强对基层经审干部的业务培训，在工会干部业务举训班上，把经费审查纳入培训内容，在日常工作检查中，把经费审查作为重点工作之一。③加强审计监督，确保工会财产安全。搞好本级经费审计监督，健全财务管理制度，坚持重大开支必须经集体研究，量入为出，确保工会工作需要得到满足。经常性开展基层工会经费审查指导工作，将经费审查工作开展情况纳入目标考核内容。

2008—2015年，县总工会不断建立和健全工会经费审查工作机制，规范经费审查程序，促进工会经费收、管、用工作的协调发展。2014年，按照市总工会和县工会年初工作安排，县总工会经费审查委员会对各基层工会经费的收、管、用进行审查监督，以此促进工会经费审查工作逐步规范化，促使工会独立自主工作，更好地为职工群众和基层工作服务。是年，经审会审查县总工会财务预、决算方案，提高了监督质量。同时组织各镇总工会对各自辖区内的企业工会进行审计，至12月底，完成对33家基层工会财务收支情况开展的审计工作。2015年，经费审查工作建设逐步规范化，对县总工会本级年度经费预算进行了审计，完成对17家基层工会经费收支情况开展的审查工作。

2019年，县总工会财务部引导并协助基层工会理顺缴费账户返拨工作，进一步促进各级工会财务工作规范开展。当年，县工会经审会召开委员会议2次，依法对县工会本级2018年度决算和2019年的预算情况进行审查。是年12月底，完成对34家基层工会展开的财务收支情况审计工作。对审查中发现的问题，责令有关工会限期整改，作出检查，并向县总工会报告整改情况。2019—2020年，在针对佛冈县基层工会工会财务收支情况开展的审计工作中，有具资质的第三方社会中介机构参与了审计咨询。

2020年，全县有228家工会建立经审委员会。县总工会经费审查委员会决定从当年起，每年审计34家基层工会的财务收支情况。是年，县总工会经审会对保成（佛冈）机械有限公司、标旗磁电产品（佛冈）有限公司、万佳（佛冈）涂料有限公司、广东佛冈佳联制冷有限公司、佛冈县合骏燃气有限公司、佛冈县归国华侨联合会、佛冈县机构编制委员会办公室、佛冈县财政局、佛冈县农村商业银行等34家机关、企、事业单位工会委员会进行了财务审计。在审计工作中，坚持做好5项重点工作：①审计前明确审计内容。②及时发送审计评价。③对审计发现的问题作出处理，提供意见。④提出审计建议。⑤对本次审计发现的问题，请有关工会组织落实审计整改工作，并在收到审计报告之日起30日内将整改情况书面报告县总工会。是年4月3日，佛冈县总工会第十五届经审会召开委员会议，依法对县总工会本级2019年度工会经费收支决算和2020年度工会经费预算情况进行审查。11月9日至12月底，县总工会经审委对34个基层工会2019年度工会经费的财务状况、收支情况进行专项审计，审计遵循"客观公正、实事求是、廉洁奉公、保守秘密"的原则，采取"看、查、听"的方式，对基层工会的会计账册、凭证、报表、对账单等逐一进行审查。12月底，完成全部审计工作，按程序对被审计单位出具了审计报告，提出了审计意见和建议。审计中发现的主要问题有：没有根据《工会法》规定足额上缴工会经费、未按规定编制预决算报表、会计科目使用不规范等。

2021年，县总工会引入社会力量参与工会审计工作，提升审计监督质量和效能；组织财务经费审查干部培训，提高经费审查干部业务水平；进一步规范审计程序，提升审计质量；规范基层工会财经秩序，加强经费审查组织建设，配齐配强工会经费审查干部。规定新成立的基层工会组织必须同步建立经审委员会，对到期换届和人员缺额的要求及时换届补选，确保经费审查组织健全、人员到位。至2021年，全县有239家工会都已建立了经审委员会。

2022年，工会审计工作遵循"客观公正、实事求是、廉洁奉公、保守秘密"的原则，采取"看、查、听"的方式，对各基层工会的会计账册、凭证、报表、对账单等逐一进行审查。是年1月12日，佛冈县完成经审委员会的替补经审委员改选工作。3月3日，县总工会经审委组织召开经费审查工作会议，会议由县总工会常务副主席、县经审委主任冯庆洲主持，全部经审委员会成员参加会议，并邀请了第三方审计单位佛冈县大鹏会计服务有限公司负责人袁飞鹏参加。会议听取袁飞鹏有关基层工会财务收支情况、审计情况的汇报。2022年，一共抽选了佛冈沃龙电器有限公司、广东雅迪机车有限公司、南海食街、县交通运输局、县水利局等34家单位基层工会进行审计，实际审计32家工会组织。经过审计，大部分基层工会的财务管理和会计核算基本符合全国总工会办公厅《关于印发工会财务会计管理规范的通知》文件及相关法律法规的规定和要求，但有部分基层工会存在工会财务制度不规范、原始单据不完整、账务没有实行独立核算、没有编制会计报表、未按规定上缴工会经费等问题。对以上工会组织，县总工会分别责令其开展整改。

2022年12月15日，佛冈县总工会第十五届第六次经费审查委员会全体委员会议在佛冈县总工会二楼大会议室召开，会议表决补选第十五届经费审查委员会，设立经费审查办公室，配备办公室主任和专职人员，进一步规范佛冈县总工会经审组织架构，发挥工会审计职能。

2022年12月15日至2022年12月30日，佛冈县总工会经审会联合第三方社会中介机构，对全县34家基层工会开展2021年度工会经费收支情况审查。对没有编制工会账目和会计报表、没有编制2021年度工会预算及决算报表、支出控制不合理、附件不齐全、未按比例计提会员费和未上缴工会经费的基层工会，有针对性地提出整改意见和建议，要求被审计单位上报整改报告。县总工会经审委将建立经审监督的长效机制，计划分步走，逐年对全县基层工会进行循环内审，进一步规范工会经费"收管用"，推动全县工运事业和工会工作高质量发展。

（二）基层工会专项经审工作

对基层工会2021年度工会财务收支情况进行审计。根据《关于2022年度对基层工会进行工会财务收支情况审计的通知》，佛冈县总工会经审会联合第三方社会中介机构，于2022年对全县34家基层工会开展2021年度工会经费收支情况审查。对没有编制工会账目、会计报表，没有编制2021年度工会预算及决算报表，支出控制不合理，附件不齐全，未按比例计提会员费和未上缴工会经费的基层工会，有针对性地提出整改意见和建议，要求被审计单位上报整改报告。

开展行政事业单位2022年度工会经费计拨专项检查工作。为进一步加强全县基层工会经费收支管理，规范基层工会经费使用，佛冈县总工会经费审查委员会对全县行政事业单位开展2022年度工会经费计提、上缴情况进行专项检查，被纳入检查的有县内行政事业基层工会149家。检查后，在自查自纠和整改落实阶段，建立工作台账，并上报专项检查工作自查自纠资料。根据《基层工会经费自查情况表》数据统计，2022年度全县已开通使用工会财务云平台的行政事业单位基层工会有28个，已开立工会银行账户的有83个，已单设工会会计账套的有79个，已编报工会预决算报告的有74个。在工会经费计拨方面，根据《基层工会经费自查情况表》数据统计，全县行政事业单位基层工会2022年度按工资总额2%应计提的工会经费金额为1760万元，实际计提1388万元（其中财政拨款工会经费1018万元，单位行政资金370万元），应上缴（35%）616万元，实际计上缴金额68万元，应付未付经费548万元；2022年度行政事业单位本级工会应自留资金（65%）1144万元，实际行政事业单位自留资金1301万元。

夯实基础，争先创优。根据市总工会《工会工作考核方案》，佛冈县总工会对照落实工会经审工作规范化建设工作考核内容要求，完成包括组织建设、审查审计、整改落实、业务建设内容的整理和上报，并因此获得2022年度清远市工会经审工作规范化建设一等奖。

第三节　工会资产管理与监督

一、资产管理与监督工作

1950年起，佛冈县工会成立后，即按照《工会法》《中国工会章程》的规定，先后制定制度，开展资产管理与监督工作。《中国工会章程》第三十九条规定：工会资产是社会团体资产，中华全国总工会对各级工会的资产拥有终极所有权。各级工会应依法依规加强对工会资产的监督、管理，保护工会资产不受损害，促进工会资产保值增值。根据经费独立原则，建立预算、决算、资产监管和经费审查监督制度，实行"统一所有、分级监管、单位使用"的资产监管体制。资产的管理和使用办法由中华全国总工会制定。第四十一条规定：工会经费、资产和国家及企业、事业单位等拨给工会的不动产和拨付资金形成的资产受法律保护，任何单位和个人不得侵占、挪用和任意调拨；不经批准，不得改变工会所属企业、事业单位的隶属关系和产权关系。工会组织合并的，其经费资产归合并后的工会所有；工会组织撤销或者解散的，其经费资产由上级工会管理与监督。

2007年1月29日，县总工会成立"工会资产监督管理委员会"，由劳保部负责日常工作。县总工会按照《财产管理制度》，要求全县各级工会资产管理遵循如下规则：①财务部门设立固定资产明细账和低值易耗品备查簿，以价值核算为主要内容；②财产管理部门设立财产实物数量账，以实物数量核算为主要内容；③财产使用部门设立财产登记卡，坚持"按物设卡、物卡相符，物移卡随"的原则，做到账卡相符。县总工会坚持"保证需要、使用合理、安全完整、发挥效能"的原则，将财产管理视同于资金管理，健全财产登记管理明细账，由办公室对总工会机关各部室财物进行造册登记，实行专门管理。

2021年，县总工会成立固定资产管理小组，成员由办公室、财务部、经审办等部门组成。办公室主要负责人任组长，财务部门负责人任副组长。大额固定资产的购置、闲置资产的调剂、固定资产报废的鉴定和审批等，应征求管理小组的意见。县总工会固定资产管理小组制定《佛冈县总工会固定资产管理制度》，共二十八条。其中规定：固定资产的管理和使用实行"统一领导、分级管理、责任到人、合理配备、规范管理、物尽其用"以及"固定资产管理与预算管理相结合"的原则；定期对固定资产进行盘点，确保账账、账卡、账实相符；明晰产权关系、推动办理相关的法律文书；合理配备并节约、有效地使用固定资产，确保固定资产的安全和完整。《制度》规定，使用年限在一年以上，一般设备单价在500元以上，专用设备单价在800元以上，并在使用过程中基本保持原来物质形态的资产属固定资产；虽然单位价值不足规定标准，但使用时间在一年以上的大批同类物资，按固定资产管理。固定资产分为3大类：①一般设备：办公和事务用的通用性设备、交通工具、通信工具、家具等。②文物及陈列品：字画、纪念品、装饰品、展品、藏品等。③其他固定资产：未能包括在上述各项内的固定资产。工会资产由工会负责进行清查、登记和管理，固定资产每年清查一次。财产管理人员、工会工作人员调离岗位前，须办理交接手续，手续完备方可离职。

二、资产情况

1961—1965年，佛冈县总工会修建了溜冰场、乒乓球室、图书室、篮球场。

1973年，重建县总工会原有的办公楼、工人文化宫活动场所，新建职工宿舍楼。

1978年，建成工人文化宫三层活动楼一座，占地面积493平方米，建筑面积1479平方米，连同露天剧场（1980年改建为影剧院）总投资9.6万元。

1982年，建成工人文化宫影剧院（带厢座）一座，占地面积1935平方米，建筑面积

（包括附属设施478平方米）为2730平方米，总投资59.1万元。

1986年，建成县总工会职工六层宿舍楼一座，占地面积263平方米，建筑面积1600平方米，总投资34.5万元。

1988年2月，建成县总工会办公、宿舍五层综合楼一座，占地面积111平方米，建筑面积557平方米，总投资18万元。

截至2022年，佛冈县总工会资产总值（原值）为129万元。

表11-4　2022年佛冈县总工会资产总值一览表

名　　称	原值/万元	使用年限/年	使用状况
一、房屋建筑物	43.44	50	在用
二、通用设备	69.25	5～15	在用
1．计算机及软件	24.59	6	在用
2．办公设备	11.51	6	在用
3．车辆	12.30	8	在用
4．电器设备	12.61	5	在用
5．广播电视等设备	7.64	6	在用
6．体育设备	0.60	15	在用
三、家具、用具等	12.46	15	在用
四、无形资产	3.85	5	在用
合　　计	129.00		

第十二章
劳动模范工作

第一节　劳动模范评选与表彰

　　1956年起，佛冈县持续开展有关劳动模范（含先进工作者、五一劳动奖章）的推荐、评选与表彰工作。县总工会自成立以来，在各个时期均动员和组织广大职工积极参与社会主义建设，而劳动模范正是在时代潮流发展中涌现出来的优秀建设者、改革者和创造者。佛冈县涌现出一批国家级、省部级、市级劳动模范，截至2021年，全县有1人获"全国劳模"称号；有2人获"部级劳模"称号；有15人获"省级劳模"称号；有13人获"市级劳模"称号；有3人获全国五一劳动奖章；有11人获广东省五一劳动奖章。

　　1956年2月，原佛冈县房地产开发公司经理吴金根，获"广东省第一届农业二等劳动模范"称号；1964年4月，佛冈县农业银行副行长朱启荣，获"广东省劳动模范"称号。此后，劳动模范评选与表彰工作持续开展。在每年五一国际劳动节或春节期间，佛冈县内均会召开一次劳模座谈会或劳模表彰会，活动由县委、县政府主办，县总工会承办，表彰奖励佛冈县内涌现出的时代先进模范人物。

　　1965年，县总工会召开"五好"、先进职工代表大会工作报告会，表彰在生产高潮中各单位内表现卓越的个人或集体，活动共表彰了先进班组13个、"五好"职工34名、先进职工140名，并邀请劳动模范作报告。

　　1975年2月4日，县总工会召开佛冈县老模范、老工人代表座谈会，有来自各厂矿企业的45名工人代表参加。座谈会向全县发出倡议，提出要关心青年一代的成长，老模范、老工人要做好"传、帮、带"工作，关心和教育青年，使得新老工人团结一致；要加强组织纪律性，大搞技术革命和技术革新，大力推广应用优选法，大挖生产潜力，搞好企业管理，为完成和超额完成全年国民经济计划而奋斗。

　　2003年，佛冈县在评选劳模条件及程序两方面作出了明确规定。在劳模评选条件方面，规定：①劳模候选人必须模范执行党和国家的方针、政策、法律、法规及企业的各项规章制度，自觉按企业的各项制度规范和约束自己的行为，做遵章守纪的模范。②积极参与企业各项生产经营管理活动，全面履行承担的工作职责，创造性地完成所承担的本职工作任务和其他关、重、急、险任务，在提升企业战略地位和市场地位的工作中发挥骨干作用。③立足本职、勤奋敬业、乐于奉献、勇于创新、敢挑重担，以主人翁的工作姿态和忘我的进取精神，在双增双节、提高质量、确保安全等工作中做出显著业绩，使质量、产量、成本、消耗等重要考核指标在企业处于领先地位；在降低成本、占领市场、开发新产品、应用新技术、创造新经验、推广先进操作法等方面，有突破性进展和重大成果。④在企业管理、精神文明建设和企业文化建设中做出重大业绩。⑤考核期内无质量、安全、机损事故，无违规违纪现象。在劳模评选程序方面，规定：①在遵守公开竞争原则的基础上，对于职工劳动模范的推荐评选，各单位必须依据评选条件、按照民主程序实行自下而上的逐级评审模式。②推荐评选工作坚持走群众路线，由职工充分讨论、反复酝酿，所推荐的劳模候选人必须在本单位职工大会或职工代表大会经公开公示讨论，严禁包办代替或弄虚作假。③确定劳模候选人后，要统一填写相应的劳动模范推荐表，再向上一级工会推荐。是年，县总工会按照上级要求，积极做好国务院、省政府每5年评选一次的劳动模范和先进工作者的推荐评选工作。县总工会成立评选领导小组，严格按评选条件、程序和规范要求，层层民主推荐公示，然后报上级评选领导小组办公室。是年，佛冈县获省"先进集体"称号的组织有1个，获省"劳动模范"称号的组织有1人，获市先"先进集体"称号的组织有1个，获市"劳动模范"称号的个人有2名。此外，县总工会还对全县一批先进集体和个人进行了表彰，授予广电集团清远佛冈供电分公司工会等5个基层组织"工会工作先进集体"称号，授予杨明等8名工会工作者"优秀工会工作者"称号，授予李凡敏等8位财会工作者"优秀财会工作者"称号，授予钟定能等45名工会会员"先进工会积极分子"称号。

2006年4月30日，清远市委、市政府召开庆五一国际劳动节暨劳动模范和先进工作者表彰大会，表彰一批劳动模范和先进工作者。在这次市劳模表彰大会上，佛冈县约克广州空调冷冻设备有限公司YSM生产线班长桂必兴（河南省信阳市人）当选"市劳动模范"。这是佛冈县史上首次有外来职工当选市劳模，在社会上引起较大反响。

2008年4月22日，县总工会在县人民中心召开了庆五一劳动模范座谈会。县四套班子领导和26名获市级以上劳模出席会议。2009年，开展省、市级劳动模范和先进工作者评选活动。通过宣传发动、推荐申报、组织考察、公示审批等阶段工作，从30多名候选人中，分别评选出1名省级劳动模范和3名市级劳动模范。

2012年五一前夕，开展2012年度省、市先进集体、劳动模范的推荐评选活动，把县内符合条件的、在改革开放和创新创业中创造出突出成绩或重要贡献的先进集体和个人推荐至省、市总工会参加评选。是年，佛冈县获广东省"先进集体"称号的组织有1个，获广东省"先进工作者"称号的个人有1人；获清远市"先进集体"称号的组织有2个，获清远市劳动模范称号的个人有4人。是年，佛冈县召开省市先进集体、劳动模范代表座谈会，宣传劳模事迹，传承劳模精神。

2015年，劳模推荐评选工作获得重大突破。县总工会严格按照有关文件的要求做好全国和省劳模的推荐工作，对被推荐对象，从其身份、条件、事迹、程序和纪律上进行把关，切实做到"五个坚持""四个严格"。2015年4月，佛冈县人民法院汤塘人民法庭庭长蓝榕概被党中央、国务院授予"全国先进工作者"称号，填补了佛冈县内无国家级劳模的历史空白。是年，佛冈县获"广东省先进工作者"称号的有1人，获"广东省劳动模范"称号的有1人。在推优评选工作中，县总工会常务副主席何永中被中华全国总工会授予"全国优秀工会工作者"称号。

2017年，佛冈县获广东省五一劳动奖章的有1人。2018年，获广东省五一劳动奖章的有1人。2019年，佛冈县获全国五一劳动奖章的有1人，获广东省五一劳动奖章的有1人，获广东省五一劳动奖状的1人，获清远市"最美产业工人"称号的有2人。2020年，佛冈县获广东省五一劳动奖章的有1人，获"广东省劳动模范"荣誉称号的有1人。是年，县总工会在县人民法院办公大楼创建"蓝榕概劳模创新工作室"。

2021—2022年，县总工会引导广大职工以劳动模范为榜样，在全县范围内营造尊重劳模、争当劳模的良好氛围。广东雅迪机车有限公司陈尚礼参评并获2021年广东省五一劳动奖章；约克广州空调冷冻设备有限公司工会委员会主席李辉华获评"广东省优秀工会工作者"；於德钊、张春兰、张贵军、宋神荣等被评为"2021年清远市劳动模范"；李兰兰被评为"2021年清远市先进工作者"。是年，县总工会在佛冈县城东中学创建"肖伟英劳模创新工作室"。

第二节　劳动模范管理与服务

一、劳动模范建档

1995—1999年，佛冈县开展劳动模范建档工作。县总工会根据上级工会部门的文件精神，做好全国、省劳动模范的登记造册工作，规范劳动模范档案管理。

2006年，县总工会对新中国成立以来县内32名省级劳动模范情况进行全面调查，建立健全劳模档案。2007年，在春节期间拨出专项资金，为困难劳模解决生活中的实际问题。

2019年起，开展劳动模范信息化管理工作。为进一步完善劳模档案，准确全面地掌握劳模动态数据库资料，实现劳模高效管理，县工会通过电话沟通、上门交流等形式，收集本县历届劳模的工作、生活照片、获奖证书、奖章等信息资料，建立劳模动态管理档案。同时，设立专门的劳模档案柜以实现分类建档，建档对象包括历届全国劳动模范、省级劳动模范、市级劳动模范称号及全国五一劳动奖章、省五一劳动奖章获得者。

档案中应包含由劳模本人详细填报的《劳动模范情况推荐表》、劳模身份证正反面复印件（以便确认相关事项）、个人先进事迹记录、荣誉奖章及奖状、工作简历等。

为便于劳模在工作变动、通信方式转换后仍能保持沟通，县总工会还专门为每位劳模增设《备忘录》，要求劳模在联系方式变动或是工作岗位转换时及时向县总工会报备。通过劳模信息的建档，县总工会掌握了劳模的第一手资料和动态信息，进一步加强对历届劳模的动态管理，有效促进劳模管理工作再上一个台阶，为劳模管理提供了便利服务。

县总工会根据上级要求，对全县各基层工会进行调查统计，并结合省市有关资料记载，清查全县范围内受各级表彰的各个劳动模范和先进工作者，建立规范的劳模纸质档案和电子信息库，实现信息化管理。

据记载，至2022年底，全县有劳动模范及获劳动奖章者44人，其中全国劳动模范及获劳动奖章者有4人（全国先进工作者为1人，获全国五一劳动奖章者有3人），省劳动模范及获劳动奖章者有27人（省劳动模范有8人，省先进工作者有7人，获省五一劳动奖章者有11人，部级劳动模范2人），市劳动模范13人（市先进工作者有2人，市劳动模范有11人）。

二、劳动模范待遇

1978年起，县总工会根据国务院和省的规定，开展劳模待遇落实工作。根据国务院《关于工人退休、退职的暂行办法》第四条规定，获得全国劳动模范称号，在退休时仍保持其荣誉的工人，退休费可酌情调整为高于本办法所定标准的5%~15%，但提高这部分的退休费，不得超过本人原标准工资，佛冈县严格按文件规定为退休劳模落实相关待遇。

1998年，县总工会积极争取上级和县委、县政府及有关部门的支持，与县委组织部、县人事局、县财政局联合印发《关于我县贯彻执行全国和省劳动模范荣誉津贴规定有关问题的通知》，为省劳模登记造册，后上报市总工会界定审批，再由所在单位按资金供应渠道负责发放。该项工作从1998年4月起执行。

2001年7月，结合"三个代表"重要思想学习教育活动的开展，帮助原水运公司老劳动模范刘柱同志解决劳动模范津贴问题。2002年，县总工会严格按照省总工会的部署，对全县在新中国成立以来获得省人民政府以上表彰的劳动模范和先进生产工作者进行了深入的调查摸底工作，经过排查和取证，是年到年底，已落实28名省级劳模和4名部级劳模的荣誉津贴发放工作。

2003年起，根据相关规定，全面落实全国劳动模范每月享受荣誉津贴150元的标准。1989年底前荣获称号的，每月再增加荣誉津贴50元。省部级劳动模范，每月享受荣誉津贴120元。1989年底前获得荣誉称号的，每月再增加荣誉津贴30元。

2004—2022年，广东省总工会出台《广东省劳模专项补助资金发放管理办法》和《广东省全国和省五一劳动奖章获得者专项补助资金使用管理办法（试行）》，进一步体现对劳模的关心关爱。以上两个《办法》的主要内容有：

（1）调整劳模的慰问补助标准。其中，《广东省劳模专项补助资金发放管理办法》

调整的标准是：将省劳模体检费用标准由每人不超过800元提高至不超过1500元，将年度最高补助额度从3万元提高至5万元。《广东省全国和省五一劳动奖章获得者专项补助资金使用管理办法（试行）》调整的标准是：增加春节慰问金（标准为每人1000元）和体检费（标准为全国五一劳动奖章获得者每人不超过1500元，省五一劳动奖章获得者每人不超过800元）等，帮扶范围也从个人扩大到直系亲属。

（2）明确专项补助资金的发放对象及用途。省劳模专项补助资金的发放对象包括由省委、省政府表彰的省级劳动模范、先进工作者（含享受待遇者）及1980年前受表彰的省部级劳动模范、先进工作者；五一劳动奖章获得者专项补助资金的发放对象包括全国和省五一劳动奖章获得者。同时，明确专项经费主要用于发放劳模春节慰问金、荣誉津贴、困难补助及组织劳模体检、疗休养等活动。

（3）对各项补助标准作出明确规定。为因患病申报帮扶的劳模或五一劳动奖章获得者专门划定了大病起付线，即本地大病医保起付线的50%（本地大病医保起付线为各地市城乡居民年人均可支配收入的50%），补助标准不超过个人自付医疗费用扣除大病起付线后的部分。

（4）规定要坚持严格申报审核发放程序，加强监督管理，对符合申报条件、拟进行补助的人员，要在所在单位、村或社区进行不少于5个工作日的公示。采取银行卡（存折）结算方式，将补助资金直接汇入补助人员的个人银行账户。

三、劳动模范慰问

自20世纪60年代起，历年来，县总工会对劳动模范给予极大关心，坚持每年春节和五一劳动节开展劳模范慰问活动，对劳动模范进行慰问。2008年，全县有劳模35人，其中省、部级劳模27人，市级8人，共发放劳模慰问金8.4万元。2009年、2010年，先后走访慰问劳模10人，劳模20人（次），发放慰问金5万元。2011—2012年，在元旦、春节、五一、中秋等节日期间，慰问省、市级劳模共32人（次），发放慰问金8.5万元。2013—2015年，加强跟踪了解劳模生产生活情况，对困难劳模给予帮助，为其解决一些实际困难。县人大常委会副主任、县总工会主席袁卫国先后3次带队慰问困难劳模30多人次，并免费为在职困难劳模职工购买职工"二次医保"。2016年，县人大常委会副主任、县总工会主席蓝应禄带队慰问41名省、市级劳模；2018年，根据广东省总工会《关于做好省部级老劳模生活困难补助专项资金和省级劳模特困帮扶金发放的通知》精神，安排劳模到县人民医院体检，并组织慰问42名省、市级劳模。

2021年，县人大常委会副主任、县总工会主席黄丽，常务副主席冯庆洲等分别带队慰问县内40名全国、省、市级劳动模范。2022年，县人大常委会副主任、县总工会主席黄丽带队慰问县内47名全国、省、市级劳模。

四、劳动模范疗养

劳模疗休养是职工疗休养事业的重要组成部分。每年县总工会及各基层工会都会组织劳模参加劳模疗养活动。劳模是企业的宝贵财富，他们工作在科研和生产第一线，经常加班加点地工作,劳动强度大,休假时间少。劳模疗养,不仅使劳模的休养权和健康权有了可靠保证,而且还充分体现出政府对劳模的关心,凸显了人文关怀的精神,有利于大力弘扬劳模精神,培养更多先进劳动者。

县总工会及各基层工会按照《全国总工会关于工会疗养事业若干问题的暂时规定》,关心劳模的身体健康状况,分期分批组织安排部分劳模职工进行健康体检、疗养。2019年,组织9名劳模分3批参加疗养,安排9名省级劳模参加健康体检。2020年,做好劳模服务工作,安排8名老劳模参加健康体检,安排1名全国劳动模范参加休养;为9名省部级老劳模申报生活困难补助专项资金和省级劳模特困帮扶金。

2022年,县总工会认真做好劳动模范疗休养工作,并根据《关于开展2022年清远工会技术工人和先进职工疗休养活动的通知》的通知精神,认真做好疗休养活动的参加人员方案,前期沟通、资料收集与参加人员的联系等工作,顺利组织5批次共23人劳动模范疗休养活动。同时按通知要求推荐了乡村振兴聚集点佛冈县汤塘镇汤塘村的汤塘围温泉民宿聚集点作为劳动模范疗休养基地。

第三节 劳模工作规范与创新

一、制定《佛冈县总工会劳模管理办法》

2003年,县总工会为进一步落实尊重劳模、尊重知识、尊重人才、尊重创造的方针,树立劳动最光荣、劳动最崇高、劳动最伟大、劳动最美丽的观念,发扬工人阶级的伟大品格,用先进思想、模范行动影响和带动职工,规范劳动模范的培养、选树、表彰和管理程序,制定印发了《佛冈县总工会劳模管理办法》,内容分为总则、劳模条件、评选程序、关心劳模、劳模的宣传和管理等共5章19条内容,对全县劳动模范管理进行了规范化管理。

总则中规定:①劳动模范是企业的栋梁、职工的楷模,是促进企业创新发展的领跑者和持续发展的实践者,是各项工作的骨干力量。②劳动模范的培养、评比、表彰、管理,需坚持基层推荐、民主评选的原则;坚持综合考核、突出实绩的原则;坚持精神激励和物质鼓励相结合的原则。③应当做好劳模培养、管理和劳模事迹的宣传工作,组织好劳模的评比、表彰工作。

在评选劳模条件方面,规定:①劳模候选人需模范执行党和国家的方针、政策、法律、法规及企业的各项规章制度,自觉按公司的各项制度规范和约束自己的行为,做遵章守纪的模范。②积极参与企业各项生产经营管理活动，全面履行承担的工作职责，创造性地完成所承担的本职工作任务和其他关、重、急、险任务，在提升企业战略地位和市场地位的工作中发挥骨干作用。③立足本职、勤奋敬业、乐于奉献、勇于创新、敢挑重担，以主人翁的工作姿态和忘我的进取精神，在双增双节、提高质量、确保安全等工作中做出显著业绩，使质量、产量、成本、消耗等重要考核指标在企业处于领先地位；在降低成本、占领市场、开发新产品、应用新技术、创造新经验、推广先进操作法等方面，有突破性进展和重大成果。④在企业管理、精神文明建设和企业文化建设中做出重大业绩。⑤考核期内无质量、安全、机损事故，无违规违纪现象。评选程序上依照劳模条件，各单位原则上在遵守公开竞争原则的基础上，应按照民主程序，由职工充分讨论，反复酝酿，推荐劳模候选人。严禁包办代替或弄虚作假。劳模候选人确定后，要统一填写劳动模范推荐表，向上一级工会推荐。

在关心劳模方面，规定：①每年组织一次劳模旅游活动，开阔劳模的视野，丰富劳模的阅历，给劳模创造更多放松身心的机会。②确切关心劳模的身体健康状况，每年组织一次劳模健康体检。③重视劳模的培养工作，凡上级组织的各种政治、文化、技术学习，要优先考虑劳模，为劳模创造更多的学习和交流机会，不断提高劳模知识文化水平。④采取召开劳模座谈会等多种形式，广泛听取劳模的意见和建议，为劳模参与企业管理提供建言献策的必要渠道。⑤认真做好劳模的来信来访工作，及时帮助他们解决工作、生活、学习中遇到的各种困难，对劳模的伤、残、病、亡要进行妥善处理。

在劳模的宣传和管理方面，规定：①充分利用广播站、电视台、报纸等多种宣传媒体，弘扬劳模精神，赞美劳模品质，放大劳模效应，发挥劳模作用，营造崇尚劳模、学习劳模、关爱劳模、争当劳模的社会氛围。②凡被授予市级以上劳模称号者，工会建立劳动模范管理档案，内容包括个人情况、主要事迹、受奖情况、家庭状况等。劳模管理坚持能下能上的原则，对犯有严重错误需取消荣誉称号的，本着严肃慎重的态度，经原命名程序予以取消。

二、劳模创新工作

2016年起，县总工会以劳模创新工作为载体，进一步弘扬劳模时代精神、创新精神和奉献精神，更好发挥劳模"传帮带"作用，总结推广先进操作法，积极开展技术培训、技术比武、业务交流、高师带徒等活动，提升干部职工劳动技能和综合素质。为建设知识型、技术型、创新型劳动大军，县总工会陆续创建了几间"劳模创新工作室"，为全县广大干部职工学习交流、传889劳动技能、创新方案、管理经验、攻坚克难构筑平台。

2016年，县总工会启动"劳模创新工作室"创建工作。是年，创建"周长春劳模创新工作室"。

2021年，创建"蓝榕概劳模创新工作室"，以全国先进工作者、全国优秀法官蓝榕概为领军人物，由民事审判庭的法官、法官助理、书记员等组成一支高素质、高技能创新团队。工作室以弘扬"东方经验"的司法调解制度，确立"案结事了人和谐、服判息诉无申诉"为工作理念，推广"调解五法"（圆桌调解法、背靠背调解法、联动调解法、迂回调解法、亲情调解法）和"四讲"（讲情、讲理、讲民俗、讲传统）的工作方法。充分利用全国劳模蓝榕概的人格魅力和影响力，以其丰富的调解经验和能动的调解技巧，带领全体调解室工作成员，树立起"蓝榕概法官调解"品牌效应，发挥品牌优势，将大量的矛盾纠纷通过调解的方式予以化解，有效节约司法成本，践行司法为民理念，促进社会和谐稳定。

2020年，创建"钟声劳模创新工作室"，广东省劳动模范钟声领衔，同生产部车间主任俞永沛、技术部机械工程师钟山、技术部电气工程师徐振星、技术部电气工程师温景贤等组成一支高素质、高技能创新团队。工作室依托公司技术研发部的资源，充分发挥劳模创新工作室的优势，培养和带领一批技能人才（徒弟）进行深层技术研发，努力实现吹灌旋一体机生产线——36 000瓶/小（500毫升）PET瓶矿泉水线生产线。同时，通过改革工艺，承接吹灌旋一体机款泉水生产线。工作室始终把为用户提供最佳生产方案、最优良设备、最贴心服务作为唯一宗旨，以共同富裕的经营理念，开拓市场。

2022年，县总工会根据清远市总工会《关于加强清远市2022年劳模创新工作室建设工作的通知》精神，加大"劳模创新工作室"创建力度，创建"肖伟英劳模创新工作室"。由广东省五一劳动奖章获得者肖伟英老师担任该工作室主持人，以王蕙副教授（广东省德育研究与指导中心名校长、名教师、名班主任培养的专家导师）为导师，邓秀珍、严海娟为助理以及同林翠银、蓝碧华等10位成员组成一支爱好学习、刻苦钻研的高素质创新团队，在佛冈县城东中学创建"肖伟英劳模创新工作室"。工作室以"学习成长，追求卓越"为宗旨，针对学生成长的热点、难点问题展开研究，辐射引领全县各中小学名班主任，助其不断提升专业素养。工作室面向佛冈县中小学班主任，现有网络学员41人，主要从理论学习促提升、活动辐射领成长两个方面开展活动。工作室揭牌以来，先后举办3期面向全县中小学班主任的主题研讨活动，辐射引领全县中小学名班主任不断提升专业素养；主持人肖伟英主讲于城东中学的班主任公开课4节，引领城东中学全校班主任成长；团队成员郭小芳代表城东中学劳动教研组面向全县展示优质劳动课例，该课例被评为广东省优质教学资源。主持人肖伟英同时担任佛冈县劳动教育中心组成员，辐射引领全县中小学劳动教育的开展。

三、劳动模范（先进工作者）与获五一劳动奖章名录

2015年，获"全国先进工作者"称号1人。
2008—2018年，获全国五一劳动奖章3人。
1991—1995年，获部级"劳动模范（先进工作者）"称号2人。
1956—2020年，获"广东省劳动模范（先进工作者）"称号19人。
2001—2020年，获广东省五一劳动奖章11人。
1985—2021年，获"广州市劳动模范""清远市劳动模范"称号13人。

表12-1 佛冈县获"全国先进工作者"称号名录表

序号	姓名	性别	出生年月	民族	籍贯	工作单位	职务	政治面貌	何年被授予何种称号
1	蓝榕概	男	1968.8	汉	广东佛冈	佛冈县人民法院	副院长	中共党员	2015年中共中央、国务院授予"全国先进工作者"称号

表12-2 佛冈县获全国五一劳动奖章名录表

序号	姓名	性别	出生年月	民族	籍贯	工作单位	职务	政治面貌	何年被授予何种称号
1	桂必兴	男	1972.1	汉	河南省	约克广州空调冷冻设备有限公司	技术员	群众	2008年5月获全国五一劳动奖章
2	高建华	男	1985.5	汉	广东佛冈	约克广州空调冷冻设备有限公司	测试员	群众	2017年4月获广东省五一劳动奖章,2019年4月获全国五一劳动奖章
3	肖光	男	1979.8	汉	四川宜宾	广东国珠精密模具有限公司	技术部主管	中共党员	2018年4月获广东省五一劳动奖章,2022年获全国五一劳动奖章

表12-3 佛冈县获部级"劳动模范(先进工作者)"称号名录表

序号	姓名	性别	出生年月	民族	籍贯	工作单位	职务	政治面貌	何年何地被授予何种称号
1	郑中绍	男	1940.1	汉	广东佛冈	清远市佛冈县广播局	局长	中共党员	1991年12月获"全国造林绿化劳动模范"称号
2	黄焜文	男	1941.12	汉	广东佛冈	清远市佛冈县文化体育局	局长	中共党员	1995年4月获"全国文化先进工作者"称号

表12-4 1956—2020年佛冈县获"广东省劳动模范(先进工作者)"称号名录表

序号	姓名	性别	出生年月	民族	籍贯	工作单位	职务	政治面貌	何年被授予何种称号
1	吴金根	男	1935.2	汉	上海市	佛冈县房地产开发公司	经理	中共党员	1956年2月获"广东省第一届农业二等劳动模范"称号
2	李云飞	男	1936.2	汉	广东佛冈	佛冈县建设局	干部	中共党员	1963年获"广东省先进工作者"称号
3	黄谷锐	男	1930.9	汉	广东佛冈	清远市佛冈县公路局	班长	群众	1963年3月获"广东省先进工作者"称号

续表12-4

序号	姓名	性别	出生年月	民族	籍贯	工作单位	职务	政治面貌	何年被授予何种称号
4	朱启荣	男	1930.5	汉	广东佛冈	佛冈县农业银行	副行长	中共党员	1964年4月获"广东省劳动模范"
5	钟妙荣	男	1934.8	汉	广东佛冈	佛冈县专区石油站	组长	中共党员	1965年3月获"广东省先进工作者"称号
6	黄桂山	男	1941.4	汉	广东佛冈	佛冈县四九镇国土所	干部	中共党员	1977年9月获"广东省政法系统先进工作者"称号
7	刘北满	男	1934.8	汉	广东佛冈	佛冈县人民法院	庭长	中共党员	1977年获"广东省先进工作者"称号
8	郑擎	女	1935.7	汉	广东省佛冈县	佛冈县原迳头公社湖洋大队	妇联主任	中共党员	1977年获"广东省政法系统个人工作者"称号
9	刘柱	男	1927.6	汉	广东佛冈	佛冈水运公司	副经理	群众	1978年获"广东省劳动模范"称号
10	汪天祐	男	1935.1	汉		佛冈县人大常委会	县人大副主任	中共党员	1985年6月获"广东省劳动模范"称号
11	谢天亮	男	1959.7	汉	广东四会	佛冈富弘房地产公司	职员	中共党员	1988年8月获"广东省劳动模范"称号
12	黄俊英	女	1952.8	汉	广东佛冈	佛冈县味精厂	车间主任	中共党员	1997年9月获"广东省劳动模范"称号
13	曾雪琼	女	1970.8	汉	广东佛冈	佛冈县佛冈中学（现在清远市华桥中学）	教师		2000年5月获"广东省劳动模范"称号
14	吴玉强	男	1963.11	汉	广东佛冈	佛冈县四九镇官山村	支部书记	中共党员	2000年5月获"广东省劳动模范"称号
15	潘国寿	男	1958.8	汉	广东新丰	广电集团清远市供电分公司	输电班长	中共党员	2003年8月获"广东省劳动模范"称号
16	蓝榕概	男	1968.8	汉	广东佛冈	佛冈县人民法院	副院长	中共党员	2012年获"广东先进工作者"称号
17	周长春	男	1963.1	汉	湖南郴州	佛冈一中	工作室主持人	群众	2015年获"广东省劳动模范"称号
18	刘治刚	男	1979.9	汉	江西萍乡	佛冈县公安局交警大队烟岭中队	指导员	中共党员	2015年获"广东省先进工作者"称号
19	钟声	男	1982.5	汉	广东湛江	广东国珠吹瓶设备有限公司	电气工程师	中共党员	2020年获"广东省劳动模范"称号

表12-5　2001—2022年佛冈县获广东省五一劳动奖章名录表

序号	姓名	性别	出生年月	民族	籍贯	工作单位	职务	政治面貌	何年被授予何种称号
1	周焕带	女	1951.3	汉	广东佛冈	佛冈县味精厂	班长	中共党员	2001年5月获广东省五一劳动奖章
2	李红梅	女	1968.9	汉	广东佛冈	政协佛冈县委员会	秘书长	中共党员	2001年5月获广东省五一劳动奖章
3	温兴利	男	1976.5	汉	广东佛冈	佛冈县国珠精密模具有限公司	技师	群众	2010年4月获广东省五一劳动奖章
4	潭志明	男	1980.12	汉	广东佛冈	佛冈公路局	所长	中共党员	2012年7月获广东省五一劳动奖章
5	董林	男	1975.12	汉	广东佛冈	佛冈建滔实业有限公司	主管	群众	2013年4月获广东省五一劳动奖章
6	罗桂森	男	1981.1	汉	广东英德	佛冈县气象局	工程队长	中共党员	2013年9月获广东省五一劳动奖章
7	金绍辉	男	1977.9	汉	江西南昌	佛冈县人民检察院	检察长	中共党员	2014年获广东省五一劳动奖章
8	周伟松	男	1990.1	汉	广东佛冈	广东松峰股份有限公司	技术员	群众	2019年4月获广东省五一劳动奖章
9	肖伟英	女	1979.7	汉	广东佛冈	佛冈县城东中学	中学数学一级教师	中共党员	2020年3月获广东省五一劳动奖章
10	陈尚礼	男	1988.3	汉	广东佛冈	广东雅迪机车有限公司	生产管理部工艺工程师	群众	2021年4月获广东省五一劳动奖章
11	王清明	男	1962.6	汉	湖北荆州	广东鑫源恒业电力线路器材有限公司	总工程师	群众	2022年8月获广东省五一劳动奖章

表12-6　1985—2021年佛冈县获广州市、清远市"劳动模范"称号名录表

序号	姓名	性别	出生年月	民族	籍贯	工作单位	职务	政治面貌	何年被授予何种称号
1	颜绍挺	男	1935.6	汉	广东佛冈	佛冈小坑医院	院长	中共党员	1985年度获"广州市劳动模范"称号
2	钱桂华	女	1936.11	汉	广东	县气象局测报组	组长	群众	1987年度获"广州市劳动模范"称号
3	王月好	男	1953.5	汉	浙江	双赢花园制品有限公司	总经理	群众	2003年获"清远市劳动模范"称号
4	罗巨兴	男	1963	汉	广东佛冈	佛冈县汤塘镇涺江村	村委书记	中共党员	2003年获"清远市劳动模范"称号

续表12-6

序号	姓名	性别	出生年月	民族	籍贯	工作单位	职务	政治面貌	何年被授予何种称号
5	曾秀带	女	1957.8	汉	广东佛冈	佛冈县环卫所	组长	中共党员	2006年获"清远市劳动模范"称号
6	温则滂	男	1965.9	汉	广东佛冈	佛冈县水头桂元村委会村民	农民	群众	2009年获"清远市劳动模范"称号
7	郑治平	男	1958.1	汉	广东佛冈	佛冈县自来水厂	维修股长	中共党员	2012年获"清远市劳动模范"称号
8	张法云	男	1954	汉	广西	聚龙湾天然温泉度假村	工程队长	中共党员	2012年获"清远市劳动模范"称号
9	蔡应仁	男	1945	汉	广东电白	佛冈县国珠塑胶有限公司	支部书记	中共党员	2012年获"清远市劳动模范"称号
10	张春兰	女	1974.3	汉	广东佛冈	佛冈县文化广电旅游体育局	职员	群众	2021年获"清远市劳动模范"称号
11	於德钊	男	1982.10	汉	湖北郧西	约克广州空调冷冻设备有限公司	工程师	群众	2021年获"清远市劳动模范"称号
12	张贵军	男	1995.5	土家	贵州德江	广东雅迪机车有限公司	项目专员	群众	2021年获"清远市劳动模范"称号
13	宋神荣	男	1983.12	汉	广东佛冈	佛冈盈泰纺织品染整有限公司	维修工	群众	2021年获"清远市劳动模范"称号

第十三章 荣誉与人物

第一节 先进单位

本节收录了1995—2022年佛冈县各级获省（部）级以上表彰的先进单位名单，包括：县、镇（含行政村、社区和自然村）、县直单位（含省市驻佛冈直管单位）以及团体、企业，分为获国家级荣誉称号或奖项、获全国性荣誉称号或奖项、获广东省荣誉称号或奖项及获市级荣誉称号或奖项4种类型记录，分别按获荣誉称号时间顺序排列。

表13-1　1991—2020年佛冈县获国家级荣誉称号或奖项名录表

单位名称	授予单位	荣誉称号或奖项	授予时间
佛冈县	国务院	1990年全国粮食生产先进单位	1991
佛冈县	国务院	全国"两基"工作先进地区	2012

注：本表录自县档案馆档案。

表13-2　1995—2020年佛冈县获全国性荣誉称号或奖项单位名录表

（按获评时间先后排列）

单位名称	授予单位	荣誉称号或奖项	授予时间
佛冈县	国家教委	普及九年义务教育和扫除青壮年文盲先进县	1995
龙山镇	全国人口抽查办公室	1995年全国1%人口抽样调查国家级先进单位	1996
县农业局	农业部（现农业农村部）	农业基点调查先进单位	1997

续表13-2

单位名称	授予单位	荣誉称号或奖项	授予时间
县工商局	国家工商行政管理总局（现国家市场监督管理总局）	粮食市场监督管理工作先进单位	1999
县工商行政管理局	人事部（现人力资源和社会保障部）、国家工商行政管理总局	全国工商行政管理系统先进单位	2004
县第一小学	全国妇联	全国巾帼文明岗	2005
县民政局	民政部	中国社会报民政宣传工作先进单位	2006
县水务局	水利部、财政部	全国农田水利基本建设先进单位	2008
佛冈公路局	全国总工会	全国模范职工之家	2008
佛冈公路局惠爱亭养护所	全国总工会	全国工人先锋号	2008
石角镇	国务院第二次全国农业普查办、国家统计局	第二次全国农业普查先进集体	2008
县民政局	民政部	2007—2008年度全国婚姻登记规范化单位	2008
佛冈县	中国果品流通协会	全国"兴果富农"工程果业发展百强优质示范市/县	2008
佛冈公路局大坪收费站团支部	共青团中央委员会	全国五四红旗团支部	2009
佛冈县	国家人口计生委（现国家卫生健康委员会）	全国计划生育优质服务先进单位	2009
佛冈县	国家发改委、水务部	全国农村饮水安全工程建设示范县	2009
县史志办	国家人社部、中共中央党史研究室	全国党史系统先进集体	2010
汤塘社区	全国妇联	全国创建学习型家庭示范社区	2010
县人口和计划生育服务站	国家人口计生委	全国计划生育优质服务示范站	2010
佛冈县	农业部、国家安监总局	全国"平安农机"示范县	2010
汤塘镇人口和计划生育服务所	国家人口计生委	全国计划生育优质服务示范所	2010
县环境保护局	国务院第一次全国污染源普查办、环保部（现生态环境部）、国家统计局、农业部	第一次全国污染源普查先进集体	2010
县依法治县领导小组办公室	全国普法办公室	全国法治县（市、区）创建活动先进单位	2010

续表13-2

单位名称	授予单位	荣誉称号或奖项	授予时间
县检察院	最高人民检察院	第四届全国先进基层检察院	2011
民盟佛冈县基层委员会	中国民主同盟中央委员会	纪念中国民主同盟成立七十周年先进集体	2011
佛冈县	科技部	2009—2010年度全国科技进步先进县	2011
县青少年宫	全国青少年校外教育工作联席会议办公室	全国县（区级）示范性青少年校外活动场所	2011
石角镇政府	中央精神文明建设指导委员会	全国文明单位	2011
石角镇	全国妇联	全国妇联基层组织建设示范镇	2011
佛冈县	国家发改委、水利部	全国农村饮水安全工程示范县	2012
县妇联	全国妇联	全国城乡妇女岗位建功先进集体	2012
汤塘镇菱塘村农家书屋	国家新闻出版总署（现国家广播电视总局）	2012年"全国示范农家书屋"	2012
广东烟草清远佛冈分公司（客户经理工会小组）	全国总工会	全国模范职工小家	2013
县工商局石角工商所	人社部、国家工商行政管理总局	全国工商行政管理系统先进工商所	2013
县法院汤塘法庭	最高人民法院	全国法院先进集体	2013
石角镇振兴社区居委会	中国科协、财政部	全国科普示范社区	2014
汤塘镇	住建部、国家发改委、财政部等7部委	全国重点镇	2014
石角镇	中央精神文明建设指导委员会办公室	全国文明单位（继续保留）	2015
佛冈县	国务院教育督导委员会	全国义务教育发展基本均衡县	2015
佛冈县	中央精神文明建设指导委员会	2014年全国文明城市提名城市（县级）	2015
县文化馆	文化部（现文化和旅游部）	国家一级文化馆（2015—2018）	2016
县惠文优质种养专业合作社	全国妇联	全国巾帼建功先进集体	2017
汤塘镇脉塘村	全国扫黄打非办公室	全国扫黄打非进基层示范点	2017

续表13-2

单位名称	授予单位	荣誉称号或奖项	授予时间
广东国珠精密模具有限公司数据班	全国总工会	全国工人先锋号	2018
县城东中学	全国扫黄打非办公室	全国扫黄打非进基层示范点	2018
县人民法院	最高人民法院	全国优秀法院	2019
县第四小学	教育部	全国青少年校园足球特色学校	2019
汤塘镇四九中学	教育部	全国青少年校园足球特色学校	2019
迳头镇甲名村	全国"扫黄打非"工作小组办公室	全国"扫黄打非"进基层示范点	2019
县人民法院	人社部、最高人民法院	全国模范法院	2020
汤塘镇涅江村	中央精神文明建设指导委员会	第六届全国文明村镇	2020
石角镇政府	中央精神文明建设指导委员会	全国文明单位（继续保留）	2020
县退役军人服务中心	退役军人事务部	2020年度全国示范性退役军人服务中心	2020

注：本表录自县档案馆档案、《佛冈年鉴》（2008—2021年）。

表13-3 1982—2021年佛冈县获广东省荣誉称号或奖项单位名录表

（按获评时间先后排列）

单位名称	授予单位	荣誉称号或奖项	授予时间
佛冈县医药生产供应公司	省政府	广东省先进企业	1982
县工商银行	省政府	广东省先进企业	1985
广州电池工业公司佛冈实业公司	省政府	广东省先进集体	1988
广州味精厂佛冈分厂	省政府	广东省先进集体	1991
佛冈县总工会	省政府	1994年广东省总工会表彰工会劳动保护工作先进集体	1994
亨地（佛冈）实业公司	省政府	省劳模和模范集体表彰大会省先进集体	1994
县电池实业公司党支部	省委	先进基层党组织	1995
水头镇丰联管理区办事处	省委、省政府	全省模范管理区办事处	1995

续表13-3

单位名称	授予单位	荣誉称号或奖项	授予时间
佛冈县	省政府	广东省粮食改低创高先进县	1996
汤塘镇政府	省政府	尊师重教先进单位	2000
县电池实业公司	省委、省政府	广东省先进集体	2000
佛冈县	省政府	全省造林绿化先进集体	2001
佛冈县	省政府	广东省实施"南粤锦绣工程"文化先进县	2004
县文化和体育局	省政府	广东省实施省人大山区文化建设方案先进单位	2004
汤塘镇政府	省委、省政府	广东省农村税费改革工作先进单位	2005
龙山镇政府	省委、省政府	全省法制宣传教育先进集体	2006
县农村财务管理办公室	省政府	广东省农村经济经营管理工作先进集体	2006
佛冈县	省委、省政府	广东省2006年度人口与计划生育先进单位	2007
佛冈县	省政府	2006年度落实省激励型财政机制先进单位县级领导班子	2007
佛冈县	省委、省政府	广东省创建文明县城工作先进县城	2007
佛冈县	省委、省政府	广东省创建文明县城工作先进县城	2008
佛冈县	省委、省政府	广东省2007年度人口与计划生育先进单位	2008
佛冈县	省政府	2007年度县级领导班子奖	2008
佛冈县	省政府	2007年度加快县域财政发展奖	2008
县总工会女工委员会	省政府	广东省工会女工委员会先进集体	2008
佛冈县	省政府	广东省教育强县	2009
佛冈县	省委、省政府	广东省文明县城	2009
佛冈县	省委、省政府	广东省2009年度人口与计划生育先进单位	2010
佛冈县政府	省政府	广东省2010年度人口与计划生育先进单位	2011

续表13-3

单位名称	授予单位	荣誉称号或奖项	授予时间
清远加多宝草本植物科技有限公司	省委、省政府	广东省先进集体	2012
县人防办	省国防动员委员会	广东省人民防空先进单位	2016
佛冈县	省政府	广东省推进教育现代化先进县	2018
县人民法院	省委、省政府	广东省人民满意的公务员集体	2019
佛冈县总工会	广东省总工会	城市困难职工解困脱困工作中做出重要贡献集体	2021

注：本表录自县档案馆档案。

表13-4　1981—2022年佛冈县获市级荣誉称号或奖项单位名录表

（按获评时间先后排列）

单位名称	授予单位	荣誉称号或奖项	授予时间
县农机厂钳工车间	韶关地区	韶关地区工交工作经验交流大会先进集体	1981
县氮肥厂造气车间	韶关地区	韶关地区工交工作经验交流大会先进集体	1981
龙山粮食加工厂油脂车间	韶关地区	韶关地区工交工作经验交流大会先进集体	1981
县水泥厂化验室	韶关地区	韶关地区工交工作经验交流大会先进集体	1981
县煤矿安全组	韶关地区	韶关地区工交工作经验交流大会先进集体	1981
县松香厂铁桶车间	韶关地区	韶关地区工交工作经验交流大会先进集体	1981
县石厂风钻班	韶关地区	韶关地区工交工作经验交流大会先进集体	1981
县硫铁矿井下第六班	韶关地区	韶关地区工交工作经验交流大会先进集体	1981
县磷肥厂硫发酸车间	韶关地区	韶关地区工交工作经验交流大会先进集体	1981
县食品厂饼食车间	韶关地区	韶关地区工交工作经验交流大会先进集体	1981
县医药生产供应公司中药批发部	韶关地区	韶关地区工交工作经验交流大会先进集体	1981
县公路工区吉田道班	韶关地区	韶关地区工交工作经验交流大会先进集体	1981
县农机修理制造厂	韶关地区	韶关地区工交工作经验交流大会先进企业	1981
县水泥厂	韶关地区	韶关地区工交工作经验交流大会先进企业	1981
县松香厂	韶关地区	韶关地区工交工作经验交流大会先进企业	1981
佛冈味精厂	韶关地区	韶关地区工交工作经验交流大会先进企业	1981

续表13-4

单位名称	授予单位	荣誉称号或奖项	授予时间
县医药生产供应公司	韶关地区	韶关地区工交工作经验交流大会先进企业	1981
县水上运输公司	韶关地区	韶关地区工交工作经验交流大会先进企业	1981
县二轻五金综合厂	韶关地区	韶关地区工交工作经验交流大会先进企业	1981
佛冈县汽车站	韶关地区	韶关地区工交工作经验交流大会先进企业	1981
佛冈县公路工区	韶关地区	韶关地区工交工作经验交流大会先进企业	1981
佛冈县邮电局	韶关地区	韶关地区工交工作经验交流大会先进企业	1981
佛冈县瓷厂	广州市	广州市先进集体	1985
佛冈县小坑医院	广州市	广州市先进集体	1985
佛冈县总工会	广州市	企业民主管理先进单位	1986
广州味精厂佛冈分厂	广州市	广州市先进集体	1987
汤塘镇洛洞小学	广州市	广州市先进集体	1987
佛冈电池厂中段线班	广州市	广州市先进集体	1987
佛冈味精厂工会	广州市总工会	先进职工之家	1987
人民医院内科工会小组	广州市总工会	先进工会集体	1987
佛冈县总工会	清远市总工会	工会先进单位	1991
烟岭大村小学	清远市总工会	清远市文明学校	1992
石角中学	清远市总工会	清远市普教先进集体	1992
佛冈县总工会	清远市总工会	工会工作先进单位	1993
佛冈县总工会	清远市总工会	工会工作先进单位	1995
佛冈县总工会	清远市总工会	工会工作先进单位	1996
佛冈县总工会	清远市总工会	工会工作先进单位	1997
佛冈县总工会	清远市总工会	工会工作优秀单位	2004
佛冈县总工会	清远市总工会	工会工作优秀单位	2005
佛冈县总工会	清远市总工会	工会工作先进单位	2006
佛冈县总工会	清远市总工会	外商投资企业工会组建工作先进集体	2007
佛冈县总工会	清远市总工会	职工队伍素质提升工作先进单位	2007
县总工会女工委员会	清远市总工会	女工委员会先进集体	2008

续表13-4

单位名称	授予单位	荣誉称号或奖项	授予时间
佛冈县直机关工委	清远市总工会	先进党支部	2008
县总工会女工委员会	清远市总工会女工委员会	先进集体	2009
中共佛冈县委	清远市总工会	先进基层党组织	2009
佛冈县总工会	清远市总工会	工会组建工作特别奖	2010
佛冈县总工会	清远市总工会	工会组建工作特别奖	2011
佛冈县直机关工委	清远市总工会	先进党支部	2011
佛冈县总工会	清远市总工会	工资集体协商工作一等奖、工会工作先进单位、固本强基工作一等奖	2012
佛冈县总工会	清远市总工会	工会工作优秀单位、工会工作创新奖、固本强基工作一等奖、工会经费收缴工作先进单位	2013
佛冈县总工会	清远市总工会	工会工作优秀单位、工资集体协商工作一等奖、职工群体性事件信息报告处理工作优秀奖	2014
佛冈县总工会	清远市总工会	工会工作优秀单位、建会入会优胜奖、工资集体协商工作特等奖、工会工作创新先进奖	2017
佛冈县总工会	清远市总工会	工会工作一等奖、集体协商及集体合同工作一等奖、工会经审工作规范化建设一等奖、工会工作创新项目二等奖	2018
佛冈县总工会	清远市总工会	工会工作考核综合奖一等奖、工会工作创新一等奖	2020
佛冈县总工会	清远市总工会	工会工作一等奖、劳动领域维护政治安全和劳资纠纷预防调处工作奖、工会宣教工作奖、工会经审工作规范化建设工作奖以及工会工作创新奖	2021

第二节　先进个人

本节收录1960—2022年佛冈县受省（部）级以上表彰的先进个人名单，表彰范围包括行政、事业、企业及社会人士，分为获国家级荣誉称号或奖项（含县外单位）、获全国性荣誉称号或奖项、获广东省荣誉称号或奖项3种类型进行记录，按获荣誉称号或奖项时间顺序排列。以下名单，均按获荣誉称号或奖项时的资料收录，不涉及个人的其他事项。

表13-5　1960—2022年佛冈县获国家级荣誉称号或奖项个人名录表

（按获评时间先后排列）

姓　名	单位	授予单位	荣誉称号或奖项	授予时间
黄信明	深圳市规划局	中共中央、国务院、中央军委	"纪念抗日战争60周年"纪念章	2005.9
刘有常	县教育局	中共中央、国务院、中央军委	"纪念抗日战争60周年"纪念章	2005.9
蓝榕概	县人民法院	中共中央、国务院	全国先进工作者	2015.4
刘有常	县教育局	中共中央、国务院、中央军委	"纪念抗日战争70周年"纪念章	2015.9

注：本表录自县档案馆档案、《佛冈年鉴》。

表13-6　1960—2022年佛冈县获全国性荣誉称号或奖项个人名录表

（按获评时间先后排列）

姓　名	单位	授予单位	荣誉称号或奖项	授予时间
刘成才	从化县第一人民医院（后于佛冈退休）	卫生部	全国卫生先进工作者	1960
郑静美	迳头官仓背幼儿班	全国妇联	全国"三八"红旗手	1978
饶抄德	县汽车站	全国总工会	全国优秀工会积极分子	1983
陈引祥	佛冈一中	教育部	全国优秀班主任	1983
谢太提	县农业银行	全国总工会	全国工会先进个人	1987
谢太提	县农业银行	全国金融系统	全国农村金融系统文明优质服务标兵	1988
黄银带	县妇联	全国妇联	全国优秀妇女干部、全国"三八"红旗手	1988

续表13-6

姓名	单位	授予单位	荣誉称号或奖项	授予时间
钟月沂	石角镇第一小学	教育部	全国优秀教师	1989
何继桐	石角镇第三小学	教育部	全国优秀教育工作者	1989
黄裕忠	佛冈一中	教育部	全国优秀教师	1989
谢太就	佛冈中学	教育部	全国农村优秀体育教师	1990
廖陈泽	佛冈一中	教育部	全国优秀教师	1991
何昌华	石角水处理设备厂	全国乡镇企业局	全国乡镇企业家	1992
刘永年	佛冈县第一小学	教育部	全国优秀教师	1993
郑训中	佛冈县人民政府	林业部、人事部	在争创1990—1992年三年无森林火灾活动中，贡献突出，受到林业部、人事部嘉奖	1993
马树容	佛冈一小	教育部	全国优秀教师	1995
黄煜文	县文化局	文化部、人事部	全国文化系统先进工作者	1995
肖翰章	县水利局	人事部、水利部、农业部等6个部	全国农业技术推广先进工作者	1995
蓝纯相	县人口普查办公室	全国人口抽查办公室	全国人口抽查先进个人	1996
谢春江	龙山镇	全国人口抽查办公室	1995年全国1%人口抽样调查先进个人	1996
曾伟胜	石角镇	全国人口抽查办公室	1995年全国1%人口抽样调查先进个人	1996
谢太就	佛冈中学	全国体育运动委员会	全国群众体育运动先进个人	1997
邓桂兰	县妇幼保健院	卫生部	全国卫生工作先进个人	1997
何道井	县农业局	农业部	全国农业基点先进调查员	1997
关分友	县公安局	公安部	全国优秀人民警察	1997
何海明	县公安局	公安部	全国优秀人民警察	1998
范秀祝	佛冈一中	教育部	全国优秀教师	1998
朱洁连	民安镇下岳村	全国"双学双比"活动领导小组	全国"双学双比"先进能手	2002
张良顺	迳头镇大陂村	全国"双学双比"活动领导小组	全国"三八绿色奖章"获得者	2002
朱灿炉	县教育局	教育部、民政部、中国残联	全国特殊教育先进工作者	2002
谭光洪	县气象局	中国气象局	全国质量优秀测报员	2003
钟祥章	县工商局	国家工商行政管理局	全国工商行政管理系统优秀工商行政管理人员	2004

续表13-6

姓 名	单位	授予单位	荣誉称号或奖项	授予时间
刘厚对	县统计局	全国1%人口抽样调查办公室	2005年全国1%人口抽样调查先进个人	2006
罗巨兴	汤塘镇	全国妇联	第二届全国"绿色家庭"	2006
谢永绸	石角镇	国家计生委	全国人口与计划生育科学技术工作先进个人奖	2006
徐文婉	县妇联	中宣部、全国妇联、全国"双学双比"活动领导小组	全国农村妇女"双学双比"活动先进工作者	2008
黄翠珍	汤塘镇官山村	中宣部、全国妇联、全国"双学双比"活动领导小组	全国农村妇女"双学双比"活动女能手	2008
何雪梅	县民政局	民政部	全国基层低保规范化建设先进个人	2009
黄穗明	县侨联	中国侨联、国务院侨办	2009年全国归侨侨眷先进个人	2009
谢国球	县史志办	中共中央党史研究室	2007—2008年度全国党史部门先进工作者	2009
黄杏梅	龙山镇门楼富村	中宣部、全国妇联、全国"双学双比"活动领导小组	全国城乡妇女岗位建功先进个人	2010
招锡尧	县气象局	中国气象局	全国质量优秀测报员	2011
周国明	县气象局	中国气象局	全国质量优秀测报员	2011
王建庄	县气象局	中国气象局	全国质量优秀测报员	2011
余秀娟	县气象局	中国气象局	全国质量优秀测报员	2011
廖素慧	县气象局	中国气象局	全国质量优秀测报员	2011
谭日明	县气象局	中国气象局	全国质量优秀测报员	2011
李欣欣	县统计局	第二次全国R&D资源清查领导小组办公室	第二次全国R&D资源清查工作先进个人	2011
郭庆文	县科农局	科技部	2011年全国县(市)科技进步考核先进个人	2011
黄少钦	县妇联	全国妇联	妇女报刊宣传推广工作先进个人	2012
黄汉洲	汤塘镇江坳村	国家新闻出版总署	全国先进农家书屋管理员	2012
文伟强	县国税局	国税总局	在金税三期工程项目软件联调测试工作中表彰个人	2012
蓝榕概	县人民法院	最高人民法院	全国优秀法官	2012
朱伟初	县文广新局	国家体育总局	中华人民共和国体育贡献章	2012
邹镜初	龙山镇门楼村	中国科协、财政部	全国科普惠农兴村带头人	2013

续表13-6

姓 名	单位	授予单位	荣誉称号或奖项	授予时间
赖仁军	县农机监理所	农业部	2012—2013年度全国农机安全监理"为民服务创先争优"示范岗位标兵	2013
袁海灵	万兴（佛冈）玩具有限公司	全国敬老爱老助老主题教育组委会	全国孝亲敬老之星	2014
罗桂森	县气象局	中国气象局	"第九届全国气象行业职业技能竞赛"个人全能优秀奖	2015
刘永红	石角镇龙塘村	共青团中央、农业部	第九届全国农村青年致富带头人	2015
苏运机	县人民法院	最高人民法院	全国法院司法警察先进个人	2015
何永中	县总工会	中华全国总工会	全国优秀工会工作者	2015
苏运机	县法院	最高人民法院	全国法院先进个人	2016
李秋菊家庭	县城北中学	全国妇联	全国"最美家庭"	2016
高国锋	县发改局	国家发改委价格认证中心	全国优秀价格认定人员	2016
刘志刚	县公安局	公安部	全国特级优秀人民警察	2017
郑国泖	迳头镇司法所	司法部	全国人民调解工作先进个人	2018
许 岳	县检察院	最高人民检察院	司法警察"挑战自我"——警务技能比武考核最佳纪录名录	2018
肖伟英	县城东中学	人力资源和社会保障部、教育部	全国优秀教师	2019
黄春苗	县史志办公室	中国地方志指导小组办公室	全国地方志先进工作者	2019
张廷志	迳头镇政府	司法部	人民调解工作先进个人	2020
李晓平	市生态环境局佛冈分局	国务院第二次全国污染源普查领导小组办公室	第二次全国污染源普查表现突出个人	2020
冯观娥	县社会福利院	国家卫生健康委、全国老龄办	全国"敬老爱老助老模范人物"	2020
曾道明	县文化广电旅游体育局	国家体育总局	2017—2020年全国群众体育先进个人	2021
周 海	县公安局刑事侦查大队	公安部	全国公安机关扫黑除恶专项斗争成绩突出个人	2021
吴奕妮	共青团佛冈县委员会	共青团中央委员会	全国优秀团干部	2021
宋远玲	县统计局	国务院第七次人口普查领导小组	第七次全国人口普查先进个人	2021
邓克明	汤塘镇人民政府	全国畜牧总站	首届"最美畜牧员"	2021

续表13-6

姓名	单位	授予单位	荣誉称号或奖项	授予时间
余秀娟	县气象局	中国气象局	南方强降雨过程预报精准先进个人	2022
植群英	县人民法院	中华人民共和国最高法院	人民法院政治工作先进个人	2022
肖光	广东国珠精密模具有限公司	中华全国总工会	全国五一劳动奖章	2022

注：本表录自县档案馆档案、《佛冈年鉴》（2008年—2022年）。

表13-7 1995—2020年佛冈县获广东省荣誉称号或奖项个人名录表

（按获评时间先后排列）

姓名	单位	授予单位	荣誉称号或奖项	授予时间
袁镜焕	佛冈味精厂	省委	优秀共产党员	1995
黄谷炽	县农委	省委、省政府	全省"二五"普法先进个人	1996
朱耀强	县计生委	省政府	广东省计划生育先进工作者	1996
赖南波	县人武部政委	广州军区	十佳人武干部	1997
黄俊英	佛冈味精厂车间	省委、省政府	省劳动模范	1997
汪天祜	县教育局	省政府	两基工作先进个人	1997
杨鼎芳	县教育局	省政府	两基工作先进个人	1997
何沛基	县教育局	省政府	两基工作先进个人	1997
冯炽兴	县城北中学	省政府	两基工作先进个人	1997
范德华	县教育局	省政府	两基工作先进个人	1997
黄裕团	汤塘镇	省政府	两基工作先进个人	1997
李启柬	县教师进修学校	省委、省政府	广东省南粤教书育人优秀教师特等奖	1997
吴玉强	四九官山村党支部书记、村委会主任	省委、省政府	省劳动模范	2000
曾雪琼	佛冈中学教师	省委、省政府	省劳动模范	2000
黄华波	县司法局	省委、省政府	1996—2000年全省法制宣传教育先进工作者	2001
廖振灵	龙山镇	省委	广东省优秀农村基层党员干部	2002
李红梅	县振兴小学	省委	优秀共产党员	2003
潘国寿	广电集团清远市供电分公司佛冈供电局	省委、省政府	省劳动模范	2003
陈明	县财政局	省委、省政府	广东省农村税费改革先进个人	2005

续表13-6

姓名	单位	授予单位	荣誉称号或奖项	授予时间
温秀芳	佛冈味精厂	省政府	全省再就业工作先进个人	2005
艾昌森	县人民医院外科主任	省委、省政府	省劳动模范	2006
李蔚琴	县民政局	省政府	广东省殡葬管理工作先进工作者	2006
谢雪良	龙山镇	省委、省政府	广东省抗洪救灾先进个人	2006
谢雪良	龙山镇	省委、省政府	广东省优秀乡镇党委书记	2007
杨荣环	建滔（佛冈）实业有限公司工程师	省委、省政府	省劳动模范	2009
陈才金	石角镇黄花村	省委	广东省优秀党务工作者	2011
蓝榕概	县人民法院	省委、省政府	广东省先进工作者	2012
冯志锋	县环保局	省政府	广东省环境保护先进工作者	2012
李红星	县社会保险基金管理局	省政府	全省新型农村和城镇居民社会养老保险先进个人	2013
蓝榕概	县人民法院	省政府	人民满意的公务员	2014
陈少霞	石角镇政府	省委	广东省精神文明建设先进工作者	2014
周长春	佛冈中学	省委、省政府	省劳动模范	2015
刘治刚	县交通警察大队	省委、省政府	广东省先进工作者	2015
蓝榕概	县人民法院	省委	全省优秀共产党员	2016
赖梅秀	县环保局	省政府	"十二五"广东省环境保护先进工作者	2016
陈湘中	县司法局	省委	依法治县先进个人	2017
朱庆丰	县公安局	省委、省政府	广东省抗击新冠肺炎疫情先进个人	2020
罗福如	县人民医院	省委、省政府	广东省抗击新冠肺炎疫情先进个人	2020
钟声	广东国珠吹瓶设备有限公司	省委、省政府	省劳动模范	2020
陈尚礼	广东雅迪机车有限公司生产管理部	广东省总工会	广东省五一劳动奖章	2021
王清明	广东鑫源恒业电力线路器材有限公司	广东省总工会	广东省五一劳动奖章	2022

注：（1）2020年4月被中共湖北省委、湖北省人民政府授予"新时代最美逆行者"称号的有：佛冈县人民医院罗福如、李竖飞、潘小平、刘素蕴、张翠容、钟小媚；佛冈县中医院周小平、黄淑贞、曾银苑。
（2）本表录自县档案馆档案、《佛冈年鉴》。

第三节 人物简介

本节收录佛冈县内全国及省部级先进人物，按出生时间先后排列。其中，共收录全国及部级先进人物77人、省级先进人物54人。

一、全国及部级先进人物

刘礼金 1899年生，佛冈县石角镇龙塘旱塘村人。1951年从新加坡归国回乡后，从事农田管理。他起早摸黑，奔走在田埂上，细心观察、记录禾苗的各个生长阶段，认真分析并准确掌握禾苗整个生长期的施肥、施药时间，确保了水稻丰收。1958年，被农业部（现农业农村部）评为"中国农村优秀田间管理工作者"。

刘成才 1915年生，佛冈县石角镇科旺村人。1955年2月起，在广东省中医进修学校进修，于1956年2月毕业。回佛冈县后，在石角联合诊所当医生。1956年底，调入县人民医院任中医师。1961年，任县人民医院门诊部主任。后在县中医院、县医研所任中医师。1957年，被选为广东省第一届人大代表。1959年，获广东省卫生厅授予的"广东省特等先进卫生工作者"称号，并获"韶关地区卫生系统先进工作者"称号。1960年6月，被评为全国卫生先进工作者。

张艮顺 1931年10月生，女，佛冈县迳头镇人，林果专业技术员。1969年起先后任迳头公社大陂大队社背生产队队长、大陂村林场场长。她长期与家人一道在山上垦荒植树，还带动乡亲育苗190万株，实现造林面积达2万多亩（1300公顷）。1988年，当选为清远市第一届人大代表。1991年3月，获林业部、人事部（现为人力资源和社会保障部）、全国绿化委员会授予的"全国造林绿化劳动模范"称号，并先后获全国妇联授予的"三八绿化工程奖"和"三八绿色奖章"，在全国"十项女能手大赛"中被评为"造林女能手"。

肖翰章 1934年生，广东省从化区人。1955年8月，到佛冈县水电部门工作。1987年5月起，任县水电局副局长、高级水电工程师。在工作实践中，他研究出"面流消能硬壳陂"新技术，先后两次获得广东省人民政府颁发的《立功证书》。1989—1992年，先后获"清远市科技进步奖"1项、"三等奖"2项；获"广东省水电科技进步二等奖"1项；获"广东省农业技术推广二等奖"1项。1993年，获"广东省科技进步三等奖"1项。1994年，获广东省人民政府授予的"全省山区建设优秀人才"称号，同年获"国家突出贡献专家"称号，享受国务院政府特殊津贴待遇。1995年，获人事部、农业部、水利部等部门授予的"全国农业技术推广先进工作者"称号。

范华罗 1934年生，佛冈县汤塘镇洛洞村人。1958年起任佛冈县汤塘公社洛洞大队党支部书记，并任佛冈县第三届人民委员会委员。1969年，被推选赴京参加国庆观礼；

1974年4月,被推选为第四届全国人大代表。在他的带领下,洛洞大队在1971年7月19日被评为广东省"农业学大寨"先进集体,洛洞被称为"南国大寨"。

钱桂华 1936年11月生,女,江苏省镇江人,中专学历,佛冈县气象局测报股原股长。1987年1月,获中国气象局授予的"质量优秀测报员"称号。1988年5月,被广州市人民政府授予"广州市劳动模范"称号。1989年4月,获国家气象局授予"全国气象部门'双文明'建设先进个人"称号。1991年,被广东省气象局评为全省气象部门先进工作者。1990年11月、1993年12月,先后获中国气象局授予的"质量优秀测报员"称号。

林清莲 1938年11月生,女,广东省清远人。1981年1月起,先后任佛冈县气象局党支部委员、纪检委员、测报股副股长、股长。在职期间,对工作高度负责,一丝不苟,爱岗敬业,任劳任怨。1990年11月,获中国气象局授予的"质量优秀测报员"称号。

黄裕忠 1938年生,佛冈县水头镇莲瑶村人,本科学历。先后任佛冈县水头中学副校长、佛冈一中副校长、校长。1989年,被教育部评为全国首批优秀教师;1990年,被评为全国第四批中学特级教师;1990年,被评为广东省优秀共产党员;1993年,被评为广东省优秀工作者;1993年,获省总工会颁发的广东省五一劳动奖章。

郑中绍 1940年1月生,佛冈县迳头镇人。1985年,任佛冈县广播电视局局长。1991年12月,被广播电影电视部、人事部评为全国广播电影电视系统先进工作者。

罗家杰 1940年生,佛冈县高岗镇三江梅坪村人。曾任佛冈县农业局副股长,在职期间,秉持高度工作责任心,兢兢业业,深入农业第一线,认真开展调研工作,成绩突出。1994年,获农业部授予的"全国农业基点调查先进调查员"称号。

黄焜文 1941年1月生,佛冈县石角镇观山村人。曾先后任佛冈县文化局局长、佛冈县文联主席、佛冈县民间艺术协会名誉会长。1995年4月,获文化部(现文化和旅游部)、人事部授予的"全国文化系统先进工作者"称号。

钟月沂 1944年10月生,女,佛冈县石角镇人。原佛冈县第一小学教师,为人师表,爱岗敬业,师德高尚,教书育人,深入进行教学研究,成绩突出。1989年,被教育部评为全国优秀教师。

黄文沁 1944年11月生,佛冈县四九镇人。四九镇田心卫生站乡村医生。热心乡村医生工作,救死扶伤,仁心仁术。1993年,被卫生部(现国家卫生健康委员会)评为全国优秀乡村医生。

李兆皇 1945年3月生,佛冈县石角镇黄花村人。1990年,参加佛冈县第四次全国人口普查,工作认真,所提供资料准确。1991年,获全国人口普查办授予的"第四次人口普查国家级(含省级)先进个人"称号。

刘永年 1945年生,佛冈县汤塘镇人,大专学历。曾任佛冈县第一小学副校长。1993—1994年,先后获广东省教育厅授予的南粤教书育人优秀教师特等奖及"广东省小学特级教师"称号,被教育部评为全国优秀教师。

李玉方 1946年4月生,广东省新丰县人,本科学历。曾任佛冈县人大常委会副主任,中共佛冈县委常委、县委办公室主任。退休后,于2008年起任佛冈县老区建设促进会会长。2018年9月,获中国老区建设促进会授予的"革命老区建设特别贡献奖"。

范秀祝 1946年6月生,佛冈县迳头镇楼下村新龙围人。本科学历,中学数学高级教师。1995年,被广东省教育厅评为广东省南粤教书育人先进教师。1998年,被教育部评为全国优秀教师。

陈神榕 1946年7月生,佛冈县石角镇山湖村人。1990年,参加佛冈县第四次全国人口普查。1991年,获全国人口普查办授予的"第四次人口普查国家级(含省级)先进个人"称号。

廖陈泽 1946年9月生,佛冈县水头镇人,本科学历。曾任佛冈中学、佛冈县第一中学校长兼党支部书记,佛冈县教育学会理事,中学语文教研会会长。1991年,被教育部评为全国优秀教师。

曹维金 1947年2月生,佛冈县高岗镇人。高岗镇卫生站乡村医生。他医者仁心,坚持把病人放在第一位,急病人所急,不管白天黑夜,刮风下雨,只要病人求医,他从不推诿。1993年,被卫生部评为全国优秀乡村医生。

黄汉洲 1947年4月生,佛冈县汤塘镇江坳村人。原为该村文化书屋管理员。在县文化部门的指导下,积极投入全国农家书屋建设工程,完善书屋设施,增加图书藏量,做好图书借阅和保管工作。2012年,被国家新闻出版总署(现国家广播电视总局)评为全国优秀农家书屋管理员。

陈达文 1948年2月生,佛冈县石角镇三八村人。1990年,参加佛冈县第四次全国人口普查,工作认真负责。1991年,获全国人口普查办授予的"第四次人口普查国家级先进个人"称号。

蓝月云 1948年8月生,佛冈县高岗镇蓝屋村人,原佛冈县供电局电工。在职期间,按照全县三级管电的分工,负责高岗镇境内的管电工作,保证供电用电安全,成绩突出,于1987年被水电部评为"全国优秀乡村电工"。

蓝纯湘 1948年生,原佛冈县石角镇第三居委干部。任职期间,参加佛冈县人口普查和人口抽查,工作积极,爱岗敬业。于1989年3月被国家计生委、全国计生抽查小组评为国家级优秀调查指导员,于1991年被全国人口普查办评为"第四次人口普查国家级(含省级)先进个人",于1996年8月被全国人口抽查办评为国家级先进个人。

邓桂兰 1949年2月生,女,佛冈县汤塘镇人。原佛冈县妇幼保健院医师。工作认真,积极进取,精通业务,心系群众,医德高尚。1997年,获卫生部授予的"全国卫生系统先进个人"称号。

周庆忠 1949年5月生,佛冈县汤塘镇人。佛冈县审计局原办公室副主任。曾参加佛冈县人口普查和人口抽查,工作认真,责任心强。于1991年获全国人口普查办授予的"第四次人口普查国家级先进个人"称号,于1996年获广东省人口普查办授予的"人口抽查省级先进个人"称号。

何道井 1949年11月生,佛冈县高岗镇长江水塘村人,大专学历。曾任佛冈县农技推广中心副主任。任职期间,工作认真负责,兢兢业业,无私奉献。1997年,被农业部授予的"全国农业基点调查先进调查员"称号。

饶抄德 1950年生,广东省大埔县人,曾任佛冈汽车站工会副主席。在职期间,工作认真负责，热爱工会工作，热心为单位职工排难解忧，积极开展工会各项活动。1983年，获全国总工会授予的"全国优秀工会积极分子"称号。

邹镜初　1951年2月生，佛冈县龙山镇门楼富村人。1993年起，任龙山镇门楼富村党支部书记兼村委会主任、门楼富片区党总支书记、门楼富片区党政公共服务站站长。2010年，被省委组织部评为"广东省'三级联创'活动优秀党组织书记"；2012年，被清远市委、市政府评为清远市劳动模范；2013年，被中国科学技术协会评为"全国科普带头人"。

马树容　1952年生，女，广东省阳山县人，小学高级教师。曾任佛冈县第一小学副校长。工作认真负责，爱岗敬业，以身作则。1995年，被教育部评为全国优秀教师，并获省教育厅颁发的南粤优秀教师（特等奖）；1997年，被省教育厅评为广东省师德建设先进个人。

招锡尧　1953年2月生，佛冈县龙山镇白沙塘村人，曾任佛冈县气象局测报股股长。任职期间，工作认真负责，一丝不苟，分别于2010年3月、2011年1月、2013年1月获中国气象局授予的"质量优秀测报员"称号。

朱洁莲　1953年9月生，女，佛冈县龙山镇人，在家乡务农。自强不息，相信科学，带头致富，她种植的砂糖橘树、龙眼树等果树达30多亩。还热心帮助、带领村民勤劳致富。在2002年6月全国妇女"双学双比"竞赛活动中，获得中宣部、全国妇联、全国"双学双比"活动领导小组授予的"先进女能手"称号。

邓榕莲　1954年5月生，女，佛冈县石角镇科旺村人。曾任佛冈县卫生局药政股副股长。任职期间，贯彻《药品管理法》等法律法规，建立药品管理制度，积极参与县卫生局组织的药品质量监督检查，不断提高药品管理水平。1988年，被卫生部授予"药品管理先进个人"称号。

朱伟初　1954年生，佛冈县龙山镇上岳村人。1990年起先后任佛冈县体育委员会主任、佛冈县体育局局长、佛冈县文化和体育局局长。在任期间，完善县内体育设施，建办县城游泳场，建立青少年体校，提升佛冈县体育水平。2012年，获国家体育总局授予的中华人民共和国体育贡献奖。

谢国球　1956年生，清远市清新县人。2005年8月，任佛冈县史志办公室主任。2012年，被广东省人社厅、广东省地方志办评为全省地方志工作先进个人。2014年，被中共中央党史研究室评为全国先进党史工作者。

黄杏梅　1957年6月生，女，佛冈县龙山镇门楼富村人。曾任龙山镇门楼富村妇女主任。在城乡妇女"双学双比"活动中，带领妇女勤劳致富、建功立业。2010年，被中宣部、全国妇联、全国"双学双比"活动领导小组评为全国城乡妇女岗位建功先进个人。

郑静美　1957年生，女，佛冈县迳头镇仓前官仓背村人，曾任佛冈县国税局办公室副主任。任职期间，热心妇女儿童工作，积极维护妇女儿童权益。于1979年和1983年被全国妇联评为全国"三八红旗手"，于1981年被省妇联评为广东省"优秀少年儿童教育工作者"，于2010年被省妇联评为广东省"百名好母亲"。

钟祥章　1957年生，佛冈县石角镇凤城村人。于1998—2007年期间任佛冈县工商行政管理局局长，后调任清远市工商行政管理局副局长。2004年，被国家工商行政管理局评为全国工商行政管理系统优秀工商行政管理人员。

曾伟胜　1957年生，佛冈县石角镇冈田村人。曾任职于佛冈县石角镇文化站。于1995年参加佛冈县人口抽查工作，于1996年8月获全国人口抽查办公室授予的"全国1%人口抽查国家级（含省级）先进个人"称号。

刘厚对　1958年1月生，佛冈县高岗镇高岗村人，原佛冈县统计局干部。1995年，参加佛冈县人口抽查工作，高度负责，认真细致，于1996年8月获全国人口抽查办公室授予"全国1%人口抽查国家级（含省级）先进个人"称号。

黄穗明　1958年1月生，广东省梅州市人。1998年起，先后任县侨联副主席兼秘书长、主席，后任佛冈县科技协会主席。任职期间，工作认真负责，埋头苦干。2009年，获中国侨联、国务院侨办授予的"全国归侨侨眷先进个人"称号。

苏运机　1959年7月生，广东省翁源县人，佛冈县人民法院司法警察。2010年体检时发现患有严重疾病，他仍以顽强意志与病魔抗争，圆满完成各项工作任务。于2013年12月获最高人民法院授予的"全国法院司法警察体能达标活动先进个人"荣誉称号，于2015年被最高人民法院评为全国法院司法警察先进个人，于2016年1月被最高人民法院评为全国法院先进个人。

赖　羽　1960年生，女，广东省翁源县人，曾在佛冈县委统战部任职。1990年，参加佛冈县第四次全国人口普查，工作积极，责任心强，于1991年获全国人口普查办授予的"第四次人口普查国家级（含省级）先进个人"称号。

何昌华　1962年生，浙江省人，原佛冈县石角镇水处理设备厂厂长。任职期间，工作认真负责，兢兢业业，大胆探索，勇于实践，开拓创新，企业效益显著，成绩突出。1989年，该厂生产的CLD型电控三塔式流动床水处理设备被广东省评为优秀新产品。1992年，其个人被评为全国优秀乡镇企业家。

谢春江　1963年7月生，佛冈县龙山镇门楼富村人。曾任佛冈县史志办公室副主任、佛冈县委党校副校长。1996年8月，任佛冈县龙山镇党委委员兼办公室主任期间，获全国人口抽查办公室授予的"全国1%人口抽查国家级先进个人"称号。

黄翠珍　1963年生，女，佛冈县汤塘镇官山村人，曾任该村妇女主任。在任期间，组织带领妇女开展"双学双比"活动，引导妇女勤劳致富。2008年，被中宣部、全国妇联、全国"双学双比"活动领导小组评为"全国农村妇女'双学双比'活动女能手"。

黄少钦　1964年1月生，女，佛冈县汤塘镇田心村人。2003年起，先后任县妇联副主席、主席。在任期间，具有高度的责任心和使命感，认真履行职责，发动各级妇女组织征订和学习妇女报刊，扩大妇联工作的宣传面，积极维护妇女权益。2012年，被全国妇联评为妇女报刊宣传推广工作先进个人。

袁海灵　1966年生，佛冈县龙山镇从化围村人，佛冈县万兴玩具集团董事长。热心公益事业，在佛冈、英德等地开设扶贫车间，为当地贫困家庭提供就业机会，帮助贫困家庭脱贫奔康。在全国老龄办、民政部、教育部、国家新闻出版广电总局（2018年改名为国家广播电视总局）、团中央、全国妇联和中国关心下一代工作委员会七部门联合开展的2014年度第六届全国敬老模范人物和模范单位评比活动中，被评选为"全国孝亲敬老之星"。

郭庆文　1968年1月生，清远市清城区人。先后任佛冈县经信局商务股股长、工信局科技股股长。2011年，围绕县委、县政府科技兴县的部署，参与开展科技知识普及、强化企业技术创新工作，并参加科技部组织的全国县（市）科技进步考核工作。经考核，佛冈县获科技部授予科学进步奖，其个人被科技部评为2011年全国县（市）科技进步考核先进个人。

文伟强　1968年2月生，广东省惠州市人，佛冈县税务局干部。工作认真，责任心强，刻苦钻研，业务水平高，实操能力强，成绩突出。2012年，被国税总局评为金税三期工程项目软件联调测试工作先进个人。

徐文婉　1968年5月生，女，广东省广州市从化区人，本科学历。曾任佛冈县侨办主任，佛冈县妇联主席，中共佛冈县委常委、统战部长，县政协副主席。在任县妇联主席期间，组织全县妇女开展"巾帼建功"和"双学双比"等活动，提高妇女参加经济建设和社会事业的积极性。先后获中宣部、全国妇联、全国"双学双比"活动领导小组授予的"全国农村妇女'双学双比'活动先进工作者"称号，并被省妇联评为广东省"三八红旗手"。

蓝榕概　1968年生，佛冈县石角镇山湖村人。曾任佛冈县人民法院汤塘人民法庭庭长，后任佛冈县人民法院副院长。曾立个人二等功，先后被省高级人民法院评为全省法院党建工作先进个人、广东省"落实三项重点工作构建和谐广东"先进个人。2012年12月，以其个人名字命名的"蓝榕概法官调解工作室"在佛冈县汤塘镇法庭挂牌成立。2012年，其被中共广东省委、广东省人民政府评为广东省先进工作者，并被最高人民法院评为全国优秀法官。2014年，被广东省人民政府评为"人民满意的公务员"。2015年，获中共中央、国务院授予的"全国先进工作者"称号。2016年，被中共广东省委评为全省优秀共产党员。

李红星　1969年4月生，佛冈县迳头镇社坪村人。佛冈县社保局农村社会养老保险股股长。任职期间，爱岗敬业，认真做好新型农村和城镇居民社会养老保险相关工作。2013年，被广东省人民政府评为全省新型农村和城镇居民社会养老保险工作先进个人。

何永中　1969年4月生，佛冈县高岗镇长江村人，本科学历。2007年3月至2016年9月，先后任佛冈县总工会副主席、常务副主席。2014年，获广东省总工会授予的"广东省优秀工会工作者"称号，2015年11月，获全总工会授予的"全国优秀工会工作者"称号。

何雪梅　1969年12月生，女，佛冈县石角镇人。曾任佛冈县民政局办公室主任。按上级民政部门的部署，认真开展低保规范化建设，深入了解低保家庭情况，严格执行低保标准。2009年，被民政部评为全国基层低保规范化建设先进个人。

黄玉平　1969年生，佛冈县石角镇下莲塘村人。6岁时因触电造成伤残，17岁时单脚独臂。他坚持上山开荒种果的事迹曾被多家媒体报道。1991年5月，参加在北京召开的全国助残集体、个人暨自强模范表彰大会，获全国残联授予的"全国自强模范"称号。

郑国沏 1970年11月生，女，佛冈县迳头镇大陂村人，曾任佛冈县迳头司法所所长。她工作认真负责，深入基层，坚持公正、公平、公开的原则。2018年10月，被司法部评为全国人民调解工作先进个人。

李秋菊 1971年6月生，女，佛冈县汤塘镇人，佛冈县城北中学教师。模范遵守职业道德、社会公德和家庭美德，尊老爱幼，团结和谐。2016年5月，其家庭被全国妇联评为全国"最美家庭"。

谭光洪 1974年3月生，佛冈县汤塘镇黎安村人。曾先后担任佛冈县气象局测报股副股长、办公室主任、防震所所长等。任职期间，工作积极负责，爱岗敬业，认真开展气象测报工作，气象测报及时、准确。2003年3月，获中国气象局授予的"质量优秀测报员"称号。

冯灼锋 1971年生，佛冈县汤塘镇脉塘村人。2013年起，任佛冈县三防指挥部办公室主任。2011年，被中国气象局评为气象服务贡献奖先进个人；2012年10月，获得第二届广东省公共气象服务技能竞赛信息员组第二名，获省气象局授予的"2012年广东省气象服务能手"称号。

桂必兴 1972年1月生，河南省人，江森自控约克广州冷冻设备有限公司技术员。2006年被清远市委、市政府评为清远市劳动模范。2008年，获由全国总工会颁发的五一劳动奖章。

谭日明 1976年3月生，佛冈县汤塘镇黎安村人，任职于佛冈县气象局。有强烈的事业心和责任心，工作积极肯干，吃苦耐劳，业务水平高。分别于2011年1月、2013年1月获中国气象局授予的"质量优秀测报员"称号。

赖梅秀 1975年9月生，女，佛冈县石角镇莲溪村人。佛冈县环境保护局副局长。2016年9月，被广东省人民政府评为"十二五"广东省环境保护先进工作者。

谢永绸 1977年10月生，女，广东省连州市人，曾任佛冈县石角镇人口和计划生育服务所所长。任职期间，工作负责，认真贯彻执行国家计划生育的相关法规，认真学习和运用先进技术做好计划生育服务工作，把计划生育政策落到实处，成绩突出。2006年，获由国家计生委颁发的全国人口与计划生育科学技术工作先进个人奖。

刘永红 1978年生，佛冈县石角镇龙塘村人。2011年创办佛冈县智垦农业有限公司，建立澳洲坚果繁育基地（该基地总面积23公顷），该项目为佛冈县省级现代农业示范基地，在"公司+基地+农户"模式的带动下，于周边多个村庄种植的澳洲坚果达60公顷。2015年，获共青团中央、农业部授予的第九届"全国农村青年致富带头人"荣誉称号。

周国明 1979年1月生，广东省清远市人。2006—2008年任佛冈县气象局团支部组织委员。认真做好气象测报工作，保证气象测报及时、准确。分别于2010年3月、2011年1月获中国气象局授予的"质量优秀测报员"称号。

李欣欣 1979年5月生，女，佛冈县迳头镇井冈村人，佛冈县统计局干部。2011年，被第二次全国R＆D资源清查领导小组办公室评为第二次全国R＆D资源清查工作先进个人。

王建庄 1979年5月生，河北省定州人，佛冈县气象局团支部书记。认真做好气象测报工作，保证气象测报及时、准确。分别于2011年1月、2013年1月获中国气象局授予的"质量优秀测报员"称号。

刘治刚 1979年7月生，江西省萍乡市人，三级警督警衔，佛冈县公安局交通警察大队烟岭中队指导员。2014年5月29日凌晨，刘治刚舍己救人，身负重伤。2014年，获"广东好人"称号。2015年，被中共广东省委、广东省人民政府评为广东省先进工作者。2017年5月，被公安部评为全国特级优秀人民警察。

陈间清 1979年生，女，佛冈县龙山镇黄塱村人。在清远市生态环境局佛冈分局工作，环境管理中级工程师职称。2008年，参加全国第一次污染源普查工作，获"全国第一次污染源普查先进个人"荣誉称号。

廖素慧 1980年1月生，女，佛冈县水头镇桂元村人，任职于佛冈县气象局。爱岗敬业，认真开展气象测报工作，气象测报及时、准确。分别于2011年1月、2013年1月获中国气象局授予的"质量优秀测报员"称号。

招柳媚 1981年1月生，女，佛冈县龙山镇白沙塘村人，佛冈县气象局团支部组织委员。热爱气象事业，充分发挥共青团员的模范作用，认真开展气象测报工作，气象测报及时、准确。2013年1月，获中国气象局授予的"质量优秀测报员"称号。

黄春苗 1982年2月生，女，佛冈县水头镇新坌村人，本科学历，佛冈县史志办公室方志股股长。曾先后被评为县年鉴编纂先进工作者、县优秀共产党员。2019年，获中国地方志指导小组办公室授予的"全国地方志先进工作者"称号。

于德钊 1982年10月生，湖北省郧西县人，江森自控约克广州冷冻设备有限公司工程师。2018年，参加中国技能大赛"三向杯"全国机械行业职业技能竞赛制冷工赛项总决赛，获一等奖。2019年7月，获人力资源和社会保障部授予的"全国技术能手"称号。

刘展伟 1983年生，佛冈县石角镇小梅村人。大学毕业后回乡创业，创办新青年苗木专业合作社，于2009年获广东省人民政府授予"广东高校大学生创业先进个人"称号，于2011年、2015年先后获共青团中央授予的"国家农村青年致富带头人"称号。

高建华 1985年5月生，佛冈县龙山镇人，江森自控约克广州冷冻设备有限公司测试员。2017年4月，获广东省总工会颁发的省五一劳动奖章。2019年4月，获全国总工会颁发的全国五一劳动奖章。

余秀娟 1985年7月生，女，广东省花都区人。佛冈县气象局团支部书记。认真做好气象测报工作，气象测报及时、准确。分别于2011年、2013年获中国气象局授予的"质量优秀测报员"称号。

二、广东省先进人物

黄 尧 1922年生，佛冈县石角镇人。1970年起，先后任佛冈县水泥厂工会副主任、生产组组长。刻苦耐劳，努力工作，积极树立工人阶级当家作主的精神，完成生产和工作任务。1965年，获省委、省人委授予的"广东省工业交通财政五好职工"称号。

钟金尧 1923年生，佛冈县石角镇人。曾任佛冈县石角镇中心供销社副主任，在经济困难、物资短缺的困难时期，想方设法指导农副产品生产，开展收购、存储和分配工作。1963年3月,被评为广东省先进工作者,享受省劳动模范荣誉津贴。

刘　柱　1927年生,佛冈县汤塘镇升平坑坦村人。1956年,组建佛冈县水运社并任社长。在任期间,组织开展佛冈潖江至北江、珠江的水上货运工作,为县内物资供应作出贡献。1978年,被省委、省革委评为"工业学大庆"劳动模范。

朱启荣　1930年5月生,佛冈县高岗镇长江晒禾岗村人。曾于1979年10月任佛冈县农业银行副行长。1964年4月,被省委、省人委评为广东省劳动模范。

黄谷锐　1930年9月生,佛冈县石角镇人。曾任佛冈县公路工区道班班长,负责县内主干线(广韶线)的公路养护工作,保证公路的安全畅通。1963年,获省人委授予的"广东省交通先进工作者"。

胡克民　1930年生,佛冈县迳头镇人。佛冈县公路局干部,于1973年4月—1976年10月任公路工区党支部书记,于1961—1983年任公路工区工会主席。在任期间,组织建立公路工区工会,认真开展工会工作,调动工会会员的积极性,完成工区的生产工作任务。1964年,获省人委授予的"广东省五好交通职工"称号。

郑笔枢　1931年生,佛冈县迳头镇仓前杨岭村人。1949年9月,参加佛冈县二区支前民工队。中华人民共和国成立后,在翁源县教育部门和区政府工作。1958年,被省委、省人委评为广东一等先进工作者。

陈华快　1932年8月生,佛冈高岗镇高岗岭排村人。曾任佛冈县卫生局干部,1972—1980年期间先后任石角公社副书记、书记。工作认真负责,爱岗敬业,1958年,获省委、省人委授予的"广东省先进工作者"称号。

钟妙荣　1934年8月生,佛冈县石角镇人。曾任佛冈县石油站组长,任职期间,工作责任心强,兢兢业业,埋头苦干。1965年3月,获省委、省人委授予的"广东省先进工作者"称号。

刘北满　1934年8月生,佛冈县石角镇人。曾任佛冈县人民法院庭长,1982—1980年期间任佛冈县人民法院副院长。任职期间,工作认真负责,爱岗敬业,严于律己,执法公正。1977年,获省委、省革委授予的"广东省先进工作者"称号。

汪天祐　1935年1月生,江西省婺源县人。本科学历,中学历史高级教师。1984年8月起,先后任佛冈一中校长、佛冈县教育局党委书记兼局长、任佛冈县第十届人大常委会副主任。1985年,被省委、省政府评为广东省劳动模范。

吴金根　1935年2月生,上海市人。1984年9月,任佛冈县房地产开发公司经理。1956年,获省委、省人委授予的"广东省第一届农业二等劳动模范"称号。

赖世耀　1935年5月生,佛冈县石角镇人。曾任佛冈县爱卫办副主任、流行病学主管医师。任职期间,工作认真负责,一丝不苟,爱岗敬业。1985年起,组织开展农村改水工作,解决农村2万多人的饮用水问题,使部分农村建成自来水设施。1991年,被省政府评为广东省改水先进个人。

郑　擎　1935年7月生,女,佛冈县迳头镇湖洋村人。在原佛冈县迳头公社湖洋大队任妇联主任期间,工作责任心强,兢兢业业,工作成绩突出。1978年,被省委、省革委评为广东省先进工作者。

李云飞 1936年2月生,佛冈县汤塘镇人。佛冈县建设局干部,在职期间,工作负责,勤勤恳恳,埋头苦干。1963年,获省委、省人委授予的"广东省先进工作者"称号。

孔　权 1936年2月生,广东五华县人。在原佛冈县饮服公司工作期间,工作认真负责,爱岗敬业。1958年,获省人委授予的"广东省财贸系统五好职工"称号。

李宗模 1936年12月生,佛冈县迳头镇人。先后任佛冈县烟岭公社井冈大队党支部书记、烟岭公社厂场党支部书记。1983年2月,被选为广东省第六届人大代表。长期担任农村基层干部,不计报酬地积极为群众办实事、办好事,尤其在发展农村农业经济和整治农田水利项目方面多有贡献。

林仕水 1936年生,广东省普宁县人。曾任佛冈县林业局副局长、农艺师。1993年3月,被省委、省政府评为广东省山区建设优秀人才。

周福添 1936年生,佛冈县汤塘镇人。曾任职佛冈县交通局。在职期间,工作负责,任劳任怨,从不计较个人得失。1964年,获省人委授予的"交通五好职工"称号。

何冠球 1937年1月生,佛冈县高岗镇墩下村人,高岗供销社售货员。1977年,被省委、省政府评为广东省劳动模范。

黄谷炽 1939年生,佛冈县石角镇人,佛冈县农业委员会副科级干部。在职期间,爱岗敬业,工作负责,认真学习、宣传法制知识,在1991—1995年实施第三个五年法制宣传教育工作中,被省委、省政府评为全省二五普法先进个人。

黄桂山 1941年4月生,佛冈县汤塘镇菱塘村人。在原佛冈县四九公社菱塘大队任干部期间,工作责任心强,兢兢业业,工作成绩突出。1978年,被省委、省革委评为广东省先进工作者。

李启柬 1942年生,佛冈县迳头镇人。1961年开始从事教育工作,曾担任县师范学校、教师进修学校教导主任,迳头中学、县职业中学、县教师进修学校校长。1988年教师节,被省委、省政府授予园丁奖。1997年,获省教育厅授予的"南粤教书育人优秀教师"特等奖。

黄开沃 1942年生,清远市清新区人。1993年5月起,任佛冈县公安局政委。1977年,被省委、省革委评为广东省劳动模范。

廖北生 1946年生,佛冈县水头镇桂元新龙围人。1992年起,先后任佛冈县总工会副主席、主席。在任期间,健全县内工会基层组织,组织开展劳动竞赛,加强企业工会管理。1993年6月,获省政府颁发的《立功证书》。

何沛基 1947年8月生,佛冈县高岗镇人,汤塘镇菱塘小学教师。1997年,被广东省人民政府评为"两基"(基本普及九年义务教育、基本扫除青壮年文盲)工作先进个人。

高福金 1947年生,佛冈县石角镇观山塘口村人。曾任东二、观山行政村党支部书记、村委会主任。任职期间,工作勤勤恳恳,兢兢业业,心系群众,坚持两个文明一起抓,成效显著。1997年,获省委、省政府授予的"广东省两个文明建设先进工作者"称号。

郑中品 1948年生,佛冈县迳头镇仓前官仓背村人。曾任佛冈县史志办公室主任。曾担任新中国成立后佛冈县的第一部《佛冈县志》副主编,从事地方志工作25年。2002

年,获省政府地方志办公室授予的"广东省首届地方志先进工作者"称号。

徐镜全　1949年12月生,佛冈县龙山镇人,本科学历,高级化工工程师。1985年起先后任佛冈味精厂副厂长、厂长。1996年,获广东省五一劳动奖章。

杨荣环　1951年4月生,甘肃省白银市人。建滔(佛冈)实业有限公司工程师。2009年4月,被省委、省政府评为广东省劳动模范。

陈才金　1952年5月生,佛冈县石角镇黄花村人。1999年起,先后任佛冈县黄花镇存星村党支部书记、佛冈县石角镇黄花村党总支书记。任职期间,牢记党的使命,带领党员群众勤劳致富。2011年6月,获省委授予的"广东省优秀党务工作者"和"广东省扶贫开发优秀党支部书记"称号。

黄俊英　1952年8月生,女,佛冈县水头镇人。她参加工作20多年来,担任过佛冈县味精厂工序长、车间主任、分厂厂长。后于2000年任味精厂副厂长,主管全厂生产管理。1993年,她主持的味精厂提取车间QC小组,获"全国优秀QC小组"称号。1997年9月,被省委、省政府评为广东省劳动模范。

谢太就　1952年生,佛冈县迳头镇人,大专学历,佛冈中学体育教师。1990年,被省教育厅评为广东省农村优秀体育教师。1995年4月,被省教育厅评为广东省中小学贯彻《学校体育工作条例》先进体育教师;1995年,被省教育厅评为广东省实施《国家体育锻炼标准》先进工作者;1997年,被教育部评为"全国群众体育运动"先进个人;1998年,被省教育厅评为南粤优秀中小学体育教师,获广东中华文化基金奖章。

朱耀强　1955年8月生,佛冈县龙山镇人。1993年起,任佛冈县计生局副局长。任职期间,工作积极负责,认真贯彻执行国家计划生育政策。1996年,被省政府评为广东省计划生育先进工作者。

范德华　1955年生,佛冈县迳头镇楼下村人。1992年起,任高岗镇党委书记。1997年,被省政府评为"两基"(基本普及九年义务教育、基本扫除青壮年文盲)工作先进个人。

朱沛爽　1957年8月生,佛冈县迳头镇新联村人。曾任佛冈县环保局局长、佛冈县建设局局长、佛冈县政协副主席。1979年,参加对越自卫反击战,保家卫国,在部队3次立三等功,曾被评为中国人民解放军广东省军区先进个人。

李蔚琴　1958年6月生,佛冈县迳头镇人。先后任佛冈县民政局局长、佛冈县直工委书记。任职期间,工作积极,有高度的责任心、使命感,积极宣传殡葬改革制度,推行殡葬改革措施,成效显著。2001年,被省民政厅评为全省民政系统先进工作者。2006年,被省政府评为广东省殡葬管理工作先进工作者。

陈　明　1958年6月生,广东省梅州市平远县人。佛冈县财政局干部。1994年3月,被国务院税收财务物价大检查办公室评为全国税收财务物价大检查工作先进个人。2005年,被省委、省政府评为广东省农村税费改革先进个人。

潘国寿　1958年8月生,广东省新丰县人。佛冈县供电局技术人员。2003年8月,被省委、省政府评为广东省劳动模范。

朱灿炉　1958年9月生,佛冈县龙山镇上岳村人,本科学历。先后任佛冈县振兴小学校长、佛冈县教育局副局长。2002年，被教育部、民政部、中国残联评为全国特殊教育先进工作者。

谢天亮 1959年7月生，广东省四会县人。在县科委科技实验场任技术员，研究试制免烧红砖。1988年，被省委、省政府评为广东省先进工作者。

利国振 1962年9月生，佛冈县石角镇冈田前龙围人，本科学历。先后任佛冈县人民政府副县长、清远市政府副秘书长、清远市国有资产管理委员会主任。任佛冈县经济委员会副主任（兼任亨地实业公司总经理）一职期间，致力于科学管理的研究和实践。获中共广东省委授予的"广东省第一线有突出贡献的优秀共产党员"称号，并被评为"广东省优秀企业家"。

周长春 1963年1月生，湖南省郴州市人，佛冈中学教研处副主任、物理科组长。他全心投入教育事业，培养物理单科高考市状元1人、佛冈县第一个考入清华大学的学生。2015年被省委、省政府评为广东省先进工作者。

罗巨兴 1963年4月生，佛冈县汤塘镇涗江村人。汤塘镇涗塱村党支部书记兼村委会主任、清远市第五届人大代表。他带领涗塱村、涗江村村民种植优质水果并形成产业化，走上脱贫奔康发展道路。2003年，被清远市委、市政府评为清远市劳动模范。2006年，其家庭被全国妇联评为"第二届全国绿色家庭"。

廖振灵 1963年9月生，佛冈县水头镇桂元村人，本科学历。1995年起，先后任佛冈县龙山镇党委副书记、书记，后任佛冈县人民政府副县长、清远市旅游局副局长。2002年，任龙山镇党委书记期间，被省委评为广东省优秀农村基层党员干部。

温秀芳 1965年7月生，女，佛冈县水头镇桂元村人。原于佛冈味精厂任车间主任。佛冈味精厂转制后，与下岗职工一起开创再就业门路，办起个体零售业和服务业。2005年，被省政府评为全省再就业工作先进个人。

朱少华 1966年生，佛冈县迳头镇仓前利村人。广州珠江水泥有限公司副高级工程师。2006年，获第二届全国建材行业"岗位技术能手"称号。2013年，于"格雷斯杯"全国第十四次水泥品质指标检验大对比中获"水泥物理检验操作能手奖"。

陈少霞 1967年生，女，佛冈县龙山镇从化围人。先后任石角镇党委委员、副镇长。2014年，被省委评为广东省精神文明建设先进工作者。

李红梅 1968年9月生，女，佛冈县迳头镇大村人。本科学历，小学语文高级教师。2002年7月起，先后任佛冈县振兴小学副校长、校长，佛冈县教育局副局长，中共佛冈县委宣传部副部长。在佛冈县振兴小学任职期间，做好残疾儿童的教育管理工作，将特殊教育经验在全市、全省推广。2001年5月，获得广东省总工会授予的五一劳动奖章。2003年，被省委评为广东省优秀共产党员。

陈湘中 1968年生，湖南省人。2003年起，先后任佛冈县司法局副局长、局长。他爱岗敬业，原则性强，依法行政。坚持开展法制宣传、社区矫正、法律援助等工作，加强"一村（社区）一法律顾问"工作。2017年1月，被省委评为依法治省工作先进个人。

冯志锋 1972年1月生，佛冈县汤塘镇汤塘圩人。佛冈县环境保护局环境监察分局副局长。任职期间，及时调查处理涉及环境污染事故、环境信访、污染纠纷，认真做好管辖区域建设项目、限期治理项目实施过程的监察验收工作。2012年，被省政府评为广东省环境保护先进工作者。

曾雪琼 1972年6月生，女，佛冈县石角镇凤城村人，本科学历。在佛冈中学任教时，加强心理素质教育，开办"目标、进取、成功"和"面对挫折"等专题讲座，获得良好的教育效果。2000年，被省委、省政府评为广东省劳动模范。

肖伟英 1979年7月生，女，佛冈县石角镇人，佛冈县城东中学教师。爱岗敬业，热爱学生，以身垂范。2016年，被广东省教育厅认定为第四批广东省中小学名班主任。2020年9月，被人力资源和社会保障部、教育部评为全国优秀教师，并获得广东省总工会颁发的省五一劳动奖章。

钟　声 1982年5月生，广东省湛江市坡头区人。中共党员，本科学历，广东国珠吹瓶设备有限公司中级技术工程师。他带领工作团队自主研发设计的"全自动十二位旋转吹瓶机"等11项获国家实用新型专利，其中"一种耐热瓶全自动吹瓶方法"获国家发明专利，其设备远销国内外。2016年，获"清远市技能先锋"称号；2017年，被评为佛冈县第五批拔尖人才；2020年，被省委、省政府评为广东省劳动模范。

第十四章
重要文件资料选录

第一节　重要文件选录

县工会代表大会报告（节选）

佛冈县工会第七次代表大会的工作报告

全县工人阶级行动起来，为打好四个现代化的第一个战役而努力奋斗

（1980年1月28日）

李榕高

一

从一九七三年佛冈县第六次工会代表大会召开以来，我们的党，我们的国家，我国各族人民，经历了粉碎"四人帮"的斗争。几年来，我县各级工会组织在党的领导下，发动和带领全县工人阶级和广大职工群众对"四人帮"进行了针锋相对的斗争。一九七五年，邓小平同志受党中央的委托，主持中央工作后，批判了林彪反党集团的空头政治，重视了抓经济工作，使国民经济逐步恢复和发展起来。对此，广大职工坚决拥护。当"四人帮"倒行逆施，发起"批邓"运动时，工会组织带领职工起来抵制。不管其怎样强调"批邓"的重要性，广大工人根本不把它当作一回事。比如，县农机厂等单位，在运动高潮时，照样把精力集中在生产上，运动的进展结论是："工人发动不起来，批邓批不下去。"在斗争中，工会组织和广大职工，敢于顶住逆流，经受了严峻的考验，得到了极大的锻炼。粉碎"四人帮"后，在党的领导下，工会遵照党中央的战略部署，带领广大职工投入揭批林

彪、"四人帮"的斗争，深入批判了林彪、"四人帮"的反革命"极左"路线；清算了他们煽动工人闹无政府主义、分裂工人阶级的罪行；批判了他们污蔑工会是"工团主义""经济主义"的谬论；戳穿了他们妄图利用工会组织，将其变为其篡党夺权工具的阴谋。从而使广大职工摆脱了林彪、"四人帮"的羁绊，思想得到了解放。近年来，随着党的工作着重点的转移，各级工会把工作吸引到四化建设上来。在组织工会干部和职工群众学习马列主义、毛泽东思想过程中，引导广大职工全面地、准确地领会和掌握毛泽东思想的科学体系，特别是开展真理标准问题的学习和讨论中，积极引导，帮助职工冲破一个个思想禁区，使广大职工进一步解放思想，焕发了革命精神，分清了一些思想、理论是非和政策界限，自觉地投入四化建设的行列。几年来，工会工作是有成绩的。

在党的领导下，经过各级工会组织的努力，各条战线广泛开展了以生产为中心的社会主义劳动竞赛，和以优质、高产、多品种、低消耗和安全生产为主要内容的增产节约运动，积极增加生产，努力提高劳动生产率，为社会创造财富，为社会主义积累资金，为人民提供丰富的产品，作出了很大成绩。工业战线的广大职工在现有设备的基础上，大搞挖潜、革新、改造，努力增加产品产量，提高产品质量。一九七九年，全县工业总产值达二千四百四十七万多元，完成计划的百分之一百零六点多，比一九七八年增长了百分之七。铸锅厂原来采用倒模的方法制造锅头，产量低，且产品质量差。通过革新技术，把倒模改为压模，不仅产量大大增加，而且产品质量也明显得到提高，克服了过去锅底不平的毛病，深受用户的欢迎。磷肥厂在生产硫酸的过程中，革新出一种副产品——亚硫酸，可作烧碱的代用品，为造纸厂解决了烧碱不足的困难，为我县造纸工业发展作出了贡献。交通运输战线的广大职工，努力提高车船的利用率和运输效率，提高装卸、服务质量，做到安全正点，多装快运，使得货运量和客运量都有明显的增加。商业车队对职工加强安全教育，坚持"两抓一到家"——抓正面教育，抓思想苗头，安全工作做到家。全车队二十八人，做到不开"英雄车""斗气车""莽撞车"。去年以来，全面杜绝了行车事故。一至十一月份，全车队安全行车三十九万一千多公里，比去年增长百分之二十三；车辆完好率达百分之八十六，比前年上升百分之十。财贸战线的广大职工认真贯彻"发展经济，保障供给"的方针，努力发展副食品生产，积极组织货源，认真做好商品流通工作，改善服务态度，提高服务质量，使市场供应逐步得到改善。食品厂积极组织原材料，确保副食品供应，并且千方百计提高产品质量。该厂生产的水果糖被列为全区优质糖果之一，并由地区推荐参加了省的质量评比。药品公司除经销药品、药材外，公司门市部还设立了红医岗，县商业系统先进工作者、公司工会委员刘均就同志为群众就地看病，就地执药，深受群众的欢迎和好评，同时也促进了商品的购销。农林、水利战线广大职工大搞机械化，大力培育和推广优良品种，积极做好森林的采育工作，大力兴修水利设施和发展水电事业，发展畜牧业和水产养殖业，广种茶叶、果树，在完成和超额完成国家征购粮食，收购农副产品、林产品和畜产品任务，为市场提供丰富的农副产品、畜产品等方面作出了积极的贡献。计委基建战线的广大职工认真贯彻集中力量打歼灭战的方针，在建筑材料短缺的情况下，做到急需先用，分配合理，并且降低工程造价，保证工程质量，为解决各单位办公场所和职工住宅作出了较大的成绩。文教战线的广大职工干部,挣脱了"四人帮"强加在头上的紧箍咒,精神焕发,使教育、卫生出现了崭新的局面,他们为提高人民的健康水平,为四化培养人才付出了辛勤的劳动,为党的事业立了功劳。我县粮食生产在各行各业各个部门干部职工的大力支援下,连年获得了丰收。在一九七九年下半年长时间干旱天气和寒露风等自然灾害的侵袭下,经年终统计,全年水稻仍获得增产。一九七九年水稻产量达一亿八千二百零九万斤,比一九七八年增产百分之三点八。社员收入也逐年增加,一九七九年社员平均收入九十元,比一九七八年增加近十元。不少基层工会主动协助行政做好家在农村的职工的思想工作,及时地、有计划地归还超支欠款,为农业生产发展作出积极贡献。近年来,我县工业、交通运输等战线,涌现了不少先进单位,磷肥厂、造纸厂、水运公司、松香厂被省、地评为大庆式企业,各条战线也涌现出了不少先进生产(工作)者。水运公司副经理刘柱被省评为劳动模范。不少先进生产(工作)者,解放思想,破除迷信,勇于实践,大胆革新,在四化建设中,成为技术革新的能手。食品公司曾洪俊同志,继前年创造了一座旋转式远红外线烧腊炉,去年又创造了一座旋转式远红外线腊味烘干房,为加速我县腊味生产、提高腊味质量作出了贡献。石角粮食加工厂王煊、朱汉南、范佳岑、林谷灶、张祥等同志,经过精心设计,反复实践,成功自制一台堆包机。他们的创造成果,使工人既减轻了劳动强度,改善了劳动条件,又提高了工作效率,也为国家节约了资金。有不少先进生产者,立足本职,积极寻求增产节约的途径。县汽车站司机刘志生、黄杨其同志,在认真做好车辆保养和安全行车的同时,做到满载快运。去年,保持高产稳产,一至十一月他们分别行车三十二万一千三百吨公里①和三十二万吨公里,完成生产任务百分之三十二和百分之三十。司机刘观显同志,去年十一个月为国家节约汽油三千四百八十八斤,成为司机节油的标兵。

  根据党中央关于要把工会组织整顿好、建设好的指示,各单位积极恢复和建立工会组织。因"文化大革命"中断运转的教育工会,现在二十九个基层工会已全部恢复。我县各基层工会在党的领导下,不同程度地进行了思想上、组织上和作风上的整顿,特别是充实和调整工会领导班子,健全工会组织,提高了工会的战斗力。各级工会在整顿工作中亦发展了新会员,不断壮大了工会队伍。石角粮食加工厂、商业局、水泥厂等基层工会,会员占职工总数的百分之八十以上。其中,石角粮食加工厂工会会员达百分之九十八。不少基层工会原来会员数量很少,职工对入工会不感兴趣,不愿加入工会。工会经过整顿以后,工会干部的思想作风转变很大,积极为职工办事。不少职工看到工会是为群众办事、关心群众利益的组织,改变了对工会的看法,要求加入工会。县人民医院原来很多职工不愿加入工会,去年,这部分职工纷纷要求加入工会,县人民医院工会从原来十九名会员增加到九十三人。目前,全县各基层工会有九十六个,会员四千六百五十八人,占职工总数的百分之六十点四。

  随着工会的整顿和建设,工会工作逐步得到恢复和发展,工会的作用也越来越明显,体现了工会是党联系群众的桥梁和纽带。羊角山林场工会组织职工群众,联系生产

---

① 吨公里,货物运输的计量单位,为重量(吨)与路程(公里)的乘积。

实际，开展真理标准问题的讨论，对职工群众进行辩证唯物主义教育，减少工作中的盲目性，获得较好的效果。开始，该场有部分职工认为杉木的经济价值高，就不管条件如何，到处乱种杉树，而种在山顶上的杉树，年年种，总是长不起来。林场工会结合这件事组织大家开展对真理标准问题的讨论，使大家认识到，山顶不宜种杉树，这是实践证明了的真理。而后，职工们因地制宜造林，山顶改种其他树，既完成了造林任务，又取得较好的造林效果。食品厂工会组织职工学习外地经验，发动群众大搞挖潜、革新、改造，提高了生产率，降低了消耗。这个厂的生粉车间原来是用蒸气锅炉，平均日产只有一千斤。参观了外地经验，决心改革锅炉，由原来的蒸气炉改为火管炉，日产增至一千六百斤，既保证了产品质量，提高了产量，又节约了木柴，用柴量由每班零点八吨降至零点五吨，节约零点三吨。米酒车间对操作和培种都进行了革新，操作过程狠抓了曲料、糖化、蒸饭几个关键环节，培种采用当天曲料当天用的方法，克服了夏天季节因温度高，影响出酒率的难题，使出酒率达到百分之八十，提高了百分之十五。商业局工会关心职工文体生活，建立了图书室，增置了乒乓球、篮球、羽毛球、二胡、手风琴等文体用品，还组织乒乓球比赛、篮球比赛，调节了职工生活，促进了工作。印刷厂工会重视对机器设备的维修、保养，挖掘了企业的生产潜力。工会教育职工通过机械正常运转提高工作效率，工人每天用十分钟到三十分钟时间检修机器设备，因此，一年来，机械设备运转正常，没有出现机械设备事故和人身伤亡事故，保证了高产、低消耗，使这个厂提前两个月完成了生产任务。磷肥厂、县汽车站工会落实中央关于工会会员要参加企业管理的指示，发动职工民主选举车间正、副主任和班组长。由民主选举出来的车间班组领导同志，由于得到群众的信任和支持，增强了信心，鼓足了干劲，工作积极主动。在去年第一季度百日红高产拉练三千吨磷肥的任务中，他们站在群众前头，带领群众苦干巧干，提前十天完成了任务。农机厂工会在去年材料短缺的情况下，协助厂党支部和行政克服困难，广开生产门路，与有关单位挂钩合作，生产文件夹和汽车散热片，弥补了正常产品一度减产停产的损失，满足了工人工作量需求，并超额完成了产值指标，超产产值十万元。石角搬运站工会改善服务态度，组织工人代表到有关单位征求意见，认真改进工作，提高服务质量，受到有关单位好评。

各工会组织除了围绕生产建设这一中心开展工作外，还为生产服务想了不少办法。不少工会关心群众生活，重视办好职工饭堂。汽车站工会、印刷厂工会、电影院工会都派出工会干部深入厨房，同食堂工作人员一起研究如何办好职工饭堂，改善职工伙食。羊角山林场工会，协助行政领导积极办起托儿所，解除职工后顾之忧，受到职工的拥护，为职工安心工作创造了条件。

此外，各级工会还重视职工的文化学习。为了适应四化建设的需要和满足广大职工群众学习外语的要求，县总工会会同教育局、科技局等单位，在县城举办了职工业余英语学习班，学员有七十人。通过学习，他们的英语水平都得到了不同程度的提高。农机厂、氮肥厂、造纸厂、汽车站等单位的工会组织，根据本厂职工对文化技术的要求，建立业余技术学校（学习班）。全县工矿企业职工业余学校（学习班）有六所，四百三十七人参加了学习。工会还通过文化体育阵地，把职工群众吸引到有益的文化体育活动中去。县总工会购电视机一台，修理滑冰场一个，供职工群众使用。全县工会共设有图书室十八间，购置电视机七十七台。这对于活跃职工业余文化生活促成良好的群体氛围，对维护正常的生产生活秩序，起了一定的促进作用。几年来，各级工会取得的成绩：

（1）新时期党的路线、方针、政策，鼓舞人心，深入人心。党的十一届三中全会和五届人大二次会议决定把党的工作着重点转移到现代化建设上来，动员全国人民同心同德，要在本世纪内把我国建设成为"四个现代化"的社会主义强国。这是一个极为鼓舞人心的大喜事，职工群众个个无不欢欣鼓舞，决心要立足本职，胸怀全局，为早日实现四化作出自己应有的贡献。广大干部职工群众在各自的岗位上，兢兢业业去完成国家下达的生产任务和其他工作任务。

（2）党加强了对工会的领导。全国总工会九大以来，党中央十分强调工会在新的历史时期所起的作用，要求把工会工作认真抓起来。各级党组织按照中央的指示精神，切实加强对工会的领导，并积极支持工会的工作：加强工会组织整顿、调整和充实了工会领导班子，健全了工会组织；支持工会工作，把属于工会工作范围的事交由工会负责，从而调动了工会工作者的积极性。工会在党的领导下，发动职工群众去完成各项工作任务。

（3）真理标准问题的学习和讨论，解放了思想。这个问题的学习、讨论，澄清了很多思想、理论是非问题，长期抑压在干部群众头上的一些疑虑被打消了，因而心情舒畅，干劲倍增，劳动效率显著提高。

二

当前，我们面临着在本世纪内实现四个现代化社会主义强国，使我国国民经济走在世界的前列新的历史时期的发展命题。五届人大二次会议已经作出决定，从去年起集中三年的时间，搞好国民经济的调整、改革、整顿、提高，把它逐步纳入持久的、按比例的、高速度发展的轨道。要把林彪、"四人帮"长期破坏所造成的经济比例严重失调的情况改善起来，要对现行管理体制有计划地进行全面改革，要把现有企业特别是一部分目前管理混乱的企业坚决整顿好，要大大提高生产水平、技术水平和管理水平。这是实现四个现代化的第一个战役，是全党的中心任务，也是工会的中心任务。三年经济调整工作已经过去了一年，时间紧迫，任务艰巨。我们工会一定要真正起到党联系群众的桥梁和纽带作用，成为党的有力助手，把全县工人阶级和全体职工群众动员组织起来，同心同德，争分夺秒投入四化第一战役、为完成和超额完成国家下达的生产任务而努力奋斗。工会在全面开展工会工作的时候，要着重抓好以下几项工作。

（一）发动和组织群众，广泛、深入、持久地开展增产节约劳动竞赛。

开展增产节约运动是我们社会主义企业一个显著的特征，也是我们提高劳动生产率、增加积累、改进管理、革新技术的根本途径。新中国成立以来，我们党和国家历来提倡在各个部门、各个单位开展增产节约运动。这对于推动我国社会主义建设的顺利进行起了很大的作用。今天，我们在四化建设的时候，更要把增产节约运动引向深入，并且要把它贯穿在四化建设的全过程。为了打好四化建设战役，工会组织要动员和组织广大职工群众，广泛、深入、持久地投身到增产节约中，形成一个群众性的劳动竞赛热潮。

开展增产节约劳动竞赛,要以高产、优质、多品种、低消耗和安全生产为主要内容。为了把增产节约劳动竞赛广泛、深入、持久地开展下去,要注意抓好以下几方面工作:

(1) 广泛开展群众性的技术革新和合理化建议活动。我们要向群众讲清楚,目前,我们国家人口多、经济、技术都比较落后,进行技术革新还不能通过更新全套新的技术设备的办法。提高生产力,要立足于现有企业,脚踏实地在挖潜、革新、改造现有设备上下功夫。要讲求科学性,既要有大干苦干的精神,又要有巧干妙用的本领,反对只靠拼时间拼体力。要善于把群众的点滴革新成果和合理化建议集中起来加以系统化。革新的成果往往是群众集体智慧的结晶。因此,除大力鼓舞和支持群众个人革新创造外,要提倡集体革新创造,充分调动和发挥集体的积极性和智慧。当前,要把群众的精力集中到提高产品质量和降低消耗上来,树立"质量第一"的思想。要加强对技术革新和合理化建议的组织领导工作。县正在筹备成立科学技术协会,认真开展工作,具体负责,组织革新活动,总结和交流革新经验,推广革新成果;要适当组织同类企业的技术交流、技术协作和不同类企业有关人员参观革新成果、观看革新表演活动,以便交流技术,推动技术革新向前发展。

(2) 坚持按劳分配原则,做好超产奖励工作。目前,我县厂矿企业单位普遍实行超产提成奖。它把国家下达的生产指标分到车间、班组或个人,根据完成任务的情况分到计奖。尽管各单位提成多少不同,奖励间隔各异,有的单位分为月奖、季度奖、年终奖,有的单位只有季度奖和年终奖,这些都是经允许的,都体现了社会主义按劳分配原则。实践证明,坚持按劳分配原则、实行超产奖励的办法有利于激发职工群众的劳动热情,调动积极性,有利于提高积累,体现了国家、企业、个人"三结合"利益。我们一定要把这种做法坚持下去,并切实把奖金兑现到个人身上。

(3) 切实加强劳动保护和安全生产工作。切实保障职工的人身安全和身体健康是工矿企业的一项重要工作,也是生产本身的需要。近年来,我县厂矿企业的工伤事故不同程度发生。各级工会必须予以重视。为了做好这项工作,工会要设置必要的机构,起码也要有人兼抓(按企业人数多少具体研究),经常掌握情况。发现机器设备或工程设施有不安全的因素,要及时向行政反映,提出改进的意见和措施,促其改善和维修,本单位解决不了的,要协同其他有关部门共同解决好。为了引起广泛重视并把这项工作落到实处,要把劳动保护和安全生产的措施和要求落实到车间、班组和个人,并将其作为劳动竞赛的一个评比条件。

(4) 认真做好竞赛评比工作。总结评比是劳动竞赛不可缺少的一环,也是一项极为严肃的工作,评比的准确程度,直接影响群众竞赛的热情,一定要认真对待。先进的标准是看其在挖潜、革新、改造过程中所获得成果的大小在生产中所起的作用。评比先进要有群众基础,得到群众确认,使群众学有先进、赶有榜样,以利于比学赶帮超活动不断向前发展,把竞赛不断引向深入。评比要预先作好准备,时间不宜花得过长,以免影响职工的精力耽误生产。要帮助先进(集体或个人)力戒骄傲,鼓舞他们不断前进,否则,先进在群众中的影响力就会逊色,阻碍竞赛的开展。

（二）健全和建立职工代表大会制，实行民主选举企业基层领导人，搞好企业民主管理。

邓小平同志在工会九大致辞中，强调要搞好企业民主管理。他指出：为了实现四个现代化，我们所有企业必须毫无例外地实行民主管理，使集中领导和民主管理结合起来。发扬社会主义民主，实行政治民主化，在企业中的具体体现就是搞好民主管理。职工代表大会制是社会主义企业的一项根本制度，也是维护职工行使当家作主的权利、实施民主管理的一项重大措施。实践证明，它对于增强职工的主人翁责任感、密切领导和群众的关系、提高企业管理水平、推动增产节约运动、保证国家计划的完成，都起了积极的作用。我们要调动职工的主人翁责任感和社会主义积极性，要发扬社会主义民主，要有不怕麻烦的思想，把这项制度建立起来。为了推动这项制度的实行，全国总工会已经起草了一个《国营工业企业职工代表大会示范条例（试行草案）》，报请中央批转各地。省总工会根据全国总工会的要求，提出在今年内，所有的企业都要把职工代表大会普遍恢复和建立起来。并提出具体要求：第一，已经恢复和建立了职工代表大会制的企业，要进一步提高水平，克服形式主义，使之真正发挥工人当家作主的作用。这些企业的工会组织，应该承担起职工代表大会工作机构的职责。第二，尚未恢复和建立这一制度的企业，其工会应在党委的领导下，积极创造条件，迅速把这一制度建立起来。第三，实行扩大自主权建设工作的企业，一定要同时建立和健全职工代表大会制度，因为扩大企业自主权，实质上是扩大职工民主管理企业的权利。第四，省、地、市、县工会组织，必须把建立和健全职工代表大会制度的工作列入议事日程，要由一名副主席主管这项工作，把这项工作认真抓起来。我们要按照上级工会的要求，在各级党组织的领导和上级工会的领导下，在今年内，把我县厂矿企业职工代表大会制建立起来。

实行民主选举基层领导人员是职工当家作主的一项重要权利，是民主管理的重要措施，也是干部制度的一项重大改革。这项工作政策性强，涉及面广，既不能急于求成，又不能放任自流。我们要按上级工会的要求，积极慎重地逐步推行。按照省总工会的要求：凡未搞试点的应该搞试点；已经搞过试点的，可以再搞一两个试点，以便进一步积累经验。凡是扩大自主权的企业和大庆式企业，都应对车间主任、工段长、班组长进行民主选举。各地区还要选择一两个企业作为试点，试行选举厂长。根据这一要求，我们去年在磷肥厂试行选举车间正、副主任，班组长。今年要在水运公司、造纸厂、松香厂这三个大庆式企业搞试点，民主选举厂长。其他厂矿企业单位，要参考在这两年内，结合企业的整顿，逐步推行。

（三）加强职工的思想政治教育工作，把思想政治教育工作做到四化建设中去。

四化建设是当前最大的政治，我们一切工作都要围绕四化建设这个中心开展，并为这个中心服务。因此，思想政治工作也必须为四化服务。要把广大职工的思想吸引到实现四化建设上来，使他们以主人翁的态度创造性地进行劳动。

工会组织要进一步发动和组织职工开展真理问题的学习和讨论，对他们进行辩证唯物主义的思想路线教育。要引导职工把学习真理标准、学习党的十一届三中全会和五届人大二次会议精神、学习叶剑英同志国庆讲话的精神结合起来，认识党的十一届三中全会的政治路线、政策是总结新中国成立以来，在社会主义革命和建设的实践中得出来的真理，从而坚决维护新时期的政治路线，自觉执行新时期一系列方针政策，要把真理标准问题的学习、讨论同个人的工作联系起来，总结工作中正反两方面的经验教训。认识只有实践，才能从成功和失败的经验教训中，发现问题，加以改进，从而重视实践，勇于实践，在为四化建设的实践中不断增长才干，尽量避免工作中的盲目性，提高自觉性，争取为四化建设作出较大的贡献。

要加强社会主义民主与法制教育。进行四化建设需要政治上的民主。多年来，林彪、"四人帮"大搞封建法西斯专制主义，社会主义民主遭到践踏。我们要把社会主义民主的空气恢复过来。要认识只有让群众充分享受社会主义民主的权利，才能最大限度地把群众组织起来，为党的四化建设事业而奋斗。工会组织要在党政部门实施民主监督作用，工会干部要敢于坚持真理，跟破坏社会主义民主的人作坚决斗争。工会要教育职工自觉维护人民的民主权利，同时要大力加强社会主义法制教育。五届人大通过的七项法律已经实行，这是进行法制教育的好材料，工会要组织职工群众反复学习。要教育职工群众正确认识民主与法制、民主与集中、自由与纪律、权利与义务的辩证关系；自觉遵守纪律，遵守国家的法律与法令，坚决维护正常的社会秩序、生产秩序、工作秩序、教学秩序和人民生活秩序，做安定团结的促进派；敢于同破坏社会主义民主和社会主义法制、破坏社会治安、危害国家和人民利益的杀人、抢劫、强奸等刑事犯罪分子作坚决的斗争。在思想政治教育中，要把职工群众引导到学文化、学技术道路上，这是思想政治工作其中一个内容。工会组织要为他们学习创造条件，大力开展职工业余教育，以利于职工逐步掌握先进技术，为其攻克技术难关、攀登科学高峰奠定基础。这项工作牵涉面广、情况复杂，可能碰到的困难会不少。我们要从党的战略任务、四化建设的需要出发去认识问题，认真把它抓起来。已经开展了业余教育的单位要进一步完善、提高，尚未开展的单位要迅速成立机构，结合本单位的实际，制订好规划，在党的领导下，把职工业余教育开展起来。

（四）维护职工的物质利益，解决职工生活中急需又可能解决的问题。

关心职工生活是党的优良传统作风，是工会工作的一部分。工会要把生活工作抓起来。工会工作既要有主有次，又不能顾此失彼。在深入开展增产节约劳动竞赛的同时，要把生活后勤劳动竞赛开展起来。当前，职工生活问题首先要解决好如下几方面：

（1）要协助行政和配合后勤部门切实解决好职工的住宿问题，并要逐步改善职工的住宿条件。当前，在住房还不充裕的情况下，要尽量缩小领导干部住房和职工住房的差距。

（2）要督促和帮助后勤部门努力办好职工饭堂，在不提高现有伙食标准或不超出职工经济负担的前提下，改进职工伙食。

（3）要配合有关部门做好计划生育和晚婚的宣传教育工作，提倡一对夫妇终生只生一个小孩；要做好小孩的保健工作；要办好托幼组织。

（五）加强工会组织建设，充分发挥工会的作用。

工会的组织建设是完成工会历史使命的保证。因此，工会在大力加强思想建设的同时，必须加强工会的组织建设。

（1）把工会的领导班子建设好。工会领导班子的思想状况和业务能力如何，对工会工作影响极大。一定要配备得力的人担任领导职务。根据中央关于工会干部配备的指示精神，我县厂矿企业基层工会主席应由党支部副书记（或副厂长）担任。在调整工会领导班子时，一定要按中央的指示精神办，凡不符合条件的，党组织应结合工会整顿，逐步予以调整。为了保证党对工会的领导和工会工作的顺利开展，要选择一些年富力强的人担任工会主席。

（2）做好工会干部的培训工作。随着四化建设的进行，工会工作越来越繁重。为了使工会干部适应四化建设的要求，把新时期工会工作做好，必须对工会干部进行培训。今后，县总工会将根据各个时期工作的需要，对基层工会干部有计划地、分期分批地进行培训，不断提高他们的思想水平和工作能力，把工会工作做好。

（3）精心培养一批工会积极分子。工会中有了一批积极分子去带动、影响群众，往往就能起到促进群众自己教育自己、自己管理自己的作用，使工会各项工作做得更活跃、更有成效。因此，工会要善于不断发现积极分子，并对他们进行培养、提高。为了发挥工会组织在新长征中的作用，工会在开展工作时要坚持几条原则。

一是工会必须自觉地接受和服从党的统一领导，坚决贯彻党的路线、方针、政策，围绕党的中心任务和为着实现党的中心任务进行工作；同时，要根据工会自己的特点，针对工会所联系和服务的职工群众的多种多样的需要和要求，独立负责地、积极主动地开展各项活动。

二是工会要善于在工作中把职工的长远利益和眼前利益、根本利益和切身利益结合起来。只有做好维护国家和集体利益这方面的工作，四化建设有较大进展，才能够给改善职工生活这项工作提供物质基础。同时，也只有切实维护自己所代表的群众利益，积极解决他们日常生活中的切身问题，才能极大地调动群众的积极性，使他们一心为四化、一心干四化。

三是工会要维护企业行政的集中领导，支持行政的一切正常的生产指挥，教育群众自觉地增强组织纪律性；又要组织群众实行民主管理，发挥群众监督作用，敢于代表群众讲话，大胆地维护职工的政治经济权益。

四是工会要自上而下地宣传和贯彻党和国家的重大决策、决定、指示和要求，要教育和发动群众自觉自愿地来执行和使之实现；又要向党全面反映群众的动态，不仅反映先进的，还要如实地反映中间和后进的，并且通过先进的帮助提高中间和后进的。

佛冈县工会第十五次代表大会的工作报告

不忘初心　服务职工
在促进佛冈经济建设及社会和谐发展中建功立业

（2019年3月13日）

蓝应禄

一、过去五年的工作回顾

县工会十四大以来，全县各级工会组织在县委和市总的正确领导下，深入学习贯彻习近平总书记系列重要讲话，党的十八大、十九大会议精神，习近平总书记视察广东重要讲话精神，中国工会第十七次代表大会会议精神，不忘初心，认真履职，全心全意服务职工群众，强化维权维稳，夯实基层基础，推进改革创新，加强党的建设，各项工作取得了显著成效。全县劳动关系总体和谐，职工队伍总体稳定，没有发生重大职工群体性事件，为我县构建社会和谐稳定发挥了重要作用。

（一）着力加强政治导向，在思想上政治上行动上同以习近平同志为核心的党中央保持高度一致。

近年来，各级工会把学习贯彻习近平总书记系列重要讲话精神作为首要政治任务，充分履行绝对忠诚党的事业、竭诚服务职工群众的使命和担当。县总工会建立"每月一学"集中学习制度，到企业和挂扶村组织了12场学习宣讲会，及时传达学习习近平总书记系列重要讲话精神，特别是关于工人阶级和工会工作的重要论述，引导广大职工和工会干部加深对党中央治国理政新理念新思想新战略的认识。各级工会在党委的领导下，组织广大工会干部深入学习贯彻中央和省委的决策部署，面向基层和职工群众广泛宣传，团结凝聚广大职工满怀信心为实现中华民族伟大复兴的中国梦而奋斗。

（二）着力弘扬劳模精神和工匠精神，引导广大职工在各自工作岗位上建功立业。

大力弘扬劳模精神和工匠精神。深化"中国梦·劳动美"主题教育，每年五一期间，均与我县电视台开设"劳模风采"专题栏目，着重宣传劳动模范先进事迹。分别建立了蓝榕概、周长春劳模创新工作室，建立了约克、国珠公司职工创新基地，深入开展以"优质、高效、安全、快速、创新、廉洁"为主要内容的劳动竞赛。贯彻落实《广东省关于大力推进大众创业万众创新的实施意见》，组织部署企业工会开展职工技能大赛，有力推动职工技能培训、技术练兵、技能提升、技术创新融合发展。

通过大力弘扬劳模精神和工匠精神，搭建起展示行业新风貌新形象的有效平台，引导广大职工以劳模为榜样，在各自的岗位上建功立业，一批先进集体和个人受到了上级党委、政府和工会系统的表彰奖励。县法院蓝榕概被中共中央、国务院授予"全国先进工作者"称号，广东国珠精密模具有限公司被中华全国总工会授予"全国工人先锋号"称号，清远加多宝草本植物科技有限公司工会委员会获得"2018年全国模范职工之家"称号，佛冈中学周长春、县交警大队刘治刚被省委、省政府授予"广东省劳动模范"称号，约克公司职工高建华、国珠公司职工肖光被省总工会授予广东省五一劳动奖章，还有一批先进集体和个人受到了上级有关部门的表彰。

（三）着力建立健全维权机制，构建和谐劳动关系取得新成效。

着力构建非公企业劳动争议调解机制，建立县、镇、企业工会联络制度。围绕"及时发现、有效控制、妥善处理"三个环节，积极做好劳动争议的预测、预报、预防工作。五年来，全县已建工会劳动争议调解组织的企业有87家，劳动争议调解员有87人，成功调解劳资纠纷6宗。在供给侧结构性改革中，确保企业特别是职工分流人数多、影响面大的企业安置方案经职工代表大会审议通过后才实施，有效地将劳资矛盾化解在企业内部之中，使得全县职工群体性劳资纠纷总体可控，发挥了基层工会处理劳动纠纷"第一防线"的作用，维护了社会和谐稳定。

积极构建社会化维权格局。加强沟通协调，形成工作合力，与人社、安监等职能部门建立联合监督检查机制，制定《关于预防和化解劳资纠纷构建和谐劳动关系沟通联系制度》，做好职工群体性事件排查工作，坚持对劳资纠纷进行定期研判和专题研判。定期对企业开展针对农民工工资支付情况、非公企业职工参保情况、安全生产状况等方面的监督检查。共参与劳动仲裁案件20宗，劳动监察执法检查15次；接待职工来信来访5宗6人次，已解决5宗；处置群体性事件1宗，涉及职工100人。

推广深圳工会做实做强社区（园区）工会联合会的经验，保障基层工会"有人办事、有钱办事、有场所提供服务"的经验，2017年底在省、市总工会的支持下，我会在龙山镇建设了一家工会联合会，聘请3名社会化工会干部，将龙山镇工会联合会建成集"会、站、家"一体化的职工之家，使得职工办事更方便快捷。

（四）着力推进基层工会组织建设，基层组织得到进一步夯实。

我会认真贯彻中央关于"扩大工会覆盖面、增强工会凝聚力"的指示，依托党建带工建机制，切实加强基层组织建设。

非公企业民主建会深入推进。制定了《佛冈县工会组建工作方案》，持之以恒在非公企业组建工会，大力发展农民工会员。在各镇党委的大力支持下，攻克了一批工会组建工作上出现的重点难点。截至2018年底，民主建会包括雅迪、吉多宝在内的非公企业165家，发展新会员25 341人。目前，全县累计有工会组织519家，会员77 499人。

将有限资源向基层工会倾斜。建立工会机关全员联系企业、服务职工制度，全体机关人员分成3个小组，深入所联系镇属企业开展工作，密切了工会机关与基层的联系。加大基层工会经费保障，进一步完善非公企业工会主席工作津贴制度，向200人以上非公企业工会主席发放工作津贴28.7万元，向全县基层工会下拨工作经费437万元。

抓好基层工会干部的自身素质建设，组织3批共120多名基层工会干部到省总干校培训基地参加培训学习。工会干部业务知识得到较大提升。

（五）着力加大服务职工力度，工会品牌建设有了新进展。

我会加大了硬件投入、机制完善和队伍建设，使帮扶中心成为工会工作的救助窗口，努力拓展了困难帮扶具体项目。坚持以困难职工的实际需求为基础、以困难职工帮扶中心为平台、以临界困难职工和困难外来员工为重点，大力实施生活救助、金秋助学、医疗互助保障、法律援助、工伤救助等民心工程，切实承担起职工困难的第一知情人、第一帮助人职责。五年来，累计帮扶困难职工、困难家庭学生、劳动模范近1700余人次，帮扶困难企业4家，发放慰问金、救助金、助学金共计181万元，帮扶力度亦逐年加大。

职工服务工作进一步深化。制定《广东省总工会关于进一步做好困难职工解困脱困工作的实施意见》，把改革中新出现的困难职工及时纳入工会帮扶救助系统。"住院二次医保"职工医疗互助保障活动深受职工群众欢迎，五年来，县总工会筹措122万元资金，为近1.5万职工全额或部分补贴购买"住院二次医保"。组织工会律师进驻非公企业，聘请10名律师担任佛冈县28家300人以上非公企业法律顾问，帮助企业建立健全规章制度，规范劳动用工，解答职工涉法相关问题，及时化解劳资矛盾2宗。县总工会及时做好职工来信来访工作，成功处理了网络举报投诉10起。服务品牌建设有了新进展。

（六）着力开展各项工会活动，工会凝聚力和号召力得到进一步提高。

五年来，我会致力开展有利于职工身心健康的各项工会活动，为广大职工提供运动、观影、交友、学习、讲座等多种类型的服务活动。连续举办五届"职工趣味运动会"和"职工书画摄影大赛"活动；成功举办两期青年职工联谊交友活动，为职工朋友牵线搭桥、创造良机；开展"中国梦·劳动美"广东工人艺术团送文艺进基层活动；举办八期职工摄影爱好者培训活动，满足职工精神文化生活需要；筹资5万元开展送票给职工观看电影活动；每年夏季开展送清凉活动，为1000多名一线户外高温作业的劳动者送去清凉饮料；开展职工禁毒宣传教育活动，分别到田野绿世界、强丰鞋厂等10家企业开展禁毒宣传活动，提高广大职工群众识毒、防毒、拒毒意识。此外，还配合市总工会举办了"职工普法"和"养生保健健康生活专题讲座"等多场专题讲座。通过开展丰富多彩的活动，极大提高了工会的影响力，获得了基层工会和广大职工的广泛好评，工会组织的凝聚力和号召力得到新提高。

（七）整体推进，工会其他工作有新进展。

在抓好重点工作的基础上，工会其他工作同步发展。2013年通过实行税务代收工会经费，破解了工会经费收缴难的问题，使工会经费稳步增长；大力推进工会经费审查工作规范化建设，认真履行审查审计监督职责，完成77家基层工会经费收支情况审计工作，基本完成对具有计提经费的工会均进行一次轮审；女职工工作突出特色，通过建设"爱心妈妈小屋"，维护了女职工的特殊权益；推进工会改革创新，认真贯彻落实中央和省委党的群团工作会议精神，结合实际，制定了《佛冈县总工会改革分工方案》，使各项改革任务有序展开；坚持抓党建促业务，全面从严治党，突出教育重点，采取组织集中学习、召开专题生活会、上党课、听辅导报告、观看反腐倡廉电教片等形式，加强对党员干部特别是领导干部的教育，严格执行廉洁自律各项规定，五年来未发生违纪违规现象。精准扶贫工作成效显著，累计为挂扶村、挂扶户投入帮扶资金38万多元，40多户困难家庭已有序脱贫。

五年来，在全县各级工会组织和广大工会干部的共同努力下，佛冈工运事业取得了新的飞跃，但也存在一些亟待解决的问题，主要是：服务职工机制尚需进一步完善；工会干部的综合素质与新形势的要求还有一定差距；对基层工会的指导服务还有待进一步加强等。这些问题,需要在今后的工作中认真研究解决。

二、今后五年工会工作总体要求和主要任务

今后五年全县工会工作的总体要求是:高举中国特色社会主义伟大旗帜,全面贯彻党的十九大会议精神,深入学习贯彻习近平总书记系列重要讲话精神、习近平总书记视察广东重要讲话精神、中华全国总工会第十七次代表大会会议精神,按照县委和市总工会的部署,以维权维稳、入会建会、服务职工、发挥作用为重点,以深化工会改革创新为动力,以推进工会系统全面从严治党为保证,加强指导,团结动员全县广大职工为促进经济平稳健康发展和社会和谐稳定建功立业,按照上述总体要求,我们要抓好以下几项主要工作。

(一)抓政治导向,把广大职工更加紧密地团结在以习近平同志为核心的党中央周围。

各级工会要全面深入学习领会党的十九大精神,深刻认识全面从严治党的重要性和紧迫性,更加坚定地维护以习近平同志为核心的党中央权威,进一步增强"四个意识",始终在思想上、政治上、行动上同党中央保持高度一致。带领广大职工更加紧密地团结在以习近平同志为核心的党中央周围,为促进经济平稳健康发展和社会和谐稳定作出工会应有的贡献。

(二)抓维权维稳,促进社会和谐稳定。

一是推进法律政策的实施。推动《广东省工资支付条例》(修正案)和《广东省实施〈女职工劳动保护特别规定〉办法》的学习宣传贯彻活动,督促企业履行法定义务,引导职工依法维权。

二是维护职工队伍稳定。落实维权维稳"定期研判"制度,完善重大劳资纠纷事件预防预警和应急处置机制,妥善处置突发性职工群体性事件。关注劳动密集型企业关停裁员现象、供给侧结构性改革中企业关停并转引发问题,进一步做好劳资纠纷的预警防范和处置工作。

三是强化维权力量的建设。提升工会法律服务律师团的影响力,做强工会法律援助品牌。加强劳动争议调解员队伍建设,推动企业劳动争议调解委员会组织建设。

(三)抓基层建设,不断扩大工会组织覆盖面。

一是大力推进农民工入会和加强民主建会。继续开展"农民工入会集中行动",不断扩大工会组织对农民工的覆盖面。贯彻落实《广东省企业工会民主选举实施办法》,规范工会基层组织选举工作。加强基层工会建设,对规模以上未建会企业进行重点组建。

二是加强行业工会建设。要在出租车、物流快递、建筑、物业、家政、餐饮等行业中探索建立行业工会试点。

(四)抓作用发挥,引领广大职工在经济建设主战场创新创优。

一是深入推进"践行新理念、建功十三五"主题竞赛。以重点工程劳动竞赛为龙头,以职工职业技能大赛为依托,以群众性技术创新活动为载体,在推动重大工程建设、提升职工素质和推进大众创业万众创新三个层面上构建平台,推动全县劳动竞赛深入开展。

二是做好"南粤工匠"培育工作。加大"南粤工匠"的宣传力度,在各行业深入开展寻找、发现、培养和选树身边的南粤工匠活动，在广大职工中深入开展"学工匠、提素质、立新功"活动，加大经费投入，继续推进职工创新基地建设活动，引导广大职工立足本职，培养德艺双全、爱岗敬业、精益求精的精神，真正让"工匠精神"在全社会落地生根、发扬光大。

三是扎实做好劳模工作。认真做好五一评选推荐工作，真正评选出为我县经济创新发展作出突出贡献的先进集体和职工代表。做好劳模困难帮扶和专项资金发放工作。认真组织劳模疗休养和体检，更好地保障劳模的身心健康。深化劳模创新工作室创建活动，充分发挥劳模在创新创业方面的示范引领作用。

（五）抓职工服务，推进以精准帮扶为重点的服务体系建设。

一是着力做好为农民工服务工作。切实推动全面治理拖欠农民工工资问题，促进农民工培训、管理、维权等公共服务一体化，把困难农民工作为困难职工解困脱困的重点人群，实施建档立卡、因困施策、精准帮扶服务。推动企业社会保险法律制度进一步健全和落实，实现职工特别是农民工依法参保和应保尽保。

二是深化困难职工帮扶工作。突出工作重点，做好供给侧结构性改革中一线职工、农民工、困难职工的帮扶解困工作，对收入明显下降的职工、难以转岗的职工，深入细致做好社会托底工作，着力解决就业培训、劳动报酬、安全生产、社会保障等职工群众普遍关心的问题，增进职工群众的获得感。充分发挥职工保障互助会作用，完善职工互助保障机制，扩大职工"住院二次医保"覆盖面。加强中央和省财政专项帮扶资金管理。推进帮扶工作信息化建设，加强对困难职工档案的动态管理。

（六）抓改革创新，不断加强工会自身建设。

一是积极稳妥、扎实有序地推进全县工会改革。对接跟进市总工会的改革，按照县委的总体安排和具体部署，完成县总工会改革任务。

二是进一步转观念、转方法、转作风。继续扎实开展"两学一做"专题教育，破除存在的"四化"现象，加强工会的政治性、先进性、群众性建设，落实工会领导机关和工会干部全员联系基层、联系职工制度，加强对下级工会的业务指导，把更多精力用于帮助基层开展工作、解决职工群众的实际问题。抓住职工反映的热点难点问题，开展调查研究，形成一批高质量的调研成果。

统筹兼顾做好工会各项工作。健全工会财务管理、资产监管和经费审查制度，以规范工会经费和资产管理为重点，依法收好、管好、用好工会经费和资产，提高廉洁风险防控水平。努力做好女职工工作，切实维护女职工合法权益和特殊利益。进一步提高工会干部的素质和水平，以基层工会干部尤其是非公有制企业工会干部为重点培训对象，采取分批轮训、以会代训、外出考察交流等形式，不断提高工会干部的责任意识、服务意识和履职能力。

同志们，新形势下工会面临的任务更加繁重、责任更加重大。我们一定要更加紧密地团结在以习近平同志为核心的党中央周围，把认识提高到促进和谐社会建设的高度上来，团结动员全县广大职工，为我县建设清远"副中心"城市、挺进珠三角和建设融入粤港澳大湾区"南大门"，努力在决胜全面小康征程上走在全市前列，作出新的更大贡献！

县总工会文件选录

佛冈县劳动模范管理办法

第一章 总则

第一条 为进一步落实尊重劳模、尊重知识、尊重人才、尊重创造的方针，树立劳动最光荣、劳动最崇高、劳动最伟大、劳动最美丽的观念，发扬工人阶级的伟大品格，用先进思想、模范行动影响和带动职工，规范劳动模范的培养、选树、表彰和管理程序，制订本办法。

第二条 劳动模范是企业的栋梁、职工的楷模，是促进企业创新发展的领跑者和持续发展的实践者，是各项工作的骨干力量。

第三条 劳动模范的培养、评比、表彰、管理，坚持基层推荐、民主评选的原则；坚持综合考核、突出实绩的原则；坚持精神激励和物质鼓励相结合的原则。

第四条 应当做好劳模培养、管理和劳模事迹的宣传工作，组织好劳模的评比、表彰工作。

第二章 劳模条件

第五条 模范执行党和国家的方针、政策、法律、法规及企业的各项规章制度，自觉按企业的各项制度规范和约束自己的行为，做遵章守纪的模范。

第六条 积极参与企业各项生产经营管理活动，全面履行所承担的工作职责，创造性地完成所承担的本职工作任务和关、重、急、险任务，在提升企业战略地位和市场地位的相关工作中发挥骨干作用。

第七条 立足本职、勤奋敬业、乐于奉献、勇于创新、敢挑重担，以主人翁的工作姿态和忘我的进取精神，在双增双节、提高质量、确保安全等工作中做出显著业绩，质量、产量、成本、消耗等重要考核指标在企业中处于领先地位；在降低成本、占领市场、开发新产品、应用新技术、创造新经验、推广先进操作法等方面，有突破性进展和重大成果。

第八条 在企业管理、精神文明建设和企业文化建设中做出重大业绩者。

第九条 考核期内无质量、安全、机损事故，无违规违纪现象。

第三章 评选程序

第十条 依照劳模条件，各单位原则上应在采用公开竞争的基础上，按照民主程序，由职工充分讨论，反复酝酿，推荐劳模候选人。严禁包办代替或弄虚作假。

第十一条 确定劳模候选人后，要统一填写劳动模范推荐表，向上一级工会推荐。

第四章 关心劳模

第十二条 每年组织一次劳模旅游活动，开拓劳模的视野，丰富劳模的阅历，给劳模创造更多放松身心的机会。

第十三条 切实关心劳模的身体健康状况，每年组织一次劳模健康体检。

第十四条 重视劳模的培养工作，凡上级组织的各种政治、文化、技术学习，要优先考虑劳模，为劳模创造更多的学习和交流机会，不断提高劳模知识文化水平。

第十五条 采取召开劳模座谈会等多种形式，广泛听取劳模的意见和建议，为劳模参与企业管理提供建言献策的必要渠道。

第十六条 认真做好劳模的来信来访工作，及时帮助他们解决工作、生活、学习中遇到的各种困难，对劳模的伤、残、病、亡要进行妥善处理。

第五章 劳模的宣传和管理

第十七条 充分利用广播站、电视台、报纸等多种宣传媒体，弘扬劳模精神，赞美劳模品质，放大劳模效应，发挥劳模作用，营造崇尚劳模、学习劳模、关爱劳模、争当劳模的环境。

第十八条 凡被授予本级以上劳模称号者，工会建立劳动模范管理档案，内容包括个人情况、主要事迹、受奖情况、家庭状况等。

第十九条 劳模管理上，坚持能下能上的原则，对因犯严重错误、需取消荣誉称号者，本着严肃慎重的态度，经原命名程序予以取消。

佛冈县工会中央财政专项帮扶资金使用管理办法

第一章 总则

第一条 为加强和规范中央财政专项帮扶资金使用管理，进一步做好我县困难职工家庭帮扶工作，根据《中华全国总工会办公厅关于印发〈中央财政专项帮扶资金使用管理办法〉的通知》、《广东省工会中央财政专项帮扶资金使用管理办法》、清远市总工会办公室关于印发《清远市工会中央财政专项帮扶资金使用管理办法的规定》的通知，结合我县实际，制定本办法。

第二条 本办法所称中央财政专项帮扶资金（以下简称专项帮扶资金），指由清远市总工会拨付给我县，专项用于工会开展困难职工帮扶的中央财政资金。

第三条 专项帮扶资金的使用上，坚持依档帮扶、精准施策、实名制发放的原则。

第二章 资金的使用对象、范围、标准及方式

第四条 专项帮扶资金的使用对象为在全国工会帮扶工作管理系统中建立档案的困难职工家庭。困难职工档案按照《困难职工家庭认定和档案管理有关问题指引》所列标准分为深度困难职工家庭、相对困难职工家庭和意外致困职工家庭。

第五条 专项帮扶资金使用范围和补助标准。

（一）生活救助项目。主要用于困难职工家庭基本生活支出、住房、取暖、降温等方面生活保障。

（1）基本生活补贴：可根据困难职工家庭困难程度分档确定补贴标准，每年每户不超过当地最低生活保障标准的年度总和。对受疫情、自然灾害等影响的困难职工家庭，可增发不超过三个月当地最低生活保障标准的生活临时补贴。

（2）住房补贴：可依据困难职工租住住房的情况确定补贴，每户发放标准不高于当地住建部门规定的住房租赁补贴标准。

（3）价格临时补贴：落实帮扶标准与物价上涨挂钩联动机制，可依照政府有关文件规定发放价格临时补贴。

对遭遇重大生活困难的家庭，可采取一事一议方式提高帮扶额度。提高部分不得超过原标准的50%。

（二）医疗救助项目。主要用于补助困难职工家庭本人或家庭成员因患重大疾病、重病残疾护理、患慢性病长期服药、感染重特大传染病等，经过基本医保、大病保险、商业保险、互助保障等报销和其他部门救助后，仍然难以承担的医疗医药费用。

（1）门诊及住院费用补助：不超过经基本医疗保险、大病保险、商业保险、互助保障等报销和其他部门救助后的个人实际承担部分。

（2）护理费用补助：对重病、残疾需要护理的困难职工或家庭成员，根据其生活自理能力，可按不超过当地民政部门公布的失能、半失能特困人员照料护理费标准发放。已享受民政部门特困人员照料护理费的，不再发放。

（3）慢性病长期服药费用补助：根据医保定点医疗机构开具的诊断证明或医嘱中明确的用药及用量，可按照不超过个人实际承担部分发放。

（三）助学救助项目。主要用于困难职工家庭子女上学期间（全日制大专以上）所需生活费、路费和其他必要支出，以及工会勤工俭学项目岗位补贴。

（1）在校生活费补贴：补贴标准为每生每年不超过十个月基本生活费用总和。子女毕业后经核实暂时无法就业的，可在毕业后一年内按原标准发放在校生活费补贴，发放时间不超过一年。

（2）交通费补贴：可按学生家庭所在地与就读学校间普通火车（含高铁）、客车车票的学生票价发放，每生每年最多给予4次交通费补贴。

（3）勤工俭学补贴：鼓励和引导困难职工家庭子女寒暑假期间参加工会组织的社会实践活动，并发放岗位补贴，补贴标准参照当地最低工资标准确定。

（四）职业培训和职业介绍项目。主要为用于帮助有劳动能力的困难职工家庭成员提升就业和职业发展能力，以及鼓励困难职工家庭成员充分就业的补贴。补助标准参照当地人社部门的标准执行。

（五）法律援助项目。主要是对劳动经济权益受到侵害的困难职工开展法律援助服务所提供的补贴。补助标准参照当地政府司法行政部门设置的法律援助补助标准执行。

根据困难职工家庭致困原因，同一年度内各帮扶项目可同时实施，待遇叠加。

第六条 全年每户单个帮扶项目补助额度超过2万元的，应报省总工会审批；超过5万元的，应报请全国总工会同意。

第七条 专项帮扶资金不得用于下列支出：

（一）支付帮扶中心工作人员工资或办公经费；发放各种奖金、津贴和福利补助；

（二）购买车辆、手机等交通工具及通信设备；

（三）帮扶中心基本建设投资；

（四）其他与困难职工群体帮扶无关的支出；

（五）购买明令禁止的物品。

属于政府采购、购买社会服务、招投标管理范围的，严格执行有关法律、法规及制度规定。

第八条 县总工会下拨的专项帮扶资金，须经主席办公会议或支部委员会议审议通过，才可按相关规定履行报批和划拨手续。

第九条 县总工会应根据本级重大资金支出的决策程序规定拨付、发放专项帮扶资金，并形成书面会议记录或纪要。

第十条 县总工会应综合考虑专项帮扶资金的分配额度、在档困难职工家庭户数、当地经济社会发展水平等因素，科学合理确定下拨或补助标准。

第十一条 除特殊情况外，专项帮扶资金的使用采取银行转账方式。

第十二条 专项帮扶资金须实名制发放。所使用的实名制表格（见附件），应当包含受助人姓名、身份证号码、工作单位或家庭住址、联系电话、帮扶项目、帮扶金额、银行账号信息、经办人签字、领导审批等有关信息。

第十三条 专项帮扶资金使用情况应当在支出后30个工作日内录入全国工会帮扶工作管理系统。

第三章 资金的预决算和管理

第十四条 专项帮扶资金的预算、决算按照工会预算管理要求执行。专项帮扶资金专款专用，建立明细台账。

县总工会应科学制定资金使用流程，加快预算执行进度。县总工会因特殊原因预计将造成结转结余的，应于当年11月15日前书面报告市总工会。

第十五条 县总工会收到上级工会的专项帮扶资金分配额度后，应尽快制定资金分配方案，确保自县总工会收到专项帮扶资金分配额度后的20个工作日内将专项帮扶资金安排额度下达到县困难职工帮扶中心。资金到达后及时发放给相关困难职工。

县总工会专项帮扶资金分配方案应报备上一级工会。年度终了20日内，县总工会将专项帮扶资金使用情况汇总报市总工会。

第十六条 专项帮扶资金按财政部和全国总工会有关绩效管理的规定，实施预算绩效管理。县总工会对预算和绩效目标执行情况实行定期跟踪监控。

第四章 资金的监督

第十七条 县总工会应当建立健全专项帮扶资金监管机制，县困难职工帮扶中心、财务、经审等部门应当加强沟通与配合，做到各司其职。

（一）县困难职工帮扶中心负责制定困难职工认定和帮扶标准，制定帮扶工作实施方案，对专项帮扶资金使用管理进行指导，会同财务部门编制分配方案，编制项目绩效考核目标。县困难职工帮扶中心负责建立和管理困难职工档案，开展具体帮扶活动。

（二）财务部门负责专项帮扶资金的接收、拨付、核算等财务管理，不断加强财务指导和绩效管理。

（三）经审部门负责对专项帮扶资金进行审计监督。

第十八条 任何单位或个人不得截留、挪用、冒领或随意扩大专项帮扶资金的使用范围。

第十九条 对于专项帮扶资金的管理和使用，要遵守国家财政制度和工会财务制度的规定，依法接受审计、财政、纪检监察部门的审计和监督，接受社会监督，及时发现和纠正存在的问题。对工作中敷衍塞责、弄虚作假、推诿刁难、优亲厚友、虚报冒领等不作为、乱作为的情形严肃问责。对存在滥用职权、玩忽职守、徇私舞弊等违法违纪行为的，按照有关规定追究相应责任；涉嫌犯罪的，移送司法机关处理。

第二十条 激励担当作为，鼓励改革创新，建立健全容错纠错机制，对秉持公心、程序完整，但因人力不可为等客观原因出现偏差失误的，督促有关人员纠错纠偏，挽回损失，消除影响，可免除其责任。

第五章 附则

第二十一条 县总工会根据市总办公室关于印发《清远市工会中央财政专项帮扶资金使用管理办法》的通知规定，结合本县实际，制定佛冈县工会中央财政专项帮扶资金使用管理办法，并报市总工会备案。

第二十二条 本办法实施后，县总工会本级工会经费中不设立困难职工专项帮扶资金，将设立常态化送温暖资金，用于帮扶慰问在档困难职工家庭。

第二十三条 县总工会争取和筹集的地方财政、行政拨付、社会捐款等帮扶资金，可按照地方财政、同级行政和捐款人（单位）的规定或意愿，自行科学合理确定资金使用对象和范围。

第二十四条 本办法自下发之日起执行。

第二十五条 本办法由县总工会负责解释。

佛冈县本级专项帮扶资金使用暂行管理办法

（2018年11月2日）

第一条 为加强佛冈县本级专项帮扶资金（以下简称帮扶资金）管理，提高资金使用效能，确保资金规范安全运行，依据全总、省总、市总专项帮扶资金使用管理的有关规定，结合佛冈实际，制定本办法。

第二条 本办法所称佛冈县本级专项帮扶资金，是指县本级工会经费、县财政资金。

第三条 帮扶资金发放和使用，应当坚持"依档帮扶""先建档、后帮扶、实名制"的原则。各级工会应根据全国总工会制定的困难职工档案管理办法，准确核查困难职工家庭状况，建立困难职工档案并予以动态管理。

第四条 帮扶资金使用对象是已纳入佛冈县总工会档案的困难职工家庭，主要包括：

（一）低保边缘户：职工本人或共同生活的家庭成员由于患病、子女上学、残疾、单亲及其他特殊原因造成生活困难，且符合"（上一年度家庭可支配收入－由于当年或一年内患病、子女上学、残疾及其他特殊原因等造成支出费用）/家庭总人口≤当地低保标准200%"条件的职工家庭。

（二）意外致困户：

A：职工本人或共同生活的家庭成员遭受突发事件、意外伤害、重大疾病及其他原因导致生活困难,且符合"(上一年度家庭可支配收入-当年或一年内意外致困造成支出费用)/家庭总人口≤当地低保标准200%"条件的职工家庭。

B:家庭人均收入高于我县最低生活保障标准3倍以上,但由于当年或一年内遭受突发事件、意外伤害、重大疾病及其他原因导致生活困难,且符合"(上一年度家庭可支配收入+投资性净资产+储蓄-当年或一年内意外致困造成支出费用)/家庭总人口≤当地低保标准200%"条件的职工家庭。

(三)困难农民工:已加入工会组织、已办理我区居住证,且符合上述条件之一的困难农民工家庭。

具有下列情形之一的职工家庭,视为不符合帮扶资金使用对象:

(1)凡是满16周岁60周岁以下的有劳动能力的家庭成员无正当理由拒绝就业,不自食其力的;

(2)隐瞒或不提供家庭(个人)真实情况(包括共同生活的家庭成员的抚养分担、个人及家庭成员的任何其他收入),弄虚作假的;

(3)拒绝工会组织或代表工会组织的派出机构入户调查的;

(4)拥有2套(含)以上商品住房的(拥有2套商品住房,但人均住房建筑面积达不到当地最低住房标准的除外);

(5)拥有日常居住的农村自有住宅,同时拥有1套(含)以上非常住或用于出租的商品住房的;

(6)拥有商业用房、厂房或雇佣2人(含)以上从事生产经营活动的;

(7)子女进入高收费私立学校或自费出国留学的;

(8)非受雇佣经常使用机动车、船舶、工程机械以及大型农机具的(仅拥有1辆非申报当年购买的用于家庭日常生活的汽车除外)。

第五条 帮扶资金适用于生活救助、医疗救助、子女助学、法律援助、职业培训、职业介绍、职工医疗互助保障、临时应急救助等帮扶项目。

(一)用于生活救助的资金,每户每年所获的不得超过当地低保标准年度总和。

(二)用于医疗救助的资金,不得超过所获的医疗费用个人自付部分。

(三)用于助学救助的资金,每人每年所获的不得超过十个月基本生活费用总和。

(四)用于职业培训、职业介绍的资金,执行当地政府人力资源和社会保障部门制定的同类工种标准。

(五)用于法律援助的资金,执行当地政府司法行政部门制定的法律援助补贴标准。

帮扶资金不得用于下列支出:支付帮扶中心工作人员工资或办公经费;发放各种奖金、津贴和福利补助;购买车辆、手机等交通工具及通信设备;帮扶中心基本建设投资;其他与困难职工群体帮扶无关的支出。

第六条 帮扶资金发放工作流程严格按照:申报(困难职工)→调查(受理的基层工会入户摸底调查)→公示(调查后公示7天)→审核(基层工会收到上报材料后对照标准审核)→县困难职工帮扶中心复核→党组或主席办公会议认定同意→资金发放。

第七条 帮扶资金采取非现金支付形式。用于困难职工生活救助、医疗救助、子女助学的，应当通过银行卡（存折）发放，帮扶中心应及时将帮扶项目、金额、次数和具体时间通知困难职工家庭，并将银行对账单存档备查。

第八条 县总工会应加强帮扶资金管理监督。具体包括：

（一）帮扶中心负责制定困难职工建档和帮扶标准，对帮扶资金的管理和使用进行指导督查，编制资金分配和使用方案；帮扶资金使用情况应当在30个工作日内分年度分类建档；负责建立和管理困难职工档案，开展具体帮扶活动。

（二）财务部门负责帮扶资金的接收、拨付等财务管理，规范会计核算，加强财务指导和检查。

（三）经审部门负责帮扶资金管理使用的审计监督。

第九条 根据本办法规定及制定的具体实施细则，报清远市总工会困难职工帮扶中心备案。

第十条 本办法自2018年11月2日起实施，由佛冈县总工会负责解释。

佛冈县总工会"三重一大"事项集体决策制度

（2016年11月8日）

为加强领导班子建设，认真贯彻民主集中制原则，规范权力运行，加强集体领导，完善决策机制，现结合本单位实际，制定本制度。

一、"三重一大"事项的内容

本制度所称的"三重一大"事项，是指具有方针政策性、全局性、战略性，对本单位建设、发展和稳定有着重大影响的重大决策、重要人事任免、重大项目安排和大额度资金使用。

（一）重大决策。包括：

（1）推行机构改革，涉及全局的重要政策或制度的制定、修改、废止，或涉及全体干部职工切身利益的重要事项。

（2）中期、长期发展规划的制定和调整；年度总体工作计划、重要工作部署的制定；年度落实党风廉政建设责任制的工作部署。

（3）涉及安全稳定的重大问题处置和应对方案，或特发、危急、困难问题的应对措施等重要事项。

（4）年度财务经费预算方案或决算报告的申报、调整和审核。

（5）原价值超过5万元的办公设备、固定资产或其他大宗物资等资产拍卖、处置的重要事项。

（二）重要人事任免（奖惩）。包括：

（1）党组织换届选举、领导班子变动调整、领导班子成员分工；

（2）所辖管的中层（股级）干部选拔、调整和任免；

（3）科级领导干部后备人选、市级以上荣誉单位或人选的推荐；

（4）评比、表彰、奖励先进（优秀）人员的推荐；

（5）对违反法律、党纪、政纪干部职工的处理意见；

（6）其他需要集体决策的重要人事任免。

（三）重大项目安排。包括：

（1）牵头实施、主体负责或专项经费投资的基本设施建设项目的立项、招投标、施工建设等安排；

（2）经上级部门或县委、县政府批准同意的重大投资安排、组织考察学习、召开会议培训等活动项目的安排；

（3）经申请、申报获批的省、市、县大型活动项目的安排；

（4）其他需要集体决策的重大项目安排。

（四）大额度资金使用。包括：

（1）扶贫救灾、公益捐赠等专项资金的分配使用；

（2）经申请、申报获批的省、市、县大型活动项目的资金使用；

（3）办公设备、固定资产或其他大宗物资等资产购置、维护、维修的资金使用；

（4）单项支出超过5万元的资金使用，内容包括但不限于：考察学习、会议培训、公务接待、购置办公用品等项目的资金使用；

（5）其他需要集体决策的大额度资金使用。

二、"三重一大"事项集体决策的机制主体

"三重一大"事项必须经集体讨论、集体研究作出决策决定的制度。其决策主体主要包括：党支部会议、主席办公会议等。

三、"三重一大"事项集体决策的议事规则和表决原则

（一）议事规则。包括：

（1）实行民主集中制原则。要按照集体领导、个别酝酿、民主决策、会议决定的原则，充分发扬民主精神，以集体会议讨论形式做出决定。班子成员尤其是主要负责人要带头执行民主集中制，保证权利的正确行使。

（2）实行按照程序集体决策原则。要按照规定程序进行决策，除遇重大突发事件和紧急情况外，不得以传阅、会签或者个别征求意见等方式代替集体决策。

（3）实行"四个不直接分管"制度。即主要领导不直接分管人事、财务、工程建设和物资采购工作。实行主要领导负总责、分管领导负专责的管理体制。

（4）实行重大事项报告制度。对于需要报请上级批准的"三重一大"事项及其执行情况，要及时向上级请示或报告。

（二）表决原则。包括：

（1）"三重一大"事项集体决策会议，其出席人数应占应出席人数的2/3，满足条件后会议方可举行。"三重一大"事项集体决策会议的表决，以赞成票超过应到会人数的2/3为通过。

班子成员对"三重一大"事项的决策建议，要逐个明确发表"同意、不同意或者缓议、保留、弃权"等个人意见，并说明理由。因故未到会的班子成员可以书面形式表达意见或建议。

（2）主持"三重一大"事项集体决策会议工作的党政领导负责人或其他负责人可实

行"末位发言制",即在其他班子成员充分发表意见的基础上,最后发表意见,并根据讨论情况,做出相应决定。

(3)一般应遵循"少数服从多数"原则。如遇重大分歧,一般应暂缓决定,待进一步调查研究、交换意见后,再提交讨论。

四、"三重一大"事项集体决策的程序

(一)"重大决策"集体决策的程序是:一般按照提出议题、调查论证、形成方案、集体讨论、民主决策、形成纪要、组织实施、督查落实的程序进行。

(二)"重要人事任免(奖惩)"集体决策的程序是:

(1)对本单位中层管理人员(包括"三定"方案规定的内设股室、辖管事业单位主要负责人)的任免,应根据组织人事任免的有关规定,一般采取民主推荐、领导评价、会议研究、组织考察、民主测评、做出决定、任职公示、备案任免等程序进行;

(2)奖励一般采取制定标准、考核评比、提出意见、集体讨论、做出决定、实施奖励的步骤进行;

(3)问责(惩戒)一般采取调查了解、集体讨论、做出决定、问责(惩戒)备案、接受申诉、最后决定的步骤进行。

(三)"重大项目安排"集体决策的程序是:一般按照计划立项、调查论证、形成预案、集体讨论、民主决策、形成纪要、组织实施、督查落实的程序进行。

(四)"大额度资金使用"集体决策的程序是:一般按照预算立项、调查论证、形成预案、集体讨论、民主决策、组织实施、督查落实的程序进行。

五、"三重一大"事项集体决策的执行

(一)"三重一大"事项经集体决策后,由分管领导按照职责分工组织实施。职责分工有交叉的,由主要领导明确一名成员牵头组织实施。组织实施的分管领导要抓好落实,并及时向领导班子报告执行情况。

(二)分管领导对"三重一大"事项集体决策有不同意见的,允许保留,并可按照组织程序向上级组织反映意见。但在没有改变集体决策前,组织实施的有关人员要无条件执行。

(三)集体决策确需变更的,要按照本制度的规定重新提交集体讨论做出决策。遇重大突发事件和紧急情况需要做出临时处置的,应当在处置后及时向领导班子报告。处置后未完成的事项需要领导班子重新做出决策的,应当重新集体决策,并按照新决策执行。

六、"三重一大"事项集体决策的备案和公布

(一)"三重一大"事项集体决策的具体情况,包括决策参与人、决策事项、决策范围、决策形式、决策程序、决策过程、决策结论、决策实施等内容,要以会议记录、通知、决定等形式留下文书资料,并存档备查。班子成员的表决意见和理由应当予以详细记录。

(二)由党支部会议决定的"三重一大"事项,在作出决策后,会议记录由党支部组织委员负责。由主席办公会议决定的"三重一大"事项,在作出决定后,会议记录由办公室负责。

需要编发会议纪要或其他书面形式的"三重一大"事项，须经主席或常务副主席签发后执行，并通报有关工作部门、纪检监察部门或上级业务主管部门，以及相关人员。

（三）需要对外公布的"三重一大"事项，须经主席（党支部书记）签发后，以书面形式通知有关工作部门、纪检监察部门及相关人员，并在一定范围内公布。

七、"三重一大"事项集体决策的监督

（一）"三重一大"事项集体决策的组织实施情况，列入年度班子民主生活会、述职述廉和党风廉政建设考核的内容，并主动接受上级业务主管部门、县纪检监察机关的监督检查以及全体干部职工的监督。

（二）坚持自觉主动、真实可靠、严格程序的原则，凡召开"三重一大"事项集体决策会议，要提前将会议召开的时间、地点、议题等有关情况，及时通知并邀请县纪检监察派驻机构参加。

"重大决策"会议结束一周内，将会议纪要、会议记录复印件、相关材料向县纪检监察派驻机构报送备案，并及时通报重大事项决策的执行情况、实际效果。

"重要人事任免"在做出决定后，及时向县纪检监察派驻机构报送结果。若需开展公开选拔、竞争上岗等步骤，及时通知并邀请县纪检监察派驻机构全程监督。

"重大项目安排"会议结束一周内，将会议纪要、会议记录复印件、相关材料向县纪检监察派驻机构报送备案。重大项目实施完成后一个月内，以书面形式向县纪检监察派驻机构报送办结情况。重大项目实施过程中发生变更、终止或取消的，及时将调整方案告知县派驻纪检监察机构。

在每一笔"大额度资金使用"完成后一个月内，将资金使用情况报送县纪检监察派驻机构备案。重点包括：资金数额和来源渠道；资金使用方案、依据和相关手续；有关会议纪要或会议记录复印件；有关主管部门审核、审批和备案意见，其他相关资料。

（三）对未经领导班子集体决策实施的"三重一大"事项，有关部门和工作人员应及时向主要领导、上级部门反映，或向县纪检监察机关报告。

八、"三重一大"事项集体决策的责任追究

（一）对违反本制度的责任追究，要按照实事求是的原则，并依据被问责当事人的工作职责权限、范围，分清集体责任或者个人责任。

集体责任的追究：情节轻微的，要召开专题会议，开展批评与自我批评，并限期整改；情节较重、造成一定影响和损失的，单位领导班子要向上级部门作出书面检讨，接受处理；情节严重、造成恶劣影响或者重大损失的，要及时上报县纪检监察机关按照权限和程序开展调查。

个人责任的追究：情节轻微的，对被问责当事人给予批评教育、诫勉谈话；情节较重、造成一定影响和损失的，要责令被问责当事人写出书面检查，通报批评；情节严重、造成恶劣影响或者重大损失的，要及时上报至县纪检监察机关处，按照权限和程序开展调查。

（二）对违反本制度的一般干部，按照干部管理权限，由本单位负责纪检监察工作的部门开展调查，并经领导班子讨论决定后作出问责决定，同时将相应情况上报县纪检监察机关。被问责当事人是党政领导干部的,及时上报县纪检监察机关按照权限和程序开展调查,并由县纪检监察机关作出《党政领导干部问责决定书》,送至被问责当事人处。

作出问责决定前,要听取被问责当事人及有关人员的陈述和申辩,并记录在案;对其提出的合理意见,应当予以采纳。作出问责决定后,要派专人与被问责当事人进行谈话,做好其思想工作并督促整改。

(三)对违反本制度的领导班子及其成员,包括但不限于下列情形之一的,按照中央《关于实行党政领导干部问责的暂行规定》实行问责处理。

(1)拒不执行或不正确执行党和国家政策法规以及上级有关规定进行决策的;

(2)拒不履行或者不正确履行"三重一大"事项决策程序进行决策,且屡犯不改的;

(3)违反民主集中制原则,未经集体讨论决定而个人独断决策或少数人决定"三重一大"事项的;

(4)拒不执行、擅自改变集体决策或有意规避集体决策的;

(5)未向领导集体提供真实情况而造成决策失误的;

(6)集体决策后,发现可能造成损失、能够挽回而不及时采取措施纠正的;

(7)临时动议决定干部任免的;

(8)泄露酝酿、讨论重大问题情况造成不良影响的;

(9)其他因违反"三重一大"事项集体决策制度而造成工作失误的。

本制度自制定之日起开始执行。

佛冈县总工会内部管理制度

为了增强干部、职工的工作责任感,加强组织纪律性,促进工会工作规范、有序、廉洁、高效运行,根据中央和省市县有关改进工作作风、密切联系群众等有关规定,结合我会实际,制订以下内部管理制度。

一、学习制度

1. 学习领导小组:由主席任组长,常务副主席、副主席任副组长,党支部委员任组员,党政领导班子成员任教员。

2. 学习内容:党的纲领、路线、方针、政策、法律法规,马列主义、毛泽东思想、邓小平理论、"三个代表"重要思想、科学发展观和市场经济理论、工会工作业务知识技能等(学习用书由单位统一订购)。

3. 学习方式:实行集中学习与个人自学相结合的学习方式。原则上,班子会议、党支部会议、干部职工例会均安排半小时以上时间集中学习。业余时间自觉抽空学习。

4. 学习要求:每人除了参加集中学习外,还要自觉自主学习,每周自学时间不少于2小时。

5. 参加上级部门组织的业务学习和参观考察问题。原则上安排对口相关人员参加。特殊情况下,经主要领导同意,也可安排其他人员参加。

二、调研联系群众制度

6. 工会干部要经常深入基层工会调查研究，听取并反映职工群众意见和呼声，指导基层工会开展工作，帮助解决实际困难。

7. 班子成员每周要到一个以上基层工会调研了解情况，每月要到一个以上镇检查指导工会工作，每年要走遍全县各镇和大企业。主席、副主席每年深入调研、检查指导工作的基层工会数不少于30个，接访、走访职工群众不少于100人次。

三、请假制度

8. 干部、职工必须按时上下班，不得无故迟到早退。上班时间有事需临时离开工作岗位的，须告知办公室，以便联系工作。有事要请假，并填写请假条；因事急来不及书面请假的，可先口头请假，事后要补请假条。请假半天由分管副主席审批，请假1天及以上由常务副主席审批。请假、休假天数由办公室在年终统计，如休假、请事假天数超出本人当年可休假天数时，每超出一天扣发50元奖金，旷工一天扣发100元奖金。以上扣发在年终发放节日奖金时予以一次性扣除。

9. 常务副主席、副主席的请假办法同时按县有关规定执行。

10. 抽调参加县中心工作已按规定领取差旅费、补助费的，单位不再发放。

11. 节假日值班或因紧急、临时性工作安排并经分管领导书面同意加班的，按县定标准每人每天80元计发加班费。加班天数由办公室每季度统计一次，报分管办公室的领导审核后，由财务制表据悉发放。

四、文书管理制度

12. 发文管理。上报或下发的文件资料必须经分管领导审核后，由主席或常务副主席签发。正式文件、涉及综合性或单位重要工作的文件资料（包括经济合同），分管领导审核后由主席签发，或由主席委托常务副主席签发。上报总结、统计报表等材料，还须经县委主管领导同意。上报资料或下发文件都要做好发文登记。

13. 收文管理。收发员每天一次到县府文件交换处收发文件，电子文件收发员每天最少两次登录有关系统以接收文件，及时送交领导审阅。做好重要来文、来电登记工作。阅处后的文件资料要及时分类收存。每年一月份要将上一年度的重要文件实行分类归档，以便查阅。

14. 印鉴管理。单位印章由办公室专人独立负责管理。

发文或上报资料需要使用印章的，按照"发文管理"的规定，须经有权签发的领导签批后才能予以盖章。其他工作需要加盖单位公章的，须经分管领导审核同意。

财务工作需要加盖单位公章的，须经分管财务工作的领导审核同意。收费票据需盖单位印章的，必须设置专门记录簿登记票据起讫号码和用途、去向。

五、接待制度

15. 接待的审批。接待事项由客人对口业务人员提出申请，报分管办公室的领导审批。

16. 陪同人员安排：

（1）接待上级领导。由主要领导、分管业务领导和对口业务人员陪同。

（2）接待外地客人。原则上按照对口对等原则安排陪同人员。

（3）基层工会来人。由具体业务人员陪同。

17. 接待标准和要求。厉行节约，以本地食材、酒品为主，午餐不上酒。同城活动不安排接待用餐。

六、会议制度

18. 主席办公会议制度。主席办公会议成员由主席、常务副主席、副主席和办公室主任组成。主席办公会议一般由主席召集，一般在每月的第一个星期一召开，必要时随时召开。主席办公会议主要是总结上月工作，研究布置当月工作，讨论决定本会重要事项。重大决策部署、重要人事任免、重大项目安排和大额资金使用等"三重一大"事项，或其他如劳模的推选表彰等涉及全局性的工作事项，须经主席办公会议讨论决定。

19. 每周干部职工例会制度。无特殊情况，每星期一早上都召开一次干部、职工例会。会上做好阶段性工作情况通报，布置本周工作。

20. 出席市、县或有关部门要求派人参加的会议，不得迟到、早退、缺席，会后须及时向单位分管领导或办公室汇报会议精神。因未按会议要求及时汇报而造成单位工作延误，或不按单位安排参加会议被通报、点名批评的，按旷工论处（旷工时间按会议时间计算），造成严重后果的，按照上级有关规定问责。

七、财务管理制度

21. 总体要求。严格执行国家财经制度和工会财务制度，开支应按预算计划进行，不搞账外账，不设小钱柜。严禁一切违反财经制度的违法违纪行为。

22. 财务审批办法。单位各项开支由分管财务工作的副主席审批。2000至5000元的开支申请须经主席同意，5000元及以上的大额支出经集体讨论决定，由分管财务的副主席和主席共同核签，方可报销。分管财务工作的副主席经手的支出由常务副主席审批。

23. 学习活动费用报销规定。干部职工出差开会或学习，旅差费按有关规定报销。出差在外支出，除必备的会议、学习费用外，其他开支事前须经主要领导同意，方可支出。

24. 票据管理。实行票款分管制度，出纳管钱，会计管票。出纳要做到日清月结，会计要加强监督审核。报销的票据，原则上需要正式发票。所有报销票据，必须注明开支事由，并有经手人、证明人、审批人签名。未经相应领导批准而擅自开支的，责任由相关人员自负。

25. 各项收入要及时如实入账，严禁任何人挪用、截留、职务侵占公款，违者依纪依法处理。不得公款私存、私借，因公借款，须经手人出具借条，在办完公务后的五天内归还结账。

26. 依时按质完成各类财务报表，出纳每月10号前要将上月票据交给会计，会计每月15号前以书面形式向正、副主席汇报上月的财务情况。

27. 分管财务工作的副主席要做好每月账目的审核工作。主席要加强监督，定期检查财务工作情况。

28. 自觉接受经费审查委员会的监督，每年的7月、12月要主动提供财务报表供审核。

八、公务卡使用规定

29. 佛财库〔2012〕7号文附件《佛冈县县级预算单位公务卡强制结算目录》所列项

目，都应该使用公务卡刷卡消费。

30．因特殊情况需要现金结算的，须经单位领导批准，方可办理。

31．公务接待一般应安排于定点饭店，由经手人一次一刷卡结账。未经主要领导同意，不得赊账。

32．干部职工在使用公务卡公务消费前，须经单位领导批准。未经批准的，视为个人消费行为。

33．公务卡公务消费须取得相应报销凭证和经持卡人签名的消费交易凭条（报销凭证经手人须与消费交易凭条签名一致），按本单位财务审批办法审批后，方可报销。

34．出纳员核实单位干部职工公务卡进行的公务消费交易信息和有效的报销凭证等必备手续后方可办理报销、还款手续。

35．公务卡还款一般选择在公务卡免息还款期的前一周统一办理资金划转。也可根据特殊情况等需要，提前办理公务卡还款手续。

36．凡经公务卡刷卡的公务消费，不作现金报销。

37．干部职工在公务卡公务消费中，不得使用公务卡提取现金。对公务卡提现行为，视同个人消费行为，一律不予报销。

38．公务卡持卡人公务消费后因自身原因办理报销手续不及时而导致的未能按时还款产生的罚息等后果，由持卡人本人承担。

39．不论任何原因离开本单位的，都要无条件及时注销所持的公务卡。

40．未尽事宜，属本单位内部问题的，由单位领导班子集体讨论决定；其他的，按国家和上级有关规定处理。

九、信访工作制度

41．总体要求。要满腔热情接待来访职工群众，耐心倾听他们的诉求，细心询问情况，详细记录，热情解答疑惑，尽心尽力为职工群众排忧解难。

42．信访处理要求。

（1）来信：对信件要编号、登记。承办人根据来信内容将被反映人或申诉人的姓名、单位、职务分别填写在职工来信登记簿内，并对来信内容进行分类统计，按"分工负责，归口办理"原则进行处理。

（2）来访：把来访人所反映的问题和要求认真填写在来电来访登记簿上，并提出初步处理意见，一个工作日内送分管领导批示。

（3）来电：将来电人的姓名、单位、住址、受话时间、反映的主要问题和要求，以及反映人的姓名、单位、职务填写在来电来访登记簿上，并提出处理意见，一个工作日内送分管领导批示。

（4）对上级交办的信访件及应由工会处理的信访件，经领导阅批，转有关股室处理。承办股室应及时处理，信访件应在规定期内结案。

（5）对不属于工会职能范围或不属于工会受理范围的信访件，登记后由承办人以"转办函"转有关部门办理，并同时告知信访者。

（6）立卷归档。信访人员每年要按照文书立卷的方法要求做好信访文书的归档工作。

十、车辆管理制度

43. 车辆使用。单位车辆由分管办公室的领导负责调配安排,保证公务用车需要。不允许公车私用。

44. 安全管理。确保安全文明行车,不允许违章驾驶车辆。

45. 车辆费用的管理。车辆油费、路桥费、维修费等的单据须经用车人或派车领导审核通过后方可报销。

46. 车辆维修。由负责车辆维护的工作人员将需维修车辆送到维修点检测后,提出维修项目或须更换零部件和报价,2000元以下的,由分管领导确定;2000元及以上的,须2家以上修理厂报价后,由主席办公会议决定。

十一、内务管理制度

47. 每周上班第一天早上统一清洁室内外卫生。

48. 自觉整理内务,保持办公室整齐清洁美观。

49. 值周制度。每周安排一名工作人员值班,负责单位(含退管会)公共卫生保洁工作。

十二、附则

50. 佛冈县工人文化宫依照本制度执行。

51. 违反以上制度造成严重后果的,按照上级有关规定处理。

52. 本制度由主席办公会议负责解释,从发文之日起执行。

第二节 专题资料选录

工作会议报告

广大职工学习毛主席著作形成高潮,涌现出大批"五好"、先进职工和各种能手
——陈步恬在"五好"、先进职工代表大会工作报告(节选)

(1965年)

在生产高潮中各个企业单位,以革命的干劲,大力组织广大职工活学活用毛主席著作,并把主席的思想落实到政治思想、生产、生活等工作上。半年来在各个企业广大职工中,涌现出先进班组13个,"五好"职工34名,先进职工140名。今天来出席会议的,尚有大批是单位的"五好"和先进职工及各种技术能手。

如先进车间农城厂贷造车间，通过大周双革双新，大搞自力更生，今年上半年特造吨位比去年同期提高六倍，焦比从1∶2.6降低到1∶8，节约用煤70%以上，成品率由过去的60%，提高到80%以上，而且在铸造化肥厂的大硫酸管和小件腐蚀的输水泵部件，质量都能达到要求。先进组石灰厂烧灰组，通过学习毛主席著作，大胆采用海煤薄石的先进投料方法，使煤耗量大大降低，从原来每吨耗煤263.40公斤，降至今年上半年平均175.80公斤，每吨降低87.6公斤，赶超过了对口厂韶关石灰厂，上半年为国家节约用煤114 354公斤，折合金额5350.20元，而质量从原来20%~30%的一级品，提高到95%以上，消灭了三类品，使成本大大降低，出厂石灰每担从1.8元降为1.3元，为农业生产高潮作出有力贡献。手工业合作工厂五金车间，通过学习毛主席著作之后，生产上大大改变，从靠手工操作、底子薄弱、以修为主、小修小制，今年在生产高潮中改变为修制并举，在生产上获得很大的发展，上半年产值比去年增长一倍。初步试制了仿四会式的电动打禾机和轻便铁皮脚踏打禾机；在修理中大胆革新，上半年为农村修理木制脚路打禾机时做到化线少，工效大，用力轻，转速快，效率比原来提高30%，受到社员的称赞。

"五好"职工石灰厂黄尧同志，在学习毛主席著作中，能带着深刻的阶级进行学习，不但自己学习，且能带动全组职工学习，并把学习的心得用到实际生产上，使全组今年上半年全面超额完成各项指标。黄尧同志讲：要革命，就要学习毛主席著作。他学了《为人民服务》《纪念白求恩》等文章之后，看到厂里没有木材用，自己就经常利用休息时间上山砍木材，将其担回来给工厂用，为国家节约资金。汤塘搬运站周福添同志，政治思想素质过硬，十三年如一日，学习白求恩同志毫不利己、专门利人的精神后，对工作极其负责，在搬运装卸上，专挑重担子，平时一有空就修理工具，每年可节约200元的费用。特别是在今年5月份，汤塘山洪暴发，周福添同志挺身而出，带头抢险，救回一大批生产资料、百货、木材等物资。九岭大寨口村，基围崩塌，200多个社员眼看就要受害，周福添同志带领三个人立即主动撑船及时赶到，把社员全部运到安全的地方。手工业龙山铁木社黄玉清同志，在工作中坚持活学活用毛主席著作，使他的政治思想、技术过得硬。黄玉清同志在技术上能精益求精，在生产上能坚持质量第一，他生产的卿负背大柴刀驰名县内外。同时，他敢于向忽视质量和有资本主义乘机取利思想的社员进行教育和斗争。他在生活上处处关心社员，其乐于助人的共产主义风格，深受社员的称赞。硫铁矿场的冯赞成、莫观湛、钟金球同志，一贯来做到政治思想好、完成任务好、遵守纪律好、经常学习好，团结互助好。如冯赞成同志，在工作中千方百计节约材料，充分利用边角废料，爱护国家财产胜于己物。莫观湛同志，学习毛主席著作之后，在笔记本上写着："人生最宝贵的事是干革命。"他有一次休息到石角，在车站看到一中年妇女带着小孩，从广州来到之后，要再到白沙，不够钱买车票，他毅然送她一元买票，还买了饼干给她的小孩。他的助人为乐精神，使那妇女很受感动。龙山农副产品加工厂王煊同志，在工作中能做到像解放军爱护自己的武器一样爱护工厂的设备，经常对设备进行维护保养，并不断提高设备的使用效率，使工厂产量提高了2.5倍，出米率从原来71.5%提高到73.1%，质量从过去每斤大米含谷20粒下降为7—8粒。松香厂的炊事员黄邻英同志，在平凡的工作中，做出不平凡的先进事迹。车队的青年司机宋财安同志,在工作中坚持苦干、实干,不计报酬,全心全意为人民服务的精神,在支援化肥厂和支农运输上作出了显著成绩。萤石场的女矿工妙女同志,爱场胜家,在矿场工作七年如一日,听党的话,服从分管,毫不利己,体现了大公无私的共产主义高贵品质。她体力虽比不上男矿工,但仍保持全面超额完成任务,成为全场的学习榜样。养路工区烟岭道班潘流同志,在养路工区工作中,坚持政治挂帅,听毛主席的话,跟共产党走,不计较个人利益,服从组织分配,团结全班同志忠心耿耿,扎扎实实十三年如一日做好革命工作,将落后的班改变为先进的班。建筑公司的杨社权同志,坚持自觉学习毛主席著作,用毛主席的思想来提高自己的政治思想觉悟,在建筑工作中贯彻"百年大计,质量第一""生产必须安全,安全为了生产"思想,保证了全组没出质量和安全事故,按质按量完成任务。手工业合作工厂油漆技工冯林清同志,今年45岁,坚持学习毛主席著作,活学活用毛主席著作。他自学习了《为人民服务》文章之后,从去年以来,月月如是、天天如是,在工厂车间、磨房搞卫生,而且把马路共八百平方米的地方,打扫得干干净净,挖渠、搬掉污泥、擦洗地板、到伙房帮烧火、洗碗碟、冲开水等,自己可以做的工作都去做。有人问他:"你天天这样做,不怕辛苦吗?"他说:"我多做了一点事,心里便觉快乐。毛主席教导我们要为人民服务,为人民服务就应该多做点对人民有益的事。"他不但自己学,还能帮助同志学。他先后买了三份"毛著"送给厂里的图书室,供别的职工去学。他对职工说:"学习毛主席著作以来,自己思想上明朗了很多,越学越觉得有兴趣。"

专题记述

职工之家　情系职工
佛冈县总工会
（2006年5月）

为了更好地为困难职工做好事、办实事、解难事,根据省总工会和市总工会的部署,县总工会于2004年初成立了"佛冈县困难职工帮扶中心"(以下简称帮扶中心)。经过两年的不懈努力,帮扶中心的工作逐步走上了正轨,各项工作开展得有声有色,取得明显的社会效果。两年来帮扶中心以各种形式救助、资助、慰问各类困难职工704户次,帮扶所涉金额累计有41万元;将困难职工全部纳入档案管理,帮助380户符合条件未进入低保的家庭办理低保手续;介绍、指导和帮助267名下岗失业人员重新就业;接待来电、来信、来访24宗,共31人次。2005年6月,市人大常委会副主任、市总工会主席吴自华到佛冈检查工作,对帮扶中心从经济和源头上帮扶困难职工的做法给予了充分肯定。

一、统一思想,明确职能,积极开展困难职工帮扶工作

(一)统一思想,形成共识。

在工作实践中,我们认识到,要做好困难职工帮扶工作,必须提高工会干部对建立困难职工帮扶中心重要性的认识。困难职工帮扶中心的建立,不是对工会"送温暖"工程的取代,而是"送温暖"工程的延续和创新;不是对工会维权保障工作的简单组合,而是要为维权保障工作形成一个"通力合作,上下联动"的工会帮扶新平台;不是帮扶

工作形式的一般改变,而是以一种更新更实的形式充分发挥工会的作用。工会建立困难职工帮扶中心,是工会贯彻落实"三个代表"重要思想和党的十六大精神的重大实践;是工会履行基本职能,为职工排忧解难,构建和谐佛冈维护社会稳定的具体行动;是工会为困难职工办实事的重要手段和途径;是新时期工会发挥桥梁和纽带作用的有效载体。只有统一思想、形成共识,才能将困难职工帮扶中心工作做到更好。

(二)明确职能和帮扶对象。

帮扶中心主要职能是:职工生活困难帮扶,职工"四难"(就医难、子女入学难、住房难、法律援助难)帮扶、职工再就业帮扶。帮扶中心的帮扶对象包括:一是列入工会特困职工档案的特困职工;二是家庭人均月收入低于当地城镇居民最低生活保障标准的特困职工;三是列入工会困难劳模档案的劳动模范;四是本人或家庭成员患重大疾病、残疾、子女上学困难及因遭受意外灾害等原因导致家庭生活困难的职工;五是再就业困难的下岗失业人员;六是有其他特殊困难的职工。

二、全力以赴,积极建立完善帮扶机制

帮扶中心作为佛冈县工会深入实施"送温暖"工程、开展困难职工帮扶救助和权益保障的有效载体,特别注重以开拓创新的精神,积极履行职责,全力以赴,积极建立完善帮扶机制,扎实有效地为职工群众办好事实事。

(一)完善常规帮扶机制,解决好日常性帮扶问题。

帮扶中心以建立日常帮扶的规范运作为保证,切实推动日常帮扶工作的规范化、制度化。一是常规济助,定期慰问。每年的春节,帮扶中心都向困难职工发放春节慰问金,确保困难职工过好年。二是热情接访,有访必办。帮扶中心把信访接待作为听取和接纳职工群众反映情况、表达意愿的窗口,满腔热情地接待来访职工,认真细致地处理来访问题,确保信访渠道通畅。如2005年10月,帮扶中心接到一名在外商厂工作的职工来信,反映该厂未与职工签订用工合同,违反了《劳动法》的有关规定。接报后,帮扶中心立即联合劳动监察部门前往该厂调查,经核实后,提出了整改意见,督促该厂与职工签订了用工合同,维护了职工的合法权益。两年来,帮扶中心认真处理职工来信来访,除对其中因涉及政策性问题或不符合帮扶条件者作说服疏导处理外,其余的来信来访均得到实质性的帮扶解决。三是着眼需要,分类帮扶。第一,开展工会助学活动,帮助解决困难职工子女读书难问题。两年来,县总工会共助学15人,发放工会助学金0.9万元。第二,与县劳动部门联合开办各种职业技能培训班,为佛冈县下岗职工提供免费学习机会和推荐就业服务。两年共免费培训下岗职工527人,帮助实现再就业267人。第三,对突发灾害职工实行紧急救助。目前佛冈县工会已初步形成一套有效的帮扶机制,县帮扶中心与基层工会拨款救助、企业行政与职工捐款救助形成联手救助。如去年,帮扶中心共对8户遭受洪涝灾害的职工家庭进行了帮扶,共发放救助金0.4万元。第四,慰问困难户。在重大节假日里,县总工会向特困职工和困难劳模发放节日慰问金,以助他们过上一个祥和的节日。

(二)建立应急帮扶机制,及时做好紧急救助。

帮扶中心建立了由办公室、维权、信访等部门联合办公快速处置制度和应急处理操

作规程，规定了对职工的紧急求助、急事处理不过夜；对基层发生突发事件的报告，立即派出工作小组到场进行调查和协调处理，开通了职工求助热线电话，同时筹备了应急救助资金，及时解决突发情况和紧急问题。两年来，帮扶中心共帮助解决困难职工紧急求助6宗，分别送去救济款500~800元，累计金额1.2万多元。此外，还深入基层单位处理紧急事件3宗。如2004年底，味精厂承包经营者因经营不善，资金周转不灵，拖欠工人2~3个月工资。全厂300多名工人群情激愤，筹划要到县政府集体上访。帮扶中心得知后立即派出工作人员，协助政府对职工做好劝解工作，安抚职工情绪，同时就补发工资问题积极与厂方进行协商。经过上下努力，最终使问题得到较好解决，维护了职工队伍和社会的稳定。

三、构筑医疗保障"二道防线"，有效解决困难职工"看病难"问题

（一）第一道防线是基本医疗保险。

随着佛冈县国企改革工作的进一步深化，下岗职工越来越多。如去年（2005年），佛冈县就有县迎宾馆等6家企事业单位转制，234名原有职工下岗。这些职工下岗后，单位不再负责下岗职工的医疗保险费，下岗职工基本医疗保障断档，困难职工"看病难"问题日益突出。为此，帮扶中心积极向县政府反映情况。县政府领导了解情况后也十分重视，及时作出批复，从国有资产产权转让收益中拿出资金为这些下岗职工交纳基本医疗保险费。

（二）第二道防线就是在职工中实施两项职工保障计划，即"广东省职工医疗互助保障计划"和"广东省女职工安康保障计划"。

这两项计划是新形势下推进职工利益保障、为职工分忧解愁的重要措施。帮扶中心把这项工作列入重要工作议事日程，努力开展实施。截至2005年底，佛冈县内两项职工互助保障计划参加人数达567人。帮扶中心为20名特困职工落实了"职工医疗互助保障"，使特困职工也可享受大病保险，解决了他们的后顾之忧。

四、多方筹集帮扶资金，管好用好资金

帮扶中心工作涉及面广、帮扶救助任务重，因此必须要有稳定可靠的资金来源。故帮扶中心坚持多想办法，通过各种渠道广泛筹集资金。一是积极争取把帮扶中心工作纳入党政的"民心工程"，将帮扶中心资金列入县政府财政预算。如经争取，2005年底，县政府拨出10万元专项资金给县总工会帮扶中心。二是向上级工会争取一点，省、市总工会每年都拨出一定资金，解决帮扶中心资金不足问题。三是自筹一点，县总工会每年拨出3万元，充实到帮扶资金中去。帮扶中心每年筹集资金约15万元。帮扶中心严格使用和管理资金，设立专门账号，实行专款专用。按照财经纪律，资金的使用情况接受工会经费审查委员会的审计监督。帮扶款严格规范申请、审批程序，确保帮扶资金用于最困难、最需要救助的职工身上。

佛冈县困难职工帮扶中心自建立运行以来，通过办好一件件实事、协调好一桩桩的具体问题，帮助困难职工排忧解难，受到广大职工和社会的一致好评，进一步密切了党与职工群众的血肉联系，树立了工会情系职工、服务职工的新形象，有力地促进其他各方面工作的开展，为构建和谐佛冈作出了应有的贡献。

注：本文为佛冈县总工会报送《新世纪新佛冈》采用资料，撰稿人谢凯华。

竭诚为职工办实事解难题[1]

佛冈县总工会

（2006年5月）

"十五"期间，在县委和上级工会的正确领导下，县总工会按照"在继承中创新，在创新中前进"的要求，解放思想，实事求是，同心同德，真抓实干，坚持全心全意依靠工人阶级的工作方针，切实履行维护职工合法权益的基本职责，积极探索新形势下工会工作的新路子，突出工会固本强基、依法维权、解困扶难、发挥作用、提高素质的工作重点，并取得了较好成绩，2004年，县总工会荣获市总工会授予的"工会工作先进集体"称号。

一、职工经济技术创新活动取得新成效

县总工会紧紧围绕经济建设这一中心，在企事业单位中广泛开展劳动竞赛、提合理化建议、岗位练兵和技术比武等活动，将群众性经济技术创新活动在全县铺开，效果明显。佛冈县通用机械厂工会积极组织职工开展岗位练兵，举办职工操作能手竞赛活动，让职工在活动中练就"绝活""绝技"，促进职工技术等级上水平，在保证产品质量中把好关。佛冈公路局惠爱亭收费站开展"百万收费无差错"活动，提高了员工的收费操作水平，降低了收费差错率。佛冈汽车站于2005年开展了以"抓生产、促发展、求稳定、保安全"为题的劳动竞赛活动，激发了职工的劳动积极性，形成了车进站、人归点、站管人的有序运输市场，提高了企业的社会效益和经济效益，入站人数和车站服务售票窗口的营业额大幅度上升，入站乘车人数比上年增加118.6%，营业售票额比上一年上升了180%，而交通事故却比上一年下降了5.6%。五年来，佛冈县有38个单位开展了职工经济技术创新活动，参加该项活动的职工达2.3万人次，经济技术创新成果416项，创造直接经济效益3675万元。全县涌现出一大批工会先进集体和个人。获得国家、省、市级奖励的单位有7个，其中，获全国模范职工小家称号的有1个，获省模范职工之家称号的有1个，获市模范职工之家称号的有3个，获市模范职工小家称号的有2个；获省、市劳动模范奖章的有6人，其中，被评为广东省劳动模范的有1人，获得广东省五一劳动奖章的有1人，获市劳动模范称号的有4人。还有一大批职工获得县或上级部门的表彰。这些获奖单位和个人，充分展示了工人阶级的崇高品质和时代风采，为佛冈县经济社会持续、健康、和谐发展作出了新的贡献。

二、维护职工合法权益取得新进展

切实维护职工合法权益，是新时期工会工作的重点，县总工会从狠抓维权机制建设入手，以贯彻实施《工会法》《劳动法》为契机，大力推行以职工代表大会为主要形式的民主管理制度和平等协商签订集体合同制度。同时，全县厂务公开工作也步入了规范

---

[1] 本文为佛冈县总工会报送《新世纪新佛冈》采用资料，撰稿人谢凯华。

化、制度化轨道。目前，全县有16家企事业单位实行了厂务公开。全县基层工会普遍建立了劳动法律监督组织和劳动争议调解组织，积极调解劳动争议纠纷，认真处理职工来信来访，依法维护职工的合法权益，努力把矛盾化解在基层和萌芽状态。如2004年9月，迳头镇一外资企业发生了一起拖欠农民工工资的事件，十几名农民工扬言要到县政府门口静坐。当县总工会接报后，立即与县劳动局到该厂去调查，当确认事实存在时，当场责令该厂限时支付工人工资，约一周时间，该批农民工领到了被拖欠的3万元工资，圆满地解决了矛盾。五年来，县总工会受理职工来信来访49件，涉及职工83人。

此外，各级工会女职工组织结合工作实际，建立健全维护女职工合法权益制度，积极开展形式多样的活动，使女职工的合法权益得到了有效维护。

三、对困难职工帮扶工作迈上新台阶

县总工会牢固树立为职工服务的意识，积极向县委、县政府反映职工的情况，落实有关政策，大力为职工办好事、办实事，特别重视做好对困难职工的帮扶工作，积极开展"送温暖"活动。一是"送温暖"活动取得明显成效。五年来，县总工会共筹得"送温暖"资金75.1万元，为9家困难企业和1716户困难职工、劳动模范送去党政和工会的温暖。各基层工会共筹资68万元，开展了各项解困帮扶活动。"送温暖"活动已经成为工会工作品牌，深受广大职工欢迎。二是创建完善送温暖回访落实制度，认真落实好县领导在春节送温暖活动期间交办的事项。工会心系广大职工、认真抓落实的作风获得了县领导的高度评价。三是困难职工帮扶工作得到创新。2004年初，县总工会成立了困难职工帮扶中心，实现困难职工帮扶工作日常化、制度化。

实施民心工程扎实有效。为贯彻落实县委、县政府十项民心工程，县总工会制定了为职工包括外来职工办实事的工作意见，在实施中取得了初步成效。县总工会还开展了智力扶贫助学活动，为15名品学兼优的特困职工子女提供非义务教育阶段的学费资助。

推进社会保障制度进一步完善。积极配合党政落实"两个确保"的政策，对"低保"对象进行调查，完善"低保"对象家庭收入计算方法，促进应保尽保。推行职工医疗互助保障计划，帮助职工解决看病难问题。县总工会为20名特困职工落实了医疗互助保障计划，全县实施职工医疗互助保障计划和女职工安康保险计划的职工已达567人。

劳模工作成绩显著。"十五"期间，县总工会对本县自新中国成立以来的32名全国和省劳动模范的相关情况进行了全面细致的调查，建立健全了劳模档案，并且为这些劳模办理了荣誉津贴审批手续。县总工会每年定期拨出资金，解决部分劳模生活困难问题。

四、工会组织建设实现重大突破

根据新建企业组建工会工作要求，县委组织部把组建工会工作纳入党建带工建工作目标中。去年（2005年）3月，县委建立了以谢神光副书记为召集人的"以党建带工建联席会议制度"，定期听取佛冈县新建企业工会组建工作情况汇报，切实加强对非公企业工会组建工作的领导。县总工会成立工作组，在外经、旅游等部门的配合下，深入新建企业，全面抓好组建工作，健全了工会组织。同时，在新建企业工会广泛开展了"双爱双评"活动，大力培训基层工会干部，积极指导其"入轨上路"，发挥作用。同时，努力做好改制企业工会的重建、新建工作，保证工会组织和工会工作的连续性。通过努

力，全县工会组织建设工作实现了新的突破。2005年底，全县基层工会已达125家，工会会员有1.3万多人。

在推进新企业建会同时，总工会还积极做好镇工会的组织建设。到目前为止，6个镇的工会主席均由党委副书记兼任，实现了县工会向乡镇的延伸，使全县工会组织网络建设取得了重大突破。

五、工会干部和职工队伍综合素质有新提高

各级工会认真开展了"三个代表"重要思想教育、保持共产党员先进性教育和"三有一好"教育等活动，强化了工会干部的政治意识、大局意识、群众意识，较好地解决了做好新时期工会工作的认识问题、感情问题、作风问题、能力问题，并使得工会群体中涌现出一批学习型、实干型的工会干部。同时，工会教育培训工作力度明显加大。五年来，县总工会共举办三期学习培训班，培训工会干部336人次，推荐一批工会干部参加省、市总工会举办的各类学习培训班，提高了工会干部的整体素质。

县各级工会以培育"四有"职工队伍为目标，以思想道德和科学文化技能为重点培训内容，以多种形式的群众性职工素质教育为载体，大力开展理想信念教育和形势政策教育，引导职工认清形势，自觉支持、参与改革。各级工会组织开展"创建学习型组织，争做知识型职工"活动，充分利用培训机构、职工之家等阵地，设计丰富多彩的活动载体，寓学习于工作中，寓学习于活动中，为职工学习创造条件，提升了职工的整体素质。如佛冈县烟草公司工会对50周岁以下的职工实行"三培训"，即学历教育培训、岗前业务培训、岗位综合培训。经过培训，全公司有55名职工通过计算机初级认证。参加全国烟草行业法律知识统一考试的职工中，及格率达80%。通过参加社会力量办学机构举办的教育培训班，有7人获取大专学历，1人获取本科学历。县总工会还采取寓教于乐的方式，先后举办了"劳动者欢歌"和"浥江水、佛冈情，构建和谐佛冈"等大型文艺晚会，陶冶了广大职工的情操，在社会上产生了广泛的、良好的反响。

在"十五"时期，佛冈工运事业和工会工作所取得的成绩来之不易，在工运事业的发展和工会工作的实践中，县总工会积累了一定的经验。一是要积极争取县委、县政府领导的重视和有关部门的密切配合，汇集各方力量，形成工作合力。二是要紧紧围绕中心服务大局开展工会工作。工会工作是党的群众工作的重要组成部分，必须牢固树立大局意识，切实把工会工作放到全县的工作大局中去思考、去把握、去部署，才能不偏离方向，发挥出工会应有的作用。三是要切实履行维护职工合法权益的职责。敢于表达职工意愿，真心实意为职工排忧解难，积极维护职工群众的合法权益，使工会成为职工群众信赖的组织。四是要突出重点，对工会工作实行分类指导。基层工会工作千头万绪，要从实际出发，认真理清主办、监督、协办工作内容，狠抓落实，使工会工作有条不紊地开展。五是要发挥工会干部的积极性、主动性和创造性。这是做好工会工作的内在动力。要加强基层工会领导班子建设，加强工会干部培训，培养一支高素质的工会干部队伍，充分发挥干部群体的主观能动性。

在开拓创新中发展壮大

——佛冈工会改革开放三十年成果

（2008年12月25日）

1978年12月，因"文化大革命"停摆的佛冈工会迎来了新的机遇，工会工作开始全面恢复与发展。

30年来，在县委、县政府和上级工会的正确领导下，佛冈工会坚持走中国特色社会主义发展道路，努力适应时代发展的新要求，开拓进取，锐意创新，创造了光辉业绩，书写了佛冈工运事业的崭新篇章。

"组织起来"，巩固党的阶级基础。"截至2008年12月，我县基层工会组织数达到183个，工会会员总数达到1.78万人……"这是2008年12月举行的佛冈县工会第十三次代表大会上宣布的工会组建成果。而在30年前，佛冈工会基层组织仅50个左右，工会会员总数才3500人。

覆盖面不断扩大，凝聚力进一步增强，意味着佛冈工会事业在发展壮大。工会是党领导下的工人阶级群众组织。发挥党联系职工群众的桥梁纽带、国家政权的重要社会支柱以及职工利益代表者和维护者的作用，要求工会必须最大限度地把职工组织到工会中来，并切实维护他们的合法权益。30年来，面对发展社会主义市场经济带来的经济关系、劳动关系深刻变化，以及由此给工会组建带来的各种新挑战，佛冈工会努力顺应改革的历史趋势，转变既有的思维方式和工作方法，创新思路和工作方式，在实现自身转型和"蜕变"的同时，也开辟了工会组建工作的新天地。从20世纪70年代末至80年代期间，伴随着工会工作的恢复发展，逐渐壮大基层工会组织、发展工会会员；到20世纪90年代，跟随非公有制经济快速增长的脚步，一方面巩固工会组织在国有和集体企业的传统阵地，另一方面努力在非公有制经济这一新领域组建新工会；进入21世纪，鲜明地提出把工会组建和发展会员作为工会工作的重中之重，亮出"组织起来、切实维权"的工会工作方针，大力推进新经济组织工会组建……在改革开放和社会主义市场经济大潮中不断开拓前进的佛冈工会组建工作，终于渐入发展得又好又快的"佳境"。如今，佛冈工会不仅成功解决了约克、建滔等大企业的建会问题，而且在探索适应市场条件下的基层工会组织形式和组织体制方面成效显著。区域性、行业性基层工会等多种组织形式得到总结推广；镇级总工会的成立得以将工会工作重心下移到镇。组织网络的进一步完善，为佛冈县工会组织的发展壮大提供了长效的机制保障。同时，作为职工队伍新生力量的农民工，正越来越多地加入到工会组织中来。统计显示，截至2008年12月，全县农民工会员达1.1万人，而且势头看涨。工会组建和会员发展获得重大突破，扩大了党的群众基础。

健全维权机制，开展困难帮扶确保"切实维权"。进入20世纪90年代，非公有制经济的快速发展，带来了劳动关系的多元化、复杂化，侵害劳动者权益问题日益突出。在此背景下，新中国第一部《劳动法》于1994年7月颁布。该法第七条规定，"工会代表和维护劳动者的合法权益"。同年年底，全总提出了以贯彻实施劳动法为契机和突破口，进一步突出工会维护职能的工会工作总体思路。2001年，经全国人大常委会审议通过的修订后的《工会法》作出明确规定："维护职工合法权益是工会的基本职责。"从此，佛冈县各级工会立足源头参与，建立健全了一系列维权机制。如建立联合执法检查机制、矛盾调处机制、坚持和完善以职代会为基本形式的企事业民主管理制度和构建劳动关系预警机制等。保障机制的逐步建立，使工会维权有了更有力的制度支持。

大力实施送温暖工程。多年来，针对国企改制和产业结构调整中部分职工生产生活遇到困难的实际，佛冈县各级工会立足维护稳定、促进和谐，建立困难职工帮扶中心，加大困难职工帮扶和农民工维权力度，打造工会工作品牌，提升工会维权效能。深入开展"送温暖"工程，推动工会帮扶工作向纵深发展，积极协助政府解决困难职工的基本生活问题，动员社会各界多层次、多形式、多渠道筹集资金，进一步推动"送温暖"工作常态化、制度化。如今，"送温暖"活动、困难职工帮扶中心和"金秋助学"活动已成为具有较大社会影响的工会工作品牌，"农民工有困难、要维权找工会"的口号叫响做实。统计显示，全县各级工会已累计筹集帮扶资金500多万元，帮扶困难职工1.2万人次；截至2008年底，工会协助政府累计解决拖欠农民工工资433.2万元。

提升素质打造一支强大的职工队伍。20世纪80年代，为适应社会主义现代化建设需要，各级工会普遍开展了"振兴中华"职工读书活动，全县成立的读书小组有80多个，参加读书活动的职工逾0.32万人。进入新时期，为贯彻落实科教兴县和人才强县战略，各级工会又深入开展了"创建学习型组织，争做知识型职工"活动，并在此基础上全面推进了职工素质工程……新型职工与时俱进的成长路径日渐清晰。如今，工会传统的、行之有效的教育培训形式和方法，如读书自学活动、岗位成才活动和形式多样的主题教育活动等得到了进一步继承和发展，各种新的教育及管理理念不断融入，加之对现代教育培训方式和组织形式的不断借鉴，职工教育展现了崭新的面貌和吸引力。据统计，仅2004年以来，全县就有67个基层单位1.3万人积极参与这项活动，佛冈县公路局工会获省总工会授予的创建"学习型组织"荣誉称号，一批职工成为"知识型职工标兵"。

建功立业彰显主力军风采。围绕经济建设的目标任务，通过多种形式的建功立业活动展现工人阶级的智慧和力量，历来是各级工会围绕中心、服务大局的主题之一，是工会工作不可或缺的内容。早在20世纪80年代，各级工会就组织职工开展以合理化建议、技术革新为主要内容的劳动竞赛，如今，其形式和内涵更加丰富。"当好主力军、建功'十一五'、和谐奔小康"主题竞赛、创建"工人先锋号"、"我为节能减排作贡献"……30年来，各级工会着眼于推动企业技术进步、促进经济发展，不断创新载体和方式，适时推出一系列群众性经济技术活动，为广大职工建功立业搭建了更广阔的平台。据统计，仅2003年以来，各级工会组织开展的技术攻关、技术开发项目就有800多项，创经济效益1.9亿元；推广新技术350项，创经济效益1.1亿元。"只要努力去做，当工人同样有出息"，今天，这成为越来越多人的共识。这不仅是对工人阶级主力军作用的生动印证，也预示广大职工一定能够在全面建设小康社会的伟大征程中再立新功。

30年来，佛冈工会在改革开放和市场经济中淬炼、转型，在开拓创新中不断发展壮大，推动着佛冈工运事业的创新发展。

肩负"六者"责任　担当"五人"角色
——浅谈工会系统先进基层党组织和优秀共产党员的具体标准

佛冈县总工会

（2015年6月26日）

"五个好""五带头"是中央提出的创建先进基层党组织、争做优秀共产党员的基本要求。我国幅员辽阔，国情党情复杂，区域、领域情况更是千差万别，因此，在坚持中央基本要求的前提下，各地区、各部门、各行业结合各自实际，探索制定出符合中央和省委要求、适合自身实际、具有地方或行业特色的具体标准，将有利于基层党组织和广大共产党员明确目标方向，落实责任措施，努力践行群众路线，奋力创先争优。下面就工会系统先进基层党组织和优秀共产党员的具体标准进行探讨。

一、工会组织在党和国家全局中的地位和作用

我国工会是党联系职工群众的桥梁和纽带；是国家政权的重要社会支柱；是会员和职工利益的代表法律赋予工会组重要社会支柱；是会员和职工利益的代表。法律赋予工会组织四项社会职能：维护职工群众合法权益的职能；组织职工群众参加建设与改革，努力完成经济和社会发展任务的职能；代表和组织职工群众参与国家和社会事务管理，参与企事业单位的民主管理的职能；引导教育职工不断提高思想政治觉悟和文化技术素质，成为职工群众在实践中学习共产主义的学校的职能。可见，党和政府是高度重视工会工作的，对工会工作是寄予厚望的，工会工作是大有可为的。基层工会党组织和广大共产党员在经济社会发展中应该也完全可以发挥战斗堡垒和先锋模范作用。

二、工会系统先进基层党组织和优秀共产党员的具体标准

基层工会党组织要想创建成为先进基层党组织，工会工作者要争当优秀共产党员，都必须扎扎实实地做好工会工作，努力使所在的工会组织成为先进的基层工会组织，使自己成为优秀的工会工作者，概括起来，就是要肩负起"六者"责任，担当好"五人"角色。

（一）工会系统先进基层党组织要肩负起"六者"责任。

（1）理想信念的引领者。工会组织是职工群众在实践中学习共产主义的学校，基层工会党组织应该成为职工群众理想信念的引领者。我们党是工人阶级的先锋队。只有用共产主义的理想信念教育引导职工群众，才能巩固和扩大党的组织基础和群众基础，才能发挥工会组织作为党联系职工群众的桥梁和纽带作用，才能确保国家政权的重要社会支柱牢固可靠、坚不可摧。

（2）合法权益的维护者。维护职工的合法权益是工会组织的基本职责，是工会的天职。主动依法科学维护职工群众的合法权益，就是基层工会党组织义不容辞的政治责任。基层党组织和工会组织依法维护了职工群众的合法权益，就是调解了劳资纠纷，化解了社会矛盾，增进了社会和谐，就可以赢得职工群众的信任和支持。

（3）困难职工的帮助者。困难职工群体总是客观存在地协助党政解决好困难职工的生产生活问题、积极开展困难职工帮扶救助工作，是新形势下工会组织履行基本职责的有效载体。基层工会党组织要高度重视困难职工帮扶救助工作，积极争取更多资源和手段，真心实意地帮助每一个困难职工。

（4）参加建设的组织者。工会是工人阶级主力军的最广泛的群众组织，基层工会党组织要通过各种方式和途径，组织动员广大职工积极开展岗位练兵、合理化建议、劳动竞赛技术创新等活动，大力推动社会经济效益和生产力的发展，做职工群众参加经济社会建设的组织者和推动者。

（5）参与管理的引导者。无论是参与国家和社会事务管理，还是参与企事业单位的民主管理，都需要一定的知识、策略和方法技巧。基层工会党组织要充分发挥政治优势和密切联系群众的优势，听民声、察民情、纳民智，代表并组织引导职工群众发扬主人翁精神，为国家的长治久安和经济社会又好又快发展鼓劲呐喊，为单位的稳定发展建言献策。

（6）提升素质的倡导者。经济社会的又好又快发展需要有高素质的劳动者参与。不断地提高劳动者的知识技术水平，历来都是一个企业、一个地区决胜千里的法宝。基层工会党组织要从企业、地方和职工的长远发展出发，认真组织、积极倡导职工群众开展科学知识、业务知识学习和技术、技能培训，努力提高职工队伍整体素质，不断提升企业和地区竞争力。

（二）工会系统优秀共产党员要担当好"五人"角色。

（1）政策法规的宣讲人。职工群众合法权益的维护离不开法律法规的支撑。因此，向职工群众普及法律法规知识、宣讲政策规章，让职工群众掌握维护自身合法权益的法律武器，是工会干部的一项重要工作。党员工会干部更应该身体力行，先人一步、胜人一筹，积极参与政策法规的宣讲普及工作。

（2）职工权益的维护人。工会干部尤其是党员工会干部要密切关注职工的工资、工时、安全生产、劳动保护、社会保障、职工福利、职业教育和劳动争议等直接涉及职工切身利益的问题，倾听职工群众的呼声、关心职工群众的疾苦，尽心尽力为职工群众说话办事，主动依法科学维护职工群众的合法权益，做职工合法权益的维护人。

（3）困难职工的贴心人。基层工会干部工作生活在职工群众中间，最了解职工群众的生产生活状况，最能体会职工群众的喜怒哀乐，最清楚职工群众想什么、盼什么，最有可能成为职工群众安危冷暖的第一知情人、第一报告人、第一帮助人。党员工会干部要做到知困必报、有难必帮，要让每一个困难职工都感受到党和政府的温暖。

（4）遵纪守法的带头人。党员工会干部要模范遵守国家的法律法规、党内法规和单位的规章制度，用遵纪守法的良好形象影响和带动广大职工群众学法、知法、守法，引导职工群众合法有序表达利益诉求，共建共享文明法治的和谐社会。

（5）安全生产的监护人。劳动保护工作是工会组织的一项重要工作，涉及职工的安全、企业的发展和社会的和谐稳定。党员工会干部要带头检查监督单位的安全生产工作，督促单位改善劳动安全卫生条件，组织发动广大职工群众开展安全生产活动，预防事故和职业危害，保障职工群众的健康。

希望工会系统基层党组织和广大共产党员积极行动起来，自觉肩负起"六者"的责任，积极担当好"五人"的角色，齐心协力推动工会工作创新发展，全面展示工人阶级的精神风貌，共同谱写社会主义工运事业的崭新篇章。

打铁还需自身硬　无须扬鞭自奋蹄　奋进新征程　建功新时代
（2022年12月）

佛冈县总工会在县委、县政府和市总工会的正确指导下，围绕中心，服务大局，充分发挥工人阶级主力军的作用，近年来，各项工作均取得了新的进展。县总工会分别获得2017年度"清远市工会工作优秀单位"称号、"建会入会优胜奖""工资集体协商工作特等奖""工会工作创新先进奖"；2018年度"清远市工会工作一等奖""集体协商及集体合同工作一等奖""工会经审工作规范化建设一等奖""工会工作创新项目二等奖（开展摄影培训班项目）"；2020年度"清远市工会工作一等奖""工会工作创新一等奖（'粤工惠'App智能建设推广）"；2021年省总工会授予的"城市困难职工解困脱困工作中作出重要贡献集体"称号；2021年度"清远市工会工作一等奖""劳动领域维护政治安全和劳资纠纷预防调处工作奖""工会宣教工作奖""工会经审工作规范化建设工作奖"以及工会工作创新奖（加强"学习强国"学习，促进"粤工惠"推广，推动扶贫产品销售）等。

一、主要工作及亮点

（一）打铁还需自身硬，当好新时代合格"工会人"。

（1）我会坚持从强化自身建设入手，以"学党史、悟思想、办实事、开新局"为目标，注重干部职工自身学习，提高党性修养，深入学习领会习近平总书记在相关党史学习教育上的讲话和指示精神，落实党史学习教育决策部署，加强学习型党支部建设，持续推进"第一议题"学习制度，党支部书记走进企业、挂扶村上党课，每月开展主题党日活动，践行"我为群众办实事"主题活动。

（2）严肃机关党内组织生活，认真抓好"三会一课"，组织生活会和党史学习教育专题民主生活会、谈心谈话和民主评议党员等政策或制度的落实，切实把批评和自我批评这个武器用好用活。从严抓"一岗双责"，做到党风廉政建设和分管工作同部署、同检查同落实，强化党内监督，推动全面从严治党不断走向深入。

（3）工欲善其事，必先利其器。为使工会干部在开展工作中有参考有指引，2020年5月，佛冈县总工会各部门通过调研和查阅相关文案、法律法规等方式，系统编制了《佛冈县总工会工作手册汇编》，涵盖办公室、组宣部、维权部、财务部、经审办、帮扶中心六大部门工作内容，共500页，约17万字。这本工会工作的"百科全书"，既覆盖了工会工作各个方面的规章制度，又适应工会工作需要，涵盖了这些年来的点点滴滴工会情，得到各界的高度肯定和评价。

（二）无须扬鞭自奋蹄，做工会工作"有心人"。

（1）筑牢品牌基础，创建模范机关。以"党建带工建"为载体、"工建促党建"为抓手、"党旗引领　关爱职工"为主题，推进党工共建，将党组织"我为群众办实事"与工会"送温暖"、工会维护职工权益相结合。作为新时代工会干部，我们要有"无须扬鞭自奋蹄"的锐气，讲担当、强班子、带队伍、抓创新、重落实。

（2）重任系于肩，落实看行动。我会着力加大服务职工力度，使工会品牌建设工作有了新进展。近五年来，累计帮扶困难职工、困难家庭学生、劳动模范近2061人次，发放慰问金、救助金、助学金约210.8万元，帮扶力度逐年加大。认真做好广东省职工医疗互助保障工作，五年筹措约199万元资金，为近2.75万职工全额或部分补贴购买"住院二次医保"。2021年被省总工会授予"城市困难职工解困脱困工作中作出重要贡献集体"荣誉称号。

（3）积极协调，全力推进形成维权良好格局。近年来，我会在维权工作上，十分注重加强与有关部门协调，及时妥善处理劳资事件37件，维护职工的合法权益，促进企业的和谐发展。

（三）奋进新征程，争当工会工作"领跑者"。

（1）积极做好各行各业的人才储备工作，建立我会先进典型数据库。为更快更有效推荐各级各类先进人物和集体评选推荐活动奠定良好基础。截至目前，全县共有各级劳模45名，其中全国劳模4人（全国先进工作者1名，全国五一劳动奖章获得者3名），省级劳模28名（省劳模8名，省先进工作者7名，省五一劳动奖章获得者11名，部级劳模2名），市级劳模13名（市先进工作者2名，市劳模11名）。2022年4月27日上午，"中国梦　劳动美"——喜迎二十大建功新时代　佛冈县庆祝五一国际劳动节暨劳模座谈会隆重召开。县委书记潘国标，县委常委、县委组织部部长黄成灼等县领导以及来自各行各领域的劳模代表、先进人物代表、县工会委员代表、各镇工会主席出席了活动。

（2）深化劳模创新工作室创建活动，充分发挥劳模在创新创业方面的示范引领作用。截至目前，我县已建成4家劳模创新工作室，分别是周长春劳模创新工作室、蓝榕概劳模创新工作室、肖光劳模创新工作室、肖伟英劳模创新工作室。

（3）着力加强基层工会组织建设及规范化管理。目前我县共有基层工会425家，纳入会员40 284人；已被评选出7个清远市先进集体，培育了14个清远市非公企业民主管理示范典型；推荐全国模范职工之家2家，广东省模范职工之家5家，广东省职工小家2家，清远市模范职工之家24家，清远市职工小家16家。

（4）规范工会经费收支管理。2022年，税务代收工会经费共88家，县总按比例分成收入1 693 075.97元；截至9月底，原渠道缴费行政事业单位共26家，缴费收入112 099.60元。

（四）建功新时代，做工会工作的"创新者"。

（1）加强组织领导。为贯彻落实《新时期产业工人队伍建设改革实施方案》和《佛冈县产业工人队伍建设改革试点工作实施方案》，我县领导高度重视，成立佛冈县推进产业工人队伍建设改革领导小组，选派县委副书记潘浩为组长。积极做好贯彻落实工作,主动争取约克广州空调冷冻设备有限公司作为广东省第二批产业工人队伍建设改革试点单位。约克广州空调冷冻设备有限公司作为清远市第一家企业试点代表,在推进新时代产业工人队伍建设改革试点工作中,已取得显著的工作成效。清远市推进产业工人队伍建设改革试点工作现场交流会在佛冈召开,县总工会在会上作了经验介绍。省、市总工会领导对我县产改试点工作给予充分肯定和高度评价,并对下一步深化产业工人队伍建设改革工作提出了具体要求。

（2）积极推进新就业形态劳动者建会入会工作。通过建立"党建带工建、工建服务党建"工作机制、推动重点行业头部企业依法建立工会组织、创新优化新就业形态劳动者入会方式等举措,最大限度地把新业态劳动者吸引过来、组织起来、稳定下来。截至目前,我县在货车司机、快递员、网约配送员等群体内建会14家、新发展工会会员1331人,已在"粤工惠"平台工会实名注册的工会会员有1186人。我县还相应成立了佛冈县新业态行业工会联合会。

（3）加强"学习强国"学习。为促进"粤工惠"推广推动扶贫产品销售,我会与中共佛冈县委宣传部联合发文《关于激励我县在职人员和工会会员进一步加强"学习强国"学习的通知》,激励方式为：凡全县在职人员、工会会员每月学习积分达1000分以上的,奖励价值30元的票券一张。费用由各单位的工会经费（职工福利额度内）列支,各镇下属党支部由各镇党委统筹。票券可用于在"粤工惠"平台第三方商城购买扶贫农产品或电影票等,票券由本人直接到"粤工惠"平台第三方商城领取,所购买物品由本人自行选定。据统计,2021年,我县参加"学习强国"人数的排名由原来的第5名提升到第3名,实现了学习、推广、扶贫"一举三得",效果明显。该项目也获得2021年清远工会工作创新奖。

（4）筹备建设佛冈县工人文化宫前期阵地工作。2021年11月,我会向县委、县政府提交《关于建设工、青、妇活动阵地的请示》,并向县自然资源局、县土地储备局等部门发送《关于协助工人文化宫选址的函》。经各部门核查,龙凤新区A2/A1地块交通便利,位于佛冈县发展新区中心,基本符合工人文化宫的建设需求,且地块内拟配建各类文化设施及服务设施,活动场所及配套设施可统筹安排,适宜作为工人文化宫选址。

（5）筹备建设广佛产业园工会联合会工作。我会于2022年8月31日收到《关于成立广佛产业园工会联合会的请示》,我会已批复同意其成立,支持解决园区工会工作经费3万元。现该园区正进行室内装饰初步设计。

后 记

《佛冈县工会志》（1950—2022）编纂工作于2022年初启动，经历一年多时间的准备和编写工作，终于付印出版了，这是我县工会精神文明建设的一件大事。

为了更好地保存佛冈县工会事业发展的历史资料，按照国务院《地方志工作条例》和《广东省地方志工作条例》的规定，经佛冈县总工会领导班子研究，决定在原《佛冈县工会志》（1995年内部印刷）的基础上，编纂《佛冈县工会志》（1950—2022），大事记上溯至1926年。2023年1月，县总工会组成编委会和编辑部，并聘请专业人士进行编纂工作。具体分工如下：

第一、二、十二、十三章及大事记、概述由李协湖负责，第三、四章由李阳光负责，第五、九章由朱家佑负责，第六章由钟少军负责，第七、十三章由郑中勇负责，第八章由郭治国负责，第十章由郑中杨负责，第十一章由范金来负责。统稿由朱炳权、李协湖负责，审稿由曾道明、李阳光负责。史志资料收集、排版等工作由钟榕斌、李贤益、胡辉、黄欣负责。

在本志编纂过程中，编辑人员在编委会的领导下查阅档案、调查采访，做好收集、整理材料和统稿总纂系列工作，于2022年5月形成本志送审稿。送审稿分发至佛冈县总工会各业务股室（中心）审核修改和补充后，召开《佛冈县工会志》（1950—2022）编委审稿会议，进行审稿，修改形成三审稿。2023年8月30日，召开本志编委会和编辑部定稿会议通过形成定稿，送交出版社审核出版。

本志的编纂出版工作得到有关部门、老领导、老同志的关注与支持，尤其得到佛冈县史志办、县档案馆的大力支持，在全体总工会工作者的共同努力下得以顺利完成，在此一并表示感谢。

因编者水平有限，加上有些历史资料缺失，本志仍存有错漏不足之处，敬请读者指谬。

编辑部
2023年10月